[제 3 판]

행동적 의사결정론

안서원 · 안광호 공저

法 文 社

이 저서는 서울과학기술대학교 교내연구비의 지원으로 연구되었습니다(2014-0413).

이 저서는 인하대학교의 지원에 의하여 연구되었습니다.

제3판 머리말

미국 판단과 의사결정 학회(Society for Judgment and Decision Making)의 2023년 연례 학술대회에서 학회장인 시카고 경영대학 교수 Abigail Sussman은 1980~2023년 매년 학술대회에서 발표된 포스터와 구두 발표의 제목과 초록을 텍스트마이닝 기법으로 분석하여 주요 토픽을 추출하였다. 그 결과 'risk, confidence, bias, accuracy, emotion, cognition, uncertainty'가 주요 토픽으로 나타났다. 1950년대 중반부터 시작된 행동적 의사결정 연구는 70년대에 이르러 Kahneman과 Tversky의 주요 논문들이 발표되고 이후 지속적으로 성장하면서 오늘에 이르게 되었다. 그리고 연구자들은 여전히 불확실한 상황에서 인지적이고 정서적인 정보처리를 통하여 내리는 판단과 선택이 어떤 면에서 편향되어 있고 더 정확한 판단과 선택을 내리기 위해 어떤 노력이 필요한지를 주요 연구 주제로 삼고 있다. 변화라고 하면 더 다양한 연구방법이 사용되고 단순히 실험실에서 한 번의 검증으로 끝나지 않고 반복적인 검증과 현장 연구를 통해 보고자 하는 현상을 보다 견고하게 증명한다는 점일 것이다.

세 번째 개정작업을 시작하면서 그사이 이루어진 연구들의 개관 논문을 찾아 읽어보았고, 기본적인 이론에는 큰 변화가 없기에 기본 내용을 유지하면서 일부 내용만 수정 · 보완하였다. 그 내용은 다음과 같다.

첫째, 1장에서는 인간의 판단과 수리 모델을 비교하는 연구와 관련하여 관련 예시를 추가하였고, 인간 판단의 변덕스러움과 관련된 저서와 Focus 내용을 추가하였다.

둘째, 3장에서는 심적 회계 이론과 관련된 일상 사례와 장기기승과 관련하여 유럽의 옵트 아웃 제도를 Focus 내용으로 추가하였고, 온라인에서 이루어지는 소비자 의사결정과 관련된 내용을 새로이 추가하였다. 온라인에서의 구매 결정은 여러 관련 분야에서 방대한 양의 연구가 이루어졌기에 이를 포괄적으로 소개하기보다 행동적 의사결정에서 주요하게 다뤄지는 주제와 관련된 연구들을 중심으로 소개하였다.

셋째, 7장에서는 당면한 의사결정과 무관한 정서경험이 보유효과에 미치는 영향을 Focus 내용으로 추가하였다.

이외에 전체적으로 단순 오타나 내용이 잘못 표기된 곳을 수정하고 가독성을 높이기 위해 표현을 바꾸거나 내용 이해를 돕기 위해 설명을 추가하는 등의 작업을 진행하였다.

본서를 통해 행동적 의사결정 분야를 이해하는 데 도움이 되고자 하며, 한걸음 더 나아가 자신의 판단과 선택을 되돌아보고 개선하는 데 도움이 되었으면 한다.

2024년 1월

저자 안서원, 안광호

제2판 머리말

고전 경제학에서는 인간을 합리적인 존재로 가정한다. 이에 따라 사람들은 기대효용이 가장 높은 대안을 선호하며 이러한 선호는 선택행동에서 일관성 있게 나타난다고 주장한다. 그러나 사람들의 실제 행동은 이러한 가정에서 종종 벗어난다. 일단의 심리학자들은 다양한 실험을 통해 대안이나 맥락의 변화에 따라 사람들은 종종 편향된 판단과 일관되지 않은 의사결정을 내린다는 것을 보여 주었다.

판단 휴리스틱과 편향, 프로스펙트 이론 등은 여러 사회과학 분야에 영향을 미쳤고, 행동경제학이라는 새로운 연구분야를 탄생시켰다. 이러한 영향력은 2002년 Kahneman이, 2017년 Thaler가 노벨경제학상을 받으면서 더욱 커지고 있다. 본서는 이 분야의 주요 연구흐름을 소개하고 이러한 연구들의 기반이 되는 이론들을 여러 예를 통해 이해하기 쉽게 전달하려는 목적으로 2015년에 출판되었다.

본서가 출판이 된 지 5년이 흘렀고 저자들은 그간 본서를 이용한 독자들의 피드백을 반영한 개정판을 내기로 했다. 개정판에서 수정 · 보완된 내용은 다음과 같다.

첫째, 본서는 심리학, 경제학, 마케팅을 포함한 경영학의 여러 분야, 그리고 다른 사회과학 분야의 대학원 교재나 행동적 의사결정을 다루고 싶은 대학 3,4 학년 선택과목의 교재로 사용되었으면 하는 바람으로 저술되었다. 그런데 여러 분야의 학생들을 타겟으로 하다 보니 심리학적으로 좀 깊게 들어간 부분은 이해가 다소 어렵다는 피드백을 받기도 하였다. 그래서 이번 개정판에서는 이런 부분을 '심화'로 따로 표시를 했다. 따라서 기본적인 내용에 주로 관심이 있는 학생들은 심화 부분은 건너뛰고 읽어도 무방하다.

둘째, 2장 기술적 선택이론에서 맥락효과에 대한 설명이 너무 압축되어 이해하기 어렵다는 의견이 있어 맥락효과의 주요 유형인 유인효과와 타협효과를 다룬 내용을 수정 · 보완했다.

셋째, 3장의 보유효과를 다룬 절에서는 보유효과를 창출하기 위해 기업들이 사용하는 체험마케팅의 최근 사례와 4장에서는 선호도 형성과 관련된 내용을 〈Focus〉에서 소개했다.

넷째, 4장에서는 기업들이 정박과 조정효과를 촉진프로그램에 어떻게 활용하는지를 다루었다.

다섯째, 11장 행복에 대한 판단에서는 특별한 경험과 소소한 행복이 주는 행복감의 연령에 따른 차이를 다룬 연구를 추가로 소개했다.

여섯째, 본문내용 중에 적절하지 않은 표현이나 단어를 수정해 책의 가독성을 높이려고 했다.

이러한 저자들의 노력에도 불구하고 수정 · 보완해야할 내용들이 여전히 여기저기 눈에 띈다. 이번 2판에서는 일부 내용만을 보완하는데 그쳤는데, 다음 개정판에서는 더욱 알차고 완성도 높은 책을 출판할 것을 독자들에게 약속드린다.

행동적 의사결정은 정말 흥미롭고 매력 넘치는 학문분야이다. 이 분야의 내력은 배움이 단순히 지식의 습득으로 끝나는 것이 아니라 삶의 지혜로 연결될 수 있다는데 있다. 아무쪼록 여러분도 그 즐거움을 찾을 수 있기 바라며, 이 책이 그러한 경험을 하는 데 작은 도움이 되기를 바라는 마음이다.

2019년 7월

저자 안서원, 안광호

머 리 말

사람들은 살아가면서 다양한 역할을 수행하며 그 과정에서 중요한 판단과 선택을 하게 된다. 가령 부모는 자식이 좋은 대학에 갈 수 있도록 끊임없이 채찍질을 해야 하는지 혹은 자식이 하고 싶은 대로 자유롭게 내버려둘지 고심한다. 소비자는 장단점이 있는 삼성세탁기, LG세탁기, 동부대우세탁기 중 어느 것이 가장 좋을지 판단해야 한다. 그리고 결혼적령기에 들어선 직장인 여성은 그렇게 끌리지는 않지만 학벌이 좋고 연봉이 많은 직장에 다니는 사람과 끌리기는 하지만 다니는 직장이 마음에 들지 않은 두 사람 중 누가 더 좋은지를 선택해야 한다.

고전적 경제학에서는 인간을 합리적인 존재로 가정하는 규범적 이론을 제안한다. 이에 따라 사람들은 기대효용이 가장 높은 대안을 선호하며 이러한 선호는 선택행동에서 일관성 있게 나타난다고 주장한다. 그러나 사람들의 실제 행동은 이러한 가정에서 종종 벗어난다. 동일한 소재로 만든 의류제품이지만 브랜드인지도가 매우 낮은 동대문시장 의류보다 폴로 로고가 붙은 의류를 선호하며 기꺼이 더 비싼 가격을 지불하여 구입하려고 한다. 그리고 동일한 소시지 제품인데도 10퍼센트 지방으로 표시된 제품보다 90퍼센트 살코기로 표시된 제품이 더 좋을 것이라고 생각해 선택한다.

사람들의 실제 행동을 설명하는데 관심을 가진 일단의 심리학자들은 어떤 맥락에서 사람들이 '합리적 행동'에서 벗어나는 의사결정을 하는지에 관한 다양한 실험을 수행하였다. 그들은 이러한 실험을 통해 사람들의 실제 행동은 경제학에서 제안하는 '합리적 인간' 가설로 잘 설명되지 않으며 대안이나 맥락의 변화에 따라 종종 편향된 판단과 일관되지 않은 의사결정을 내린다는 것을 보여 주었다.

판단 휴리스틱과 편향, 선택에 대한 프로스펙트 이론은 여러 사회과학 분야에 영향을 미쳤고, 이러한 영향력은 2002년 Kahneman이 노벨경제학상을 받으면서 고조되었다. 행동경제학이라는 새로운 연구 분야가 사회적으로 각광을 받으면서 이 분야의 연구결과를 일반 대중도 쉽게 이해할 수 있는 단행본들도 많이 소개되었다. '행동경제학', '넛지', '상식 밖의 경제학'과 같은 일부 저서는 사회과학 베스트셀러에 오르기도 하였다. 그러나 기초적인 이론부터 보다 최근의 연구내용을 체계적으로 소개하는 대학교재는 찾아보기 힘들다. 본서는 2000년도 출판되었던 '의사결정의 심리학'의 개정판으로 지난 15년간 이 분야의 변화를 담아보고자 하였다. 이에 이 분야의 기초적인 이론을 여러 예를 통해 이해하기 쉽게 전달하고자 하였고, 초기 연구가 이후 어떤 식으로 심화/확대되었는지 소개하고자 하였다. 저자들이 정리하고 제시한 내용이 이 분야 전체를 포괄하지는 못하지만 연구의 주요흐름을 제시하고 관련현상과 이를 설명하는 이론을 함께 제시하고자 노력하였다. 본서는 심리학, 경제학, 마케팅을 포함한 경영학의 여러 분야, 그리고 다른 여러 사회과학 분야의 대학원 교재나 행동적 의사결정을 깊이 있게 다루고 싶은 대학 3, 4학년 선택과목의 교재로 적절할 것으로 생각한다. 그런데 여러 분야의 학생들을 타겟으로 하다 보니 심리학적으로 좀 깊게 들어간 부분은 이해가 다소 어렵다는 피드백을 받기도 하였다. 그래서 이런 부분은 '심화'로 따로 표시를 하였으니 기본적인 내용에 관심이 있는 학생들은 심화 부분은 건너뛰고 읽어도 무방하다.

개정판을 내고 싶다는 생각을 계속 가지고 있었지만 막상 엄두는 내고 있지 못하던 차에 안광호 교수님께서 공동작업을 제안하셨다. 대학에서의 바쁜 생활에 그나마 연구논문이며 책을 쓰기 위해서는 공동작업이 큰 도움이 된다는 것을 경험으로 터득한지라 흔쾌히 그 제안에 응하였다. 이렇게 해서 2013년 여름부터 집필작업이 시작되었고 다시 여름을 앞두고 있는 2015년 6월 책이 마무리되어 가고 있다. 공동작업을 하면서 책 쓰기에 대해 여러 가지 것들을 배울 수 있었고 이 분야에 대한 여러 연구들을 정리할 수 있는 기회를 가질 수 있었다. 이 분야의 매력은 배움이 단순히 지식의 습득으로 끝나는 것이 아니라 삶의 지혜로 연결될 수 있다는 것이다. 아무쪼록 여러분도 그 즐거움을 찾을 수 있기 바라며, 이 책이 그러한 경험을 하는 데 작은 도움이 되기를 바라는 마음이다.

2015. 6.

저자 안서원, 안광호

차 례

1장

행동적 의사결정 연구의 시작

01 행동적 의사결정 연구의 시작

사람들은 매순간 어떤 판단을 내리며 그 판단에 근거해 무엇을 선택하거나 의사결정을 하게 된다. 이러한 선택과 의사결정을 요하는 상황은 매우 다양하다. 오늘 아침엔 무엇을 먹을까? 무엇을 입을까와 같이 계속 반복되고 선택한 결과의 영향이 그리 지속적이지 않은 상황이 있는 반면, 어떤 학과, 어떤 직장을 선택할까, 누구와 결혼할까와 같이 돌이킬 수 없는 선택의 순간이 있고 그 결과가 한 사람의 인생에 지속적으로 영향을 미치는 상황도 있다. 이런 상황들을 맞이하여 사람들은 어떻게 판단하고 의사결정을 내릴까? 본장에서는 판단과 의사결정에 대한 행동 연구(Behavioral Decision Research)가 어떤 식으로 시작하여 발전되어 왔는가를 살펴봄으로써 이 분야에 대한 전반적인 소개를 하고자 한다(Goldstein & Hogarth, 1996). 본 장을 먼저 읽고 분야에 대한 대략적인 그림을 가진 상태에서 이후에 나오는 구체적인 내용을 읽어나가는 것이 원래 제시된 순서이지만 전체 내용을 다 본 후 본 장을 다시 읽어 보는 것도 좋을 것으로 생각된다. 그러면 본 장의 내용이 더 잘 이해되지 않을까 하는 생각이다.

행동적 의사결정 연구는 크게 두 분야로 나눌 수 있다. 첫째는 의사결정 내지는 선택에 대한 연구이고 둘째는 판단에 대한 연구이다. 본 장에서는 경제학의 선택연구에 대해 먼저 소개한 후 행동적 의사결정 연구가 어떻게 시작되었는지를 선택과 판단 두 분야로 나누어 살펴보고, 행동경제학의 등장을 소개한다.

1.1 경제학의 선택연구

인간의 선택에 대한 연구는 경제학에서 먼저 시작되었다. 경제학자 von Neumann과 Morgenstern이 1944년 '게임이론과 경제행동(Theory of Games and

Economic Behavior)'이라는 책에서 사회 · 경제 현상을 설명하기 위해 수리적인 게임이론(game theory)을 제안하면서이다. 이들이 제안한 게임이론은 경제학뿐만 아니라 인접 사회과학분야에 많은 영향을 미쳤다. 특히 심리학자들의 관심을 끈 것은 이들이 행동주의(behaviorism)의 영향으로 직접 관찰할 수 없는 주관적 개념에 대한 논의가 회피되던 때에 개인의 효용(utility)이라는 주관적인 개념을 눈에 보이는 선택행동으로 측정할 수 있는 이론적 근간을 마련한 데에 있다(기대효용이론, Expected Utility Theory).[1] 이들의 **기대효용이론**은 몇 가지 공리(axioms)를 가정하고 그것이 지켜진다면 사람의 선택행동이 그 개인의 효용을 극대화하는 것으로 설명될 수 있다고 본다. 이들이 제안한 공리의 기본적인 생각은 효용이 수리적으로 측정할 수 있는 개념이라는 것이다. 즉 숫자처럼 크기가 어느 정도인지를 알 수 있고, 그 크기를 서로 비교할 수 있다는 것이다.

이들이 제안한 공리의 내용은 다음과 같다.

첫 번째는 **선택대안에 대한 결정가능성**(decidability)이다. 두 개의 가능한 결과가 있을 때 두 개 중 어떤 것을 더 선호하는지 아니면 그 둘에 대해 무관심한지 결정할 수 있다는 것이다. 즉 a와 b 두 개의 대안이 있을 때 다음의 세 가지 상태만 가능하다; $a=b$, $a>b$, $a<b$(여기서 >는 선호관계를 나타내며, 보다 선호한다는 의미를 갖는다). a와 b중 하나를 결정하지 못하는 상태는 존재하지 않는다고 본다.

두 번째는 **선호의 이행성**(transitivity)이다. 숫자의 경우 $a>b$이고, $b>c$이면, $a>c$라는 관계가 항상 성립하는데, 대안에 대한 선호에서도 이런 관계가 유지된다고 본 것이다. 즉 배보다 사과를 더 좋아하고(사과>배), 복숭아보다 배를 좋아한다면(배>복숭아), 사과와 복숭아가 있을 때는 항상 사과를 더 선호한다는 것이다(사과>복숭아).

세 번째는 **독립성의 원칙**(independence axiom)이다. 두 대안에 공통적으로 포함되어 있어 선택에 결정적이지 않은 결과는 대안의 선택에 영향을 미쳐서는 안 된다는 것이다. 가령 두 자동차의 연비가 동일하다면, 연비는 자동차 선택에 영향을 미치지 않아야 한다.

기대효용이론은 이러한 공리에 기초하여 효용을 마치 숫자처럼 다룰 수 있다

1) 공리에 기초하여 효용을 수리적으로 측정할 수 있음을 보여주는 연역적 증명은 1947년에 출판된 2판에 부록으로 제시되었다.

고 생각하고, 이에 기초하여 대안의 기대효용을 계산할 수 있다고 본다. 기대효용이론에 따르면 미래의 불확실한 대안들 중 하나를 선택해야 하는 경우 각 대안의 효용과 그 대안이 나타날 수 있는 확률을 고려하여 효용과 확률의 곱으로 그 대안의 기대효용을 구할 수 있으며, 이를 비교하여 최대의 기대효용을 가져오는 대안을 선택하는 것이 합리적인 선택이라고 본다. 예를 들어, A와 B가 동전던지기 게임을 하는데, 동전을 던져 앞면이 나오면 A가 B에게 만 원을 주고 동전을 던져 뒷면이 나오면 A가 B로부터 오천 원을 받는 게임이 있다고 해보자. 여기서 이 게임이 A에게 얼마만큼의 효용이 있는지는 앞면이 나오는 사건과 뒷면이 나오는 사건의 효용과 확률을 고려하여 구할 수 있다는 것이다.

이를 수식으로 나타내면 다음과 같다.

$$EU(\text{동전던지기}) = u(-10{,}000) \times 0.5 + u(5{,}000) \times 0.5$$

이를 일반적인 기대효용이론으로 나타내면 다음과 같다.

$$EU(X) = \sum_i u(x_i) \times p(x_i) \quad (X = \{x_1,\ x_2,\ \cdots,\ x_i,\ \cdots,\ x_n\})$$

위 식에서 u는 사건 x_i가 의사결정자에게 주는 주관적 효용을 반영하는 효용함수를 가리키고 p는 사건 x_i가 일어날 확률을 가리킨다. 효용함수는 개인마다 다르게 나타날 수 있고 한계효용이 체감한다는 특징을 갖는다. 즉 효용이 측정되는 대상의 값이 커질수록 효용이 증가하는 정도는 감소한다는 것이다. 예를 들어, 빵을 먹는 것의 효용을 구한다고 하면, 배가 고플 때 빵 한 개를 먹는 것이 10의 효용을 가져온다면, 두 개, 세 개를 먹고 네 개째 빵을 먹을 때 그 네 개째 빵의 효용은 배가 고플 때 처음 먹은 빵의 효용과는 동일하지 않다. 이미 배가 어느 정도 차거나 불렀기 때문에 2나 3 정도의 보다 작은 효용을 갖게 되고 사람에 따라서는 음(−)의 효용, 즉 비효용(disutility)을 가질 수도 있다. 이처럼 사건의 값이 커질수록 효용이 증가하는 정도는 점차 감소한다는 것이 한계효용 체감의 법칙이다.

효용의 개념과 한계효용 체감의 법칙은 18세기 수학자이자 물리학자인 Daniel Bernoulli가 제안하였다. 효용의 개념이 나오기 이전 17세기에는 학자들 사이에 도박(gamble)의 가치를 어떻게 결정할 수 있는지에 대한 토론이 활발하게 이루어졌다. Pascal과 Fermat 등은 도박이 그 기댓값(expected value) 만큼의 가치가 있다고 결론을 내리게 되고 이러한 생각이 18세기 초에는 널리 받아들여지게 된다. 그런데 **세인트피터즈버그 역설**(St. Petersburg paradox)이라고 불리는 한 사고실험(thought experiment)에서 기댓값의 타당성에 대해 의문이 제기된다. 이 역설에는 게임이 제시되는데, 이는 동전의 앞면이 나올 때까지 동전을 던지고 앞면이 나오기까지 동전을 던진 횟수(n)의 $\$2^n$의 액수를 상금으로 받는 게임이다. 예를 들어, 동전을 던지는데 두 번째에 앞면이 나오면 $\$2^2$, 즉 4달러를 상금으로 받는 것이다. 동전을 던져서 두 번째에 앞면이 나올 확률은 $\frac{1}{2}\times\frac{1}{2}=\frac{1}{4}$이고 상금의 기댓값을 구하면 $4\times\frac{1}{4}=1$이다. 모든 가능한 결과에 대해 기댓값을 구하고 이를 모두 더하여 게임을 통해 얻게 될 상금의 전체 기댓값을 구하면 다음 수식과 같다.

$$EV(\text{게임}) = \frac{1}{2} \times \$2^1 + (\frac{1}{2})^2 \times \$2^2 + \cdots = 1+1+ \cdots = \infty$$

즉 언제 동전의 앞면이 나올지에 대해서는 여러 가능성이 있고, 계속 던져도 나오지 않을 가능성도 있다. 이처럼 무한대로 지속이 된다면 결국 기댓값도 무한대가 된다. 그러나 막상 사람들에게 얼마의 돈을 지불하고 이런 게임에 참가할 의사가 있는지 물으면 평균적으로 8달러 내외를 얘기한다. 사람들이 상식적으로 생각하는 합당한 참가비와 상금에 대한 기댓값의 차이가 너무나 크기 때문에 이를 역설이라고 부른다. 이에 Bernoulli는 효용의 개념을 제시하면서 돈의 객관적인 가치보다 주관적인 가치, 즉 효용을 가지고 게임의 가치를 계산해야 한다고 주장하였고, 객관적인 가치가 커질수록 효용이 증가하는 정도는 감소한다는 것을 제안함으로써 위 게임의 역설을 해결하였다. 즉 게임이 반복되면서 이미 많은 돈을 상금으로 받을 수 있게 된 상황에서 추가적으로 받게 되는 1달러의 효용은 처음 받는 1달러의 효용보다 작아진다는 것이다.

효용개념과 확률이론이 확립되면서 자신의 효용을 극대화하는 선택을 하는 것이 합리적이라는 생각이 근대 서구사회에 자리 잡게 되었다. 이러한 생각은 이후 von Neumann과 Morgenstern의 기대효용이론으로 다시 활성화되었고, 기대효용이론은 개인의 선택행동의 합리성을 판단하는 기준이 되는 **규범적 이론**(normative theory)을 이루게 된다. 즉 기대효용이론이 제안하는 바에 따라 일관되게 행동하는 것이 합리적인 선택이며, 그렇게 하면 자신의 효용을 극대화할 수 있다고 보았다.

이들의 이론과 관련해 당시 심리측정이나 선택과 판단에 대한 수리적 모델 개발에 관심을 가지고 있던 심리학자들은 사람들이 실제로 기대효용이론에 따라 행동하는가에 대해 관심을 갖게 되었다. 일련의 실험을 통하여 사람들의 실제 행동이 기대효용이론에서 예측하는 것과는 다른 방식으로 나타남을 반복적으로 관찰하면서 심리학자들은 사람들의 실제행동을 기술(descriptive)할 수 있는 심리학적 모델을 소개하는데 관심을 갖게 되었다.

Focus

사랑도 한계효용과 한계비용의 게임:
한계효용의 법칙에서 본 영화 '건축학개론'

"오랜만이네. 동문 주소록 되게 정확하다. 그동안 어떻게 지냈어?"

건축 디자이너로 일하고 있는 30대 중반의 승민(엄태웅 분). 여느 때처럼 야근으로 사무실에서 밤을 새운 어느 날 어디선가 본 듯한 여자(한가인 분)가 불쑥 찾아온다. "나 기억 안 나? 대학교 1학년 때, 음대 다녔던…." 승민은 그제야 15년 전을 떠올린다. 첫사랑 서연이다. 영화는 그녀가 승민에게 집을 지어달라고 의뢰하는 것으로 시작된다.

2012년 개봉한 이용주 감독의 '건축학개론' 은 풋풋한 대학교 새내기 시절 서로에게 첫사랑이었지만 끝내 알아채지 못한 채 사랑을 이루지 못한 두 남녀가 30대 중반에 다시 만나는 이야기를 담았다. "우리 모두는 누군가의 첫사랑이었다"는 영화 속 캐치프레이즈처럼 누구나 한번쯤 아프고 설레었던 시기로 시계바늘을 돌리고 있다.

애틋한 첫사랑의 기억

건축과 1학년인 승민(이제훈 분)과 음대생 서연(수지 분)은 건축학개론이라는 수업에서 처음 만난다. 같은 동네(서울 정릉)에 사는 둘은 자신이 사는 지역에 대한 수업과제를 하다 자연스레 가까워진다. 서연은 어느 날 승민에게 자신이 살고 싶은 미래의 집을 그려 보이며 나중에 내 집은 네가 꼭 지어달라고 부탁한다. 그날 승민은 버스정류장에서 자신에게 기대 잠든 서연에게 몰래 도둑키스이자 첫 키스를 한다.

승민은 서연에 대한 마음을 점점 키워가지만 서연은 돈 많고 인기 좋은 건축학과의 다른 남자선배를 좋아하는 것 같다. 어느 날, 선배가 술에 취한 서연을 부둥켜안고 그녀의 집으로 들어가는 모습을 우연히 목격한 뒤 승민은 애틋한 첫사랑에 종언을 고한다. 돌이켜 보면 사소한 오해가 빚은 참사였지만….

좀처럼 경제학의 접근을 허용하지 않았던 영화는 승민과 결혼을 앞둔 사내 약혼녀 은채(고준희 분)의 등장으로 틈을 열어준다. 유명한 '한계효용체감의 법칙(law of diminishing marginal utility)' 이다. 은채를 대하는 승민의 태도는 시종 심드렁하다(그렇다고 그녀를 사랑하지 않는 것이라고 단정할 수는 없다). 약혼녀는 능력 있고 매력적인 여성이지만 승민은 "사무실 안에서 담배 좀 피우지 마"라며 핀잔을 주는 그녀에게 미안한 기색 하나 없이 "야, 직접 피우는 나는 오죽하겠니?"라며 되레 짜증을 낸다.

한계효용의 법칙은 쿨하다

경제학에서는 대상에 대해 사람들이 느끼는 경제적 후생이나 만족감 등 주관적 지표를 효용(utility) 또는 기대효용이라고 부른다. 사랑을 통해 느끼는 감정들도 이를 통해 설명할 수 있다. 첫사랑은 강렬하면서도 애잔하다. 누구나 첫사랑을 오래도록 기억하는 이유다. 따라서 효용도 첫사랑이 가장 크고 강력하다.

한계효용의 법칙은 어떤 제품이나 서비스를 소비할 경우 추가적으로 느낄 수 있는 효용이 갈수록 줄어드는 현상을 지칭한다. 더운 여름철에 먹는 달콤하고 시원한 아이스크림 한 개는 매우 큰 만족감을 준다. 그러나 같은 아이스크림을 두 개, 세 개 연달아 먹는다고 가정해보자. 두 번째 먹은 아이스크림은 첫 번째만 못할 것이고, 서너 개가 되면 초기의 만족감이 거부감으로 변할 수도 있을 것이다. 사랑도 마찬가지다. 처음에는 만날 때마다 가슴 설레지만 만남이 거듭되고 서로에 익숙해져 갈수록 무덤덤해진다. 때로는 일상적 관계의 지속에 질려하거나 실망할 때도 있다는 게 대개의 우리 경험담이다.

다시 영화로 돌아가자. 첫사랑 이후 승민이 추가로(?) 만난 여자들 그 누구도 서연만큼의 효용을 가져다주지는 못한 것 같다. 승민은 서연과의 재회 이후 약혼녀와 함께 웨딩드레스를 고를 때도 서연과의 옛 추억을 떠올린다. "나 살찐 것 같아. 드레스가 야한 것 같기도 하고"라고 칭얼거리는 약혼녀의 말에 제대로 귀도 기울이지 않는다.

왜 첫사랑은 이뤄지지 않나

승민은 서연과 함께 집을 짓는 과정에서 15년 전 감정을 조금씩 되짚어 간다. 남편과 산다던 서연이 사실은 이혼했다는 사실도 밝혀진다. 은채는 승민과 결혼할 것이란 점을 은근히 내세우며 두 사람 사이를 경계하지만 집짓기는 계속된다. 준공을 코앞에 두고 "살날이 얼마 남지 않은 아버지와 함께 살겠다,"며 갑자기 설계를 바꿔달라는 요구도 승민은 승낙하고야 만다. 그렇게 사연이 담긴 집을 완성하던 날, 승민은 서연에게도 자신이 첫사랑이었음을 알게 된다. 둘은 15년 전 하지 못했던 뜨거운 입맞춤으로 '효용의 극대화'를 이룬다. 이 대목에서 일부 관객들은 둘의 극적인 결합을 기대했을 수도 있지만 영화의 전개는 의외로 쿨하다. 승민은 서연의 마음을 확인한 뒤에도 서연에게 돌아가지 않는다.

왜 그랬을까? 이는 한계효용 체감의 법칙에 의해 설명할 수 있다. 기존 경제학에서는 한계효용 체감의 법칙에 따라 더 큰 금액을 불확실하게 받는 것보다 작은 금액을 확실하게 받는 것의 효용이 더 크다고 보며, 이로 인해 사람들이 위험회피성향을 보인다고 보았다. 예를 들어 상당한 재산을 가진 사람이라 하더라도 누군가 1,000만 원짜리 내기를 하자고 달려들면 대개 망설이게 되어 있다. 한계효용 체감 법칙에 따라 내기에서 불확실하게 1,000만 원을 따게 되는 것의 효용보다 700~800만 원을 확실하게 받는 것의 효용이 더 크기 때문이다. 영화 속에서 승민이 서연을 선택하지 않은 이유도 이렇게 설명할 수 있다. 불확실한 서연과의 새로운 관계에서 생기는 효용보다 보다 안정적이고 확실한 은채를 선택했을 때의 효용이 더 크게 느껴졌을 가능성이 높다.

경제학자들은 경제주체들이 위험을 피하기 위해 세 가지 방법 중 하나를 택한다고 말한다. 보험을 들거나, 여러 곳에 분산투자를 하거나, 저위험-저수익 투자(위험을 적게 지는 대신 얻는 이익도 적어지는 투자)가 그것이다.

꿈에 그렸던 첫사랑과의 재회 대신 오랜 시간을 함께 해온 약혼녀와 예정대로 결혼을 하고 미국행 비행기를 타는 쪽을 선택한 승민은 어느 경우에 해당할까. 첫사랑에 비해 감정은 다소 덜하더라도, 차근차근 준비해 마련한 인생경로를 걸어가는 것이 더 낫다는 판단을 했다는 점에서 마지막 선택지에 가까울 것이다.

자료원: 한국경제, 2013. 9. 14.

1.2 경제학 이론에 대한 반론

기대효용이론에 대해 일부 경제학자들도 비판적인 반응을 보였다. 기대효용이론에서 예측하는 선택행동과 사람들의 실제 선택행동 사이에 차이가 난다는 것을 잘 보여주는 것으로 경제학자 **Allais와 Ellsberg의 역설**(paradox)이 있다. 먼저 다음의 선택상황을 읽어보고 여러분 스스로 참가자가 되어 자신의 선호에 따라 선택을 해보자.

Allais의 역설

상황 1: 다음의 두 대안 중 하나를 선택한다.

(1) 100%의 확률로 백만 원을 받는다.

(2) 10%의 확률로 오백만 원, 89%의 확률로 백만 원을 받고 1%의 확률로 아무 것도 받지 못한다.

상황 2: 다음의 두 대안 중 하나를 선택한다.

(1) 11%의 확률로 백만 원을 받고 89%의 확률로 아무 것도 받지 못한다.

(2) 10%의 확률로 오백만 원을 받고 90%의 확률로 아무 것도 받지 못한다.

Ellsberg의 역설

빨간 공이 30개, 까만 공과 노란 공이 합해서 60개가(까만 공과 노란 공의 비율은 알려져 있지 않다) 담겨져 있는 단지가 있다고 가정하자.

상황 1: 다음의 두 대안 중 하나를 선택한다. 위의 단지에서 공을 하나 꺼냈을 때,

(1) 빨간 공이 나오면 백만 원을 받고 까만 공이나 노란 공이 나올 때는 아무것도 받지 못한다.

(2) 까만 공이 나오면 백만 원을 받고 빨간 공이나 노란 공이 나올 경우 아무것도 받지 못한다.

상황 2: 다음의 두 대안 중 하나를 선택한다. 위의 단지에서 공을 하나 꺼냈을 때,

(1) 빨간 공이나 노란 공이 나오면 백만 원을 받고 까만 공이 나오면 아무것도 받지 못한다.

(2) 까만 공이나 노란 공이 나오면 백만 원을 받고 빨간 공이 나오면 아무것도 받지 못한다.

사람들이 보이는 반응은 대개 다음과 같다. Allais의 역설 상황 1에서는 대안 (1)을 선호하고 상황 2에서는 대안 (2)를 선호한다. 또 Ellsberg의 역설 상황 1에서는 대안 (1)을 선호하고 상황 2에서는 대안 (2)를 선호한다. 이제 이러한 선택행동이 왜 문제가 되는지 살펴보자.

Allais와 Ellsberg의 문제를 도식화하면 각각 〈표 1-1〉과 〈표 1-2〉와 같다.

〈표 1-1〉은 앞서 제시된 Allais 역설의 대안을 재구성해서 제시한 것이다. 상황 1의 대안 (1)에서 100%의 확률로 백만 원을 받는 것은 1%, 10%, 89%로 백만 원을 받는 것으로 나누어 제시되었다. 상황 2의 대안 (1)에서 11%의 확률로 백만 원을 받는 것은 표에서 1%와 10%의 확률로 백만 원을 받는 것으로 나누어 제시되

표 1-1 Allais의 역설

	1%	10%	89%
상황 1	(1) 백만 원 (2) 0원	(1) 백만 원 (2) 오백만 원	(1) 백만 원 (2) 백만 원
상황 2	(1) 백만 원 (2) 0원	(1) 백만 원 (2) 오백만 원	(1) 0원 (2) 0원

표 1-2 Ellsberg의 역설

	빨간 공	까만 공	노란 공
상황 1	(1) 백만 원 (2) 0원	(1) 0원 (2) 백만 원	(1) 0원 (2) 0원
상황 2	(1) 백만 원 (2) 0원	(1) 0원 (2) 백만 원	(1) 백만 원 (2) 백만 원

었고, 대안 (2)의 90%의 확률로 아무 것도 받지 못하는 것은 1%와 89%로 아무 것도 받지 못하는 것으로 나누어 제시되었다. 이렇게 제시된 대안을 재구성한 후 〈표 1-1〉을 살펴보면 Allais 역설의 각 상황의 두 대안이 89%의 확률에서 얻게 될 보상의 내용이 상황 1에서는 각각 백만 원, 상황 2에서는 각각 0원으로 동일하다. 그리고 〈표 1-2〉를 살펴보면 Ellsberg의 역설에서 노란 공이 나올 경우에 얻게 될 보상의 내용이 상황 1에서는 각각 0원, 상황 2에서는 각각 백만 원으로 같다는 것을 알 수 있다. 이런 경우 기대효용이론의 공리 중 하나인 독립성에 따르면 89%와 노란 공에 해당하는 보상의 내용은 두 대안이 같기 때문에 선택에 영향을 미쳐서는 안 된다. 그래서 이 부분을 빼놓고 다시 각 상황의 두 대안을 보면 동일한 확률과 금액을 갖는다. 따라서 Allais 역설의 상황 1에서 대안 (1)을 선택하면 상황 2에서도 대안 (1)을 선택하고 Ellsberg 역설의 상황 1에서 대안 (2)를 선택하면 상황 2에서도 대안 (2)를 선택해야 내적 일관성이 있는 선택이 되는 것이다. 그러나 위에서 말했듯이 사람들의 반응은 이러한 일관성을 보이지 않는다.

Allais는 사람들의 이러한 반응이 충분히 합리적인 것이며 이를 설명하지 못하는 기대효용이론이 사람들의 선택행동을 설명 · 예측하는데 있어 제한적이라고 비판한다. 후에 Kahneman과 Tversky(1979)의 프로스펙트 이론(prospect theory)

은 Allais의 역설에서 나타나는 사람들의 선호양상을 '**확실성 효과**(certainty effect)'로 설명한다. 즉 사람들은 확실한 것을 더 선호하기 때문에 상황 1에서 대안 (1)의 기댓값이 대안 (2)보다 적더라도 확실한 보상을 얻을 수 있는 대안 (1)을 선호하는 반면 상황 2에서는 두 대안에서 얻게 될 보상이 모두 확률적이기 때문에 두 대안 중에서 확률에서 다소 떨어지지만 훨씬 더 많은 보상을 얻을 수 있는 대안 (2)를 선호한다고 설명한다.

한편 Ellsberg는 '**애매모호함**(ambiguity)'이라는 심리적 개념을 도입하여 사람들의 선택행동을 설명한다. 사람들은 애매모호함(ambiguity)을 싫어하기 때문에 상황 1에서는 대안 (1)을 선택하고 상황 2에서는 대안 (2)를 선택한다는 것이다. 즉 까만 공과 노란 공이 몇 개씩 있는지 알려져 있지 않아 결과가 어떻게 나올지 애매모호하기 때문에 까만 공과 노란 공을 분리시켜 애매모호성이 높게 구성된 대안(즉 상황 1의 대안 (2)와 상황 2의 대안 (1))을 선택하려고 하지 않는 것이다. 다른 예를 들면, 주머니에 까만 공과 노란 공이 50:50의 비율로 들어 있는 경우와 비율을 알려주지 않는 경우 이 주머니에서 까만 공을 꺼낼 확률은 앞의 경우와 뒤의 경우 모두 50:50으로 동일하다. 차이라면 뒤의 경우 50:50이 객관적 확률이라기보다 주관적 확률이라는 것이다. 두 경우 중 어떤 것을 선택하여 게임을 하겠느냐고 물으면 대부분의 사람들은 두 경우의 확률이 동일해도 객관적 확률이 명확하게 알려져 애매모호함이 없는 앞의 경우를 선택한다.

기대효용이론을 비판한 또 다른 연구자는 Simon이다. Simon(1956)은 기대효용이론이 전지전능한 사람을 가정한 이론('Olympian' model)이라고 비판한다. 기대효용이론에 따라 효용을 극대화하는 선택을 하려면 의사결정자는 선택을 내리기 전에 모든 가능한 대안들을 살펴보고 또 각 대안에 대한 모든 정보를 가지고 대안의 효용 정도를 구하여 그것을 서로 비교해야 한다. 그리고 대안에 대한 정보를 처리하는 과정에서 인지자원을 동원하는데 전혀 제약을 받지 않는다. 그러나 현실적으로 의사결정자가 모든 대안에 대한 정보를 가지고 결정을 내리는 경우는 거의 없으며, 인간의 정보처리 능력에도 한계가 있다.

인지심리학의 연구결과에 따르면 사람들이 한 번에 처리할 수 있는 정보의 양은 7±2이다. 세계 많은 나라의 기본 전화번호가 지역번호 세 자리와 개인번호 네 자리로 구성된 것은 사람들의 정보처리 능력을 고려하면 아주 적절한 것이다. 물론 제공되는 정보단위가 무엇이냐에 따라 사람들이 처리할 수 있는 정보의 양이 가변적이기는 하지만 한 번에 처리할 수 있는 정보의 양은 제한적이라는 것이다.[2)] 그리고 가능한 모든 대안을 찾을 수 있다는 것도 현실적으로 가능하지 않은 경우가 많다. 상품의 경우 인터넷의 등장으로 제품정보를 탐색하는 것이 용이해져 많은 관련정보를 찾는 것이 가능해졌지만 찾은 모든 대안에 대한 정보를 잘 처리해 최적의 대안을 선택하는 것은 쉽지 않은 일이다. 노트북의 예를 들면, 시장에 수천 개, 수만 개의 대안이 있기 때문에 이 모든 노트북에 대한 정보를 찾고 처리하여 최대 효용을 주는 노트북을 구매한다는 것은 현실적으로 불가능하다. 또한 배우자 선택이나 직업 선택처럼 우리 인생에서 중요한 의사결정에서는 가능한 대안이 동시에 나타나기보다 순차적으로 나타나는 경우가 대부분이다.

이처럼 대안은 많은 경우 시간차를 두고 또는 의사결정자의 탐색결과에 따라 순차적으로 나타나게 된다. 이런 환경에서 대부분의 사람들은 효용을 극대화하는 대안을 찾을 때까지 기다리기보다 어느 정도의 기준치(갈망수준, aspiration level)를 정해 놓고 그 수준을 만족시키는 대안이 나오면 탐색을 그만 두고 결정을 내리게 된다(최소만족, satisficing). Simon은 기준치가 되는 갈망수준은 일상생활의 직 · 간접 경험을 통해 형성된다고 보았다. 최소만족에 기반한 의사결정을 제시한 Simon의 이론은 인간을 정보처리자로 보며 인간의 정보처리능력에는 한계가 있으며 또한 인간이 처한 상황에 따라 모든 가능한 정보가 제공되지 않음을 인정하고, 그에 근거한 선택 모델을 제안한 것이다.

기대효용이론은 대안에 대한 정보탐색과 정보처리과정에서 인간이 보이는 특성인 제한된 정보탐색과 정보처리능력의 한계에 대해서는 전혀 언급을 하지 않는다. 그러나 Simon은 이러한 특성을 반영해 현실적인 의사결정 방안을 제시한다. Simon이 제안하는 보다 현실적인 의사결정은 인간의 '**제한된 합리성**(bounded rationality)'에 기초하고 있으며, 이는 경제학적 합리성과 대조적인 관점을 보여준다. 이런 이유로 그의 제한된 합리성 개념은 이후 판단과 의사결정에 대한 행동연구의 토대가 되었다.

---

2) 정보의 양이 제한적이지만 정보의 양은 정보의 단위가 무엇이냐에 따라 가변적일 수 있다. 즉 전화번호를 외울 때는 숫자 하나가 정보단위가 되어 5~9개의 숫자로 이루어진 전화번호를 외울 수 있지만 네 개의 숫자로 이루어진 연도를 외울 때는 하나의 연도가 정보단위가 되어 20~36개의 숫자를 처리할 수 있다.

기대효용이론이 과연 인간의 실제 행동을 설명하느냐에 대한 경제학 내외부의 초기 비판이 제기된 이후 이 이론의 한계점을 극복하기 위한 다양한 노력이 나타나게 된다. 먼저 심리학에서는 기대효용이론의 공리가 실제 인간의 행동을 설명하지 못하는 한계가 있음을 지적하고 실제 인간의 선택행동을 설명할 수 있는 기술적 이론(descriptive)을 제안하는 연구들이 이루어진다. 일부 심리학자는 관심 주제를 선택에서 판단으로 옮겨 인간의 판단이 통계나 확률이론에 따라 이루어지는지를 연구하게 된다. 선택과 판단에 대한 심리학적 또는 행동적 연구는 이 책의 주된 내용이 되는데, 2장부터 이에 대해 자세히 소개될 것이다. 한편 경제학 내에서도 기대효용이론을 개선하려는 움직임이 나타난다. 즉 공리를 완화하거나 효용함수나 확률함수를 수정하여 보다 일반화된 기대효용이론(generalized expected utility theory)을 제안하는 움직임이 나타나는데, 순위 의존적 효용이론(rank-dependent utility theory)으로 불리게 되는 Quiggin(1982)의 예상효용이론(anticipated utility theory)이 대표적인 예이다. 심리학자인 Kahneman과 Tversky (1979)의 프로스펙트 이론도 이러한 시도의 대표적 예인데, 이에 대해서는 2장에서 자세히 소개된다.

1.3 선택에 대한 행동적 연구

심리학자 Edwards는 1954년 'The theory of decision making' 논문을 발표하면서 기대효용이론을 포함한 경제학의 선택 관련 연구를 심리학에 처음 소개하였다. 이 논문을 통해 Edwards는 선택 또는 의사결정이 심리학의 한 연구주제일 수 있음을 제안하였다. 그러나 막상 사람들의 실제 선택행동이 기대효용이론에서 자주 벗어남을 실험을 통해 목격하면서 규범적 이론으로서의 기대효용이론에 실망하게 되고 본인의 연구주제를 선택에서 판단으로 옮겨가게 된다. 그는 사람들의 확률판단이 확률이론이나 통계학의 원리를 따르는가에 관심을 갖게 되는데, 특히 사람들이 새로운 정보를 받아 기존의 의견을 수정할 때 베이스의 정리(Bayes' theorem)를 따르는지에 관심을 갖게 되었다. 그는 기대효용이론과 달리 베이스의 정리는 인간의 선택과 판단을 개선시킬 수 있는 기준을 제시하는 규범적 이론이라고 생각하였다. Edwards의 연구방법은 규범적 이론과 실제 사람의 행동을 비교하는데, 이는 규범적 이론에서 이탈된 행동들을 연구하는데 결정적인 역할을 하게 된다. 이는 이후 Tversky와 Kahneman의 판단에서의 휴리스틱과 편향 연구(5장에서 소개됨)의 주요 방법론을 이루게 된다.

한편 Tversky(1969)는 기대효용이론 공리 중의 하나인 이행성(transitivity)이 사람들의 실제 선택행동에서 체계적으로 위반됨을 보여주면서 이런 행동이 나타나는 이유를 설명하는 심리학적 모델을 제안한다. Tversky의 연구에서 사용된 내기(gamble)는 다음과 같다. 여러분 스스로 참가자가 되어 다음의 물음에 답을 해보자.

> 두 개씩 짝지어져 제시되는 다음 내기 중 여러분이 더 선호하는 것을 고르시오(금액을 받을 확률 p, 받게 되는 금액 X원).
>
> 제시 1
>
> 1. (7/24, 5,000원) vs. (8/24, 4,750원)
> 2. (10/24, 4,250원) vs. (11/24, 4,000원)
> 3. (8/24, 4,750원) vs. (9/24, 4,500원)
> 4. (7/24, 5,000원) vs. (11/24, 4,000원)
> 5. (9/24, 4,500원) vs. (10/24, 4,250원)
>
> 위의 내기를 다시 나열하면
>
> 제시 2
>
> 1. (7/24, 5,000원) vs. (8/24, 4,750원)
> 3. (8/24, 4,750원) vs. (9/24, 4,500원)
> 5. (9/24, 4,500원) vs. (10/24, 4,250원)
> 2. (10/24, 4,250원) vs. (11/24, 4,000원)
> 4. (7/24, 5,000원) vs. (11/24, 4,000원)

위의 제시 2를 보면 확률은 7/24에서 11/24까지 점점 커지고 받는 금액은 5,000원에서 250원씩 줄어 4,000원까지 작아짐을 알 수 있다. 제시 1에서 사람들의 반응은 대개 1, 2, 3, 5번에서는 받는 금액이 큰 것을 선택하다가 4번에 가서는 확률이 큰 것을 선택하게 된다. 이러한 선택행동은 이행성(transitivity)에 모순되는 것인데, a > b, b > c일 때 a > c가 아니라 a < c인 선택을 하기 때문이다. Tversky는 이런 반응의 이유로 사람들이 대안들간에 확률의 차가 별로 크지 않을 때는 금액에 중점을 두어 금액이 큰 것을 선택하다가 두 대안 간의 내기의 확률차가 클 때는 일어날 확률에 더 중점을 두어 확률이 큰 것을 선택하기 때문이라고 말한다. 이러한 선택행동이 시사하는 바는 사람들이 기대효용이론이 제안하듯이 각 내기(선택대안)의 기대효용을 구하여 그 기대효용의 크고 작음을 비교하여 선택하기보다는 확률이나 금액과 같이 내기를 이루는 구성요소 또는 속성(attribute)의 값을 비교하여 선택한다는 것이다. 즉 본인에게 중요한 속성의 값을 먼저 비교하고 그것에 근거해 선택이 가능하면 다음 속성은 그리 고려하지 않게 된다. 이러한 선택방식을 Tversky는 **사전편집식 규칙**(lexicographic semiorder decision rule)으로 설명하는데, 이 규칙은 기대효용이론과 달리 내기(선택대안)의 속성정보가 어떤 식으로 처리되어 선택이 일어나는지를 설명하는 심리학적 모델이라는 점에서 주목을 끌었다.

Tversky는 기대효용이론의 공리 중 하나인 이행성이 사람들의 실제 선택행동에서 지켜지지 않음을 여러 실험을 통해 보여주었는데, 이 이후에도 기대효용이론에 근거하여 사람들이 선택을 한다고 가정했을 때 나타나야 하는 행동이 사람들의 실제행동에서는 나타나지 않음을 보여주는 연구들이 계속 소개되었다. Tversky(1996)는 기대효용이론으로 인간의 선택행동을 설명한다면 지켜져야 할 세 가지 원칙이 있다고 말한다. 첫째, 선호를 드러내는 절차에 상관없이 일관된 선호가 나타나야 하며(principle of procedure invariance), 둘째, 대안을 표현하는 방식과 상관없이 일관된 선호가 나타나야 하며(principle of description invariance), 셋째, 대안이 구성된 맥락과 상관없이 일관된 선호가 나타나야 한다(principle of context invariance). 그러나 선택에 대한 여러 행동적 연구들이 선택대안들에 대한 선호를 드러내는 절차에 따라 선호가 뒤바뀌는 선호역전(preference reversals), 동일한 대안을 긍정적으로 또는 부정적으로 표현하는 것에 따라 사람들의 선택이 달라지는 틀 효과(framing effect), 그리고 유인효과(attraction effect)나 타협효과(compromise effect)와 같은 맥락효과가 나타남을 보여줌으로써 사람들의 실제 선택행동에서 이러한 원칙들이 지켜지지 않음을 보여주었다. 기대효용이론에 벗어나는 이러한 현상들은 이후 본서에서 자세히 소개될 것이다.

심리학자는 기대효용이론이 기술적 이론으로서는 한계를 가지고 있음을 지적하면서, 사람들이 선택 및 의사결정에서 실제로 거치는 인지과정에 관심을 갖고 이를 설명할 수 있는 모델이나 의사결정규칙을 연구하는데 초점을 맞추었다. 또한 여러 과제(task)나 상황(context) 특성이 선택에 어떤 영향을 미치는지에 대한 연구도 활발히 이루어졌다.

1.4 판단에 대한 연구

앞에서도 말했듯이 Edwards가 선택에서 판단으로 관심주제를 옮겨 판단에 대한 연구를 시작한 이후 그의 연구방법론은 Tverksy와 Kahneman으로 이어졌고 판단 휴리스틱과 편향에 대한 연구의 주된 연구방법을 이루게 된다. 이들의 연구결과는 1974년 Science지에 발표되면서 심리학뿐 아니라 경제학, 경영학 등 여러 분야의 연구자들에게 알려지게 되었고 이와 관련된 연구들이 활발하게 이루어지는 계기가 되었다. 판단 휴리스틱과 편향은 이후 행동적 의사결정 연구의 주요 분야를 이루게 되지만 이것이 판단 연구의 전부는 아니다. 판단 휴리스틱과 편향 연구는 5장에서 자세히 소개될 것이므로 본 절에서는 휴리스틱과 편향 연구 외의 주요 판단연구를 소개하기로 한다.

먼저 소개하고자 하는 연구는 인간 판단에 대한 모델링 연구라고 부를 수 있는데, 인간의 판단과 수리 모델을 비교하는 연구이다. 이런 비교의 좋은 예는 영화화되기도 한 마이클 루이스의 소설 '머니볼(moneyball)'에서 볼 수 있다. 실화에 기반한 소설의 내용을 보면, 미국 메이저리그 야구팀인 '오클랜드 애슬레틱스'의 단장인 빌리 빈(브래드 피트 분)이 예일대 경제학과를 졸업한 피터 브랜드(조나 힐 분)를 만나 그전까지는 스카우터의 경험과 안목에 기초해 선수를 선발하던 야구계 관행을 깨고 수리 모델에 기초해 선수를 선발하게 된다. 기존 경기 데이터에 근거해 득점을 예측하는 요인이 '출루율'이라는 것을 알게 되고, 이에 기초해 출루율이 좋은 선수를 상대적으로 적은 비용으로 영입하여 좋은 성적을 내면서 우승을 거머쥐게 된다.

이렇듯 인간의 직관적인 판단과 수리 모델을 비교한 연구를 Meehl(1954)이 발표한다. 그는 20여 개의 관련 연구를 토대로 **직관에 기반한 예측**(intuitive prediction 또는 임상예측, clinical prediction)과 **선형 모델에 기반한 예측**(statistical prediction)의 상대적 정확성을 비교하고 직관적 예측이 선형 모델보다 정확하지 않다는 결과를 보고한다. 이 연구는 이후 전문가가 내린 판단을 토대로 만들어진 수리적 판단(예측) 모델을 전문가가 내린 직관적 판단과 비교하는 일련의 연구를 촉발시켰다. 여기서 직관적 판단 또는 예측이란 전문가들이 교육과 수련경험을 통해 학습한 사례(case)의 여러 단서를 사용하여 수리적인 예측을 하거나 판단을 내리는 것을 가리킨다. 수리적 예측의 예로는 야구 해설자가 한 야구선수의 지금까지의 시합내용이나 그 선수의 역량이나 컨디션에 기초해 올해의 타율을 예측하는 것을 들 수 있고, 판단의 예로는 의사가 환자의 여러 가지 증상과 검사결과에 기초하여 무슨 병인지 진단을 내리는 것을 들 수 있다. 선형 모델에 근거한 수리적 예측은 판단에 사용된 어떤 사건의 여러 단서와 그 사건에 대한 판단결과가 이미 알려져 있는 기존의 사례를 사용해 다중회귀분석(multiple regression analysis)을 실시하여 판단 단서와 판단 결과 사이의 관계를 보여주는 수리 모델을 만든 후 아직 판단이 내려지지 않은 새로운 사건(사례)의 단서를 모델에 투입하여 결과를 예측하는 것이다.

Hoffman(1960)은 사람들의 판단과정을 이해하기 위한 한 방편으로 수리 모델을 활용할 것을 제안하였다. 그는 수리 모델이 판단을 내리는데 수반되는 정보처리과정 자체를 정확히 표현하는 것은 아니지만 수식을 사용함으로써 판단에 영향을 미치는 주요 단서들을 설명하는 데 도움을 받을 수 있으므로 직관적 판단을 연구하는데 유용하게 활용될 수 있다고 보았다. 그는 특히 여러 수리 모델 중 선형 모델(linear model)의 유용성을 제안했는데, 선형 모델은 판단결과에 영향을 미칠 여러 단서에 가중치(상대적 중요도)를 부여한 후 단서들을 단순히 합한 것이다. 이는 다음과 같이 중다회귀방정식으로 나타낼 수 있다.

$$J = a_0 + a_1X_1 + a_2X_2 + \cdots + a_nX_n$$

(J: 판단, a_i: 가중치 또는 회귀계수, X_i: 단서)[3]

3) 이 식에서 회귀계수(regression coefficients)는 판단자가 각 단서에 부여한 중요도를 나타낸다고 볼 수 있다. 그러나 이러한 해석에는 약간의 제약이 따르기 때문에 판단자의 상대적인 가중치(relative weights)를 나타내기 위해 회귀계수 자체를 사용하기보다는 회귀계수를 수정한 값을 사용한다.

Hoffman은 선형 모델 이외의 모델을 형상(configurational) 모델이라고 지칭하였다. 이러한 모델의 예로는 단서 간에 상호작용 관계가 있거나 단서와 이에 기반한 판단 사이의 관계가 선형적이지 않고 지수함수나 로그함수처럼 비선형적인 경우를 들 수 있다. 단서 간의 상호작용이란 한 단서가 판단에 미치는 영향력이 다른 단서의 값이 어떤가에 따라 달라짐을 의미한다. 예를 들어, 환자가 복통(한 단서)을 호소하는데 고열이 있는지 없는지(다른 단서)에 따라 다른 진단이 내려지는 경우이다. 판단이 형상적이라는 것은 각 단서가 판단에 미치는 영향이 독립적이지 않기 때문에 각 단서의 영향이 독립적인 것으로 가정하고 단서들을 단순히 합하는 것보다는 여러 단서들이 함께 어떤 양상(pattern)을 보이는가가 판단에 더 중요하게 영향을 미침을 의미한다. 따라서 형상 모델이 선형 모델보다 더 복잡한 방식으로 단서들을 통합한다고 볼 수 있다. 여기서 재미있는 것은 의사나 임상심리학자와 같이 오랜 경험이나 훈련을 받은 전문가들이 자신의 판단과정을 대체로 형상적인 방식으로 보고 하지만, 실제로는 형상 모델보다는 단순한 선형 모델이 그들의 판단을 더 잘 설명한다는 것이다.

Yntema와 Torgerson(1961)은 전문가의 직관적인 판단에 근거해 만든 단순한 선형 모델이 실제 전문가의 판단보다 더 정확함을 보여주었다. 전문가가 내렸던 판단을 토대로 만들어진 선형 모델을 **부트스트랩 모델**(bootstrapped model)이라고 하는데, 이 모델이 실제 전문가의 판단보다 더 정확한 것을 가리켜 **부트스트랩핑 효과**(bootstrapping effect)라고 한다. 이들은 선형 모델이 중요한 단서에 대한 전문가의 지식을 잘 포착하고 그 지식을 전문가보다 더 일관성 있게 적용하기 때문에 판단에 있어 더 나은 수행을 보인다고 해석하였다. 이들의 연구에 이어 Dawes와 Corrigan(1974)은 주요 단서에 무작위로 가중치를 할당한 모델이 전문가의 부트스트랩 모델보다 판단에 있어 더 나은 수행성과를 보이며, 가중치를 균등하게 두는 경우에도 부트스트랩 모델보다 나은 수행성과를 보여주었다. 이러한 연구 결과들은 전문가의 수 년 간의 경험과 훈련이 판단에 미치는 긍정적 효과에 대해 의문을 제기하기도 했지만 판단 연구자들은 여러 단서와 판단 사이의 어떠한 함수관계도 선형 모델이 잘 포착한다는 이유로 위의 결과를 설명하였다. 선형 모델은 인간의 판단을 모델링하는 강력한 수리 모델일 수 있고, 한번 만들어지면 일관되게 적용된다는 점에서 변덕스러운 인간의 판단에 비해 장점을 갖는다. 휴리스틱과 판단

연구의 대가인 Kahneman은 최근 그의 동료와 함께 '노이즈(noise): 생각의 잡음(2022)' 이라는 책을 발표하였는데, 이 책의 제목이기도 한 노이즈가 바로 인간 판단의 변덕스러움에 해당한다.

Focus

인공지능과 인간 중에서 누가 더 좋은 의사결정을 할까? 좋은 의사결정이란 어떤 것일까?

"전문가, 기계(예: AI), 통계적 모델(예: 선형회귀분석)의 예측 정확도를 비교한 결과 전문가의 예측 정확도가 가장 낮았고, 그 원인은 바로 잡음(noise)에 있다." – 51쪽

우리는 의식적이든 무의식적이든 매일매일 의사결정을 하며 살고 있다. 의사결정이란 주어진 문제를 해결하기 위해 대안을 탐색하고, 최적의 대안을 선택 · 평가하는 과정이다. 의사결정이 효과적이었다는 것은 문제가 해결되었다는 것이고, 문제 해결 여부의 평가 척도 중 하나는 정확성(accuracy)이다.

정확한 판단을 하려면? 예측된 결과는 진실에 접근하고 오류를 최소화하는 것이어야 한다. 저자들에 의하면 예측의 질을 평가하기 위해서는 예측과 실제 결과를 비교해서 예측이 결과와 얼마나 근접하게 공변(co-vary) 하였는지를 평가해 보면 된다고 한다. 그러나 예측이 옳았는지 확인하기 위해서 우리는 몇 년을 기다릴 여유가 없고, 세상은 복잡하고 불확실한 곳이어서 우리가 예측한 것의 실제 결과가 무엇인지 알 수가 없는 경우가 대부분이다. 이러한 상황에서 의견 차이가 존재하고 그 오류는 우리가 예상한 것보다 크다.

오류를 측정할 수 있나? 과학에서 측정은 정해진 기준에 따라 주어진 사물이나 사례를 평가하고 가치를 부여하는 행위이다. 이러한 측정의 목표는 정확도이다. 그러나 과학에서도 이 목표를 완벽하게 달성하기란 불가능하다. 즉, 항상 어느 정도의 오류가 존재한다. 저자들은 그 오류 가운데 하나는 편향(deviation)이고, 다른 하나는 잡음(noise)이라고 한다. 편향은 한쪽으로 치우쳐진 정도이고, 잡음은 같은 문제를 검토하고 내린 판단에서 나타나는 임의적 분산이다.

예를 들어, 세 명의 스포츠 전문가가 손흥민 선수의 A 매치 예상 골을 예측한다고 가정하자. A는 3골, B는 2골, C는 1골을 예상했고, 손흥민 선수는 2골을 넣었다. 그럼 B의 예측이 적중하였다. 그런데 이 경우 하나의 사건에 대해 세 명의 전문가가 모두 다르게 평가하였으므로 잡음이 존재하고, A와 C의 경우에는 정답인 2골에 대해 1의 편향도 존재한다. 만약 A, B, C 모두가 1골을 예상하였다면 잡음은 존재하지 않고, 1의 편향만 존재한다. 저자들은 판단의 과정에서 존재하는 전체 오류는 피타고라스의 정리(a^2+b^2

$=c^2$)를 적용하여 편향과 잡음의 제곱 합으로 분해할 수 있다고 한다.

오류를 관리할 수 있나? 오류를 관리하려면 편향을 제거하고 잡음을 축소시켜야 한다. 저자들에 의하면 편향은 방향성을 지니므로 측정 결과와 비교하여 사전·사후적으로 제거할 수 있지만, 잡음은 관찰되거나 예측할 수 없는 오류인 경우가 대부분이므로 간과되기 쉽다고 한다. 따라서 조직은 결정 관찰자(decision observer)를 지정하고 잡음 감사(noise audit)를 수행하는 등의 노력을 통해 잡음이 발생하기 전에 잠재적으로 발생할 수 있는 오류를 예방하여야 한다. 저자들은 이를 결정 위생(decision hygiene)이라고 하였고 이를 통해 판단의 오류를 줄일 수 있다고 한다.

인공지능이 인간의 의사결정을 대신할 것인가? 최근 인공지능(AI)의 발달로 "기계적 판단이 인간의 판단보다 더 정확하다."라는 가설이 제기되고 있고, 그 가설은 사실로 검증되고 있다. 이로 인해 일부 지지자들은 "인공지능이 인간의 의사결정을 대체할 것이다."라는 가설도 수립하고 있다. 하지만 정확성만이 좋은 의사결정을 결정하는 유일한 기준인가? 기계적 판단의 정확성이 의사결정의 질을 결정하는 중요 변수인 것은 분명한 사실이다. 하지만 정확한 정보를 이용한 의사결정이 인간과 인류를 위한 유용한 의사결정이었는지에 대한 질문에도 답을 할 수 있어야 한다.

기계적 판단에 편향과 잡음이 상대적으로 작다고 하더라도 인간과 인류에게 유용하였는지에 대한 추가적 고려가 없다면 좋은 의사결정이 될 수가 없다. 이러한 이유로 의사결정의 질을 결정하는 두 가지 속성은 정확성과 유용성이 되어야 한다. 인간의, 인간에 의한, 인간을 위한 의사결정, 즉 우리가 사는 세상을 더 아름답게 만드는 의사결정은 인공지능이 아니라 인간이 중심이 되는 철학과 태도를 지닌 인간의 영역이므로 기계적 판단의 정확성과 인간과 인류를 위한 유용성을 어떻게 조화해야 하는지의 관점에서 생각해 볼 문제는 남아 있다. 이 책은 편향과 더불어 잡음의 존재를 소개하고, 그 관리 방안도 제안하고 있다는 점에서 흥미롭고 시사하는 바가 있다.

자료원: 손성진(단국대학교 경영학부 교수), 김천일보 2022.11.13

수리 모델과 전문가의 판단을 비교하는 연구와 더불어 판단연구자의 관심을 끈 또 다른 주제는 전문가가 자신의 판단에 대해 얼마나 통찰력을 가지고 있는가이다. 판단에 대한 전문가의 통찰력을 측정하기 위해 연구자들은 주로 여러 단서들을 어떤 식으로 통합하는지 또는 단서들에 어떤 식으로 가중치를 주었는지에 대해서 묻게 되는데, 가중치에 대해서는 언어적으로 기술하기보다 100을 각 단서의 중요도에 따라 나누도록 한 후 이를 회귀계수를 가지고 계산한 상대적 가중치와 비교하는 방법을 주로 사용한다. 이러한 연구들은 전문가가 자신의 판단에 대한 통찰력이 그리 좋지 않다는 결과를 보여준다.

지금까지 6,70년대에 많이 이루어진 전문가 판단에 대한 연구를 살펴보았는데, 다음에는 판단연구의 한 축을 이루고 있는 사회판단이론(social judgment theory, 이후 SJT)과 관련된 연구를 소개한다. SJT 연구는 Hammond를 중심으로 이루어졌는데, 그는 Brunswik의 제자로 Brunswik의 지각이론이 사회적 판단 상황에도 적용될 수 있음을 보여주었다. Brunswik(1952)의 **지각이론**의 요지는 대상에 대한 판단, 즉 지각과정을 불확실한 여러 단서를 사용한 추론과정으로 보는 것인데, 그의 이론은 **렌즈 모델**(lens model)이라고 불린다. 예를 들면, 우리는 3차원의 세계에 살고 있는데, 이런 3차원 세계의 정보는 우리 눈을 통해 망막에 2차원으로 표상된다. 이에 3차원 정보인 물체와의 거리를 정확히 파악하는 깊이지각을 위해 우리는 여러 단서를 사용하게 된다. 즉 망막에 맺힌 물체의 상의 크기가 작거나 흐릿하게 보일수록 멀리 있다고 지각하는 것이다. [그림 1-1]에서 보는 것처럼 지각자는 환경에 있는 여러 단서를 이용하여 그 대상에 대한 전반적 표상을 갖게 되는데, 단서는 지각자와 대상 사이에서 렌즈와 같은 매개역할을 한다. 단서가 불확실하다는 것은 단서(망막 상의 물체의 상대적 크기나 명확성)와 대상의 실제 상태(물체와의 거리) 사이의 관계가 결정론적이지 않고 확률적임을 뜻한다. 보통 단서

그림 1-1 Brunswik의 렌즈 모델(lens model)

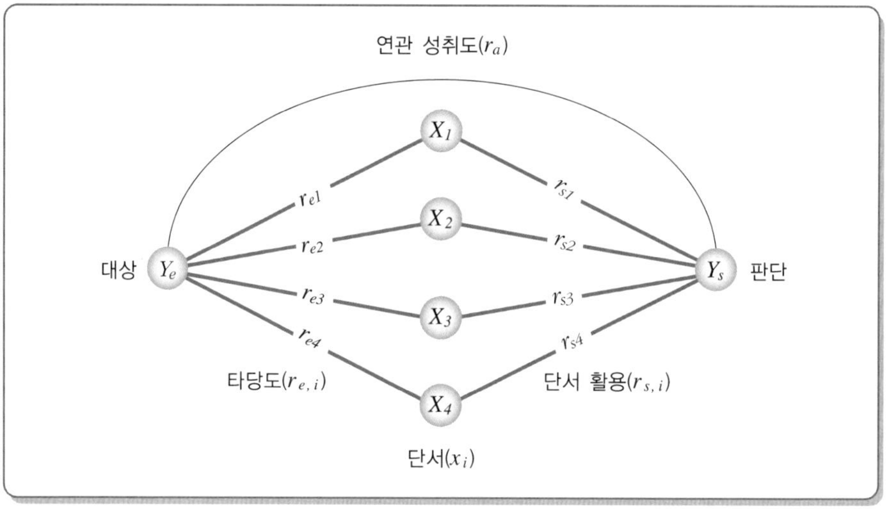

와 환경 사이의 확률적 관계를 파악하기란 쉽지 않은데 사람들이 어느 정도 정확성을 유지하면서 그 관계를 파악하여 대상을 지각하고 적응적으로 살아갈 수 있는 것은 대상의 실제 상태와 관련된 단서들 간의 상호연관성이 높고 단서들이 제공하는 정보가 중복적이기 때문이다.

Hammond는 사회적 판단도 지각과정과 유사한 추론과정이므로 Brunswik의 렌즈 모델이 사회적 판단 상황에도 그대로 적용될 수 있다고 보았다. 즉 여러 단서를 통해 대상에 대한 판단을 내리는데, 예를 들면, 의사는 검진과 검사결과로 환자의 상태를 드러내는 여러 단서를 활용하여 환자의 실제 상태에 대해 진단을 내리게 되는데, 의사가 내린 진단은 판단이 되고 판단의 대상은 환자의 실제 상태가 되는 것이다. 이를 소비 상황에 적용하면, 제품의 여러 속성(예, 브랜드 명성, 가격수준, 원산지 등)을 보고 제품의 품질을 추론하여 판단하는 것이다. 소비자는 반복적으로 구매 결정을 내리고 제품을 소비하는 과정에서 여러 단서가 제품 품질을 판단하는 데 얼마나 좋은 단서인지를 학습하게 된다.

판단 휴리스틱과 편향에 관한 연구는 사람의 판단이 기대효용이론 같은 규범적 이론과 일관되게 나타나는지를 보고 규범적 이론에서 벗어나는 판단을 설명하고자 한 반면, SJT 연구는 실생활에서 일어나는 판단이 환경의 준거에 대응하는지에 보다 관심을 둔다. 그래서 휴리스틱과 편향 연구는 사람들이 내리는 판단과 규범적 이론과의 일관성(consistency)에 초점을 맞추는 반면, SJT 연구는 판단과 환경 간의 대응(correspondence)을 중요시 한다. 의사의 판단과 관련된 예를 들면, 휴리스틱과 편향 연구의 경우 의사가 진단을 내리는 과정에서 내릴 수 있는 확률적 판단이 확률이론에 따라 나타나는지를 본다. 가령 유방 X선 촬영을 했는데 그 결과가 양성 소견이 있었다고 하자. 촬영 결과에 기초하여 이 환자가 실제로 유방암을 가지고 있을 확률을 판단해야 하는데, 이때 의사가 내리는 판단이 규범적 이론인 베이스의 정리에 따라 계산한 결과와 동일한지를 본다. 그리고 의사가 내린 판단과 이론에 근거해 계산된 값을 비교하여 차이가 있는지, 차이가 있다면 왜 있는지를 의사의 판단방식에 기초하여 설명하는 것이다. 반면 SJT 연구의 경우 의사가 판단한 유방암 확률([그림 1-1]의 Y_s)을 실제로 그 환자가 유방암(Y_e)인지와 비교를 한다. 그리고 의사가 여러 단서(X_1, X_2, ...)를 가지고 판단을 내리는 과정에 대해 모델을 개발하고 실제 유방암의 여부와 유방암을 판단하는 여러 단서들이 어떤 관계가 있는지 환경에 대한 분석도 한다. 분석은 앞서 소개한 인간 판단의 모델링 연구에서처럼 주로 다중회귀 모델을 사용한다. 그리고 의사가 내린 판단과 단서와의 관계와 실제 환경에서 유방암과 단서와의 관계가 대응하는지 분석한다. 만약 이 둘 사이에 차이가 있는 경우 환경에서의 준거와 단서 간의 관계를 따라가도록 의사에게 조언을 해주고 의사의 판단이 개선될 수 있도록 도움을 준다. SJT 연구는 사람들이 실제로 어떤 판단을 내리고 이 판단이 환경과 대응관계를 보이는지에 관심이 있었으므로 전문가들을 대상으로 연구가 많이 되었고, 정책 입안과 관련된 연구에도 많이 적용되었다.

지금까지 소개한 전문가의 판단과 관련된 연구와 SJT 연구 외에 판단과 관련된 연구주제들로서 공변량 평가(covariance assessment)나 인과추론(causal reasoning)에 대한 연구, 대인지각에서의 인상형성에 대한 연구 등을 포함시킬 수 있는데, 이는 판단연구의 주제가 인지심리나 사회인지심리 분야와 상당 부분 중첩되어 있음을 보여준다.

1.5 행동경제학의 등장

선택과 판단에 대한 심리학 또는 행동 연구가 누적되면서 그 연구결과는 거꾸로 경제학에 영향을 미치게 되었고, 그 결과 '행동경제학(behavioral economics)'이라는 새로운 연구분야가 생겨나게 되었다. 행동경제학이 정확히 어떤 분야인지를 한 마디로 정의하기는 쉽지 않다. 시작부터 여러 관련 학문들 간의 융합적인 성격이 컸기 때문에 어느 한 분야로 국한시키기 어렵다. 그러나 일단은 경제학의 한 세부분야로 보는 것이 적절할 듯하다.[4] 심리학의 한 세부분야인 행동적 의사결정 연구의 영향을 많이 받기는 했지만 수리적인 접근이 강한 경제학에서 기본훈련을

4) Angner와 Loewenstein(2007)은 행동경제학에 대한 전반적인 소개를 하면서 행동경제학을 인지과학의 한 세부 분야로 보는 것이 더 적절하다고 언급하였고, 1980년 중반 이후부터 행동경제학에 대한 연구를 재정적으로 지원해주면서 행동경제학의 성장에 큰 기여를 한 Russell Sage 재단의 대표인 Eric Wanner 또한 분야의 이름이 잘못 정해졌다면서 인지경제학(cognitive economics)으로 불려야 했다고 언급하였다(Lambert, 2006).

받은 연구자들이 인간의 심리적 특성을 반영하여 경제학 이론의 설명력과 예측력을 높이고자 한 것이 행동경제학 분야의 주된 목표이기 때문이다.

합리적 인간과 수리적 접근을 신봉하는 신고전주의 경제학에서는 인간의 심리적 특성이 배제되어 있지만 실제로 초기 경제학은 매우 심리적이었다. 현대 경제학의 아버지라 불리는 아담 스미스의 저서 '도덕감정론(The Theory of Moral Sentiments, 1759)'에도 인간의 심리적 특성에 대한 통찰로 가득 차 있다. 실제로 심리학이 철학으로부터 독립하여 한 학문분야로 등장하게 된 것이 19세기 말이므로 그 이전에는 경제학이 심리학의 역할도 같이 했다고 볼 수 있다. 경제학과 심리학의 결별은 신고전주의 경제학이 주류 경제학으로 등장한 1930~50년대에 일어났다고 볼 수 있다. 신고전주의 경제학자들은 경제학이 물리학과 같은 엄밀함을 갖기를 원하였고, 당시 시대사조인 논리실증주의(logical positivism)의 영향으로 눈에 보이지 않는 현상은 과학적으로 연구될 수 없다고 보았다. 이에 따라 쾌락이나 만족과 같이 주관적이면서 심리적인 현상을 효용의 개념으로부터 배제하고 객관적으로 관찰될 수 있는 선택행동으로부터 개인의 효용을 도출하고자 하였다. 대상에 대한 한 개인의 선호 정도가 수리적으로 나타나는 것을 효용으로 본 것이다.

이러한 신고전주의 경제학자들의 입장은 당시 심리학에서의 행동주의(behaviorism)와 그 맥을 같이 한다. 여기서 말하는 행동주의는 행동경제학의 행동과는 다른 의미를 갖는다. 행동주의자들은 오로지 객관적으로 관찰하고 측정할 수 있는 행동만이 연구대상이며 눈에 보이지 않는 정신현상은 과학적 연구대상이 아니라고 보았다. 행동주의는 1910~40년대 심리학의 주된 패러다임이었는데 대표적인 연구자로 Watson과 Skinner 등을 들 수 있다. 그런데 심리학에서는 행동주의 이후 인지주의(cognitivism)가 나타나게 된다. 컴퓨터의 등장으로 컴퓨터에서 일련의 프로그램으로 입력된 데이터가 처리되는 것처럼 행동주의에서 금기시되었던 정신현상도 단계별로 처리되는 계산 모델(computational model)로 나타낼 수 있으며 실험을 통해 인간의 인지과정을 과학적으로 연구할 수 있다는 생각이 자리 잡게 된 것이다. 이에 따라 1950년대 중반들어 '인지과학'이라는 심리학, 컴퓨터과학, 철학, 언어학 등의 학제간 연구분야가 등장하였다. 이후 심리학에서는 '인지심리학'이 활발한 연구분야가 되었고 인지적 관점이 인지심리학뿐 아니라 심리학의 여러 분야에 주된 패러다임으로 자리 잡게 된다. 이런 이유로 인간의 선택과 판단 행동에 관심을 가진 심리학자들은 선택과 판단에 이르는 인지과정에 관심을 갖고 연구를 하게 되었다. 행동주의의 '행동'이 겉으로 나타나는 관찰 가능한 행동만을 지칭하는 데 반해, 행동경제학의 '행동'은 겉으로 드러나는 행동뿐 아니라 겉으로 드러나지 않는 인지적 과정 모두를 포함한 개념으로 의사결정 이론이 사람들의 실제 행동에 기반해 이루어져야 함을 일컫는다.

그렇다면 행동경제학의 시작은 언제부터일까? 먼저 '행동경제학'이라는 표현이 처음 사용된 것은 1958년 Johnson이라는 경제학자에 의해서였지만 행동경제학이 한 분야로 자리 잡게 된 것은 1980년대 이후로 보는 것이 적절하다. 1979년 Kahneman과 Tversky는 선택이론인 프로스펙트 이론을 저명한 경제학 학술잡지 Econometrica에 발표하였는데, 이 이론은 경제학자들에게 익숙한 수리 모델에 기반을 두고 있었다. 이 두 가지 점이 경제학자들에게 이들의 이론이 알려지고 경제학과 심리학 사이에 교류가 일어나는 데 결정적인 역할을 하였다. 이후 일부 경제학자들이 기대효용이론으로 설명되지 못하는 **이상 현상**(anomaly)을 설명하는 데 프로스펙트 이론을 적용하면서 행동경제학적인 연구가 시작되었다고 볼 수 있는데, 이 과정에 큰 기여를 한 사람이 Thaler이다. 그는 경제학으로 박사학위를 받은 후 실제로 사람들이 어떻게 의사결정을 하는지에 관심을 갖고 자신의 주위 사람들을 면밀히 관찰하기 시작했는데, 자신이 관찰한 사람들의 행동이 주류 경제학 이론에서 얘기하는 것에서 벗어남을 자주 목격하게 된다. 그는 자신이 관찰한 이상 현상들을 'Anomalies'라는 제목으로 경제학 학술지에 일련의 칼럼으로 소개하였다. 그는 1970년대에 Tversky와 Kahneman을 알게 되었고, 자신이 관찰한 이상 현상을 설명하는 데 그들의 도움을 받을 수 있었다. 그는 1980년에 발표한 논문에서 기회비용의 저평가, 매몰비용에의 집착, 후회의 영향, 자기통제 문제와 같은 기존 경제학 이론으로는 설명하지 못하는 소비자 선택행동을 소개하였다. 이후 1985년 논문에서는 '심적 회계(mental accounting)'라는 개념을 제시하며 기존 경제학 이론으로 설명하지 못하는 소비자 선택행동을 설명하고자 하였다. Thaler의 이론은 3장에서 자세히 소개될 것이다.

이후 1986년 시카고 대학에서 인간의 선택행동과 관련된 연구를 하는 사회과학자들이 모여 학술대회를 가졌고, 이때 발표된 논문은 1987년 Hogarth와 Reder에 의해 책으로 편집되어 출간되었다. 그리고 미국의 연구재단에서도 행동경제학 연구에 많은 지원을 해주면서 관련 연구자와 연구들이 많아지게 되었고, 1997년 한 경제학 잡지(Quarterly Journal of Economics)에서는 행동경제학 특별호가 발표되기도 하였다(Camerer & Loewenstein, 2004). 이후 Kahneman과 Thaler는 Simon(1978년 수상)의 뒤를 이어 각각 2002년, 2017년에 노벨 경제학상을 수상한다. 이는 이들의 연구와 이론이 경제학에 미친 영향을 잘 보여준다.

행동경제학의 연구가 활발해지면서 행동경제학의 전제도 초기보다 다양해졌다. 행동경제학 연구의 초기 전제는 Simon이 제안한 '제한된 합리성'이라 할 수 있다. 경제학에서는 선택을 내리는 인간이 어떤 정보처리 특성을 가지고 있는지는 전혀 고려하지 않았는데, Simon은 인간이 제한된 인지적 능력을 가지고 있고 이러한 인간의 인지적 특성이 경제학 이론에도 반영되어야 한다고 보았다. 이후 Thaler(2000)는 제한된 합리성 외에 인간에 대한 두 가지 전제를 추가적으로 제안하는데, 이는 '**제한된 의지**(bounded willpower)'와 '**제한된 자기이익**(bounded self-interest)'이다. 경제학에서는 인간이 자기통제(self-control)를 하는 데 전혀 문제가 없다고 보며, 궁극적으로 미래 자신의 효용을 극대화하는 선택을 한다고 본다. 그러나 다른 시점 간의 선택(intertemporal choice)에 대한 행동적 연구 결과를 보면(예, 눈앞에 있는 맛있지만 칼로리가 높은 초콜릿 케이크를 지금 먹을 것이냐, 아니면 미래의 날씬한 몸매를 위해 꾹 참고 다이어트를 지속할 것이냐의 선택), 사람들은 미래의 장기적인 이득보다는 가까운 미래나 현재의 이득에 더 쉽게 흔들린다. 현재나 가까운 미래의 즐거움을 의지로 극복하고 보다 먼 미래의 이득을 도모해야 자신의 주관적 안녕감이 높아지는데 현실적으로 이러한 선택행동을 하기 쉽지 않다는 것이다. 한편 경제학은 개인을 움직이는 가장 기본적인 원동력은 자기이익의 극대화라고 본다. 그러나 실제에 있어 사람들은 다른 사람의 고통과 행복에도 민감하게 반응하고, 때로는 타인을 위해 자기이익에 반하는 행동을 하기도 한다. 선택행동에서 이런 전제가 추가되면서 행동경제학 또는 행동적 의사결정 연구는 다른 시점 간의 선택이나 사회적 선호에 대한 연구 등으로 연구영역이 확장되었고, 최근에는 인지신경과학의 발달로 신경경제학(neuroeconomics)이라는 세부영역도 추가되었다.

Focus

감성과 이성의 투자심리학

세계적으로 유명한 자산운용사인 뱅가드(Vanguard)가 미국고객들의 저축 · 투자에 대한 성향을 조사 · 분석한 바 있다. 흥미로운 사실은 절반을 훨씬 넘는 고객들이 노후(老後)에 대비한 저축이나 투자에 대해 관심이 없거나, 일종의 거부반응마저 보이고 있었다는 것이다. 이런 특징은 여러 가지 이유로 더 많은 노후소득이 필요한 시대에 살고 있는 우리들에게 시사하는 바가 크다.

미국의 와튼 스쿨, 시카고 경영대학 등을 중심으로 하는 행동경제학자들은 저축과 투자에 대한 비(非)이성적인 판단이 뇌의 의사결정구조와 밀접한 관계가 있음을 밝히고 있다. 일반적으로 뇌에는 이성적 판단을 통해 의사결정을 내리는 부분과 본능적이고 감성적인 의사결정을 내리는 부분이 있다. 문제는 이 두 부분이 서로 합의하지 못할 때 대부분의 경우 감성을 지배하는 부분에 의해 의사결정이 이뤄진다는 점이다. 물론 감성적인 부분이 위험을 감지하게 되면 이성적인 의사결정과 결과적으로 같은 결론을 내리게 될 수도 있다. 그러나 노후의 문제처럼 매우 먼 미래의 문제에 수반되는 위험을 감성적인 부분에서 인식하기 쉽지 않다고 지적하고 있다. 따라서 먼 미래의 위험에 대비해서 저축을 하기 보다는 현재의 소비에 더 큰 의미를 두게 된다는 것이다.

뇌의 감성적인 부분은 그 밖에도 몇 가지 주요특징을 가지고 있다. 먼저 알려진 바와는 다르게 선택상황에 직면했을 때 특정 선택대안에 대한 뚜렷한 선호성향을 가지고 있지 않다는 점이다. 예를 들어 위험도가 다른 다양한 투자기회가 주어졌을 때 개인별로 뚜렷한 선호성향을 가지고 있지 않았으며, 휴리스틱이라고 불리는 단순화 룰을 이용해 상황을 판단하고 의사결정을 내린다는 점도 발견됐다. 즉 종합적인 분석을 통해 의사결정을 하기보다는 그때 그때 쉽게 얻을 수 있는 정보를 바탕으로 의사결정을 내린다는 것이다. 예를 들어 주식형 펀드를 많이 제공하는 A금융회사에서는 주식형 펀드를 선호하는 반면, B라는 금융사에서는 오히려 채권형 펀드를 선택할 수 있는 것이다. 한편 변화가 필요한 시점임에도 불구하고 투자자들은 최초의 선택을 그대로 유지하려고 하는 행태(관성의 법칙)를 보인다. 2003년에 설정된 퇴직연금 펀드의 주식투자비율이 50%인데 비해, 주식시장이 좋았던 1995년도에 설정됐던 퇴직연금 펀드가 2000년대 중반까지 70% 정도의 주식투자 비중을 유지하고 있는 것이 그 예이다.

미국의 뱅가드를 비롯한 피델리티, 티로 프라이스 등의 자산운용사들은 고객들의 이러한 비이성성을 간파하고, 이들이 보다 합리적으로 의사결정을 내릴 수 있도록 돕는 금융상품

을 선보이고 있다. 이런 상품들은 말 그대로 자동으로 모든 것이 진행되는 특징을 가지고 있는데, 고객 개인의 기간별 부담금 또는 저축액, 그리고 투자방법, 연금의 지급방법 등이 모두 기본사양(default)으로 사전에 정해져 있어 고객의 선택을 최소화해 준다. 물론 개인의 취향에 따라 다른 선택을 할 수 있다. 그러나 선호역전, 휴리스틱, 관성의 법칙 등으로 인해 비합리적 선택을 하는 소비자들에게는 희소식이 아닐 수 없다. 얼마 전까지만 해도 많으면 1백여 개에 이르는 펀드를 제공해 자유로운 선택을 독려하던 금융회사들이 고객의 의사결정 부담을 줄이고 합리적 가이드라인을 제공하는 방식으로 선회(旋回)하고 있는 것이다.

자료원: 한국경제, 2007. 8. 27.

행동경제학자들은 인간의 심리적 특성을 반영하여 경제학 이론의 설명력을 높이는 데 머무르지 않고 인간이 보다 나은 방향으로 선택을 할 수 있게 하는 방법에도 관심을 가지고 있다.[5] 가령 Thaler와 Sunstein(2009)는 '넛지(nudge)'라는 책을 통해 '**자유주의적 온정주의**(liberal paternalism)' 개념을 제시한다. 이는 사람들의 자유의지에 기초한 선택은 존중해주되 사람들이 자신에게 이득이 되는 방식으로 선택을 할 수 있도록 선택환경을 설계하는 것을 가리킨다. 예를 들면, 카페테리아에서 사람들이 보다 몸에 좋은 건강한 음식을 먹도록 유도하기 위해서 신선한 야채와 과일은 진열대 앞에 놓아 쉽게 집어갈 수 있도록 하는 반면, 몸에 좋지 않은 단 디저트나 음료는 진열대의 뒤쪽에 놓아 집어가기 어렵게 음식을 배치하는 것이다. 이렇게 하면, 자신이 먹고 싶은 것을 골라먹을 수 있는 자유로움은 훼손하지 않으면서 사람들의 선택을 건강한 음식으로 유도할 수 있다.

행동적 의사결정 연구와 행동경제학의 연구는 현재도 활발히 진행되고 있다. 본서에서는 이 분야에서 개발된 주요 이론과 개념들을 소개하고 최근 연구결과를 함께 다룸으로써 초기의 가설이나 이론이 시간의 흐름과 함께 어떻게 발전되어 가는지를 보여주려고 한다. 그리고 쉬운 예를 함께 제시해 여러분의 이해를 돕고자 한다.

---

5) 규범적 이론과 기술적 이론에 이어 인간의 선택행동과 판단을 개선하기 위해서는 어떻게 해야 되는지에 대한 아이디어를 제공하는 이론을 처방적 이론(prescriptive theory)이라고 한다.

2장

기술적 선택 이론-1

02 기술적 선택 이론-1

2.1 선택상황의 이해

선택이 어떻게 이루어지는지를 설명하는 여러 기술적 이론을 소개하기에 앞서 선택상황 자체에 대한 이해가 필요하다. 왜냐하면 다양한 선택상황이 있고 선택상황에 따라 의사결정자가 고려하는 요인이라든가 선택과정이 달라질 수 있기 때문이다.

선택상황은 크게 확실성(certainty)하에서의 선택, 위험(risk)하에서의 선택, 불확실성(uncertainty)하에서의 선택으로 구분된다. **확실성하에서의 선택**은 각 대안이 갖는 속성이나 속성수준에 불확실성이 없고 모두 알려져 있는 상황에서 이루어지는 결정이다. 가령 소비자가 자동차를 구매하는데 있어 각 대안은 가격, 연비, 디자인 등의 제품속성을 가지고 있으며 각 자동차 대안은 서로 다른 속성수준을 가지고 있다. 물론 소비자들이 제품에 대한 지식이 충분치 않아 각 대안의 속성정보를 알지 못하는 경우가 있지만, 이것은 소비자가 모르는 것이고 제품 측면에서는 모든 속성이 분명히 정해져 있다. 이러한 상황에서의 의사결정을 확실성하의 선택이라고 한다. 반면 위험이나 불확실성하에서의 선택은 어떤 결과가 나타날지 확실하지 않는 상황에서 이루어진다. 주사위를 던질 때 맨 윗면의 상태가 1일지 6일지 미리 알기 어렵다. 그러나 어떤 특정한 숫자가 나타날 수 있는 확률은 알고 있다. 이처럼 선택의 결과로 어떤 상태가 나타날지는 모르지만 그 상태가 나타날 확률은 알려져 있는 상황이 **위험하에서의 선택**이며, 승률이 알려져 있는 대부분의 도박이 여기에 해당한다. 반면 **불확실성하에서의 선택**은 어떤 상태가 나타날 확률이 알려져 있지 않아 이에 대해 우리가 추측을 해야 하는 경우이다. 오늘 오후에 비가 올지, 내가 산 주식의 주가가 오를지 내릴지 등 우리가 일상에서 흔히 접하는 선택상황이 이에 해당한다.

확실성하에서 선택을 할 때 의사결정자는 선택대안(option, alternative), 그리고 각 대안이 갖고 있는 주요속성(attribute, feature, dimension) 및 각 속성의 상대적 중요도(또는 속성 가중치)를 포함하는 평가기준을 고려해야 한다. 예를 들면, 어떤 소비자가 중형 자동차를 구매한다고 해보자. 대안으로는 쏘나타, SM5, K5 등이 고려될 수 있다. 평가기준과 관련해 자동차의 가격, 연비, 디자인, 안전성 등은 그 소비자가 대안 선택 시 중요하게 생각하는 속성에 해당한다. 그리고 각 속성의 상대적 중요도(가중치)는 가격을 가장 중요하게 생각할 것인지, 아니면 안전성을 가장 중요하게 생각할 것인지, 아니면 5 : 5로 동일한 가중치를 부여할 것인지 등과 관련된다. 구매 전 소비자들은 고려대안, 주요속성과 각 자동차 대안별 속성수준, 각 속성의 상대적 중요도에 대한 정보를 탐색하며, 수집된 정보를 토대로 자기에게 가장 큰 만족을 가져다 줄 것이라고 생각되는 제품을 선택한 후 구매하게 된다.

위험이나 불확실성 상황에서 선택을 해야 하는 경우 의사결정자는 가능한 상태(states)와 각 상태가 나타날 확률, 대안, 그리고 각 상태에서 특정 대안을 선택해 얻게 될 결과(outcomes)를 고려하게 된다.[1] 여기에서 유명한 **파스칼의 내기**(Pascal's wager)을 가지고 이를 설명해보자(Baron, 2008). 파스칼의 내기는 하느님이 있는지 없는지 우리가 확실하게 알 수 없는 상황에서 과연 어떻게 사는 것이 우리에게 좋은지 선택할 것을 제안한다. 파스칼이 제시하는 선택상황은 〈표 2-1〉과 같다.

표 2-1 파스칼의 내기

대안	세상의 상태	
	하느님이 존재한다.	하느님이 존재하지 않는다.
그리스도인의 삶을 산다.	구원 받는다.	그냥 죽는다.
세속적으로 산다.	구원 받지 못한다.	그냥 죽는다.

1) 위험하에서의 선택과 불확실성하에서의 선택이 구분되기는 하나 두 상황 모두 가능한 상태가 확률적이라는 점은 동일하기 때문에 이 둘을 굳이 구분하지 않고 함께 묶어 불확실성하의 선택으로 보기도 한다. 본 저서에서도 둘을 굳이 구분해야 하는 경우를 제외하고는 이 둘을 묶어 불확실성하의 선택으로 부르고자 한다.

세상의 상태는 '하느님이 존재하는' 세상과 '하느님이 존재하지 않는' 세상이 있을 수 있다. 이 둘은 서로 배타적이고 어떤 상태가 나타날지는 우리가 확실히 알지 못하기에 확률적이다. 이런 상태에서 우리에게는 두 개의 대안이 있다. 하느님이 있다고 믿고 그리스도인의 삶을 사는 것과 그냥 세속적으로 사는 것이다. 우리가 어떤 대안을 선택하느냐와 어떤 상태가 맞느냐에 따라 네 가지의 결과가 가능하다. 첫째, 하느님이 실제로 존재하고 그리스도인의 삶을 산다면 우리는 구원을 받을 것이다. 둘째, 하느님이 존재하는 데도 세속적인 삶을 살면 우리는 구원받지 못하고 지옥의 나락으로 떨어진다. 반면 하느님이 존재하지 않는다면 내가 어떻게 사는 것과 상관없이 그냥 죽음을 맞이하게 된다. 그리스도인의 삶을 사는 경우 자기가 하고 싶은 것을 맘대로 하지 못하는 약간의 불편함이 있었겠지만 자신이 믿고 한 일이니 크게 잃을 것이 없다. 이 상황에서 가장 바람직한 결과는 무엇일까? 물론 구원을 받아 영생을 얻는 것이고 가장 무서운 결과는 구원 받지 못하고 지옥의 나락으로 떨어지는 것이다. 그렇다면 우리는 어떻게 살아야 하겠는가? 하느님이 계시는지 불확실한 상태에서 가장 무서운 결과를 피하면서 가장 좋은 결과를 얻을 수 있는 것은 그리스도인의 삶을 사는 것이다. 파스칼은 이런 질문을 던지면서 하느님을 믿는 것이 결국은 우리에게 가장 큰 이득이 되는 선택임을 제안하였다.

이하에서는 선택에 대한 기술적 이론을 확실성하에서의 선택행동을 설명하는 이론과 불확실성하에서의 선택행동을 설명하는 이론으로 구분해 살펴보기로 한다.

2.2 기술적 선택 이론: 확실성하에서의 선택

본 절에서는 제품의 선택과 같이 확실성하에서의 선택에 대한 기술적 이론을 소개하고자 한다. 여기에서 소개되는 기술적 선택이론들은 주로 의사결정자가 대안과 속성에 대한 정보를 처리하여 결정을 내리는 다양한 방법들에 관한 것이다.

(1) 선형 모델(linear model)

선형 모델은 각 대안의 가치를 구한 후 그것을 비교하여 가장 높은 가치를 갖는 대안을 선택하는 것이다. 대안의 가치는 속성들의 상대적 중요성을 나타내는 가중치와 각 속성 값의 곱의 합으로 구한다.

소비자가 가격이 비슷한 세 가지 SPA 의류브랜드를 비교 · 평가하는 상황을 가정하자. 〈표 2-2〉에 나와 있듯이 이 소비자는 주요 속성으로 디자인, 착용감, 소재의 질, 내구성 등 네 가지를 고려하며, 각 속성의 상대적 중요도를 전체를 100으로 둘 때 디자인 40, 착용감 30, 소재의 질 20, 내구성 10으로 부여한다고 가정하자. 또한 이 소비자는 각 의류브랜드의 속성값을 주요 속성별로 평가하는데, 이를 1-10(매우 나쁨 - 매우 좋음)으로 평가한다고 하자.

〈표 2-2〉에서 각 브랜드의 최종 평가점수(전반적 가치)는 각 주요 속성별로 상대적 중요도와 속성값을 곱한 값을 모든 주요 속성에 걸쳐 합한 값을 나타낸다. 이와 같은 경우 이 소비자의 브랜드 선호도는 H&M, 자라, 유니클로의 순위로 나타날 것이다. 그런데 H&M은 유니클로, 자라와 비교할 때 소재의 질에서 동등하게 평가받으며 더구나 내구성에서는 유니클로와 자라보다 낮게 평가되고 있지만 디자인과 착용감에서 높게 평가되기 때문에 가장 선호된다는 것을 알 수 있다. 즉 내구성에서의 상대적 약점이 디자인과 착용감에서의 상대적 강점에 의해 보완되어 전체적인 면에서 가장 선호되는 것이다.

표 2-2 SPA 의류브랜드에 대한 가치추정 표

주요 속성	상대적 중요도	각 의류브랜드에 대한 평가		
		H&M	유니클로	자라
디자인	40	8	3	5
착용감	30	5	3	5
소재의 질	20	5	5	5
내구성	10	3	7	5
평가점수(각 브랜드의 전반적 가치)		600*	380	500

* H&M의 전반적 가치 = (40×8) + (30×5) + (20×5) + (10×3) = 600

선형 모델은 각 대안의 모든 속성이 고려되고 속성들 간의 상대적 중요성도 일관성 있게 고려된다는 점에서 규범이 될 만한 선택규칙이라고 볼 수 있지만 실제로 사람들이 자주 사용하는 규칙이라고 보기는 어렵다. 선형 모델은 가중치를 어떻게 두느냐에 따라 가중가산규칙 또는 등가중가산규칙이 될 수도 있다.[2)]

(2) 차이가산 모델(additive difference model)

차이가산 모델은 두 대안을 속성별로 비교하여 차이를 합하는 것인데 이때 위의 선형 모델에서와 마찬가지로 가중치를 곱해준다. 위의 예에서 H&M과 유니클로를 비교해보면 다음과 같다.

$$\text{차이(H\&M, 유니클로)} = \{40\times(8-3)\} + \{30\times(5-3)\} + \{20\times(5-5)\} + \{10\times(3-7)\} = 220$$

위의 값이 220으로 0보다 크게 나왔으므로 H&M이 유니클로보다 전반적 가치가 높은 대안이다. 같은 방식으로 모든 가능한 조합의 두 대안을 짝지어서 두 대안 중 어느 것이 더 나은 대안인지를 본 후 전체 대안의 가치 순서를 구한다. 이 규칙은 단지 속성별로 비교를 한다는 차이만 있지 선형 모델과 같은 결과를 낸다. 그리고 그 과정이 좀 복잡한 편인데 이를 간단하게 적용시키는 방법이 있다. 즉 두 대안을 속성별로 비교해서 우세한 속성이 몇 개인가를 세고 그 수가 더 많은 대안을 선택하는데 이 과정을 한 대안이 남을 때까지 계속 반복하는 것이다(우위 속성 다수규칙).

(3) 이상형 모델(ideal point model)

이상형 모델은 이상적으로 생각하는 대안을 마음속에 생각해 놓고 주어진 대안들을 그것과 비교하여 가장 근접한 것을 선택하는 것이다. 이상형과 대안들을 비교하는 방법으로 그래프 상에 이상형과 각 대안을 위치시킨 후 거리를 구할 수 있다. 이때 그래프의 각 축은 대안의 속성을 나타내고 이상형과 각 대안이 가지고 있는 속성의 값에 따라 각각의 위치를 점으로 표시하고 점들 사이의 거리를 구하여 이상형을 나타내는 점으로부터 거리가 가장 짧은 대안을 선택하는 것이다.

---

2) 위의 예에서 쓰인 선형 모델은 가중가산규칙이고 등가중가산규칙은 모든 가중치를 동일하게 1로 잡는 것이다.

위의 세 방법, 즉 선형 모델, 차이가산 모델, 이상형 모델은 공통점을 가지고 있다. 그것은 세 규칙 모두가 속성들 간의 보완이 이루어진다는 것이다. 즉 한 속성의 값이 적어도 다른 속성의 값이 크면 그 결점이 보완이 된다. 이런 방법들을 일컬어 보완적 평가방식(보상적, compensatory rule)이라고 하는데 이런 구분이 의미가 있는 것은 위의 규칙들과 달리 비보완적 평가방식(비보상적, non-compensatory rule)이 있기 때문이다.

Focus

보완적 평가방식의 한 유형인 선형 모델의 시사점

만약 표적시장 내의 다수 소비자가 브랜드선택을 할 때 보완적 평가방식에 의해 브랜드대안들을 비교 · 평가한다면, 기업의 마케팅 담당자는 소비자들이 중요하게 여기는 평가기준 혹은 속성(salient evaluative criteria or attributes)을 먼저 파악한 다음 표적시장을 대표할 수 있는 소비자를 표본으로 선정해 마케팅조사를 실시한 후 이들로부터 수집된 자료를 분석해 〈표 2-2〉와 같은 결과를 얻을 수 있다.

이와 같은 표는 목표 소비자의 각 브랜드대안에 대한 전체 평가점수(overall evaluation)를 자사에 유리하도록 변화시키기 위한 마케팅방안을 개발하는데 도움을 준다. 가령, 유니클로의 경우 현재 목표시장에서 가장 낮게 평가되고 있으므로 유니클로 마케팅관리자는 속성별 중요도나 각 속성별 자사브랜드에 대한 평가점수를 변경시키는 노력을 통해 전체 평가점수를 향상시킬 수 있다. 이때 고려속성의 상대적 중요도는 대체로 소비자의 내면적 동기를 반영하는 것이어서 변화시키기가 비교적 어려우므로 그 대신 광고 등의 촉진노력을 통해 목표소비자의 각 속성별 평가값을 변화시키려는 시도를 하는 경우가 많다. 예를 들어 유니클로는 디자인에서 3점으로 평가받고 있는데, 이러한 평가결과는 디자인의 수준이 이처럼 낮기 때문일 수도 있지만 디자인의 수준이 실제로 높은데도 소비자들이 잘못 알고(misperceive) 있기 때문일 수도 있다. 만약 후자의 경우라면 이는 전적으로 마케터의 책임일 수 있으므로 마케팅 노력에 의하여 해당 속성에 대한 평가점수를 향상시키도록 노력해야 할 것이다. 소비자의 평가기준은 내재적 동기를 반영한 것이어서 대체로 변경이 어렵기는 하지만 광고 등의 노력을 통해 자사제품이 강점을 갖는 속성을 소비자에게 바람직한 평가기준인 것으로 제시함으로써 자사 제품에 대한 소비자의 전반적인 평가(가치)를 향상시킬 수도 있다.

또한 기업의 마케터는 이러한 조사결과로부터 목표소비자들이 고려하는 각 평가기준의 상대적 중요도를 알 수 있다. 가령 〈표 2-2〉에서 목표소비자들은 디자인을 가장 중요시하며 착용감을 그 다음으로 중요시하는 경향이 있음을 알 수 있다. 이는 제품개선, 기존제품에 대한 포지셔닝 전략, 신제품 개발을 위한 중요한 정보가 될 수 있다. 가령, H&M, 유니클로, 자라 각 브랜드의 제조기업은 무엇보다 디자인 향상에 힘써야 할 것이며 광고 등을 통해 자사제품이 디자인에서 우수함을 강조함으로써 목표시장 소비자의 마음속에 디자인 측면에서 차별적 포지션을 구축할 수 있다. 나아가 만약 디자인이 우수한 SPA 의류브랜드가 현재 목표로 삼은 세분시장에 존재하지 않는다면 후발시장진입자는 이 점에서 차별적 우위를 구축하는 시장틈새(market niche)전략을 수립할 수 있다.

자료원: 이학식 · 안광호 · 하영원(2015), p. 88.

많은 경우 소비자는 보완적 방식보다 비교적 간단한 비보완적 방식에 의하여 브랜드를 평가한다. 비보완적 방식은 한 평가기준에서의 약점이 다른 평가기준에서의 강점에 의하여 보완이 되지 않는 평가방식이며 주어진 모든 정보를 사용하기보다 일부 정보(장점 또는 단점)만 사용하여 선택을 한다. 〈표 2-3〉은 소비자가 4가지 SPA 의류브랜드를 비교 · 평가한 것으로 각 브랜드에 대한 평가점수를 각각의 속성에 따라 최하 1에서 최고 5까지 표시한 것이다. 대표적인 비보완적 방식을 사용해 소비자가 특정 SPA 의류브랜드를 선택하는 과정을 살펴보기로 한다.

표 2-3 SPA 의류브랜드에 대한 가상적인 속성 평가점수표

평가기준	브랜드			
	H&M	자라	갭	유니클로
브랜드 명성	4	4	2	3
디자인	3	2	3	1
착용감	1	2	3	5

(4) 결합 모델(conjunctive model)

결합 모델은 의사결정자가 대안을 수용하기 위한 최소한의 수용기준을 각 주요속성에 대해 마련하고 각 대안별로 이 기준을 만족시키는지를 토대로 각 대안을 평가하는 것이다. 이때 모든 속성이 기준으로 사용되기보다 일부 주요속성이 기준으로 사용된다. 신입사원을 선발할 때 학점, 영어시험 점수, 적성검사 점수의 기준을 세워놓고 이 기준을 모두 충족시키는 지원자를 1차 선발하는 것이 대표적인 예라 볼 수 있다. 〈표 2-3〉에서 브랜드 명성은 어차피 다 SPA 브랜드이므로 디자인과 착용감을 주요속성으로 보고 3점 이상이어야 한다면 이 조건을 모두 충족시키는 갭이 선택되는 것이다. 결합 모델에서는 이 기준을 가지고 대안별로 기준을 충족시키는지 검토하게 되고, 아무리 한 속성에서 장점이 있다고 하더라도 다른 속성에서 기준을 충족시키지 못하면 고려대상에서 제외된다. H&M과 자라는 브랜드 명성이 좋지만 이는 기준에 해당하지 않고, 유니클로는 착용감이 5점으로 만점이지만 디자인이 최소 수용기준을 만족시키지 못하므로 탈락된다.

(5) 분리 모델(disjunctive model)

분리 모델은 매우 중요한 한두 가지 속성에서 최소한의 수용기준을 정하여 그 기준을 하나라도 만족시키는 대안이 있으면 그 대안을 선택하는 방식이다. 운동선수를 뽑는 경우 이 규칙이 종종 적용되는데 다른 속성이 그리 뛰어나지 않아도 한 속성이 특출하면 발탁하는 것이다. 농구선수 선발 예를 들면, 장신 농구선수의 경우 신장이 커서 슛을 넣기 유리하지만 신장이 큰 경우 민첩성이 떨어지는 경우가 많다. 이 경우 민첩성이 다소 떨어져도 큰 신장으로 선발을 할 수 있다. 반대로 신장이 다소 작지만 매우 민첩하여 달리기가 빠르다면 이 속성에 근거해 선수를 선발할 수도 있다. 〈표 2-3〉에서 소비자가 착용감을 특히 중요시하고 수용기준을 4점으로 한다면 유니클로를 선택할 것이다. 분리식 평가에서는 두 개 이상의 속성을 기준으로 평가할 수도 있다. 예컨대 소비자가 디자인이 뛰어나거나 혹은 착용감이 특히 좋은 의류를 선택하려고 하며 각 속성의 최소 수용기준을 3점으로 한다면, H&M과 갭은 디자인 때문에, 그리고 유니클로는 착용감 때문에 선택하게 된다. 분리 모델과 결합 모델의 차이를 살펴보면 분리 모델에서는 평가기준으로 사용되는 여러 속성들 간의 관계가 '또는'(or)의 관계로 연결되는 반면, 결합 모델에서는 '그리고'(and)의 관계로 연결된다는 점이다. 즉 분리 모델에서는 디자인이 뛰어나거나 또는 착용감이 매우 좋은 대안을 선택하지만 결합 모델에서는 디자인과 착용감을 동시에 어느 정도 이상 갖추고 있는 대안을 선택하게 된다.

(6) 사전편집 모델(lexicographic model)

사전편집 모델은 단어를 사전에서 찾을 때 그 단어를 이루는 글자의 순서대로 사전을 찾듯이 의사결정자가 먼저 속성간의 상대적 중요도를 정하고 가장 중요한 속성의 값을 비교해 나가면서 선택을 하는 것이다. 만약 두 대안이 한 속성에 대해 같은 값을 갖고 있는 경우 그 다음으로 중요한 속성을 찾아 값을 비교하고 값이 높은 대안을 선택한다. 〈표 2-3〉에서 소비자가 브랜드명성을 가장 중요시하고 디자인을 두 번째로 중요하게 여긴다면 H&M을 선택하게 될 것이다.

(7) 속성별 제거(elimination by aspects, EBA)

속성별 제거는 각 속성의 선택기준이 있어 그 기준을 충족시키지 못하는 대안은 제거하는 것이다. 이 때 어떤 속성이 고려되느냐는 속성의 중요도에 따라서가 아니라 우연적이다. 이 과정은 한 대안이 남을 때까지 계속되고, 주로 선택초기에 고려하는 대안의 수가 매우 많은 경우 적용된다. 이 방법에 따라 선택을 하는 경우 속성이 어떤 순서로 고려되는가에 따라 다른 대안이 선택될 수 있다. 〈표 2-3〉의 예로 설명하면, 한 소비자가 디자인에서 2점 미만인 대안을 모두 제거한다면 H&M과 갭이 남게 된다. 그 후 착용감을 보고 2점 미만인 대안을 제거한다면 갭이 남게 되고 이를 선택하는 것이다. 이 때 어떤 속성을 보느냐는 우연적이다. 즉 중요한 속성이 고려될 확률이 높기는 하지만 그렇다고 항상 중요한 속성이 먼저 고려되는 것은 아니다. 만약 이 소비자가 브랜드 명성을 먼저 보고 3점 미만인 것을 제거한다면 H&M, 자라, 유니클로가 남게 되고 그 다음으로 착용감을 보고 2점 미만인 것을 제거한다면 유니클로가 남게 되어 선택된다. 이처럼 속성별 제거는 어떤 속성을 먼저 보고 제거해나가느냐에 따라 선택결과가 달라질 수 있다.

속성별 제거를 할 때 무작위로 속성을 선택하기보다 속성의 중요도에 따라 제일 중요한 속성을 먼저 보고 그 속성의 기준을 충족시키지 못하는 대안을 제거해 나가는 것은 **순차적 제거**(sequential elimination rule)라고 한다.

(4)~(7)의 방법에서는 속성간의 보완이 일어나지 않는다. 즉 장점에 의해서 선

택되기도 하지만 단점에 의해서 제거되기도 한다. 장점과 단점이 서로 보완되지 않는다. 한편 결합 모델을 제외한 나머지 세 방법들을 또 다른 방식으로 특징지을 수 있는데, 그것은 이 방법들이 **속성별 처리**(attribute-based processing)가 일어나는 방식이라는 것이다. 즉 각 대안이 어느 정도의 가치가 있는지를 보는 **대안별 처리**(alternative-based processing) 방식이 아니라 대안이 가지고 있는 속성에 기초하여 그것들을 비교하고 기준에 맞는 대안을 선택하거나 그렇지 않은 대안은 제거해나가는 것이다. 앞서 소개한 (1)~(3)의 보상적 모델은 차이가산 모델을 빼고는 모두 대안별 처리방법이다.

소비자가 보완적과 비보완적 평가방식 중 어느 것을 사용해 대안을 선택하는지는 대안에 대한 관여수준, 교육수준(전문적 지식수준), 고려해야 할 대안의 수 등에 영향을 받는다. 대체로 소비자는 고관여 상태에 있을 때 보완적 평가방식을 많이 사용한다. 그리고 교육수준이 높을수록 보완적 평가방식을 이용하는 경향이 있다. 그러나 소비자가 고관여 상태에 있을 때라도, 브랜드 대안들의 수가 아주 많은 경우에는 사전편집 모델 혹은 속성별 제거 등의 비보완적 평가방식에 의해 고려 브랜드의 수를 몇 개로 줄인 다음 나머지 브랜드들을 대상으로 보완적으로 평가하는 **단계별 의사결정 전략**(phased decision strategy)을 사용하는 경우도 흔히 볼 수 있다.

Focus

비보완적 평가방식에 의한 대안선택의 시사점

소비자들이 제품 평가를 할 때 주로 비보완적으로 한다는 것은 마케터에게 좋은 소식일 수 있다. 보완적으로 평가를 한다면 제품의 전반적인 속성을 좋게 해야 전반적인 평가도 좋아지지만 비보완적으로 평가를 한다면 주로 사용되는 평가방식이 무엇이냐에 따라 장점을 앞세우든지 단점을 보완하는 식으로 제품을 개선하면 되기 때문이다. 〈표 2-3〉의 대안들에서 소비자들이 디자인과 착용감을 중요시하고 분리 모델을 써서 대안을 선택한다면 디자인이나 착용감 중 하나를 개선하면 된다. 반면 순차적 제거식에 따라 디자인이 가장 중요한 속성이어서 3점 미만인 대안을 제거한다면 자라는 착용감보다 우선적으로 디자인을 개선시키는 노력이 필요하다. 비보완적 방식으로 대안을 평가할 때는 대안의 모든 속성정보를 활용하는 것이 아니므로 소비자들이 장점을 보고 선택을 한다면 중요한 속성에서 좋은 속성값을 갖도록 대안을 개선시키고 이 부분을 강조해서 커뮤니케이션하는 것이 필요하다. 반면 단점 때문에 제거되어 선택되지 않는다면 단점을 보완하여 특별한 장점이 없어도 단점이 없는 두루 무난한 대안을 제공하는 것이 자사제품의 선택 가능성을 높이는 데 도움이 될 것이다.

(8) 상황적합 의사결정(contingent decision making)

지금까지 다양한 선택방법들을 알아보았는데 그렇다면 언제 어떤 방법이 사용되는 것일까? 이에 대해 적절한 대답을 제시한 연구자는 Payne과 그의 동료들이다(Payne, 1976; Payne, Bettman, & Johnson, 1988). Payne은 위의 여러 방법들이 정보처리관점에서 서로 다르다는 것에 주목하였다. 선형 모델이나 차이가산 모델은 주어진 모든 정보를 사용하여 선택을 하는 반면 분리 모델이나 속성별 제거는 일부 정보만 사용해도 결정을 내릴 수 있고, 또 어떤 방법들은 대안별 처리가 일어나는 반면 어떤 방법들은 속성별 처리가 일어난다. 주어진 모든 정보를 보는 경우 그만큼 정보처리시간이 길어지고, 일부 정보만 보는 경우 정보처리시간이 짧아진다. 그리고 선형 모델은 항상 결과가 일관되지만 속성별 제거는 어떤 속성을 먼저 보느냐에 따라 결과가 달라진다. 이처럼 여러 방법들이 정보처리를 하는 데 필요한 시간이나 노력의 양, 그리고 그 결과가 얼마나 정확한지에 있어 차이가 있다.

Payne은 일련의 실험연구를 통해서 정보의 양이 다른 경우, 그리고 선택상황의 중요도와 시간압력이 다른 경우 사람들이 사용하는 선택방식이 변화하는 데에 어떤 경향성이 있음을 발견하게 되었다. 여기서 정보의 양은 보통 제시되는 대안과 속성의 수를 달리하여 조작한다. 사람들이 어떤 방식으로 선택을 하는지 알기 위해 사람들의 정보처리과정을 추적하였는데(process tracing method) 이를 위해 고안된 실험방법이 있다. [그림 2-1]에서 보듯이 대안과 속성에 따라 칸이 나뉘어져 있고 각 칸의 정보는 숨겨져 있다. 실험참가자는 필요한 정보의 칸을 열고 내용을 본 후 다시 닫는 절차를 최종 결정을 내릴 때까지 반복한다. 근래에는 컴퓨터를 이용하여 실험을 하는데 실험참가자는 자신이 보고자하는 칸에 마우스를 갖다 놓으면 해당 칸의 정보를 볼 수 있다. Payne은 참가자가 어떤 정보를 어떤 순서로 얼마나 오랫동안 보는지를 측정함으로써 사람들의 정보처리과정에 대한 정보를 얻었고 이와 동시에 사람들에게 자신의 사고과정을 말로 보고하게 하였다(동시조서보고, concurrent verbal reports).

그림 2-1 정보판(information board)의 예

위와 같은 정보처리적 접근을 통해 얻은 결과는 다음과 같다. 먼저 사람들은 한 가지 선택방식을 배타적으로 사용하는 것이 아니라 여러 가지 방식을 혼합하여 사용한다는 것이다. 제시되는 정보의 양이 적은 경우, 즉 주어진 대안의 수와 속성의 수가 적을 때 사람들은 가능한 한 주어진 정보를 모두 사용하려 하고 보완적 방식을 사용하려는 경향을 보인다. 제시되는 정보의 양이 많아질수록 사람들이 사용하는 상대적 정보의 양은 작아지게 되고 사용하는 선택방식에 더 많은 변화가 있으며 속성별 처리가 더 많이 일어난다. 특히 대안이 많은 경우 비보완적 평가방식을 사용해 특정 속성을 토대로 대안들을 제거하고 난 후 남은 대안들에 대해 보완적 평가방식을 사용하여 좀 더 세밀한 정보처리를 하는 경향을 보인다. 이러한 경향은 선택상황의 중요성, 시간에 대해서도 마찬가지이다. 중요한 선택상황인 경우 결과의 정확성을 높이기 위해 될 수 있는 한 많은 정보를 이용하여 속성 간의 보완을 고려하지만 시간이 없을수록 쉽게 적용할 수 있는 비보완적인 방식을 사용한다. Payne은 사람들이 선택상황이 얼마만큼의 노력과 정확성을 요구하는가를 먼저 판단한 후(effort-accuracy trade-off) 그에 따라 적절한 선택방식을 정하고 이를 실행한다고 보았다. 이러한 Payne의 의사결정이론은 **상황적합 의사**

결정이라고 지칭되는데, 이는 선택상황에 대응해서 적절한 선택방식이 정해진다는 것을 일컫는 것으로 다양한 선택방식들이 어떤 식으로 사용되는가에 대한 포괄적인 관점을 제시해준다. 또한 두 단계를 거쳐 의사결정이 일어나는데, 첫 번째 단계에서는 어떻게 결정할 것인지를 먼저 선택하고(상위결정, meta-decision), 두 번째 단계에서 선택된 선택 방식을 대안에 적용하여 대안을 선택하게 된다.

2.3 불확실성하에서의 선택행동: 프로스펙트 이론(prospect theory)

Kahneman과 Tversky(1979)가 제안한 프로스펙트 이론은 수리 모델로 불확실성하에서의 선택행동을 설명하는 기술적 이론이다. 이 이론은 사람들의 선택과정을 편집(editing)단계와 평가(evaluation)단계로 구분한다. **편집단계**에서 사람들은 자신이 가지고 있는 **준거점**(reference point)을 기준으로 선택상황을 이득(gain)과 손실(loss)로 구분한다. 즉 상황의 틀을 대안 선택의 결과로 얻어질 수 있는 이득과 잃을 수 있는 손실로 구성하는 것(framing)이다. 준거점은 절대적인 영점을 가리키는 것이 아니라 선택을 하는 사람의 현재 상태(status quo)를 기준으로 형성된다. 이 준거점을 기준으로 사람들은 자신이 얼마만큼 얻는지 잃는지를 평가하게 되는데, 이는 사람들이 객관적 가치의 절대량보다 그 변화량에 더 민감하게 반응함을 시사한다.

선택상황 또는 대안의 편집이 끝나면, 평가단계로 들어간다. **평가단계**에서는 가치함수(value function)와 결정가중치(decision weights)에 기초하여 객관적 가치의 주관적 가치와 객관적 확률에 대한 주관적 반응을 평가한다. 가치함수와 결정가중치는 [그림 2-2]에 제시하였다.

먼저 각 함수의 특징을 살펴보자. **가치함수**는 준거점을 기준으로 이득과 손실의 영역으로 구분되고 이득의 영역에서는 감소(concave) 함수, 손실영역에서는 증가(convex) 함수를 보인다. 이런 함수의 특징으로 이득영역에서는 객관적 가치의 값이 커질수록 주관적 가치의 증가량이 감소하고, 반대로 손실영역에서는 객관적 가치의 값이 커질수록 주관적 가치의 증가량이 증가한다. [그림 2-2]의 A를 보면

그림 2-2 프로스펙트 이론의 가치함수(A)와 결정가중치(B)

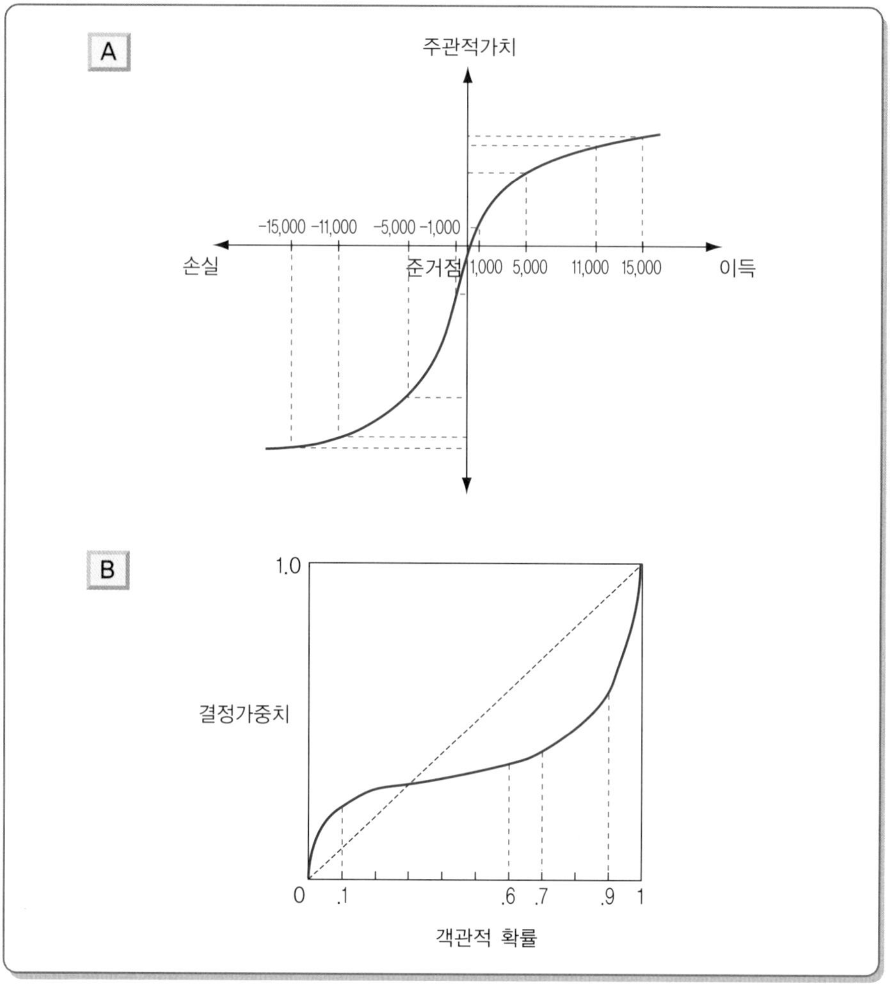

객관적 가치 −15,000원, −11,000원, −5,000원, −1,000원, 1,000원, 5,000원, 11,000원, 15,000원에 해당하는 주관적 가치가 표시되어 있다. −15,000원에서 −11,000원으로의 주관적 가치의 변화량과 −5,000원에서 −1,000원의 주관적 변화량을 비교해보면 후자가 보다 크다. 반면 1,000원에서 5,000원의 주관적 가치의 변화량과 11,000원과 15,000원의 주관적 가치의 변화량을 비교하면 전자가 크다. 그러나 이러한 변화를 준거점을 기준으로 보게 되면 준거점을 기준으로 손실이 더 커지거나 이득이 커지면 사람들이 가치의 변화량에 둔감해진다고 표현할 수 있고, 이는 **민감성 체감**(diminishing sensitivity)이라 불리며 프로스펙트 이론이 왜 기술적인 이론인지를 보여주는 대표적인 심리적 특징이다. 또한 민감성 체감으로 사람들은 이득과 손실의 영역에서 위험에 대해 다른 태도를 갖게 되는데, 이득영역에서는 위험을 회피(risk averse)하는 반면, 손실영역에서는 위험을 추구(risk seeking)하게 된다.

가치함수의 또 다른 심리적 특징은 손실영역에서의 기울기 변화가 이득영역에서의 기울기 변화보다 더 급격하다는 것이다. [그림 2-2]의 −5,000원과 5,000원에 해당하는 주관적 가치의 크기를 비교해보면, 동일한 오천원이어도 오천원이 생겼을 때보다 오천원을 잃어버렸을 때의 손실감이 상대적으로 큰 것을 볼 수 있다. 이는 사람들이 손실에 더 민감하게 반응함을 시사하며, 이는 **손실혐오**(loss aversion)로 표현된다. 이득에 비해 손실에 얼마나 더 민감한지 실험을 통해 추정된 '손실회피율(loss aversion ratio)'은 평균적으로 1.5~2.5배이다.

한편 **결정가중치**는 객관적인 확률을 사람들이 주관적으로 어떻게 지각하는지를 반영하는 함수인데 [그림 2-2]의 B에서 보듯이 낮은 확률은 과대평가되고 높은 확률은 과소평가되는 특징을 보인다. 그러나 확률이 1에 가까워질 때는 급격한 기울기 변화를 보여 1이 1과 근사하게 작은 확률보다 과대평가되는 것을 볼 수 있다. 이는 확실성 효과(certainty effect)라고 지칭된다. 예를 들어, .6과 .7 간의 .1의 차이와 .9와 1 간의 .1의 차이는 동일하지 않고 후자의 변화가 보다 크게 지각된다. 반면 0에서 .1간의 차이도 .6과 .7 간의 차이보다 그 주관적 영향력이 큰데, 이는 '가능성 효과(possibility effect)'라고 불린다. 즉 불가능한 일이 가능한 일로 되면서 그 가능성이 과대평가되는 것이다.

이렇게 가치함수와 결정가중치를 통하여 대안을 이루고 있는 세부 사건이나 속성에 대한 평가가 이루어지면, 이제 한 대안이 얼마나 가치가 있는지를 결정하기 위하여 세부 사건의 가치와 결정가중치를 곱하고 모든 세부 사건의 곱을 더하게 된다. 이를 수식으로 표현하면 다음과 같다.

$$V(X) = \sum_i v(x_i) \times \pi(p_i) \quad (X = \{x_1, x_2, \cdots, x_i, \cdots, x_n\})$$

이를 1장에 나온 기대효용이론의 수식과 비교해보자.

$$EU(X) = \sum_i u(x_i) \times p(x_i) \quad (X = \{x_1,\ x_2,\ \cdots,\ x_i,\ \cdots,\ x_n\})$$

위에서 보면, 두 식의 구조가 동일하고 단지 그 안에 들어가는 함수의 종류가 다르다는 것을 볼 수 있다. 가치함수와 결정가중치가 사람들의 심리적 특성을 반영하였다는 점에서 기대효용이론과 달리 프로스펙트 이론은 기술적 이론이라고 불리며, 기대효용이론으로 설명하지 못하는 사람들의 선택행동을 설명할 수 있게 된다.

다음은 Kahneman과 Tversky가 사용한 선택문제이다. 여러분 스스로 참가자가 되어 두 상황에서 A와 B 중 여러분이 선호하는 대안을 선택해보자.

> **상황 1:** 여러분이 10,000원을 가지고 있다고 가정하고 다음의 두 대안 중 하나를 택하라.
> A: 50%의 확률을 10,000원을 받거나 50%의 확률로 아무것도 받지 못한다.
> B: 100%의 확률로 5,000원을 받을 수 있다.
>
> **상황 2:** 여러분이 20,000원을 가지고 있다고 가정하고 다음의 두 대안 중 하나를 택하라.
> A′: 50%의 확률을 10,000원을 잃거나 50%의 확률로 아무것도 잃지 않는다.
> B′: 100%의 확률로 5,000원을 잃는다.

Kahneman과 Tversky는 위의 선택문제에서 다음과 같은 결과를 얻었다. 상황 1의 경우 참가자의 84%가 B를 선택했고 상황 2에서는 참가자의 68%가 A′를 선택하였다. 두 상황의 두 대안 모두 기대 값이 15,000원이므로 기대효용이론에 의하면 두 상황에서 모두 같은 대안을 선택해야 한다. 그러나 사람들의 선택은 기대효용이론이 예측하는 바와는 다르게 나타난다. 두 상황에서 다른 대답이 나온 것은 각 상황이 이득과 손실로 표현되었기 때문이다. 앞서 말했듯이 이득의 영역에서 사람들은 위험을 회피하는 성향을 보이면서 불확실하지만 보다 많은 금액을 받을 수 있는 위험한 대안보다 금액이 적더라도 확실하게 받을 수 있는 대안을 보다 선호한다. 반면 손실영역에서는 위험을 추구하는 성향을 보이면서 확실하게 적은 금액을 잃는 것보다 더 많은 금액을 잃거나 하나도 잃지 않을 수 있는 불확실한 대안을 보다 선호하게 된다.

심화 누적 프로스펙트 이론

프로스펙트 이론은 이후 1992년 **누적 프로스펙트 이론**(cumulative prospect

theory)으로 수정되어 제안된다. 1장에서 기대효용이론 또한 보다 일반화된 모델로 수정되었다고 하였는데, 그중 중요한 특징이 **순위 의존적 효용이론**으로 객관적 확률 대신 주관적 확률을 사용하는 모델이다. 이러한 모델의 영향을 받아 Kahneman과 Tversky도 프로스펙트 이론의 설명력을 높이기 위해 기존이론의 결정가중치를 누적함수로 수정한다.

그럼 여기서 순위 의존적(rank-dependent) 효용이론의 특징을 먼저 알아보자. 기존 기대효용이론이나 프로스펙트 이론에서는 확률의 평가가 효용이나 가치의 평가와는 독립적이다. 그러나 순위 의존적 효용이론에서는 확률에 대한 평가가 효용이나 가치의 크기에 의존한다(Diecidue & Wakker, 2001). 예를 들어, 게임 참가로 얻게 될 결과와 각각의 결과가 나타날 확률이 (100, $\frac{1}{3}$; 50, $\frac{1}{3}$; 0, $\frac{1}{3}$)인 게임이 있다고 해보자. 모든 결과가 나타날 확률이 $\frac{1}{3}$로 동일하지만 이러한 확률의 주관적 지각은 동일하지 않을 수 있다. 가령 비관주의자가 있다고 해보자. 그는 가장 낮은 결과를 얻게 될 가능성에 보다 주목할 수 있다. 그러면 아무것도 받지 못하는 결과가 나타날 $\frac{1}{3}$의 확률은 주관적으로 $\frac{1}{3}$보다 크게 느껴질 것이다. 반면 낙관주의자를 생각해보자. 그는 가장 큰 결과에 보다 주목할 수 있다. 그에게는 100이 나타날 가능성이 $\frac{1}{3}$보다 크게 느껴질 수 있다. 이처럼 주관적 확률의 지각이 결과의 크기에 따라 달라질 수 있음을 포착한 것이 순위 의존적 효용이론의 특징이다.

누적 프로스펙트 이론은 이러한 순위 의존성을 반영하기 위해 기존 결정가중치를 누적 가중치 함수로 나타내고 이득과 손실의 영역에 각각 해당하는 가중치 함수를 [그림 2-3]과 같이 제안하였다. 이전에는 결과가 나타날 객관적 확률이 하나씩 주관적 가치로 환산되었지만 이제는 하나의 누적 함수로 반영된다. 예를 들어, 주사위를 던져 짝수가 나오면 나온 숫자만큼의 보상을 받고, 홀수가 나오면 나온 숫자만큼의 벌금을 내야 하는 내기가 있다고 해보자. 이런 내기의 가능한 결과는 {−5, −3, −1, 2, 4, 6}이고 각 결과의 확률은 $\frac{1}{6}$이다. 이득과 손실의 누적함수를 각각 w^+, w^-로 나타낼 수 있고, 각 결과가 나타날 확률에 대한 주관적 가중치는 현재의 결과보다 못한 결과의 누적 확률과 현재의 결과보다 더 좋은 결과가 나타날 누적 확률의 차이로 나타내어진다. 가령 2가 나오는 경우를 생각해보자. 2

그림 2-3 이득과 손실영역에서의 가중치 함수

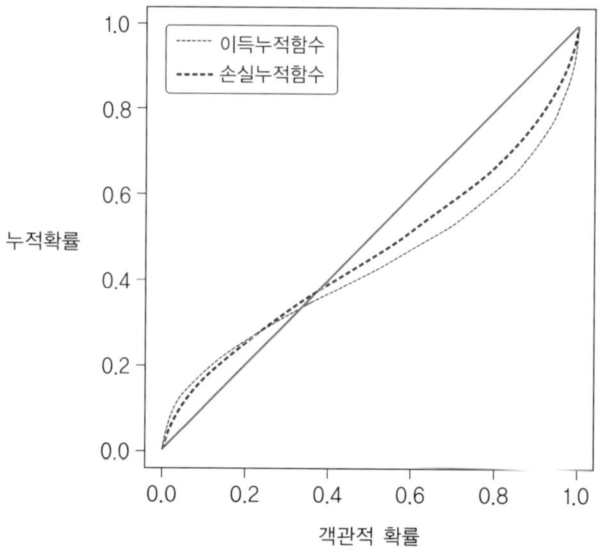

보다 못한 결과는 홀수가 나오는 경우이고 홀수가 나올 확률은 $\frac{1}{2}$이다. 반면 2보다 좋은 결과는 4와 6이 나올 확률이고 이는 $\frac{1}{3}$이다. 따라서 2가 나올 확률은 $w^+(\frac{1}{2}) - w^+(\frac{1}{3})$이다. 그러면 −1이 나오는 경우는 어떤가? −1보다 못한 결과는 −5나 −3이 나오는 것으로 $\frac{1}{3}$의 확률이 있고 좋은 결과는 짝수가 나오는 것인데 이의 누적 확률은 $\frac{1}{2}$이다. 그러면 −1이 나오는 결과에 대한 주관적 가중치는 $w^-(\frac{1}{2}) - w^-(\frac{1}{3})$이 된다.

이런 가중치 함수와 가치함수의 특징이 함께 반영되면 위험에 대한 태도에 네 가지 패턴이 나오게 된다. 즉 확률이 작을 때는 이득영역에서는 위험을 추구하는 태도를 갖는 반면, 손실영역에서는 위험을 회피하는 태도를 갖게 된다. 사람들이 복권과 보험을 구매하는 행동이 이에 해당한다. 반면 확률이 중간이거나 클 때는 앞에서 보았듯이 이득영역에서는 위험을 회피하고, 손실영역에서는 위험을 추구하는 태도를 갖게 된다.

2.4 틀 효과(framing effect)

프로스펙트 이론을 설명할 때 틀 구성에 대한 내용을 이미 언급하였다. 다시 요약하면, 대안의 편집단계에서 의사결정자는 틀 구성(framing)을 하게 되는데, 이는 대안이 준거점을 중심으로 이득을 가져오는지 손실을 가져오는지를 파악하는 것이다. 틀 효과는 프로스펙트 이론의 일부로서뿐 아니라 그 자체로도 많은 연구가 되었다. 기대효용이론에 따르면 동일한 대안인 경우 그 대안이 어떻게 표현되는지와 상관없이 동일한 평가나 선택을 받아야 하지만, 실상 사람들의 평가나 선택은 대안이 어떻게 표현되느냐에 영향을 많이 받기 때문이다. "아" 다르고 "어" 다르다는 속담이 있듯이 같은 내용을 어떻게 표현하느냐에 따라 대안에 대한 평가가 달라진다는 것이다.

다음의 '아시아 질병' 문제는 이러한 틀 효과를 아주 단적으로 보여준다 (Tversky & Kahneman, 1981).

> 지금 아시아에 희귀한 전염병이 돌고 있다고 하자. 이 전염병으로 600명 정도의 사람이 죽을 것으로 예측되고 있다. 이 전염병을 막기 위해 두 가지의 프로그램이 제시되었고 전문가는 각 프로그램의 결과를 다음과 같이 예측하고 있다(사람들은 다음의 두 가지 틀 중 하나만 제시받는다).
>
> (긍정적인 틀) 만약 프로그램 A가 채택되면 200명의 사람이 확실히 살 수 있고 프로그램 B가 채택되면 600명이 살 수 있는 확률이 1/3이고 아무도 살지 못할 확률이 2/3이다.
>
> (부정적인 틀) 만약 프로그램 C가 채택되면 400명의 사람이 확실히 죽게 되고 프로그램 D가 채택되면 아무도 죽지 않을 확률이 1/3이고 600명이 죽게 될 확률이 2/3이다.
>
> 만약 당신이 결정권을 가지고 있다면 어느 프로그램을 택하겠는가?

위의 두 문제는 다른 식으로 표현이 되었지만 A는 200명이 확실히 살고 C는 400명이 확실히 죽는 대안인 반면 B와 D는 200명이 살거나 400명이 죽는 것이 확률적이고 그 기댓값이 각각 A, C와 동일한 대안이다. 즉 두 문제에서 A와 C, B

와 D는 표현만 다를 뿐 동일한 대안이다. 그런데 사람들의 일반적인 반응을 보면 긍정적인 틀에서는 프로그램 A를 선호하지만(A: 72%, B: 28%) 부정적인 틀에서는 프로그램 D를 선호한다(C: 22%, D: 78%). 같은 상황이라도 어떤 틀을 가지고 문제를 보느냐에 따라 사람들의 선택이 달라지는 것이다. 살아남는 사람의 수로 문제가 표현되었을 때 사람들은 전반적으로 위험을 회피하는 경향을 보여 확실한 결과를 제시해주는 프로그램 A를 선호하는 반면 죽는 사람의 수로 문제가 표현되었을 때는 위험을 추구하는 경향을 보여 불확실한 대안인 프로그램 D를 선호하게 된다. 틀 효과는 착시임을 알면서도 착시현상이 없어지지 않는 시각 착시와 마찬가지로 그 효과가 쉽게 사라지지 않는다. 즉 사람들이 위의 두 문제를 동시에 보고 같은 상황임을 인식하고 난 후에도 여전히 틀 효과가 나타나게 된다.

아시아 질병 문제를 사용한 틀 효과 연구가 발표된 이후 80~90년대에 틀 효과에 대한 많은 연구가 이루어졌다. 그리고 90년대 말에는 기존에 발표된 틀 효과 관련 연구를 체계적으로 정리하는 연구들이 발표되었다. Kühberger(1998)은 1997년 이전에 발표된 틀 효과 관련 248편의 논문 중 경험적인 연구가 이루어진 136편의 논문을 가지고 틀 효과의 효과 크기(effect size)를 측정하는 메타분석을 실시하였고, Levin, Schneider와 Gaeth(1998)는 기존의 틀 효과를 범주화하는 유용한 분류 틀을 제시하였다. 먼저 Levin 등이 제안한 세 종류의 틀 효과, 위험 선택 틀 효과, 속성 틀 효과, 목표 틀 효과에 대해 알아보자.

(1) 위험 선택 틀 효과(risky choice framing effect)

이 틀 효과는 아시아 질병 문제에서처럼 기댓값은 동일하지만 결과가 확실한 대안과 위험이 수반되는(즉 결과가 불확실한) 대안을 긍정 또는 부정의 틀로 제시하고 사람들의 선택을 비교하는 것이다. 가장 전형적인 틀 효과 유형이라고 볼 수 있고, 이 틀 효과가 일어나는 이유는 프로스펙트 이론으로 설명된다. 준거점을 기준으로 대안이 이득 또는 손실의 영역으로 편집되면 위험에 대한 태도가 달라진다. 대안이 긍정적으로 표현되어 이득의 영역으로 틀이 구성되면 위험을 회피하는 태도를 갖게 되면서 위험한 대안보다 확실한 대안을 선호하게 되지만 대안이 부정적으로 표현되어 손실의 영역으로 틀이 구성되면 위험을 추구하는 태도를 갖게 되면서 확실한 대안보다 위험한 대안을 선호하게 된다.

위험 선택 틀 효과를 다룬 연구들도 다시 세부차원에서 구분될 수 있는데, 틀 효과를 어떻게 측정했는지도 한 구분방식이다. 어떤 연구는 틀에 따라 선택이 뒤바뀌는 역전이 나타나는 것(choice reversal)을 틀 효과로 보았는데, 이는 두 대안에 대한 선택비율이 50 : 50을 기준으로 선택이 뒤바뀌는 것을 가리킨다. 반면 어떤 연구는 기준을 완화하여 틀에 따라 선택비율에 변화가 생기는 것(choice shift)을 틀 효과로 보기도 하였다.[3] 또 다른 구분방식은 제시되는 대안이 어느 정도의 위험을 수반하는가이다. 아시아 질병 문제에서처럼 확실한 대안과 위험을 수반한 대안이 제시되는 틀 문제도 있는 반면, 모두 위험을 수반한 대안을 제시하되 각 대안의 위험정도가 다르게 제시되는 경우도 있다. 또한 응답자가 대학생인 경우와 전문가인 연구도 있으며, 문제 영역도 생명과 관련된 선택문제, 돈이나 재산과 관련된 선택문제, 협상이나 사회적 딜레마 상황에서의 선택문제처럼 다양하게 연구되었다. 다양한 세부특징들에 따라 틀 효과가 어느 정도로 나타나느냐에 차이가 있을 수 있기는 하지만 위험 선택 틀 효과는 안정적으로 나타나는 현상인 것으로 밝혀졌다.

(2) 속성 틀 효과(attribute framing effect)

속성 틀 효과는 가장 간단한 형태의 틀 효과이다. 어떤 대상에 대한 표현 또는 기술에서 하나의 속성정보만을 긍정 또는 부정적으로 바꾸어 틀 효과를 유도한다. 속성 틀 효과는 보통 선택보다는 대안에 대한 평가를 통해 측정된다. 예를 들어, 소고기를 표현할 때 살코기 75%라고 할 때와 지방 25%라고 할 때 잠재고객의 구매의도나 제품에 대한 매력도 평가가 달라질 수 있다. 속성 틀 효과가 자주 적용되는 형태는 성공률이나 실패율, 또는 생존율이나 사망률처럼 동일한 결과를 긍정 또는 부정적으로 표현하는 것이다. 일반적으로 긍정적으로 표현될 때는 긍정적으로 평가되고 부정적으로 표현될 때는 부정적으로 평가되어 제시되는 틀의 유인가(valence)에 맞게 평가가 달라지는 결과를 보인다. 그런데 속성 틀 효과가 안정적으로 나타나는지에 대해서는 이견이 있다. Kühberger(1998)는 메타분석 결과 속성 틀 효과의 효과 크기가 미미하다고 보고한 반면, Levin 등(1998)은 예외적

3) Wang(1996)은 틀에 따라 선택이 뒤바뀌는 역전이 나타나는 것은 양방향 틀 효과(bi-directional framing effect)로, 선택 비율에 변화가 나타나는 것은 일방향 틀 효과(uni-directional framing effect)로 표현하였다.

인 경우(낙태나 시험에서의 부정행위처럼 사람들이 이미 강한 태도를 형성하고 있는 대상이나 사건 또는 자신과 관련된 사건)를 제외하고는 비교적 안정적으로 나타나는 현상으로 보고하고 있다.[4)]

Levin 등(1998)은 속성 틀 효과가 나타나는 이론적 근거로 기억의 연상작용을 들고 있다. 우리 머릿속에 저장되어 있는 수많은 정보는 관련된 정보끼리 서로 연결되어 있다고 보는데, 이를 **연상네트워크 모델**(associative network model)이라고 한다. 외부 자극이나 내부 사고(thought)에 의해 어떤 특정 생각을 하게 되면 그 개념과 연결된 다른 개념들로 활성화가 확산된다. 가령 나이키에 대해 생각하면 소비자들은 최고의 스포츠화, 스와쉬 로고, just do it 슬로건, 마이클 조던, 에어 조던, 충격흡수, 타이거 우즈, 도전정신, 성공, 강인함 등의 정보들을 자연스럽게 떠올린다. 즉 나이키 브랜드에 대한 연상이 기억을 끌어내는 인출단서로 작용해 이와 관련된 다른 정보들의 연상을 활성화시키는 것이다. 정보의 관련성을 결정짓는 요인 중의 하나는 유인가(연상정보의 긍정적, 부정적 방향성)일 수 있다. 즉 긍정적인 정보는 긍정적인 정보끼리, 부정적인 정보는 부정적인 정보끼리 연결될 가능성이 크다. 그 결과 대안을 긍정적으로 표현하면 제시된 긍정적인 내용과 관련된 다른 긍정적인 연상이 활성화되고 이런 활성화가 대안을 보다 긍정적으로 평가하게 하는 반면 부정적으로 표현하면 부정적인 내용과 관련된 다른 부정적인 연상이 활성화되고 그 결과 대안이 보다 부정적으로 평가되는 것이다. 기억의 연상작용으로 나타나는 현상 중의 하나는 **점화효과**(priming effect)[5)]인데, 이는 많은 연구에서 반복적으로 검증된 현상이다. 기억의 연상작용이 강력한 점으로 미루어 보아 속성 틀 효과도 비교적 안정적으로 나타나는 현상으로 볼 수 있다. 단지 자신에게 중요한 문제여서 주어진 정보를 그대로 처리하지 않고 재부호화(recoding process)를 하게 되면 속성 틀 효과가 나타나지 않을 수 있다. '간암으로 발전할 가

4) 두 연구 결과가 다른 것은 아마도 두 연구에서 사용한 틀 효과의 분류 방식이 다른 점에서 기인한 것으로 보인다. Kühberger(1998)는 틀 효과를 '준거점을 바꾸는' 틀 효과와 '결과의 현저성(outcome salience)'을 바꾸는 틀 효과 두 가지로 구분한 반면, Levin 등(1998)은 세 가지로 구분하였다.

5) 기억의 연상작용은 우리 일상에서 종종 경험한다. 미국에 대한 기사를 보면, 갑자기 미국에 있는 친구가 생각나는 것처럼 말이다. 심리학 실험에서 점화효과는 반응의 정확성과 반응에 걸리는 시간으로 측정된다. '빵'이라는 단어를 보여주고 이것이 맞는 단어인지 틀린 단어인지 가능한 한 빨리 정확하게 반응해야 한다고 해보자(이런 어휘판단과제에서는 단어와 비단어가 무작위로 제시된다). 빵을 보기 전에 '밀가루'라는 단어를 보았다면, 밀가루라는 단어를 보지 않은 사람보다 '빵'에 대한 판단이 보다 정확하고 빨리 나타나는데, 이를 점화효과라 한다.

능성이 60%이다'라는 정보를 주면, 이를 다시 '그럼 간암으로 발전하지 않을 가능성은 40%이네'라는 식으로 반대의 비율로 다시 생각할 수 있는데, 이를 **재부호화**라 한다. 자신에게 중요한 문제일수록 재부호화가 자동적으로 일어나면서 틀 효과가 나타나지 않을 가능성이 커질 수 있다.

(3) 목표 틀 효과(goal framing effect)

목표 틀 효과는 주로 설득 커뮤니케이션에서 사용된다. 조직이나 개인이 어떤 목표를 달성하기 위해 사람들을 설득할 때, 어떤 행동을 함으로써 얻을 수 있는 이점을 강조하거나 혹은 어떤 행동을 하지 않음으로써 나타날 수 있는 부정적인 결과를 강조할 수 있다. 예를 들어, 금연 캠페인에서 금연을 하면 나와 가족의 건강을 얻을 수 있다고 강조하는 것은 긍정 틀로 설득하는 것이고, 금연을 하지 않으면 폐암의 발생 위험이 높아질 수 있다고 강조하는 것은 부정적 틀로 설득하는 것이다. 금연 자체를 긍정적 또는 부정적으로 표현하는 것이 아니고 금연을 함으로써 또는 하지 않음으로써 발생할 수 있는 긍정적, 부정적 결과를 제시한다는 점에서 속성 틀 효과와는 구분된다. 설득 커뮤케이션 연구에서는 어떤 목표를 달성하는 데 각 틀이 얼마나 효과적인지를 비교하는데, 대개 부정적 틀로 메시지를 제시하는 것이 보다 설득효과가 좋은 것으로 나타난다.

다른 틀 효과와 달리 목표 틀 효과는 제시 양상이 다소 복잡할 수 있다. 전형적인 목표 틀 효과는 〈표 2-4〉에서 볼 때 A와 D로 제시하는 것인데, 긍정 틀과 부정 틀이 각각 A와 C, B와 C, B와 D로도 제시될 수도 있다. 앞의 금연 예를 계속 사용하면, B는 '금연을 하면 폐암의 발생 위험을 줄일 수 있다', C는 '금연을 하지 않으면 건강을 얻을 수 없다'로 표현하는 것이다. 이처럼 다양하게 표현될 수 있기에 목표 틀 효과의 결과도 다소 일관적이지 않다. A와 D로 제시되는 경우 틀 효과가 비교적 안정적으로 나타나나 다른 양상으로 제시되는 경우 나타나지 않기도

표 2-4 목표 틀 효과의 양상

	긍정 틀(X를 한다)	부정 틀(X를 하지 않는다)
결과	이득이 생긴다(A)	이득이 없다(C)
	손실이 없다(B)	손실이 생긴다(D)

한다. 이런 이유로 목표 틀 효과는 언어 표현이나 상황 요인의 영향에 취약하다고 언급되기도 한다.

그렇다면 목표 틀 효과는 왜 나타나는 것일까? 대개 위험 선택 틀 효과와 마찬가지로 준거점을 기준으로 달라지는 위험에 대한 태도로 설명을 하는데, Levin 등(1998)은 이보다는 **부정성 편향**(negativity bias)으로 설명하는 것이 보다 적합하다고 제안한다. 부정성 편향도 많은 연구를 통해 반복적으로 검증된 현상인데, 이는 부정적인 정보가 객관적으로 동등한 긍정적인 정보보다 판단에 보다 큰 영향을 미치는 것을 가리킨다. 부정성 편향은 프로스펙트 이론의 '손실 혐오'와도 일맥상통한다고 볼 수 있다. 따라서 어떤 목표를 달성하기 위해 사람들을 설득하는 경우 이득보다는 손실을 강조하는 것이 사람들에게 보다 큰 영향을 주면서 효과적일 수 있다.

지금까지 알아본 틀 효과에서 틀은 동일한 대안이나 결과를 긍정 또는 부정적으로 표현하는, 즉 유인가를 달리하는 것을 의미하였는데, 틀은 보다 넓은 의미를 가질 수 있다. 선택상황이나 대안을 어떻게 볼 것인지의 관점이나 사람들이 세상에 대한 결정을 단순화하고 조직화하기 위해 구성하는 정신구조 또한 일종의 틀로 볼 수 있다. 예를 들어, 기상이변에 직면한 조종사가 회항을 할 것이냐, 계속 비행을 할 것이냐를 결정하는 상황에서, 자신이 직면한 상황을 고객의 안전문제로 보게 되면 회항하는 것이 안전한 대안으로 더 매력적으로 보일 수 있으나 고객과의 약속문제로 보게 되면 계속 비행을 하는 것이 고객과의 약속을 지킬 수 있는 더 나은 대안으로 보일 수 있다. 동일한 상황을 어떻게 달리 보느냐는 단순히 그 상황이나 대안의 의미를 조작하는 것 외에 여러 상황, 개인 변인의 영향을 받을 수 있다.

2.5 맥락효과(context effect)

기대효용이론에 따르면, 각 대안의 기대효용이 계산되고 이것이 다른 대안의 기대효용과 비교되므로 선택은 대안이 어떻게 구성되어 있는지의 맥락(context)의 영향을 받지 않는다. 그러나 실제 사람들의 선택행동을 보면 한 대안의 평가가 맥락에 따라 달라지는 현상이 나타나는데, 이를 **맥락효과**라 하며 유인효과와 타협효과가 대표적이다.

(1) 유인효과(attraction effect)

유인효과는 Huber, Payne과 Puto(1982)에 의해 발표된 후 많은 연구자들에 의해 연구된 현상이다. 기대효용이론으로 설명되지 않는 현상이여서 관심을 끈 점도 있지만 제품 포지셔닝과 관련하여 마케터에게도 큰 시사점이 있는 현상이여서 마케팅 분야에서 연구가 많이 되었다.

예를 들어, A와 B라는 두 맥주가 있다고 해보자([그림 2-4] 참고). A는 맛은 좋지만 가격이 비싸고, B는 가격은 저렴하지만 맛이 다소 떨어지는 맥주로 두 맥주는 무차별 곡선 상에 있다. 즉 동일한 효용을 제공한다. 이 두 대안을 주고 사람들에게 선택을 하게 하면 선택이 반반으로 나뉠 수 있다. 이 때 세 번째 대안 B와 가격은 동일하지만 맛이 떨어지는 맥주 대안 C를 추가할 경우 C는 B에 의해서만 지배를 받는다.[6] 표적 대안(맥주 B)과 경쟁 대안(맥주 A)으로 구성된 선택 집합에 새로 추가된 대안 C는 표적 대안 B 가까이에 위치하면서 표적 대안에 의해 지배되지만 경쟁 대안 A에 의해서는 지배되지 않는데, 이를 비대칭적으로 지배된 대안(asymmetrically dominated alternative)이라고 부른다. 사람들에게 비대칭적으로 지배되는 대안인 C를 추가한 선택 집합 A, B, C를 주고 하나를 선택하게 하면 B의 매력도와 선택비율이 A와 B 두 개 대안만 있을 때보다 올라가는 결과가 나타나는데, 이를 **유인효과, 비대칭적 우위효과**(asymmetric dominance effect), 또는 **미끼효과**(decoy effect)라고 한다.

이러한 결과는 경제학에서 가정하는 정규성(regularity)이나 기존 기술적 선택이론에서 제안하는 유사성 효과(similarity effect)로는 설명하지 못한다. 새로운 대안이 선택집합에 진입하는 경우 기존대안의 선택점유율이 증가할 수 없다는 정규성 가정에 의하면 시장에 제품이 새로이 소개되면 그 제품이 기존 제품들의 점유율을 빼앗아 가기 때문에 기존제품들의 시장점유율은 감소한다. 즉 더 많은 제품이 시장점유율을 나누어 가지게 되므로 기존제품의 점유율이 감소하면 했지 증가

---

6) 한 대안이 다른 대안과 비교했을 때 모든 속성에서 우위에 있는 경우 이를 지배대안(dominating alternative)이라고 한다.

할 수는 없다. 유사성 효과는 새로이 진입하는 제품과 가장 유사한 기존제품의 점유율이 가장 타격을 받는 현상을 가리킨다. 그런데 유인효과는 새로이 진입한 제품으로 인해 기존제품의 점유율이 오히려 높아지는 결과를 가져온다.

Focus

유인효과가 제품가격 적정성 판단에 미치는 영향

경제 전문지 이코노미스트는 자사 웹사이트에 다음과 같은 1년 정기구독 광고물을 실었다.

- 온라인판 정기구독: 59달러
- 잡지 정기구독: 125달러
- 잡지와 온라인판 정기구독: 125달러

온라인판을 59달러에 정기구독하는 것이나 혹은 조금 비싼 듯하지만 잡지만 125달러에 정기구독하는 것은 어느 대안을 선택하든 비교적 합리적인 선택으로 보인다. 따라서 59달러를 내고 온라인판을 구독하는 것과 125달러에 잡지를 구독하는 것 중 어느 것이 더 나은 대안인지를 정확히 판단하기는 어려울 수 있다. 그러나 잡지와 온라인판 패키지를 125달러에 정기구독하는 것은 같은 가격에 잡지만을 구독하는 것보다 더 나은 선택대안인 것은 확실하다. MIT Sloan 경영대학원 학생들을 상대로 실험을 해본 결과 실제로 학생들 중 16%만이 온라인판을 정기구독하는 대안을 선택했고, 84%에 해당하는 학생들이 잡지와 온라인판 패키지를 구독하는 대안을 선택했다. 그리고 예측할 수 있듯이 잡지만 구독하는 대안을 선택한 학생들은 아무도 없었다. 즉 아무도 선택할 가능성이 없는 '잡지 정기구독 대안'을 포함시킨 것이 사람들로 하여금 잡지와 온라인 판 패키지를 정기구독하는 것이 온라인판만 정기구독하는 것에 비해 훨씬 매력적인 것으로 지각하도록 만든 것이다.

원하는 사람이 전혀 없는 대안은 없애도 된다고 생각해 이코노미스트가 잡지만을 정기구독하는 대안을 제거하고 다음의 두 가지 선택대안만을 제시하면 어떤 결과가 나올까?

- 온라인판 정기구독: 59달러
- 잡지와 온라인판 정기구독: 125달러

이 선택맥락에서 구독신청 결과는 어떻게 달라졌을까? 전혀 반대되는 결과가 나타났다. 이번에는 59달러짜리 온라인판을 선택한 학생이 68%를 차지해 그 수가 늘어난 반면 32% 학생만이 125달러짜리 잡지와 온라인판 패키지 구독을 선택해 그 수가 크게 감소했다.

세 가지 선택대안을 제시할 경우(이 경우 125달러짜리 잡지만 정기구독하는 대안은 125달러짜리 잡지와 온라인판 패키지 정기구독과 비교할 때 확실하게 열등한 미끼상품(decoy)임)와 두 가지 선택대안을 제시할 경우 중 어느 것이 이코노미스트에 더 높은 수익을 가져다줄까? 미끼상품을 포함한 세 가지 선택대안을 제시할 경우가 두 가지 선택대안만 제시할 경우에 비해 더 높은 수익을 이코노미스트에 가져다 줄 것이다. 즉 선택대안의 수를 두 가지가 아니라 미끼상품을 포함한 세 가지로 제안함으로써 이코노미스트는 100명의 구독자로부터 발생하는 총 구독수익을 8,012달러에서 1만 1,444달러로 높일 수 있어 43%의 수익증대를 실현할 수 있다.

세 가지 대안을 제시했을 때 아무도 원하지 않았다는 점에서 소용없어 보이는, '잡지만 구독하는 대안' 을 미끼상품으로 추가한 것은 이코노미스트가 수익을 높이는 데 매우 유용한 가격전략인데, 그 이유는 그 선택대안의 포함이 대안별 가격대비 제품가치 판단에 영향을 미쳤기 때문이었다. 즉 미끼상품인 '잡지만 구독하는 대안' 을 포함시킬 경우 소비자들은 온라인판만 정기구독하는 대안에 비해 '잡지와 온라인판' 패키지를 구매하는 대안의 상대적 매력도가 미끼상품이 없을 때보다 더 높은 것으로 편향된 판단을 내리는 것이다. 이 예는 특정 제품의 가격대비 가치지각은 다른 선택대안(즉 준거점)과의 상대적 비교에 근거해 이루어짐을 보여준다.

자료원: Dan Ariely, Predictably Irrational, Harper Collins, 2008.

심화 유인효과의 기제

그렇다면 이런 유인효과는 왜 일어나는 것일까? 이 현상을 제안한 Huber 등은 정보처리와 대안 평가과정에서 발생하는 선택대안 매력도에 대한 지각적 편향 때문에 유인효과가 일어난다고 설명한다. 가령 표적 브랜드가 경쟁 브랜드에 비해 품질수준이 낮았는데, 표적 브랜드보다 품질이 더 떨어지는 미끼대안이 시장에 새로 진출하면 소비자들은 표적 브랜드의 품질수준이 괜찮아 보인다고 지각하는, 즉 지각적 편향이 나타날 수 있다. 이러한 지각적 편향은 특정 속성(여기서는 품질)의 범위가 넓어짐에 따른 범위효과와 특정속성의 출현빈도가 증가함에 따른 빈도효과로 인해 발생된다. [그림 2-4]를 가지고 이에 대해 자세히 살펴보기로 한다. [그림 2-4]를 보면 B에 대해서만 열등한 대안인 C가 위치할 수 있는 네 가지

그림 2-4 비대칭적 우위효과에서 미끼 대안의 위치

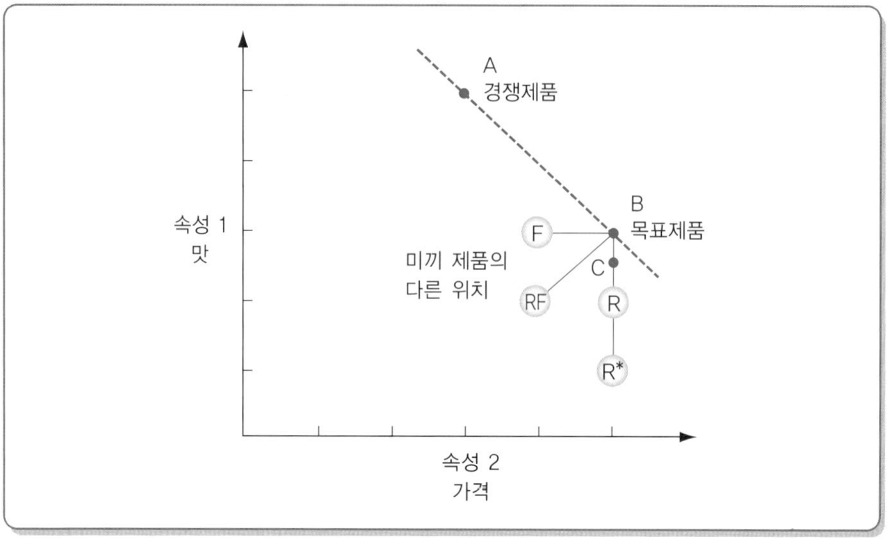

가능한 위치가 제시되어 있다. 먼저 위치 F는 서로 다른 속성수준의 출현빈도(frequency)를 나타낸다. 앞의 맥주 예를 계속 사용하면(속성 1: 맛, 속성 2: 가격) F 위치에 자리한 대안 C는 B와 맛은 동일하면서 가격이 더 비싼 맥주에 해당한다. 가격속성에서 맥주 B보다 가격이 비싼 또 다른 가격수준의 맥주대안 C가 제시되면서 서로 다른 가격수준의 출현빈도가 커진다. 특정 속성의 출현빈도가 커지면 대안 평가과정에서 그 속성의 가중치가 높아지게 된다. 여러 가격수준으로 인해 가격에 더 주의를 기울이기 때문일 수도 있고 빈도가 커지면서 그 속성에서의 차이에 대한 심리적 거리가 커져서일 수도 있다. 즉 C의 등장으로 B에게 유리한 가격속성에 더 높은 가중치를 부여해 대안들을 평가하기 때문에 B가 다른 대안들에 비해 보다 매력적으로 보일 수 있다는 것이다. 대안 C가 자리할 수 있는 두 번째 위치는 R인데, 여기에 자리한 대안 C는 B와 가격은 동일하지만 맛이 더 떨어지는 맥주로, 맥주 맛의 범위(range)를 보여준다. 즉 대안 C의 등장으로 맛 속성수준의 범위가 더 커지게 된다. 대안 C의 등장으로 인해 B가 A보다 열등한 맛의 범위가 커지면서 A와 B의 맛의 차이가 보다 작게 느껴지고 그 결과로 B의 매력도가 높아질 수 있다. 맛의 범위를 보다 크게 벌이는 위치인 R*도 마찬가지 결과를 가져온다. 반면 마지막 자리인 RF는 맛과 가격 모두가 B보다 못한 위치인데, 이 위치에 자리한 대안 C의 등장은 두 속성의 범위와 빈도를 모두 바꾸는 경우이다. 즉 맛과 가격수준의 범위와 출현빈도가 함께 늘어나는 것이다. 이 때 범위효과와 빈도효과가 모두 작용해서 B의 매력도가 더 크게 지각될 수 있지만 소비자는 두 속성에서의 지배관계, 즉 대안 B가 맛과 가격에서 각각 대안 C를 어느 정도 지배하는지를 모두 파악해야 한다. 이 경우 한 속성에서만 지배관계를 파악하는 것보다 두 속성에서의 지배관계를 파악하는 것이 어려워 유인효과가 줄어들 수도 있다. 범위-빈도효과는 Parducci(1974)가 보다 앞서 제안한 맥락효과이다. 이는 대안이 가지고 있는 속성의 범위와 빈도가 달라짐으로 해서 대안의 매력도가 달리 평가될 수 있음을 잘 보여주는데, 이를 적용하여 유인효과를 설명한 것이다. 이외에 C가 등장함으로써 B, C가 위치한 곳이 밀도가 높아지면서 인기가 있는 제품위치라고 생각하여 거기에서 하나를 고르게 된다고 설명되기도 한다.

속성의 범위나 출현빈도, 제품의 밀도와 같은 제품관련 특성에 대한 소비자 지각에 기초하여 유인효과가 나타나기도 하지만 평가방식에 의해서도 일어날 수 있다. 만약 두 개씩 짝을 지어 속성을 비교하여 더 나은 대안을 선택하는 식으로 선택이 이루어질 경우 C가 A와 먼저 짝이 지어지면, C가 선택될 것이고 C가 B와 비교되면 B의 선택비율이 높아질 것이다. 그리고 사고비용 최소화가 유인효과를 발생시킬 수도 있는데, 사고비용 관점에서 보면 B와 C를 비교하는 것이 훨씬 쉬워 사고비용이 적기 때문에 이 둘을 비교하여 선택을 할 확률이 높아질 수 있다. Huber 등(1982)의 연구에서는 범위효과가 유인효과를 잘 설명하는 것으로 나타났으나 Huber와 Puto(1983)의 연구에서는 범위효과가 반복적으로 검증되지 않았다.

이후 다른 연구자들에 의해 설명된 유인효과의 기제, 즉 발생 이유는 크게 다음 세 가지로 볼 수 있다.

첫째, **이유에 근거한 선택**(reason-based choice)으로 설명하는 것이다(Simonson, 1989). 이는 사람들이 선택을 할 때 자신의 선택을 정당화할 수 있는 가장 그럴듯한 이유를 찾게 되고, 이런 이유를 가지고 있는 대안을 선택한다고 보는 것으로 3장에서 자세히 소개될 것이다. 앞의 맥주 예를 계속 사용하면, B가 C보다 모든 점에서 좋기 때문에 B가 좋은 대안이라는 이유를 쉽게 댈 수 있어 더 많이 선택된다고 보는 것이다.

그림 2-5 Ebbinghaus 시각 착시

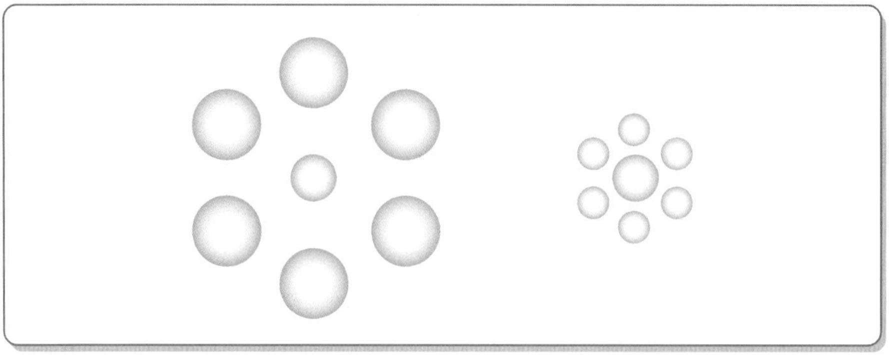

둘째, **상충 대조효과**(trade-off contrast effect)로 설명하는 것이다(Simonson & Tversky, 1992). [그림 2-5]에서처럼 동일한 원이어도 주변에 어떤 원들이 있느냐에 따라 원의 크기가 다르게 지각되는 Ebbinghaus 착시처럼 각 대안의 속성 간 상충 정도를 서로 비교하는 과정에서 맥락에 따라 특정 속성의 상대적 중요성이 부각되는 대조효과를 보인다는 것이다. 즉 맥주 A와 B의 경우 지배관계에 있지 않으므로 두 맥주대안의 상대적 매력도를 대조하는 과정에서 맛과 품질 간의 상충정도를 고려해야 하는데(즉 맛과 품질 중에서 어느 것에 더 가중치를 주어야 할지를 고려), C가 등장하면 B와 C는 지배관계(즉 맥주 B가 C를 지배함)에 있으므로 굳이 두 속성 간의 상충정도를 고려하지 않고도 선택이 가능하다. A와 B의 상충정도와 B와 C의 상충정도를 고려하면 후자가 훨씬 용이하므로 B가 상대적으로 더 매력적으로 보이게 된다. 상충 대조효과는 굳이 한 대안이 비대칭적으로 우위관계에 있지 않아도 대안 간의 비교에서 상충정도가 다르게 나타나면 나타날 수 있다. 다음 〈표 2-5〉의 대안을 보자. 이 대안은 Simonson과 Tverksy(1992)가 실험에 사용한 무연휘발유이다. 옥탄가가 높을수록 고급휘발유로 리터당 가격이 높아지게 되는데, 옥탄가에 따라 〈표 2-5〉에 제시된 것처럼 가격이 달라진다고 해보자.

먼저 X, Y 무연휘발유 대안을 가지고 각 대안의 상대적 매력도를 살펴보자. 대안 X는 대안 Y에 비해 가격이 8센트 더 저렴하지만 옥탄가가 3만큼 낮아 휘발유의 성능이 대안 Y에 비해 떨어진다. 소비자는 옥탄가가 3만큼 더 높지만 가격이 8센트 더 비싼 대안 Y와 옥탄가는 상대적으로 낮지만 가격이 더 저렴한 대안 X 중

표 2-5 무연 휘발유 예

대안	옥탄가	리터당 가격($)
X	87	1.01
Y	90	1.09
W	90	1.14
Z	93	1.21

어느 것이 더 나은지 평가해야 하는 어려움에 직면한다. 이제 X, Y 두 선택대안에 대안 Z가 새롭게 추가된 상황을 고려해보자. 이 선택상황에서 대안 Y, Z를 비교해 보면 대안 Z는 Y에 비해 옥탄가는 3만큼 더 높지만 가격은 12센트만큼 더 비싸게 지불해야 한다. 대안 Z가 추가됨에 따라 대안 X와 Y의 상대적 매력도에 대한 소비자의 판단은 달라지게 된다. 즉 대안 Z가 추가됨에 따라 소비자는 대안 Y가 우수한 휘발유 성능에 비해 가격이 상대적으로 저렴한 것으로 지각하게 되어 대안 Y를 대안 X 보다 더 매력적인 대안인 것으로 평가한다. 옥탄가는 가장 우수하지만 가격이 지나치게 비싼 대안 Z가 새로 추가됨으로써 대안 X에 비해 Y의 상대적 매력도가 높아지는(즉 뛰어난 품질에 비해 가격이 저렴해 보임) 유인효과가 나타나고 그 결과로 대안 Y의 선택비율은 그 이전에 비해 증가하게 된다.

다음으로 X, W 두 대안을 비교하는 상황을 고려해보자. 대안 X는 대안 W에 비해 옥탄가는 3만큼 낮아 성능은 떨어지지만 가격은 13센트 더 저렴하다. 따라서 어떤 휘발유 대안이 더 나은지 판단하기가 어렵다. 이제 X, W 두 선택대안에 대안 Z가 새롭게 추가된 상황을 고려해보자. 이 상황에서 대안 W와 Z의 상대적 매력도를 한 번 비교해보자. 대안 Z는 대안 W에 비해 옥탄가가 3만큼 높고 가격은 7센트 더 비싸다. 대안 W는 대안 X에 비해 옥탄가가 3만큼 올라간 것에 대해 13센트를 더 비싸게 책정한 반면 대안 Z는 대안 W 보다 옥탄가가 3만큼 동일하게 올라간 것에 대해 7센트 정도만 더 비싸게 책정해 Z가 W보다 더 매력적으로 보이게 되면서 기존에 있던 W의 선택 비율을 낮추게 된다. 즉 유인효과의 반대 현상이 나타난다(즉 대안 Z가 대안 W를 지배하는 관계가 아님에도 Z의 상대적 매력도가 W보다 커져 보임). 이처럼 비대칭적으로 지배관계를 보이는 대안이 없어도 상충 대조효과만으로도 기존 대안의 선택비율이 영향을 받을 수 있음을 보여주었고, 유인효과는 상충 대조효과가 극단적으로 나타나는 한 예로 보았다. 이후 연구는 상충회피(trade-off avoidance)로 설명하기도 한다(Hedgcock & Rao, 2009). 인지적으로 어려운 상충을 아예 회피할 수 있는 방식으로 선택이 일어난다는 것이다.

셋째, 대안 간 유사성 지각의 변화로 유인효과를 설명하는 것이다(Dhar & Glazer, 1996). 두 대안이 있다가 세 번째 대안이 진입함으로써 기존대안의 유사성 지각이 영향을 받게 된다. [그림 2-6]은 여러 MP3 대안이 내구성과 음질의 두 속성 차원에서 상대적으로 위치해 있는 모습을 보여준다. A와 B가 시장에 있고, 추가로 C_1, C_2, 또는 C_3가 진입하는 각 경우를 생각해보자. A와 B가 있는 시장에 C_1이 진입하면, C_1이 A와 매우 유사하므로 상대적으로 A와 B의 유사성은 줄어들게 된다. 이러한 유사성 지각의 변화는 속성 차원의 심리적 거리가 줄어들거나 늘어나면서 나타난다. C_1의 진입으로 A가 상대적으로 유리한 내구성 차원이 빈도 증가로 확장되면서 A, B 두 대안의 유사성이 떨어지고 A가 보다 매력적으로 지각된다. 반면 A와 좀 떨어진 곳에 위치한 C_2가 진입하게 되면 A와 B의 유사성이 상대적으로 증가하게 된다. C_2의 진입으로 A가 불리한 음질 차원이 줄어들면서 A와 B의 유사성이 증가하게 되고 A가 상대적으로 매력적으로 지각된다고 본다. 한편 유사성 지각에 영향을 주지 않는 C_3의 등장은 유인효과를 가져오지 않는다. Dhar와 Glazer(1996)는 각 선택대안군이 제시되었을 때 선택비율과 대안간의 유사성을 함께 측정하여 지각된 유사성에 따라 유인효과가 나타나거나 나타나지 않음을 보

그림 2-6 MP3의 여러 대안들

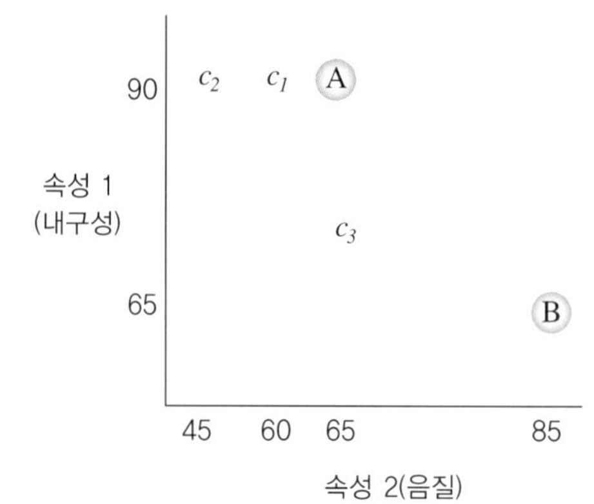

여주었고, 비대칭적으로 우위관계에 있지 않으면서 유사성 지각에 영향을 주는 대안이 등장한 경우에도 여전히 유인효과가 나타남을 보여주었다.

유인효과가 나타나는 정도에 영향을 미치는 변인들에 대해서도 많은 연구가 되었는데, 고품질보다는 저품질 제품에서 유인효과가 더 잘 일어난다(Heath & Chatterjee, 1995). 소비자의 제품에 대한 지식수준에 따라서도 유인효과가 달리 나타나는데, 보통 지식수준이 높을수록 유인효과가 덜 나타나지만 항상 그렇지는 않다. 역 U자 관계가 나타남을 보여준 연구도 있는데, 중간 정도의 지식을 가지고 있는 사람들에게 유인효과가 가장 크게 나타난다(하영원, 채정호, 1993). 지식수준이 낮은 경우 제품정보를 처리할만한 충분한 지식을 가지고 있지 않고, 지식수준이 높은 경우 제시된 정보를 처리할 충분한 동기를 가지고 있지 않다. 그러나 중간 정도의 지식을 가진 사람은 처리능력과 동기를 모두 가지고 있어 맥락정보를 포함한 제품정보를 충분히 처리하다보니 유인효과에 더 취약해진다. 제품속성 정보가 숫자로 혹은 언어적으로 제시되는지도 지식수준과 유인효과의 관계에 영향을 미친다(Sen 1998). 속성정보가 숫자로 제시될 때는(예, 레스토랑 A의 음식 맛은 7점 만점에 6.5이고 식당분위기는 2.3임) 지식수준이 낮은 사람이 지식수준이 높은 사람에 비해 유인효과가 더 크게 나타나는 반면 속성정보가 언어로 제시될 경우에는(예, 레스토랑 A는 음식 맛이 뛰어나지만 웨이터들이 퉁명스럽고 고객서비스에 신경을 안 씀) 지식수준이 높은 사람이 지식수준이 낮은 사람에 비해 유인효과가 더 크게 나타난다. 속성정보를 숫자로 제시할 경우 지식수준이 높은 사람은 속성수준의 값(예, 어떤 레스토랑의 서비스수준이 7점 만점에서 6.4점)이 실제 소비경험에서 주는 의미를 마음속으로 보다 명확하게 시각화할 수 있다. 따라서 미끼대안에 대한 속성수준의 값에 상대적으로 덜 민감하다. 한편 지식수준이 높은 사람은 낮은 사람에 비해 대안 간의 속성수준 차이에 더 민감하며 이러한 민감성은 속성정보가 언어적으로 제시되었을 때 더 커지기 때문에 각 대안에 대한 속성정보를 언어적으로 제시했을 경우 유인효과가 크게 나타날 수 있다. 또한 해석수준(construal level)이 상위수준일수록, 향상 조절초점을 가질수록 유인효과가 더 잘 나타난다(Khan, Zhu, & Kalra, 2011, Mourali, Bockenholt, & Laroche, 2007). 그리고 심리적 에너지가 고갈된 경우 유인효과가 더 나타난다(Pocheptsova, Amir, Dhar, & Baumeister,

2009). 한편 유인효과를 줄이는 요인에 대한 연구도 많이 진행되었다. 제품 정보가 모호함이 없이 유의미하게 제시될수록 유인효과가 줄어드는 것으로 나타났다(Ratneshwar, Shocker, & Steward, 1987). 정량적 속성정보(예, 호텔서비스 수준)와 범주적 제품속성(예, 프랑스 혹은 이태리와 같은 여행 목적지)이 함께 제공될 때 독특한 범주속성이 있는 경우 유인효과가 줄어드는 것으로 나타났다(Ha, Park, & Ahn, 2009). 독특한 범주속성 정보(예, 여행상품의 여행지, 노트북 컴퓨터의 브랜드 등)의 도입은 미끼대안을 경쟁대안과 분리시켜 유사한 대안들인 표적대안과 미끼대안끼리 하위범주를 형성하게 하고(예, 표적 여행상품과 미끼 여행상품의 여행지가 이태리로 동일함) 이 하위범주 내의 비교과정에서 열등한 미끼대안이 고려대상에서 곧바로 제거된다. 그 결과 미끼대안의 추가로 인해 표적대안(vs. 경쟁대안)의 상대적 매력도가 증가하는 현상, 즉 유인효과가 약화되는 것으로 나타났다. 그리고 관여도가 높을수록, 선호강도가 높을수록, 그리고 매력적이지 않은 대안들 중에 선택을 하는 경우 유인효과가 약해지는 것으로 나타났다(Malkoc, Hedgcock, & Hoeffler, 2013; Mishra, Umesh, & Stem, 1993).

(2) 타협효과(compromise effect)

타협효과는 Simonson(1989)이 처음 소개한 맥락 효과로, 한 대안의 매력도가 선택 대안군 내에서의 상대적 위치에 따라 증가하거나 감소하는 현상이다. 즉 중간에 위치하게 되면 매력도가 증가하는 반면 극단에 위치하게 되면 매력도가 감소한다. 예를 들어, 세 개의 디지털 카메라가 있다고 해보자. A는 기본 사양에 20만원, B는 중간 사양에 50만원, C는 최고 사양에 80만원이다. A와 B만 있을 때보다 A, B, C가 있을 때 B의 선택비율이 늘거나 B와 C만 있을 때보다 A, B, C가 있을 때 B의 선택비율이 늘어나는 현상이 타협효과이다. 이는 **극단적인 것을 회피**(extremeness aversion)하려는 사람들의 성향으로 나타나는데, 이는 다시 손실혐오로 설명된다. A와 C는 서로에 대해서 큰 장점과 큰 단점을 갖고, 중간 대안인 B에 대해서는 중간 정도의 장점과 단점을 갖는다. 그러나 B는 어느 대안과 비교해도 중간 정도의 장점과 단점을 갖게 되는데, 손실혐오에 따르면 단점이 장점보다 더 크게 느껴진다. B의 단점이 A와 C보다 상대적으로 작게 느껴지면서 B가 매력적으로 보이게 된다. 유인효과와 마찬가지로 이유에 근거한 선택으로도 설명되는

데, 두루두루 무난한 중간 대안이 자신의 선택을 합리화하기 좋은 이유를 대기 적합해서 선택이 많이 된다고 보는 것이다.

한편 소비자는 '중간 대안을 고르자'라는 일종의 휴리스틱을 가지고 있을 수 있다. 이런 휴리스틱을 가지고 있으면 선택 시 큰 갈등을 느끼지 않고 많은 인지적 노력을 들이지 않으면서 빨리 선택을 할 수 있다. 중간 대안이 선택을 쉽게 해주는 면이 있다 보니 생각하기를 좋아하는 성향인 인지욕구(need for cognition)가 높고, 인지적 능력이 높고, 인지적으로 부하가 걸리지 않은 상태(가령 시간적으로 여유가 있을 때)에서는 사람들이 타협적인 대안을 선택하기보다 자신의 목적에 맞는 선택을 하는 경향을 보이며, 독특성 욕구(need for uniqueness)가 높은 소비자도 중간 대안 또는 보통의 상식적인 대안을 선택하는 정도가 낮아진다(Drolet, Luce & Simonson, 2009; Simonson & Nowlis, 2000). 또한 문화도 타협효과에 영향을 미치는데, 개인주의 성향이 강한 서구 문화권의 소비자보다 집단주의 성향이 강한 동양 문화권의 소비자에게 타협효과가 더 강하게 나타난다(Briley, Morris & Simonson, 2000). 또한 동양 문화권에서는 극단적인 선택을 피하고 중간을 선택하는 것을 중용의 미덕이라고 존중하는 경향이 있다.

한국기업의 인사담당자들이 선호하는 신입사원은 서울대, 연대, 고대 같은 일류대학보다는 성균관대, 서강대 같이 대학순위에서 상대적으로 조금 떨어지는 대학의 졸업생들이라고 한다. 그 이유를 추론해 보면 똑똑해서 업무처리능력이 높을 수 있지만 개인주의 성향이 강해서 조직 적응력이 상대적으로 떨어지는 SKY 졸업생(서구기업은 이들을 보다 선호할 수 있음)이나 반대로 조직 적응력에서는 상대적으로 우수하지만 업무처리능력이 다소 미흡하다고 생각하는 다른 대학의 졸업생보다는 업무처리능력과 조직 적응력(대인관계)에서 두루 원만한 성대와 서강대 졸업생이 직장인으로 더 바람직하다고 판단할 수 있는 것이다.

타협효과는 다른 경쟁제품과 비교해서 극단적인 위치보다는 중간 위치에 제품 포지셔닝을 하는 것이 상대적으로 유리할 수 있다는 마케팅 시사점을 제시한다. 한편 자사제품이 고가/고품질로 인식되고 경쟁사의 제품이 저가/저품질로 인식되고 있는 상황에서 자사제품의 고가격으로 시장점유율이 높아지지 않고 있다면, 초고가/초고품질의 하이엔드 제품을 출시함으로써 자사의 제품 라인업을 과시하고 주력상품인 고가/고품질 제품의 시장점유율을 높일 수 있다. 예를 들어, 여러 등급의 제품을 갖추고 있는 기업은 타협효과를 이끌어내기 위해 프리미엄, 오가닉, 스페셜 등의 이름을 붙인 고가 제품라인을 추가할 수 있다. 이렇게 할 경우 너무 비싼 가격으로 인해 프리미엄 등급 제품의 매출은 별로 늘지 않더라도 그 아래 등급인 주력제품의 매출을 증가시킬 수 있다.

지금까지 대표적인 맥락효과인 유인효과와 타협효과에 대해 알아보았는데, Dhar와 Simonson(2003)은 두 효과가 어떤 차이를 보이는지 제안한다. 유인효과는 통상적으로 선택을 하는 사람이 맥락 효과를 의식하지 못한 상태에서, 즉 대안들 간의 비대칭적인 우위관계에 의해 특정 대안이 보다 매력적으로 보인다는 것을 의식하지 못한 상태에서 선택이 일어나는 반면, 타협효과는 선택을 하는 사람이 중간대안이기 때문에 선택한다는 것을 의식하는 경우가 많다. 달리 표현하면, 유인효과는 대안 간의 관계에 대한 비교적 자동적인 지각적 처리의 결과로 나타나는 반면 타협효과는 보다 의식적인 인지적 처리의 결과로 나타난다는 것이다. 이런 차이는 선택하는 사람이 인지적으로 과부하되어 있거나 인지적 자원이 고갈되어 있을 때 잘 드러난다. 즉 인지적으로 과부하되어 있는 경우 타협효과는 줄어들지만 유인효과는 오히려 증가한다(Pocheptsova, Amir, Dhar & Baumeister, 2009).

지금까지 확실성, 불확실성 하에서 나타나는 사람들의 선택 행동을 설명하는 기술적 이론과 선택과 관련하여 일어나는 여러 심리적 현상들을 소개하였다. 틀효과나 맥락효과와 관련해서는 수많은 연구가 진행되었고 여전히 진행되고 있는 상황이다. 여러 개인적 특성이나 과제 · 상황 특성이 이런 현상들에 어떻게 영향을 미치며 상호작용하는지 계속 연구가 이루어지고 있다. 본 장에서 소개된 내용은 그 중의 일부이지만 본 장을 통해 현상 자체에 대한 이해와 다소 복잡하지만 이를 설명하는 여러 가설과 이론들을 접할 수 있는 기회가 되었다면 좋겠다.

3장

기술적 선택 이론-2

03 기술적 선택 이론-2

본 장에서는 프로스펙트 이론 이외의 다른 기술적 선택 이론을 소개하고자 한다. 프로스펙트 이론은 수리이론으로 주관적인 가치 · 확률 판단 시에 사람들이 보이는 심리적 특징을 반영한 가치함수와 결정가중치로 불확실한 상황에서의 사람들의 선택행동을 설명한다. 본 장에서 소개하는 이론들은 수리이론은 아니며 심리적 개념을 도입하여 사람들의 선택행동을 설명한다.

3.1 심적 회계(mental accounting)

Thaler(1980, 1985)는 프로스펙트 이론의 영향을 받아 경제학의 기대효용이론으로 주로 설명되던 소비자행동을 좀 더 실증적인 이론으로 설명하고자 하였고, 그러면서 '심적 회계'라는 개념을 제안하였다. 이는 개개 소비자나 가구에서 소비행동을 할 때 암묵적으로(implicit, 또는 마음속으로) 수입과 지출되는 돈에 대해 심리적 계좌를 만들고 자기가 어떻게 돈을 쓰고 있는지 관리를 하는 회계활동을 함을 가리킨다. 가계부를 쓰는 것은 명시적인(explicit) 방법으로 수입과 지출을 관리하는 회계활동이다. 이런 심적 회계가 일어나는 것을 보여주는 예로 돈에 의미를 부여하는 행위를 들 수 있다. 경제학에서 돈은 경제적 교환을 하는 수단으로 대체가능(fungible)하다. 10만 원은 10만 원의 가치를 가진 다른 재화나 서비스와 교환을 할 수 있는 것으로 자기가 열심히 일해서 번 10만 원이나 예상치 않게 생긴 10만 원은 동일한 가치를 가지며 동일한 방식으로 사용되어야 한다고 본다. 그러나 사람들은 열심히 일해서 번 10만 원은 쉽게 쓰지 못하거나 계획대로 사용하지만 예상치 않게 생긴 10만 원은 쉽게 쓴다. 평소에는 사지 않을 물건을 사거나 친구나 동료들에게 맛있는 것을 사기도 한다. 즉 돈이 어떻게 생겼는지 또는 돈을 어떤 용도(예, 식비, 의류비)로 사용할 것인지를 고려하여 돈에 심리적 꼬리표를 달고 특정 용도에 맞게 사용한다. 다음의 예는 사람들이 예산을 세울 때 심리적 계좌를 만들고 그 한도 내에서 돈을 사용함을 잘 보여준다.

〈상황 1〉 여러분은 공연을 보기 위해 공연장에 갔다. 공연 표는 5만 원이다. 그런데 표를 사려고 지갑을 꺼냈을 때 오는 길에 5만 원을 잃어버렸다는 것을 알게 되었다. 비록 5만 원을 잃어버리기는 했지만 돈이 여유가 있다면 여러분은 공연 표를 구매하겠는가?

〈상황 2〉 여러분은 공연을 보기 위해 공연장에 갔다. 공연 표는 전날 5만 원을 주고 구매했다. 그런데 표를 내려고 지갑을 꺼냈을 때 오는 길에 5만 원 표를 잃어버렸다는 것을 알게 되었다. 비록 5만 원 표를 잃어버리기는 했지만 돈이 여유가 있다면 여러분은 공연 표를 구매하겠는가?

위 두 상황을 각각 다른 집단의 사람들에게 질문을 하면, 상황 1에서는 다수의 사람들이 표를 구매한다고 대답하지만 상황 2에서는 구매하지 않는다고 대답한다. 두 상황 모두 5만 원을 잃어버린 것은 동일한데 상황 1에서는 구매하겠다는 사람이 많은 반면 상황 2에서는 구매하지 않는다는 사람이 많다. 왜일까? 문화생활비라는 심리적 계좌가 있다고 할 때 상황 2는 여기에 할당되어 있는 금액에서 이미 5만 원을 쓴 상태이므로 다시 5만원을 주고 표를 구입하여 문화생활비로 10만 원을 쓰는 것이 과하다고 생각하기 때문이다. 반면 그냥 5만 원을 잃어버린 경우 문화생활비가 아니므로 다시 표를 구매하게 된다. 경제학적으로 두 상황의 5만 원은 동일한 5만 원이지만 사람들에게는 다르게 느껴지고 그 결과 다르게 행동한다.

Focus 상황에 따라 동일한 액수의 현금에 서로 다른 가치를 부여하는 소비자

기업은 수입과 지출을 항목별로 나누어 차변과 대변에 기입한 후 이를 합산해 대차대조표를 작성한다. 마찬가지로 우리 소비자도 심리적 계좌를 설정한 다음 마음속으로 해당 항목에 기입하는 방식으로 매일 심리적 가계부를 쓰고 있다. 그런데 흥미로운 점은 동일한 수입이나 지출에 대해 사람들이 서로 다른 심리적 계좌를 설정하고 이에 대해 서로 다른 심리적 가치를 부여한다는 것이다.

가령 수입의 한 유형인 적립식 포인트에 대해 살펴보자. 우리는 여러 회사의 카드를 소지하고 있으며, 그 회사의 제품이나 서비스에 대한 사용량에 따라 현금기능을 하는 적립 포인트를 제공받는다. 사실 이러한 적립 포인트는 현금과 동일하다. 그런데 사람들은 현금같이 쓸 수 있는 적립 포인트를 현금이 아니라 공돈이라고 지각한다. 따라서 친구와 커피점이나 영화관에 가서 적립식 카드에 남아있는 누적 포인트를 사용해 그들에게 후한 인심을 쓴다. 즉 카드 포인트를 자신의 주머니에서 나가는 현금이 아니라 공돈이라고 생각하기 때문에 비용지출에 따른 상실감을 느끼지 않고 쉽게 써버리는 것이다. 이같이 우리는 동일한 현금인데도 아르바이트로 힘들게 일해 받은 현금은 월급이라는 심리적 수입계좌에 기입하고 현금과 동일한 기능을 하는 적립식 포인트는 공돈이라는 심리적 수입계좌에 기입하는 비합리적 행동을 한다.

마찬가지로 백화점에 들러 여러 벌의 의류를 구입하고 백화점 카드를 사용해 6개월 무이자로 대금을 계산한 후 늘 후회를 하지만 사람들은 똑같은 쇼핑행동을 계속 반복한다. 왜 그럴까? 동일한 지출이지만 사람들은 서로 다른 심리적 지출계좌에 기입하고 이에 대해 상이한 심리적 가치를 부여한다. 일시불 상품구입과 신용카드를 이용한 할부구입 모두 생활비의 일부이지만 일시불 구입은 현금이 목돈으로 지출된 것으로 인식해 상당한 상실감을 느끼는 반면 할부구입은 분할되어 지출되므로 지출에 따른 상실감이 덜한 것으로 지각하는 것이다.

Thaler는 프로스펙트 이론을 적용하여 여러 개의 결과가 있을 때 사람들이 이를 어떻게 받아들여 처리하는지(부호화, coding) 제안하였다. 프로스펙트 이론은 주로 하나의 결과에 적용되어 그 결과를 이득으로 볼 것인지 손실로 볼 것인지 틀을 구성하는 편집과정을 거치게 되는데, 여러 개의 결과가 있을 때는 이것들을 통합해서(integration) 하나의 이득 또는 손실로 볼 것인지, 아니면 분리해서(segregation) 개개의 이득 또는 손실로 볼 것인지 결과들을 부호화하는 과정을 거치게 된다. 이런 부호화는 대개 사람들이 자신의 주관적 반응을 보다 좋게 하는 방향, 즉 이득은 보다 크게, 손실은 보다 적게 하는 식으로 이루어진다.

보다 구체적으로 설명하기 위해 두 개의 결과가 있는 경우를 생각해보자. 두 개의 결과가 있을 때 다음의 네 가지 가능성이 있을 수 있다; ① 두 결과가 다 이득인 경우, ② 두 결과가 다 손실인 경우, ③ 하나는 이득이고 하나는 손실인데 이득이 더 큰 경우, ④ 하나는 이득이고 하나는 손실인데 손실이 더 큰 경우이다. 위의 네 가지 경우에 두 결과를 통합하느냐 또는 분리해서 지각하느냐에 따라 사람들의 주관적 반응이 다음과 같이 달라질 수 있다.

① 두 결과가 다 이득인 경우는 두 결과를 분리해서 지각하는 것이 유리하다. 두 결과를 각각 (x, y)라고 하면 $x>0$, $y>0$이다. 프로스펙트 이론에 따르면 이득에서의 가치곡선은 감소함수이기 때문에 $v(x)+v(y)>v(x+y)$가 된다. 그러므로 두 이득을 각각 분리해서 생각하는 것이 더 큰 즐거움을 가져오게 된다. 예로 두 개의 복권에 당첨이 된 경우 그 각각을 따로 생각하는 것이 더 큰 즐거움을 준다. 즉 5만 원과 2만 5천 원 상금에 당첨이 되면 두 개를 분리시켜 생각하는 것이 7만 5천 원을 받았다고 생각하는 것보다 더 즐겁다.

② 두 결과가 다 손실인 경우는 두 결과를 통합하여 지각하는 것이 보다 유리하다. 즉 속상한 정도가 줄어든다. 두 결과를 $(-x, -y)$라고 하면 손실에서의 가치곡선이 증가함수이기 때문에 $v(-x)+v(-y)<v(-(x+y))$이다. 손실을 통합하는 좋은 예는 바로 신용카드이다. 신용카드를 사용함으로써 다수의 적은 비용이 한데 모아져 하나의 비용으로 한 달에 한 번 지출되기 때문에 지출에 따른 손실감이 상대적으로 적게 느껴진다. 놀이동산에서 판매하는 자유이용권도 같은 원리가 적용된 예라 볼 수 있다.

③ 이득과 손실이 섞여 있고 이득이 더 큰 경우, 즉 결과가 $(x, -y)$이고 $|x|>|y|$인 경우는 $v(x)+v(-y)<v(x-y)$이므로 통합이 유리하다. 이득이 큰 경우 손실이 상쇄되는 효과가 있다(cancellation). 복권에 당첨되어 10만 원을 받은 사람이 교통사고로 8만원을 지출해야 한다고 해보자. 이때는 두 사건을 통합하여 그냥 2만원이 생겼다고 생각하는 것이 덜 속상하다.

④ 하나는 이득이고 하나는 손실인데 손실의 가치가 더 큰 경우, 즉 결과가 $(x, -y)$이고 $|x| < |y|$인 경우는 x와 y의 차이가 어떤가에 따라 때로는 통합이 때로는 분리가 유리할 수 있다. 즉 y가 x보다 상대적으로 큰 경우는 분리가 유리한 반면 두 결과의 절대값이 비슷한 경우는 통합이 유리하다. 어떤 사람이 교통사고가 나서 10만 원을 지출하고 난 후 5천 원짜리 복권에 당첨되었다. 이때는 두 사건을

합쳐서 총 얼마를 썼다고 생각하는 것보다 나쁜 일이 있었지만 좋은 일(silver lining)도 있었다고 두 사건을 분리해서 생각하는 것이 보다 기분이 좋아질 수 있다.

Thaler는 위와 같은 결과의 통합과 분리 방식을 '**쾌락적 편집**(hedonic editing)'이라고 하였는데, 이는 사람들이 다수의 결과를 어떻게 부호화하느냐에 따라 자신의 주관적 반응을 조정할 수 있기 때문이다(Thaler & Johnson, 1990). Thaler는 설문 연구를 통해 사람들이 쾌락적 편집에 대한 통찰(self-insight)이 어느 정도 있음을 보여주었고 이 원리가 사람들의 실제행동을 기술하기도 하면서 사람들이 따르면 좋은 규범이 된다고 제안하였다. 쾌락적 편집을 활용하여 기분이 좋은 일이 있을 때에는 그 기쁨을 배가시키고 언짢은 일이 있을 때에는 그로 인한 부적인 감정의 강도를 줄일 수 있다.

Thaler는 프로스펙트 이론에서 제안하는 준거점의 영향을 받아 '**거래효용**(transaction utility)'의 개념도 새로이 제안하였다. 어떤 대안의 가치가 준거점과 비교되어 평가되듯이 소비자들이 제품을 구매할 때 현재의 구매가격과 이전 구매경험이나 제품지식을 토대로 마음속에 형성되어 있는 준거가격(reference price)을 비교하게 되며, 자신이 가지고 있는 준거가격보다 구매가격이 더 저렴해서 좋은 거래라고 생각되면 그 자체에서 효용이 발생할 수 있다. 경제학에서는 구매한 제품을 통해서만 효용이 발생한다고 보았으나(**획득효용**, acquisition utility) 거래 자체가 좋은 거래인지 아닌지에 따라서도 효용이 발생한다고 본 것이다. 70% 대폭 할인을 할 때 굳이 필요한 물건이 아니어도 나중에 필요할지 모른다는 핑계를 대며 물건을 구입하는 경우가 종종 있는데, 이는 거래효용이 크기 때문에 이런 기회를 놓치는 것이 손해로 생각되기 때문이다.

Focus

일상에서 일어나는 심적 회계 사례 – 성과급 받았는데 명품백 질러?

연말이 되면 직장인들이 기대하는 것이 있다. 연말 성과급이다. 1년 내내 빠듯하게 생활하던 월급쟁이들은 연말 성과급 덕에 조금이나마 큰돈을 만져보게 된다. 평소 알뜰살뜰 절약하고 저축하던 사람도 연말 성과급을 받으면 제법 통 크게 돈을 쓴다. 따지고 보면 이상한 점이 있다. 월급 100만원과 성과급 100만원은 똑같은 100만원이다. 그런데 많은 사람이 연말 성과급은 평소 월급보다 헤프게 쓰는 경향이 있다.

연말 성과급으로 받은 돈을 과감하게 쓰는 것은 우리가 마음속에서 월급과 성과급에 각각 다른 '꼬리표'를 붙이기 때문이다. 월급은 아껴 써야 하는 돈, 성과급은 좀 써도 되는 돈으로 인식한다는 것이다.

이처럼 돈을 출처나 용도에 따라 다르게 취급하는 것을 '심적 회계(mental accounting)'라고 한다. 행동경제학 연구로 노벨 경제학상을 받은 리처드 세일러 미국 시카고대 석좌교수가 창안한 개념으로, 그는 기업이 예산을 인건비, 연구개발비, 마케팅비 등으로 나눠 지출하듯이 사람도 마음속에서 출처와 용도별로 돈에 칸막이를 쳐 놓는다고 제안했다.

심적 회계(계좌) 이론은 쉽게 번 돈은 쉽게 나간다는 속설을 뒷받침한다. 길을 가다 돈을 주웠거나 옷장을 정리하다가 코트 주머니에서 5만원짜리 지폐 한 장을 발견했다고 생각해 보자. 우리는 그 돈을 마음속에서 '공돈'이라는 계좌에 넣고, 계획에 없던 외식을 하거나 별로 필요치도 않은 물건을 사는 데 쓸 가능성이 높다.

주식 투자에서 수익을 낸 사람은 그 돈으로 보다 위험한 투자에 나선다는 연구 결과도 있다. 이런 것을 '하우스 머니 효과'라고 한다. 하우스 머니란 도박장(하우스)에서 번 돈을 말한다. 도박으로 딴 돈은 더 위험한 도박에 걸어도 되는 돈으로 인식하는 것이다.

심리적 계좌는 종종 우리를 비합리적인 결정으로 이끈다. 많은 사람이 예금과 대출을 동시에 갖고 있다. 일반적으로 대출 금리는 예금 금리보다 높다. 따라서 예금할 돈이 있으면 그 돈으로 대출을 갚는 것이 재무적으로 유리하다. 하지만 여전히 사람들은 대출을 놔둔 채 결혼비용, 자녀 교육비, 노후자금 등의 명목으로 예금을 한다. 높은 이자를 부담할지언정 결혼비용, 자녀 교육비, 노후자금을 건드리고 싶지는 않은 것이다.

물건값을 현금으로 낼 때와 신용카드로 지불할 때도 서로 다른 심리적 계좌가 작동한다. MIT 슬론경영대학원의 드라젠 프렐렉 교수와 덩컨 시메스터 교수는 미국 프로농구 경기 입장권 경매 실험을 했다. 참가자들을 두 그룹으로 나눠 한 그룹은 낙찰받으면 현금을 내도록 했고, 다른 한 그룹은 카드로 결제하게 했다. 실험결과 카드로 결제하기로 한 그룹은 현금 그룹보다 평균 2.1배 높은 가격을 써냈다. 현금을 쓸 때보다 카드를 쓸 때 지출에 덜 민감해져 과소비할 가능성이 높다는 뜻이다.

기업들은 소비자의 심리적 계좌를 마케팅에 활용한다. 백화점에서는 100만원어치를 구입한 고객에게 10만원을 할인해주지 않고, 그 백화점에서만 쓸 수 있는 10만원짜리 상품권을 준다. 고객 마음속 '공돈 계좌'에 10만원을 꽂아줘 추가 구매를 유도하는 것이다.

심리적 계좌로 인한 오류를 피하려면 어떻게 해야 할까. 일단 모든 돈은 출처와 용도에 상관없이 똑같은 돈이라고 생각해야 한다. 연말 성과급도 평소 월급과 마찬가지로 열심히 일해서 번 돈이라는 점을 떠올리면 쓰기 전에 한 번 더 고민하게 될 것이다. 당장 지갑에서 빠져나가는 현금이나 한 달 뒤 계좌에서 빠져나가는 신용카드 대금이나 똑같은 돈이다.

재테크 방법으로 많이 거론되는 '통장 나누기'는 심리적 계좌를 역이용한 것이다. 투자 통장, 소비 통장, 비상금 통장 등으로 분리한 뒤 소비 통장의 잔액 범위에서만 돈을 쓰고, 투자 통장과 비상금 통장에 있는 돈은 건드리지 않는다면, 소비를 억제하고 자산을 늘리는 데 도움이 된다.

자료원: 한경, 2022.12.27.

이외에도 Thaler는 기존의 경제학으로 설명하지 못하는 현상을 제시하였는데, 보유효과와 매몰비용효과가 이에 해당한다. 또 Thaler가 처음 소개한 것은 아니지만 보유효과와 같은 심리적 기제로 나타나는 현상유지편향과 행동재무(behavioral finance) 분야에서 소개된 처분효과도 함께 소개하고자 한다.

(1) 보유효과(endowment effect)

사람들은 물건을 소유하게 되면 그것을 갖기 전 보다 더 소중하게 느껴 물건의 가치를 높게 평가하는 경향이 있는데, 이를 **보유효과**라고 한다. 이러한 보유효과로 인해 자신이 소유한 물건을 처분해야 하는 상황이 발생하면, 이를 손실로 간주해 큰 상실감을 느낀다. 예를 들어, 공짜로 얻은 물건을 남이 달라고 하거나 누군가가 자신에게 잠시 빌려준 물건을 막상 돌려주려고 할 때 상실감을 느끼는 것을 들 수 있다.

이 현상은 프로스펙트 이론의 이득보다 손실에 더 민감하다는 손실혐오에 기초한다. 사람들이 자신의 주머니에서 나가는 비용(out of pocket cost)은 손실로, 기회비용(opportunity cost)은 포기한 이득으로 보아 기회비용을 과소평가하는 현상이다. 이는 마케팅에서 종종 활용되는데, 상품을 팔 때 한 달 정도의 시험기간을 두고 그 기간 동안 소비자가 상품을 사용해보고 상품이 마음에 들지 않으면 반품할 수 있고 이를 환불해주는 제도가 있다. 시용기간이 있기 때문에 소비자들은 상품을 보다 쉽게 구입할 수 있지만 시용기간 동안 상품에 익숙해지면 그 상품이 자신의 소유물로 여겨지면서 시용기간이 끝나 상품을 반환하는 것에 대해 손실감을 느끼면서 환불받는 금액인 기회비용을 과소평가하게 된다. 즉 상품을 반환하면서 느끼는 손실이 환불로 생기는 이득보다 더 크게 느껴져 상품을 반환하지 못하고 결국 구매하게 된다. 이러한 보유효과는 자신이 가지고 있는 것을 다른 사람과 교환할 때 파는 사람(seller)과 사는 사람(buyer)이 원하는 가격의 차이를 가져오게 된다.

Kahneman, Knetsch와 Thaler(1990)의 연구는 이를 경험적으로 보여주는데, 실험에 참가한 참가자들에게 참가에 대한 답례로 대학 로고가 그려져 있는 머그를 주었다. 그리고 잠시 후 머그가 모자라니 다시 팔 생각이 있는지 물으면서 최소 얼마를 받으면 팔 용의가 있는지 그 가격을 적도록 하였다. 다른 집단의 참가자들에게는 머그를 보여주면서 머그를 산다면 지불할 용의가 있는 최대 가격을 적도록 하였다. 결과를 보면, 파는 사람의 입장에 있던 참가자들은 7.12달러를 요구한 반면, 사는 사람의 입장에 있던 참가자들은 2.87달러를 적었다. 이는 잠시 머그를 소유한 사람들이 자신이 가지고 있던 것을 내어 주고 돈을 받는 것을 손실로 여기고, 기회비용을 과소평가함을 잘 보여준다. 그러나 이러한 보유효과는 통상적인 제품 구매 상황에서 지불하는 돈에 대해서는 일어나지 않는다.

Focus

체험 마케팅에 혹하는 이유 – 보유효과

최근 많은 기업들이 무료 체험 마케팅을 활용하고 있다. 무료 체험 마케팅이 효과를 낼 수 있는 이유는 소비자의 소유경험을 자극하기 때문이다. 직장인 김주민(31)씨는 최근까지만 해도 불법 다운로드 프로그램 '토렌트' 의 애용자였다. 주변에 돈을 주고 영상을 사서 본다는 이들이 있으면 '공짜가 인터넷에 널려 있는데 왜 쓸데없이 돈을 쓰냐' 며 핀잔을 주기도 했다. 그랬던 김씨가 최근 넷플릭스의 유료 멤버십 서비스에 가입했다. 이유는 간단했다. '써보니 좋더라' 는 것이다. 김씨는 "가입 후 첫 달은 무료라는 이야기를 듣고 넷플릭스를 사용하기 시작했는데, 한 달 뒤 무료 사용기간이 끝나 다시 불법 다운로드로 돌아가보니 일일이 검색하고 다운해야 하는 등 불편한 점이 눈에 들어오기 시작했다. 넷플릭스의 편리함이 그리워 결국 결제할 수밖에 없었다" 고 말했다.

약 3년 전 넷플릭스가 한국에 상륙했을 때, 넷플릭스의 성공 가능성에 대한 전망은 불투명했다. 다른 나라와 달리, 인터넷이 발달해 있어 콘텐츠를 이용할 수 있는 무료채널이 널려 있다는 이유에서였다. 넷플릭스도 한국이 침투하기 쉽지 않은 시장이라는 점을 알고 있었다. 고심을 거듭하던 넷플릭스가 한국시장을 공략하기 위해 사용한 마케팅도구는 바로 무료체험이었다. 넷플릭스에 대해 반신반의했던 국내 이용자는 1개월 무료체험을 위해 앞다퉈 넷플릭스에 가입했고, 그중 상당수는 넷플릭스의 유료회원으로 가입했다.

"일단 한번 써보고 결정하세요." 제품구매를 망설이고 있을 때, 광고나 영업사원을 통해 이 말을 들은 소비자 중 대부분은 속는 셈 치고 사용해보기로 한다. 비용손실을 감수하고 무료체험 마케팅을 펼치는 기업의 의도는 일단 사용만 하면 자사고객으로 만들 수 있다는 자신감이 깔려 있다. 경제가 불황일수록 체험 마케팅은 더욱 강화된다. 지갑을 여는 데 깐깐해진 소비자를 현혹시킬 수 있는 몇 안 되는 마케팅수단이기 때문이다. 최근 체험 마케팅이 활기를 띠는 것도 이 때문이다. 넷플릭스를 비롯해 유튜브도 광고 없이 영상을 즐길 수 있는 유튜브 프리미엄 서비스를 한 달 무료로 제공하고 있다. 후지필름은 소비자에게 카메라와 필름을 2박 3일간 무상으로 대여해주는 프로그램을 운영 중이다.

소비자에게 무료로 체험할 기회를 주는 것은 한 번 가져볼 수 있도록, 즉 소유했을 때의 기분을 느껴볼 수 있도록 하기 위함이다. 그리고 이 느낌은 큰 힘을 발휘한다. 인간은 가져보지 못한 것보다 가져본 것의 가치를 더 높게 평가하기 때문이다. 소비자들이 무료체험을 통해 제품에 만족감을 느꼈다면, 그 제품의 가치를 실제가격보다 높게 책정하게 된다. 이 때문에 무료체험 기간이 끝났을 때 소비자는 제품이 가치에 비해 가격이 낮다고 생각하게 되고, 이를 구매하는 것이 합리적 소비라고 생각하게 되는 것이다.

자료원: 이코노미조선, 280호 2018. 12. 24.

(2) 현상유지편향(status quo bias)

이 편향은 Samuelson과 Zeckhauser(1988)가 처음 소개하였는데, 이 역시 손실혐오와 관련되어 있다. 사람들은 현재 자기가 사용하고 있는 것이나 기본사양으로 주어진 것에서 변화를 갖는 것을 싫어하는데, 이는 변화가 가져오는 손실과 이득을 비교할 때 손실이 이득보다 크게 느껴져서 그냥 현재 상태를 유지하고자 하기 때문이다. 미국에서 이루어진 자동차 보험 관련 연구를 보면, 펜실베이니아 주에서는 무제한으로 소송을 할 수 있는 권리를 갖는 옵션이 기본옵션으로 들어가 있고 본인이 원하지 않으면 이 옵션을 뺄 수 있다. 반면 뉴저지 주는 제한된 권리를 갖는 것이 기본옵션으로 들어가 있고 본인이 원하면 무제한의 소송권리를 갖는 옵션을 선택해 넣을 수 있다. 이러한 두 보험대안을 사람들에게 주고 설문을 한 결과, 펜실베이니아 주의 보험설계에서는 53%의 응답자가 이 옵션을 선택한 반면, 뉴저지 주의 보험설계에서는 23%의 응답자만이 이 옵션을 선택했다. 이는 사람들이 기본옵션으로 주어진 것을 대개 선택함을 잘 보여준다.

현상유지편향이 실생활에서 극적으로 나타나는 예는 장기기증과 관련된 선택이다(Johnson & Goldstein, 2003). 유럽연합 내에서도 장기기증 동의율이 국가마다 큰 차이를 보이는데(예, 네덜란드 4.25%, 오스트리아 99.98%), 이러한 차이는 장기이식을 위한 기반시설, 경제 · 교육 수준, 종교 등의 차이를 통제해도 여전히 나타난다. 그렇다면 이러한 차이는 어디서 오는 것일까? 답은 이 나라들이 장기기증과 관련하여 다른 선택방식을 사용한다는 것이다. 네덜란드와 같은 나라는 기본옵션이 기증을 하지 않는 것이고 본인이 원하면 기증을 하겠다고 명시적으로 의사표명을 해야 한다(opt-in). 반면 오스트리아와 같은 나라는 기본옵션이 기증을 하는 것이고 본인이 원하지 않으면 기증을 하지 않겠다고 선택을 해야 한다(opt-out). 즉 기본대안이 어떻게 주어졌느냐에 따라 사람들의 선택행동이 달라질 수 있는데, 대개 기본옵션을 선택하는 경향을 보이면서 이러한 나라간 차이를 가져온 것이다. 이러한 예는 행동적 의사결정 연구가 공공정책에도 기여할 수 있음을 잘 보여준다.

Focus

장기기증자를 늘리기 위해 옵트 아웃 제도를 도입하고 있는 유럽국가들

미국은 장기기증에 동의한 사람이 성인의 50% 이상에 달한다. 운전면허 시험을 보거나 면허를 갱신할 때 장기기증 희망 여부도 함께 묻는 옵인(opt–in) 제도를 실시하고 있어서이다.

그러나 많은 유럽국가들은 더많은 장기기증자를 유도하기 위해 '장기기증을 하지 않겠다' 고 별도로 거부의사를 밝힌 사람이 아니면 모두 장기기증에 동의한 것으로 간주하는 '옵트–아웃(opt–out)' 제도를 시행 중이다. 영국의 경우에도 2019년까지는 미국처럼 면허시험 응시 때 장기기증 희망 여부를 물었지만, 2020년부터는 프랑스, 오스트리아, 스페인 같은 다른 유럽국가들 처럼 옵트–아웃 제도를 도입한다. 영국 정부는 옵트-아웃 제도를 도입하면 장기기증이 더욱 활성화할 것으로 기대하고 있다.

옵트-아웃 제도가 보편화된 유럽에서는 장기기증을 원치 않는 사람만 우편이나 인터넷으로 거부의사를 미리 밝혀두거나, 사망 전 가족 · 친척 등에게 '장기기증을 원치 않는다'는 문서를 남긴다. 프랑스의 경우 만 13세 이상 국민을 대상으로, 장기기증에 동의하지 않는 사람만 별도의 인터넷 등록 사이트에서 '장기기증을 원치 않는다'는 의사를 밝히도록 하고 있다. 나머지는 모두 장기기증에 동의하는 것으로 간주한다.

우리나라는 이와 정반대로 '장기기증을 하겠다'고 등록한 사람만 장기를 기증하는 옵트 인(opt-in) 방식이다. 한국의 경우 만 16세 이상이면 부모 동의 없이 장기기증 희망자로 등록할 수 있다. 장기기증 희망 등록은 뇌사하거나 심장마비 등으로 숨질 경우 자신의 장기나 인체 조직을 기증하겠다고 약속하는 것이다. 한국의 경우 부모에게 물려받은 신체를 잘 보전해야 한다는 유교적인 생각이 장기기증의 걸림돌 중 하나다. 2018년 국내 장기기증 희망자 비율은 전 국민의 2.8%로, 선진국(30~50%)에 비해 크게 낮다. 희망 등록은 법적 구속력이나 강제성은 없다. 장기 기증 희망자로 등록한 사람이 마음이 바뀌면 언제든 취소할 수 있다. 복지부는 장기기증을 확대하기 위해 미국이나 호주처럼 운전면허 시험을 볼 때 장기기증 희망 여부를 묻는 제도를 도입하려고 한다.

자료원: 조선일보, 2019.07.15.

(3) 매몰비용효과(sunk cost effect)

매몰비용은 과거에 이미 투자된 또는 지불된 비용을 가리킨다. 여기서 비용은 경제적 비용뿐 아니라 시간과 노력도 포함한다. 경제학에서는 현 시점 이후에 발생하는 비용과 이익을 비교하여 의사결정을 내려야 하며 매몰비용의 영향을 받아서는 안 된다고 말한다. 그러나 사람들은 과거에 이미 투자한 매몰비용의 영향을 받아 과거에 시작한 것을 계속 지속하려는 경향을 보인다. Arkes와 Blumer(1985)가 매몰비용효과를 보여주기 위해 사용한 시나리오를 살펴보자.

(시나리오 1) 여러분은 미시간으로 가는 주말 스키여행권을 100달러에 구입했다. 며칠 후 여러분은 위스콘신으로 가는 주말 스키여행권을 50달러에 구입했다. 그러면서 여러분은 미시간 스키여행보다는 위스콘신 스키여행이 더 재미있을 것이라고 생각했다. 그런데 위스콘신 스키여행권을 사고 시간이 지난 후 여러분은 미시간과 위스콘신의 스키 여행 날짜가 겹친다는 것을 알게 되었다. 여행권을 팔거나 환불받기에는 너무 늦어서 여러분은 둘 중에 하나를 선택해야 한다. 여러분은 미시간과 위스콘신 스키여행 중 어느 것을 선택하겠는가?

(시나리오 2) 여러분은 비행기 제조회사의 사장이다. 회사에서는 한 연구 프로젝트에 1,000만 달러를 투자하기로 하였는데, 이 프로젝트는 레이더에 포착되지 않는 비행기를 개발하는 것이다. 지금까지 900만 달러를 투자하여 프로젝트가 90% 완성되었을 때, 다른 회사에서 레이더에 포착되지 않는 비행기를 이미 만들어 판매하기 시작한 것을 알게 되었다. 또한 그 회사의 비행기가 여러분 회사의 비행기보다 더 빠르고 경제적이라는 것도 알게 되었다. 이런 상황에서 여러분은 비행기를 완성시키기 위해서 남은 10%의 비용을 투자하겠는가?

스키여행 시나리오의 경우 합리적인 소비자라면 과거에 지불한 비용과 상관없이 자신이 보다 즐겁게 시간을 보낼 수 있는 위스콘신의 스키여행을 고를 것이다. 그러나 실험결과 54%의 참가자들이 가격이 더 비싼 미시간 스키여행을 선택했다. 비행기 시나리오에서는 82%의 참가자들이 계속 투자를 하겠다고 선택하였다. 이는 사람들이 과거 비용에 영향을 받아 비합리적인 선택을 하게 됨을 보여준다. 매몰비용효과는 달리 **콩코드효과**(Concorde effect)라고도 불리는데, 이는 영국과 프랑스가 초음속 비행기 콩코드가 시장성이 없음을 알고도 그만두기에는 이미 많은 비용을 투자하였기에 프로젝트를 지속한 것에서 유래한다. 그러나 이 용어는 주로 동물에게서 나타나는 매몰비용 현상을 가리키는 데 사용되어왔다. 동물은 사람과 달리 매몰비용편향을 보이지 않는다는 연구들이 있었으나 최근에는 반대 결과도 보고되고 있다.

그렇다면 사람들은 왜 매몰비용편향을 보이는 것일까? Thaler는 손실혐오와 심적 회계 개념으로 이 현상을 설명한다. 즉 사람들이 자신이 시작한 일이 손실로 마감되는 것을 피하기 위해 이전에 투자한 일을 계속 유지하려 한다는 것이다. 이외에 동기적인 이유도 제시되었다. 첫째, 자신의 선택이 옳았다는 것을 보여주기 위해 이전의 결정을 고수한다는 것이다. 이전 결정과 다른 결정을 내리게 되면 자신의 이전 결정이 잘못되었다는 것을 인정하는 것이 되므로 자신의 이전 선택을 고수하게 된다. 과거 의사결정에 책임이 큰 사람이 작은 사람보다 매몰비용효과를 더 보인다는 연구결과는 이러한 설명을 뒷받침한다. 둘째는 일관성에 대한 사회적 규범으로 설명하는 것이다. 우리는 사회적으로 일관된 행동과 생각을 하는 것이 좋다는 교육을 받아 왔다. 따라서 일관적이지 않은 행동을 하는 것에 대한 부담감이 있고, 이런 이유로 이전 선택을 그대로 유지하는 매몰비용편향을 보인다는 것이다. 셋째는 낭비를 하면 안 된다는 생각이 과일반화되면서 나타나는 현상으로 설명하는 것이다. 우리는 어려서부터 낭비를 하면 안 된다는 교육을 받아왔는데, 이런 생각이 적절치 않은 상황에도 일반화되어 적용되면서 매몰비용현상이 나타난다는 것이다. 실제로 아이들이 어른보다 매몰비용현상을 적게 보이는데, 이는 아이들이 어른보다 교육이나 사회적 규범의 영향을 상대적으로 적게 받기 때문이다.

(4) 처분효과(disposition effect)

처분효과는 수익을 내고 있는 주식은 필요 이상으로 빨리 팔고, 손실을 내고 있는 주식은 필요 이상으로 오래 가지고 있는 현상을 가리킨다. Shefrin과 Statman(1985)은 이 현상을 소개하고 이를 손실혐오와 심적 회계로 설명하였다. 즉 주식을 매입하면서 하나의 심리적 계좌가 생기고 사람들이 이를 손실로 마감하기 싫어하기 때문에 하락세에 있는 주식을 계속 가지고 있게 된다는 것이다. 이는 이득과 손실영역에서 위험에 대한 태도가 달라지는 것에 의해서도 설명이 된다. 보유하고 있는 주식의 주가가 오르면, 사람들은 대개 위험 회피적인 태도를 갖게 된다. 그래서 불확실하지만 더 큰 이득보다 작지만 확실한 이득을 보다 선호하게 된다. 그러다 보니 더 기다리지 못하고 주식을 팔게 된다. 반면 손실을 보고 있는 상황에서 사람들은 위험을 추구하는 태도를 갖게 된다. 가지고 있는 주식을 팔아 손실을 현실화시키기보다 불확실하지만 손실을 줄일 수 있는 기회를 갖기 위해 주식을 팔지 않고 계속 가지고 있게 된다. Shefrin과 Statman(1985)은 후회의 회피, 자기 통제의 문제로도 이 현상을 설명하였다. 때로 사람들은 후회를 최소화하는 선택을 하게 되는데, 하락세에 있는 주식을 팔았다가 주가가 오르는 것을 보게 될 때 예상되는 후회로 인해 팔지 못하고 계속 보유하는 것일 수 있고, 하락세에 있는 주식을 빨리 팔아야 한다고 생각은 하면서도 이를 실천으로 옮기지 못하는 자기 통제의 문제로도 설명한다.

Odean(1998)은 1987년부터 1993년에 있었던 한 증권회사 개인투자자들의 거래 자료를 분석하여 이 현상을 실증적으로 검증하였다. 분석 결과, 투자자들은 하락세에 있는 주식을 124일 동안 보유한 반면, 상승세를 보이는 주식은 104일 동안

만 보유하였다. 그리고 상승세에 있는 주식의 24%를 판 반면, 하락세에 있는 주식은 15%만 팔았다. 계속 보유한 하락세의 주식은 이후 5%의 수익을 가져온 반면, 이미 판 상승세의 주식은 계속 보유하고 있었다면 11.6%의 수익을 가져다 줄 수 있었다는 것도 보여주었는데, 이는 사람들이 심리적인 이유로 자신의 수익을 극대화하지 못하고 있음을 잘 보여준다.

지금까지 살펴본 Thaler의 심적 회계 개념은 프로스펙트 이론의 심리적 특징을 여러 소비상황에 적용하여 실생활에서 일어나는 우리의 선택행동을 잘 설명한다. 다음에 소개되는 내용은 이야기나 이유와 같은 인지적 개념이나 목표와 같은 동기적 개념으로 사람들의 선택행동을 설명하는 이론들이다.

3.2 이야기에 근거한 의사결정(explanation based decision making)

Pennington과 Hastie(1993)는 배심원들의 의사결정에 대해 관심을 가지고 이들이 어떻게 유·무죄판결을 내리고 구형을 하는지에 대해 연구를 하였다. 미국의 배심원 제도는 각계각층에서 자신의 일을 하며 살던 평범한 사람들이 법원의 요청이 있을 때 배심원으로 재판에 참여하여 판결을 내리는 제도이다. 우리나라도 2008년부터 형사재판 일부에서 국민참여재판을 실시하고 있다. 법 지식이 거의 없는 배심원들은 판결을 내리기 이전에 전반적인 법 지식, 자신들이 관여한 사건의 가능한 판결대안들, 그리고 유죄판결을 하는 경우 각 구형이 어떨 때 내려져야 하는지 등에 대한 사전교육을 받게 된다. 교육을 통해 얻은 지식과 재판 중에 듣는 피고, 원고, 증인들의 진술, 제시된 증거 등의 정보를 바탕으로 자신들에게 주어진 판결대안 중의 하나를 선택함으로써 판결을 내리게 된다.

Pennington과 Hastie는 배심원들이 처해 있는 의사결정상황이 다음과 같은 특징을 가지고 있다고 본다. 첫째, 증거에 대한 방대한 양의 정보가 있고, 둘째, 증거는 보통 사건이 일어난 순서대로이기보다 뒤섞여서 제시된다. 셋째, 증거는 전체사건에 대한 부분적인 정보만을 제시하고, 넷째, 증거에 대한 여러 진술의 세부사항들은 서로 연관되어 있다.

이러한 상황에서 배심원들은 어떻게 결정을 내리는가? 고전적인 견해는 사람들이 재판 중에 들은 각 진술문 또는 증거의 진위성에 평가를 하게 되고 각 진술문이 갖는 비중을 고려하여 가중치를 둔 후 통합하여 어떤 결론에 이르게 된다고 보는 것이다. 이는 앞 장에서 소개한 여러 선택방식 중 선형 모델과 유사한 방식이라고 볼 수 있다. 이에 대해 Pennington과 Hastie는 배심원이 증거를 잘 설명하는 개연성 있는 '이야기(narrative story)'를 구성하게 되고 그 이야기와 가장 잘 부합하는 판결대안을 선택하게 된다고 주장한다. 즉 구성된 '이야기'가 판결선택을 결정한다고 보는 것이다.

여기서 이야기는 다음의 세 가지 유형의 지식으로부터 구성된다. 첫째, 현재 재판되고 있는 사건과 관련된 정보들, 둘째, 현재 재판되고 있는 사건과 내용 면에서 유사한 기존사건들에 대한 사전지식, 셋째, 어떤 것이 개연성 있는 이야기인가에 대한 일반적인 지식이다. 여기에서 잠깐 이야기의 구조에 대해 알아보면 이야기는 보통 몇 개의 일화(episode)가 위계적으로 구성되어 있다. 일화는 다시 사건들로 구성되는데 이 사건들은 전체 이야기에서 구체적인 역할을 하게 되고 인과관계에 의해 사건들이 연결된다. 선행사건은 인물로 하여금 특정한 심리적 반응을 불러일으키고 그 반응에 대해 어떤 행동을 취하게끔 동기화시키는 목표를 갖게 한다. 목표 하에 행해진 행동은 어떤 결과를 가져오며 그 결과가 초래한 상태가 있게 된다.

배심원들은 진행되는 재판을 보면서 현재 사건을 설명할 수 있는 이야기를 구성하게 되는데 이 때 여러 개의 이야기가 구성될 수 있다. 그런 경우 배심원들은 각 이야기가 제시된 진술과 증거들에 얼마나 적용되는지 그 범위와 관련 사건들이 얼마나 조리 있게 하나의 이야기로 구성되는지 그 응집성(coherence)을 고려하여 하나를 선택하게 된다. 제시된 증거와 진술에 대한 적용범위가 넓고 응집성이 클수록 선택될 확률이 커지며 선택된 이야기에 대한 확신도 커지게 된다. 반면, 두 개 이상의 이야기가 선택되면 각 이야기가 사건을 설명하는 독특성이 떨어지므로 확신도 적어진다. 재판 중에 구성된 이야기는 그 후에 제시되는 증거와 진술들을 처리하거나 기억하는 데에도 영향을 미치게 되고 여러 하위 사건들이 전체 사건에서 갖는 상대적 중요성도 자동적으로 결정하게 된다. 예를 들면, 판결을 내린 후 진술문에 대한 재인과제를 하게 되면,[1] 제시되었지만 구성된 이야기에 부합되지 않는 정보는 대개 재인을 하지 못하거나 중요하지 않은 것으로 평가된다. 반면 제시되지 않았지만 구성된 이야기에 부합되는 진술문은 잘못 재인을 한다. 즉 실제로는 제시되지 않았지만 제시되었던 것으로 기억을 하는 것이다. 이처럼 재판이 진행되는 과정에서 이야기가 형성이 되면 이후 정보처리에 영향을 미치게 된다.

Adaval과 Wyer(1998)는 이야기의 구성이 선택에 미치는 영향을 여행상품을 가지고 보여주었다. 여행상품에 대한 정보를 한 조건에서는 여행지에 도착한 후 시간의 흐름에 따라 어떤 경험을 하게 되는지 이야기 형태로 제시하였고, 다른 조건에서는 같은 내용을 속성 정보로 구성된 단편적인 목록으로 제시하였다. 결과를 보면, 이야기 형태로 제시되었을 때 여행상품이 보다 호의적으로 평가되었고, 이야기와 목록의 제시 형태에 따른 평가 차이는 여행상품에 대해 부정적인 속성이 있었을 때, 여행정보에 사진이 함께 제시되었을 때, 그리고 제시된 내용의 체험을 상상하도록 하였을 때 더 크게 나타났다. 부정적인 속성이 있는 경우 속성정보가 목록으로 제시될 때는 평가에 부정적으로 영향을 미치게 되지만 이야기를 구성하여 전반적으로 평가하게 될 때는 상대적으로 평가에 영향을 적게 미치게 된다. 사진이나 상상은 이야기 구성을 촉진시키면서 두 제시 형태 간의 평가 차이를 더 크게 만든다. 이야기는 우리가 실제 경험을 통해 제품에 대한 정보를 얻는 것과 유사한 구조를 가지며 전반적으로 평가가 일어나면서 보다 긍정적으로 평가되는 것으로 보인다.

3.3 이유에 근거한 선택(reason-based choice)

선택은 종종 갈등을 수반하는데, 이는 대개의 선택 상황이 모든 속성에서 다른 대안보다 더 좋은 지배대안(dominating option)이 없고 한 대안이 장점도 가지고 있으면서 단점도 가지고 있기 때문이다. Shafir, Simonson과 Tversky(1993)는 사

1) 재인은 기억의 한 유형이다. 기억은 회상(recall)과 재인(recognition)으로 구분되는데, 회상은 이전에 보았던 것을 스스로 생각해내는 것이며 비보조상기라고도 한다. 반면 재인은 대상을 보면서 이전에 본 적이 있는지 없는지를 기억해내는 것이며 보조상기라고도 불린다.

람들이 이런 갈등 상황에서 갈등을 해소하고 자신의 선택을 자신이나 다른 사람들에게 정당화할 수 있는 그럴듯한 '이유(reasons)'를 생각해내고 그 이유에 근거하여 선택을 한다고 제안하였다.

Shafir 등(1993)은 기존에 연구된 선택행동들을 '이유에 근거한 선택'이라는 틀로 재해석함으로써 이 이론이 폭넓게 적용될 수 있음을 보여주었다. 그 중 가장 널리 알려진 선택상황은 선택과 거절 과제이다. 이들은 사람들이 선택을 할 때는 긍정적인 속성(선택 이유)에, 거절을 하는 경우(두 대안 중에 맘에 들지 않는 것을 거절하여 남는 것을 선택하게 되는 것)에는 부정적인 속성(거절 이유)에 더 비중을 둔다고 예측한다. 즉 과제에 적합(compatibility)한 이유를 찾게 된다는 것이다. 이러한 예측을 검증하기 위해 선택과 거절 이유가 많은(enriched) 대안과 그렇지 않은 평범한(impoverished) 대안을 주고 사람들에게 선택을 하거나 거절할 대안을 고르게 하였다. 다음은 이를 보여주는 실험 예이다.

> 여러분이 이혼법정에서 판사의 역할을 한다고 가정하자. 지금 법정에서는 아이의 양육권을 누구에게 줄 것인가를 결정하려고 한다. 다음의 한정된 정보를 바탕으로 결정을 내릴 때 여러분은 어느 부모에게 양육권을 주겠는가? (또는 어느 부모에게 양육권을 거절하겠는가?)
>
> **부모 1:** 중간 정도의 수입
> 중간 정도의 건강
> 중간 정도의 업무시간
> 아이와의 유대가 어느 정도 있다.
> 사회생활이 어느 정도 안정적이다.
>
> **부모 2:** 중간 이상의 수입
> 아이와의 유대가 매우 깊다.
> 사회생활이 아주 활발하다.
> 일과 관련된 여행이 많다.
> 건강에 조금 이상이 있다.

위의 문제에서 두 집단의 사람들에게 각각 양육권을 줄 부모를 선택하거나(부모 1: 36%, 부모 2: 64%) 양육권을 거절할 부모를 선택하게 하였는데(부모 1: 45%, 부모 2: 55%) 두 집단 모두 부모 2를 고르는 사람이 많았다. 이는 논리적으로 모순되는데 부모 2를 선택했으면 부모 1을 거절해야 하기 때문이다. Shafir 등은 부모 2가 선택할 이유도 많지만 거절할 이유도 많이 가지고 있기 때문에 두 과제에서 모두 부모 2가 더 자주 선택된다고 설명한다. 문제가 어떤 식으로 표현되었느냐에 따라 사람들이 드는 이유가 달라지는데, 선택을 할 때는 선택 이유가, 거절할 대안을 고를 때는 거절 이유에 근거해서 선택을 하다 보니 두 경우 모두 부모 2가 선택이 된다.

또 다른 선택상황은 선택에 대한 뚜렷한 이유가 있는 경우와 그렇지 않은 경우의 비교이다. 먼저 선택상황을 보도록 하자.

〈뚜렷한 이유가 없는 조건〉

여러분이 막 힘든 자격시험을 끝냈다고 가정하자. 지금은 학기말로 여러분은 지쳐 있고 자신이 시험에 통과할 것인지 아닌지에 대해 자신이 없는 상태이다. 만약 시험에서 떨어졌다면 여러분은 몇 달 후에 재시험을 치러야 한다. 여러분은 지금 크리스마스 연휴간의 제주도 여행 패키지를 아주 저렴한 가격에 살 수 있는 기회를 가지고 있다. 그 특별가격은 내일까지 유효한데 시험결과는 이틀 후까지 알 수가 없다. 여러분은

a. 여행 패키지를 산다.
b. 여행 패키지를 사지 않는다.
c. 시험 결과를 알게 되는 이틀 후에 특별가격에 여행 패키지를 살 수 있는 권한을 갖기 위해 환불되지 않는 2만원의 예약금을 지불한다.

〈뚜렷한 이유: 통과/실패 조건〉

여러분이 힘든 자격시험을 막 끝냈다고 가정하자. 지금은 학기말로 여러분은 지쳐 있고 자신이 시험에 통과했다는(실패했다는) 것을 알게 되었다. (실패조건: 여러분은 몇 달 후에 재시험을 치러야 한다.) 여러분은 지금 크리스마스 연휴간의 제주도 여행 패키지를 아주 저렴한 가격에 살 수 있는 기회를 가지고 있다. 그 특별가격은 내일까지 유효하다. 여러분은

a. 여행 패키지를 산다.
b. 여행 패키지를 사지 않는다.
c. 이틀 후에 특별가격에 여행 패키지를 살 수 있는 권한을 갖기 위해 환불되지 않는 2만원의 예약금을 지불한다.

사람들의 반응을 보면 통과나 실패한 경우 모두 여행 패키지를 산다는 사람이 다수였다(통과 54%, 실패 57%). 즉 다른 이유로, 통과했을 때는 자신에게 휴식과 보상을 주기 위해, 실패했을 때는 재충전과 기분전환을 위해 여행 패키지를 사는 동일한 행동을 선택하는데 반해, 뚜렷한 이유가 없는 조건에서는 자신의 결정을 보류하는 행동, 즉 대안 c를 선택하는 사람이 다수였다(61%). 이처럼 결과의 불확실성으로 어떤 대안을 선택할 이유가 뚜렷하지 않으면 선택을 하지 않고 결정을 보류하게 된다.

Shafir 등은 '이유'를 결정/선택에 영향을 미치는 요인 또는 동기라고 정의를 내렸는데 이런 정의가 너무 광범위하다는 비판도 있다. 어떤 것이 '이유'가 되는지에 대해서는 논쟁이 많지만 그럼에도 불구하고 이 이론은 장점을 가지고 있다. 첫째는 '이유'로 우리의 선택을 설명하는 것이 우리가 평상시 선택에 대해서 생각하고 말하는 방식과 매우 가깝다는 것이다. 둘째는 고전적인 효용이론으로는 설명하지 못하는 여러 선택행동을 설명할 수 있다는 것이다. 그리고 고전적인 효용이론에서는 고려되지 않는 '갈등'이나 '예상되는 후회(anticipated regret)' 등과 같은 심리적 개념이 반영된다는 것이다.

이유에 근거한 선택은 기업에게 유용한 마케팅 시사점을 제공한다. 이유에 근거한 선택 이론이 제시하듯이, 소비자들은 자신의 행위에 대해 정당한 이유를 제시할 수 있는 선택대안을 선호하는 경향이 있다. 소비자가 다른 사람들에게 자신의 선택행동에 대해 쉽게 정당화시킬 수 있는지는 제품유형에 따라 달라질 수 있는데, **쾌락적/정서적 제품**(hedonic products)은 **기능적 제품**(utilitarian products)에 비해 선택/소비 행위를 정당화시키는 것이 상대적으로 어렵다. 쾌락적 제품의 선택에 대해 정당화시키는 것이 상대적으로 어려운 이유는 쾌락적 제품을 소비할 때 죄책감(guilt)이 수반된다는 점과 쾌락적 제품이 제공하는 심리적 편익을 계량화시키기 어렵다는 점을 들 수 있다. 소비자들은 쾌락적 제품을 소비하면서 죄책감을 경험할 수 있는데, 이는 사회적으로 쾌락적 제품의 소비(예, 200만 원짜리 샤넬의류의 구매)를 낭비나 사치로 간주하는 경향이 있기 때문이다. 따라서 이러한 죄책감을 경험하거나 예상하는 것은 쾌락적 제품의 선택/소비를 정당화시키기 어렵게 만든다. 쾌락적 제품의 구매/소비에 대해 정당한 이유를 제시하기 어려운 또 다른 이유는 쾌락적 제품은 소비과정에서 즐거움을 경험하는 등 심리적 편익을 제공하기 때문에 실용적 편익을 제공하는 기능적 제품에 비해 상대적으로 계량적으로 평가하기 어렵다는 점을 들 수 있다. 따라서 쾌락적 제품의 구매에 대해 소비자는 숫자로 자신의 선택행위를 정당화시키기가 상대적으로 어렵다. 가령 동일한 가격의 실용적 특성이 강한 선택대안(예, 저지방 크림치즈와 계란흰자만을 사용하여 만든 Cheesecake deLite)과 쾌락적 특성이 강한 선택대안(예, 맛이 풍부한 Bailey's Irish Cream Cheesecake)을 동시에 제시하고 특정 케이크를 선택한 이유를 말하도록 하면, 소비자들은 실용적 특성의 대안을 쾌락적 특성의 대안보다 더 많이 선택할 가능성이 높다. 그 이유는 실용적 특성의 선택대안이 쾌락적 특성의 선택대안에 비해 자신의 선택에 대해 건강에 좋다는 것과 같이 정당성을 부여하기 더 수월하기 때문이다. 만약 쾌락적/정서적 제품에 대해서도 소비자가 수긍할 수 있는 구매나 소비에 대한 그럴듯한 이유(예, 자신의 자존감을 높인다거나 자신의 사회적 지위를 드러낼 수 있는)를 제시할 수 있다면 소비자의 선택을 유도할 수 있을 것이다.

Focus

소비자들은 보너스팩과 가격할인 중 어떤 것을 선호할까? – 제품유형에 따라 서로 다른 이유로 선호하는 판촉수단

제품을 구매하면 동일한 제품을 덤으로 주거나 제품의 가격을 할인해 주는 방법은 모든 기업들이 판매촉진 활동 시 가장 많이 활용하는 방법이다. 두 방법 모두 기업의 매출을 증대시키는 한편, 소비자들에게 이익이나 혜택을 제공한다. 전자는 제품의 양적인 면에서 혜택을 주는 것이고 후자는 제품을 구매하는 비용 측면에서 직접적인 이익을 제공하는 것이다. 그렇다면 소비자들은 제품을 구매할 때 보너스팩과 가격할인 중 어떤 것을 선호할까? 두 방법 모두 동일한 혜택을 제공한다고 느끼고 무차별한 선호를 보일까?

이에 관심을 가지고 수행되어 온 기존 연구들에 의하면 소비자들은 보너스팩과 가격할인을 서로 다른 것으로 인지하며, 일반적으로 가격할인보다는 보너스팩을 더 선호한다고 알려져 있다. 그 이유는 보너스팩에 대해 소비자들은 보통 손실(비용지불) 감소보다는 추가적인 이득을 얻는 것으로 지각하기 때문이다. 즉 소비자들은 보너스팩을 동일한 가격에 "무료로" 무엇인가를 얻을 수 있는 것으로 인지하기 때문이다. 또한 보너스팩과 연관된 금전적인 가치는 상대적으로 불분명하기 때문에 소비자들은 보너스로 제공되는 부분을 가격과 독립적으로 평가하며, 보너스의 금전적인 가치보다는 보너스로 제공된다는 사실 자체에 초점을 맞추어 보다 긍정적인 평가를 내리게 된다.

그러나 Mishra와 Mishra(2011)는 최근 보너스팩과 가격할인에 대한 선호가 제품 속성에 따라 달라질 수 있다는 흥미로운 연구결과를 발표하였다. 두 저자는 소비자가 구매하려는 제품이 몸에 좋은 식품(virtue foods)인 경우 보너스팩을 선호하나, 상대적으로 건강에 좋지 않은 식품(vice foods)인 경우 가격할인을 선호한다는 사실을 밝혀냈다. 몸에 좋지 않은 식품의 경우 소비자는 즉각적으로 느낄 수 있는 소비의 즐거움과 장기적으로 보았을 때 건강에 해로울 것이라는 우려 사이에서 구매를 망설이고 갈등하게 된다. 만약 제품을 구매하면 소비자는 사후적으로 건강에 좋지 않은 음식을 먹었다는 죄책감을 느끼게 될 것이고, 제품을 구매하지 않는다면 당장 음식을 맛볼 수 있는 즐거움을 참아야 한다. 따라서 소비자는 일종의 타협적인 접근방식을 선택하여 자신의 구매를 정당화시키고자 하는데, 이를 위한 합당한 이유가 가격할인이라는 것이다. 즉 소비자는 제한된 양을 가격할인을 통해 절약하여 구매했다는 사실을 통해 사후에 발생할 수 있는 구매에 대한 죄책감을 완화시킬 수 있다. 이 경우 보너스팩은 건강에 좋지 않은 식품을 더 많이 섭취하는 대안을 선택하는 것이 되기 때문에 구매를 정당화할 수 있는 이유가 되지 못한다.

그림 3-1 제품 속성에 따른 판매촉진 유형 선택

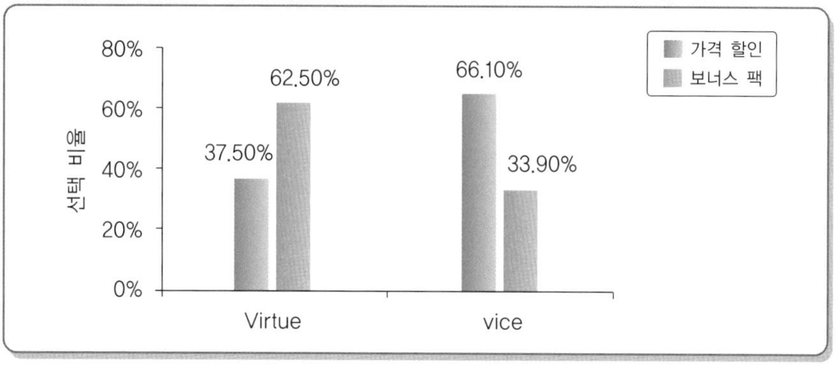

두 저자는 가설을 검증하기 위해 총 5차례에 걸쳐 실험을 수행하였는데, 첫 번째 실험에서 참가자들을 두 집단으로 나누고 각 집단에 35개의 초콜릿이 담긴 박스 두 개를 보여주었다. 하나의 박스는 20% 할인된 가격에 구매할 수 있으며, 다른 하나의 박스는 구매 시 보너스팩으로 20%의 초콜릿을 더 제공받을 수 있다고 알려주었다. 그리고 한 집단에서는 무설탕의 몸에 좋은 초콜릿이라고 설명하였고, 다른 집단에서는 사탕처럼 달콤하고 부드러운 맛의 초콜릿임을 강조하였다. 실제로 실험에 이용된 초콜릿은 동일한 것이었다. 제품에 대한 설명을 제공받은 후, 각 집단의 참가자들은 두 개의 초콜릿 박스 중 구매를 원하는 한 가지를 선택하였다. 실험 결과, [그림 3-1]에서와 같이 전자의 제품설명(virtue chocolate)을 제공받은 집단의 경우 보너스팩을 선택한 비율이 높았으나, 후자의 제품설명(vice chocolate)을 제공받은 집단의 경우 가격할인을 선택한 비율이 월등히 높았다.

이러한 연구결과는 마케팅 실무자들에게 흥미로운 시사점을 제공한다. 기업이나 브랜드의 마케팅 담당자들은 제품속성을 파악하여 그에 따라 보다 효과적인 판매촉진 계획을 세우고 실행할 수 있다. 기업이 판매하는 제품이 실용 재화와 같은 선한 제품(virtue products)이라면 보너스팩을 활용하여 매출상승을 유도하는 동시에 브랜드 이미지를 제고하는 효과도 기대해 볼 수 있을 것이다. 만약 쾌락 재화와 같은 악한 제품(vice products)이라면 보너스보다는 가격할인을 전략적으로 활용하여 효과적인 판촉 활동을 전개할 수 있다.

보너스팩을 활용하는 예

가격할인을 제공하는 예

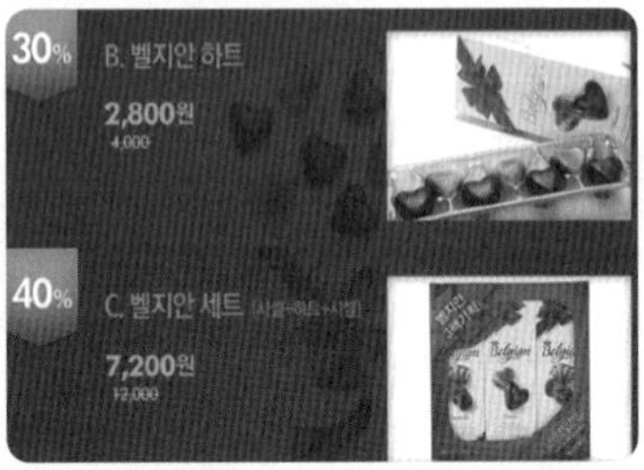

자료원: Mishra & Mishra, 2011

3.4 설명력(accountability)

Tetlock(1991)은 판단과 결정이 사회적 진공 상태에서 이루어지기보다 따라야 할 명시적, 암묵적 규범이 있는 사회적 상황에서 일어나는 것임을 강조한다. 그는 두 가지 전제를 하는데 첫째는 사람들이 보편적으로 자신의 행위를 설명할 수 있다는 것이다. 우리는 일반적으로 사람이 자신의 행위를 주관하므로 자신의 행위에 책임이 있고 이를 설명할 수 있다고 생각한다. 둘째는 사람들이 타인으로부터 존경과 승인받기를 원한다는 것이다. 이 두 전제를 바탕으로 Tetlock은 '설명력(accountability)'을 사람들의 판단, 결정에 영향을 미치는 중요한 요소로 보았다. 그는 '설명력'을 자신의 판단, 결정을 다른 사람에게 정당화하고자 하는 욕구(need) 또는 사회적 압력으로 정의하고 어떤 대안이 설명력이 있느냐 없느냐에 따라 그 대안이 선택되느냐 아니냐가 결정된다고 보았다. 설명력은 앞서 소개한 이유에 근거한 선택의 '이유'와 유사하다. 단지 차이점은 이유의 경우 다른 사람의 요구가 없어도 내적으로 자신의 선택을 정당화할 수 있는 근거를 찾고 그 근거에 기초해 선택한다.

Tetlock의 경험적 연구는 주로 사람들이 자신의 행위를 설명해야 하는 경우와 그렇지 않은 경우 정보처리 방식이 어떻게 달라지는가를 보여준다. 설명력에 대한 기대는 사람으로 하여금 세 가지 방식으로 행동하게 한다. 첫째는 자신의 행동을 설명해야 하는 대상에 대한 정보가 있는 경우 그 대상의 관점이나 선호에 따라 행동해 상대에게 받아들여지도록 행동하는 것이다(수용 휴리스틱). 이러한 방식은 사람들로 하여금 대상에 대한 정보 외에 다른 정보를 처리하는 데는 인색하게 만들고, 때로는 비효율적인 결과를 내는 결정을 내리게 한다. 대상에 대한 정보가 없는 경우 사람들은 자신의 행위를 설명할 수 있기 위해 가능한 한 정밀하게 정보를 탐색하고 여러 가능성을 타진하게 된다. 설명력에 대한 요구로 인하여 여러 정보를 숙고하도록 동기화되는 것이다. 셋째는 설명력에 대한 기대가 처음부터 있지 않고 사후에 생기는 경우 사람들은 자신이 이미 내린 판단, 결정을 설명하기 위해 합리화를 한다는 것이다(합리화 휴리스틱). 이 경우에도 사람들은 자신의 입장을 합리화할 수 있는 정보에만 주의를 기울여 전반적인 정보처리에는 인색하게 된다. 위의 세 경우 정보처리 방식이 달라짐에 따라 결과적으로 나타나는 판단, 결정, 또는 태도 등이 달라질 수 있다.

설명의 대상이 되는 사람의 관점이 알려져 있느냐 외에 다른 상황적 요인도 설명력에 영향을 미칠 수 있다(Lerner & Tetlock, 1999). 선택이나 판단 전에 설명력이 요구되는 경우 사람들은 사안에 대해 체계적인 정보처리를 하게 되지만 선택이나 판단 후에 설명력이 요구되면 자신의 선택이나 판단을 합리화하는 반응이 주로 나타난다. 이는 매몰비용효과에서 잘 나타나는데, 선택 전에 설명력을 요구하는 경우 사람들은 매몰비용편향을 상대적으로 덜 보이지만 선택 후에 설명력을 요구하게 되면 자신이 선택한 행동에 대한 개입 정도가 더 커지게 된다. 또한 결과에 대한 설명력이 요구되는 것인지 과정에 대한 설명력이 요구되는 것인지도 영향을 미친다. 결과에 대해 설명이 요구되는 경우 자기정당화에의 요구가 커지면서 자신이 선택한 행동에 대한 개입이 커지고 이를 방어하려는 경향이 커진다. 반면 과정에 대해 설명이 요구되는 경우 대안에 대해 편파적이지 않고 보다 공정하게 평가를 하며 자기정당화에 대한 요구가 줄어든다. 또한 설명에의 요구가 합법적인지의 여부도 영향을 미친다. 설명에 대한 요구가 합법적이라고 생각되면 이에 대해 긍정적으로 반응하지만 이러한 요구가 합법적이지 않다고 지각되면 이를 자신의 권위에 대한 침해나 모욕이라고 생각할 수 있고 설명력의 여러 이점이 사라질 수 있다.

설명력과 여러 판단 휴리스틱과 편향의 관계에 대해서도 많은 연구가 되었는데, 그 관계는 다소 복잡한 양상을 갖는다. 앞서 제시한 여러 요인에 의해 설명력의 효과가 달리 나타나지만 일반적으로 사전에 설명력을 제시하고 상대의 관점이 알려져 있지 않은 경우 설명력은 사람들로 하여금 보다 체계적으로 정보처리를 하게 한다. 그렇다면 보다 체계적으로 정보처리를 하게 하는 설명력에 대한 요구가 항상 편향을 줄여줄까? 설명력의 영향은 편향의 종류에 따라 다르게 나타난다. 편향 자체가 주어진 정보를 충분히 활용하지 않는 데서 일어나는 경우에는 설명력을 요구하는 것이 편향을 줄여주는 효과를 가져 온다. 자신의 결정을 타인에게 설명해야 하므로 사람들은 더 많은 단서를 탐색하고, 자신이 사용하는 단서에 더 많은 주의를 기울이며, 반대 의견을 예상하면서 보다 공평한 방식으로 정보를 처리하고 자신의 정보처리 과정을 보다 의식함으로써 편향을 줄일 수 있다. 예를 들면, 설명력이 요구되는 경우 5장에서 소개될 정박 효과(anchoring effect), 과신(overconfidence), 결합 오류(conjunction fallacy) 등에 의한 편향 정도가 약해진다. 그러나 편향 자체가 사람들이 자신이 내려야 하는 판단에 대한 적절한 정보처리 방식(또는 인지적 알고리즘)을 가지고 있지 않아 나타나는 경우 설명력의 요구는 판단에 별다른 영향을 미치지 못한다. 예를 들어, 표본 크기에 둔감한 것과 기저율(base rate) 정보에 둔감한 것 등이 이에 해당한다. 대개의 사람들은 이러한 확률 지식을 가지고 있지 않거나 가지고 있다 하더라고 주어진 판단 문제에 이러한 지식을 적용해야 하는지를 모르기 때문에 설명력이 요구되어 보다 체계적으로 정보처리를 하도록 동기화 되더라도 판단 결과는 별다른 변화가 없다. 한편 일부 편향은 더 강화되기도 하는데, 타협효과나 유인효과처럼 자신의 선택을 정당화하고 설명하기 쉬운 대안은 설명력이 요구되는 경우 오히려 타협대안이나 미끼대안을 더 선택하게 함으로써 편향이 더 커지게 한다.

3.5 목표가 선택에 미치는 영향

목표(goals)는 사람을 특정 방향으로 움직이도록 동기화시키는 역할을 한다. 초기 의사결정 연구에서는 목표가 어떻게 의사결정에 영향을 미치는지에 대한 연구가 별로 없었다. 목표가 중요하다고 생각하기는 했지만 초기 연구가 주로 의사결정이 일어나는 인지과정에 초점이 맞추어져 있다 보니 목표에 대한 연구는 상대적으로 관심을 끌지 못했다. 일부 연구자들이 동기가 사람들의 위험 태도(risk attitude)에 영향을 미치며 의사결정에 영향을 미칠 수 있다는 것을 제안하기는 하였으나(예, Atkinson, 1957, 1983; Josephs, Larrick, Steele, Nisbett, 1992; Lopes, 1987) 큰 반향을 불러일으키지는 못했다. 이런 상황에서 Higgins(1997)가 제안한 '조절초점 이론(regulatory focus theory)'은 큰 변화를 가져왔는데, 이 이론이 소개된 이후 사회심리학에서뿐 아니라 의사결정 연구 분야에서도 목표나 동기와 관련된 연구들이 많이 진행되게 되었다.

(1) 조절초점이론

사람들을 동기화시키는 가장 기본적인 원칙은 **쾌락 원칙**(hedonic principle)이다. 즉 자기가 좋아하는 것에는 접근하고(approach), 자기가 싫어하는 것은 회피하는(avoid) 것이다. Higgins는 이러한 쾌락 원칙 외에 사람들로 하여금 접근과 회피 전략을 쓰게 하는 조절초점이라는 동기원칙을 추가로 제안한다. 자기조절 시스템(self-regulatory system)에서는 바람직한 결과상태나 바람직하지 않은 결과상태가 준거(reference value)로 작용한다. 자기조절 시스템은 바람직한 결과상태에 대해서는 이에 보다 가까이 가도록 자신을 움직이는 반면, 바람직하지 않은 결과상태에 대해서는 이와 가능한 멀어지도록 자신을 움직인다. 자아의 바람직한 결과상태에는 두 가지가 있는데, 하나는 **이상적 자아**(ideal self)이고 다른 하나는 **당위적 자아**(ought self)이다. 이상적 자아는 자신의 이상, 희망, 갈망 등에 대한 개인의 표상이고 당위적 자아는 자신의 의무와 책임에 대한 믿음의 표상을 가리킨다. 이 두 자아는 이를 추구하기 위한 전략에서 차이를 보인다. Higgins는 조절초점의 두 가지 방식으로 향상초점(promotion focus)과 예방초점(prevention focus)을 제안하였는데, 이상적 자아는 향상초점을 통해, 당위적 자아는 예방초점을 통해 실현될 수 있다.

향상초점은 성장과 나아감, 긍정적인 결과를 추구한다. 긍정적인 결과가 있는지 없는지에 주의를 기울이며, 긍정적인 결과를 놓치는 오류를 범하지 않으려고 한다. 반면 **예방초점**은 안전을 추구하고 의무와 책임을 이행하려고 하며 부정적인 결과가 있는지 없는지에 주의를 기울인다. 그 결과 부정적인 결과가 나타나는 것을 막고자 하며, 부정적인 결과를 잘못 선택하는 오류를 피하고자 한다. Higgins(1997)는 긍정적 결과의 존재와 부재, 부정적 결과의 존재와 부재를 **신호탐지이론**(signal detection theory)과 연결하여 설명하고 있는데, 신호탐지이론에서는 신호가 있는지 없는지를 탐지하는 데 있어 네 개의 가능한 결과를 제시하고 있다. 즉 실제로 신호가 있을 때 신호가 있다고 정확하게 탐지할 수 있고(hit), 실제로 신호가 있었음에도 불구하고 이를 탐지하지 못할 수 있다(miss). 반면 실제로 신호가 없을 때 정확하게 없었다고 탐지할 수 있고(correct rejection), 신호가 없었음에도 불구하고 있었다고 잘못 판단할 수 있다(false alarm). 조절초점이론에서는 신호가 있는 것이 긍정적인 결과에 해당하고 신호가 없는 것이 부정적 결과에 해당한다. 신호탐지이론은 신호를 정확하게 탐지하느냐 그렇지 않느냐로 어떤 결과가 초래하는지에 따라 신호를 탐지하는 경계 수준, 즉 식역(threshold)이 달라진다고 제안한다. 신호를 놓친 것의 대가가 큰 경우(예, 암 진단) 사람들은 역치를 낮추어 다소 모험적으로 판단을 하는 반면, 신호가 없는데 있는 것으로 오판한 것의 대가가 큰 경우(예, 적기로 오판하여 방어용 미사일을 발사하는 경우) 사람들은 역치를 높여 다소 보수적으로 판단하게 된다. 신호탐지이론에서처럼 향상초점을 가진 사람은 긍정적 결과를 얻고자 동기화 되어 있고 이를 얻지 못하는 일이 일어나지 않도록 주의를 기울이다 보니 다소 모험적(risky)으로 과제에 접근하는 반면, 예방초점을 가진 사람은 부정적 결과를 피하고 이것을 잘못 맞닥뜨리는 일이 일어나지 않도록 주의를 기울여 다소 보수적(conservative)으로 과제에 접근하게 된다.

이러한 조절초점은 가정에서의 양육과 사회화 과정을 통해 형성된다. 부모가 아이들을 양육하는 과정에서 아이들은 자연스럽게 향상초점과 예방초점을 배우게 된다는 것이다. 부모는 아이가 바람직한 행동을 한 경우 칭찬을 하면서 그 행동을 계속하도록 지지해준다. 아이에게 하는 칭찬과 지지는 긍정적인 보상으로 작용한다. 한편 아이가 바람직한 행동을 하지 않은 경우 칭찬과 지지를 철회하는데, 이는 긍정적 보상의 부재로 작용한다. 아이에게 칭찬과 지지를 주거나 주지 않음으로써 아이로 하여금 이상적인 행동을 습득하고 이에 가까워지도록 유도할 수 있다. 반면 아이가 바람직하지 못한 행동을 한 경우 야단을 치거나 벌을 줌으로써 아이에게 부정적 결과를 경험하게 할 수 있다. 그러면 아이는 부정적 결과를 피하기 위해 좀 더 자신의 말과 행동을 조심하게 될 것이다. 한편 직접적으로 야단을 치거나 벌을 주지 않아도(부정적 결과의 부재) 주의나 경고를 통해 아이가 위험을 피하고 안전하게 행동하도록 할 수 있다. 부모와의 이러한 상호작용 과정을 통해 아이들은 향상초점과 예방초점을 형성하게 되고 부모의 양육이 주로 어디에 초점이 맞추어져 있는가에 따라 보다 향상초점 또는 예방초점 지향적으로 성장할 수 있다.

이처럼 조절초점은 한 개인의 특성으로 개인마다 다르게 나타날 수 있으며 이러한 개인차를 측정하는 측정도구도 여러 연구자에 의해 개발되었다(Fellner et al., 2007; Higgins et al., 2001; Neubert et al., 2008). 한편 조절초점은 일시적인 상황에 의해서 유발되기도 한다. 자신이 해야 할 일이나 과제에 대해 타인으로부터 얘기를 들을 때 어떻게 정보가 전달되느냐에 따라 조절초점이 달라질 수 있다. 자신의 행동으로 긍정적 결과를 얻거나 얻지 못하는 식으로 전달이 되는 경우 향상초점이 유발되는 반면, 자신의 행동으로 부정적 결과를 초래하거나 피할 수 있는 식으로 전달이 되면 예방초점이 유발된다. 예를 들면, 열심히 일을 해서 목표 매출액을 달성하면 팀원 모두가 성과급을 받을 수 있다고 얘기를 들으면, 그 목표를 달성하기 위해 매진할 것이다. 즉 향상초점이 유발되는 것이다. 반면 신제품에 대한 비밀이 잘 유지되지 않아 신제품에 대한 정보가 경쟁사에 노출되어 신제품 매출에 부정적으로 영향을 미칠 것이라는 얘기를 들으면, 예방초점이 유발되면서 비밀 유지에 보다 각별히 신경을 쓰게 될 것이다.

이상의 내용을 정리하면 [그림 3-2]와 같이 나타낼 수 있다. [그림 3-2]를 보면, 성취에의 욕구(achievement needs), 강한 이상, 이득(gain)의 존재와 부재 상황이 향상초점을 유발하는 영향요인이 되고, 이의 결과로 긍정적 결과의 존재와 부재에 대한 민감성이 높아지고 접근 전략을 사용하고 긍정적 결과를 얻는 것과 이를 놓치지 않기 위해 동기화된다. 한편 조절초점은 어떤 정서 반응을 보이느냐와

그림 3-2 향상초점과 예방초점(Higgins, 1997)

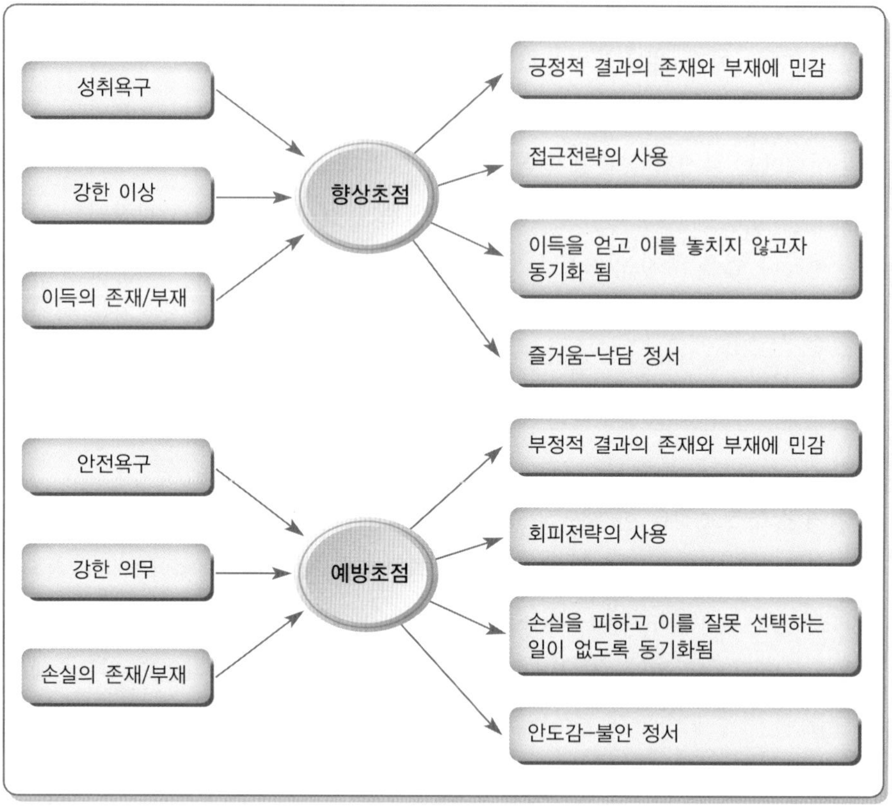

그 강도에도 영향을 미치게 되는데, 이상적 자아가 추구하는 것을 이룬 경우에는 즐거움(cheerfulness)을 느끼게 되지만 이를 이루지 못한 경우 실망, 불만족, 슬픔과 같이 낙담(dejection)과 관련된 정서를 느끼게 된다. 반면 당위적 자아가 추구하는 것을 이룬 경우에는 안도감(quiescence)을 느끼지만 이를 이루지 못한 경우에는 위협을 받고 있다고 느끼거나 두려움과 같은 불안(agitation)과 관련된 정서를 느끼게 된다. 그리고 각 정서에서 해당 결과를 얼마나 원했는지, 즉 목표 강도가 어땠는지에 따라 정서를 느끼는 강도가 달라진다. 예방초점의 경우 안전에의 욕구(security needs), 강한 당위, 손실(loss)의 존재와 부재 상황이 예방초점의 입력 요인이 되고 그 결과로 부정적 결과의 존재와 부재에 민감해지고 회피 전략을 사용하고 부정적 결과를 막고 이를 잘못 선택하는 일이 없게 하기 위해 동기화된다.

(2) 조절적합성(regulatory fit)

Higgins(2000)는 두 종류의 조절초점에 더하여 '조절 적합성'이라는 개념을 제시하였다. 통상적으로 어떤 대안의 가치는 그 결과에서 나온다. 즉 결과가 좋고 그 결과를 얻기 위한 비용이 적게 드는 대안이 매력적인 대안일 것이다. 그런데 Higgins는 결과 자체뿐 아니라 그 결과를 어떻게 얻게 되는지도 결과의 가치에 영향을 미친다고 보았다. A학점을 받기 위해 열심히 공부하는 대학생을 생각해보자. 어떤 학생은 A학점이 자신의 성취 정도를 나타내는 것이라고 생각할 수 있고, 어떤 학생은 A학점을 장학금을 받기 위한 요구 조건으로 생각할 수도 있다. 수업 내용을 더 잘 이해하기 위해 추가적으로 참고문헌을 읽는 것과 수업에서 요구하는 과제를 충실히 하는 것은 모두 A학점을 가능하게 하는 수단이다. 그런데 이 수단과 목표가 서로 얼마나 적합한지가(fit) 다를 수 있다. 즉 향상초점을 가지고 수업에 임하는 학생에게는 추가적으로 참고문헌을 읽는 것이 자신의 목표 달성을 위해 보다 적합한 수단이라고 생각하는 반면, 예방초점을 가지고 수업에 임하는 학생은 과제를 충실히 제출하는 것이 보다 중요하고 적합한 수단이라고 생각할 수 있다. 목표를 달성할 수 있는 수단에는 여러 가지가 있지만 지향하는 목표와 이를 성취하기 위해 사용하는 수단의 성격이 서로 맞을 때 결과의 가치와는 별도로 그 자체에서 가치가 발생할 수 있다고 보았는데(value from fit), 이를 **조절적합성**이라고 하였다. 즉 사람들은 추구하는 목표와 이를 실현하기 위해 사용하는 수단이 조화될 때 그 자체에 대해 옳다는 느낌을 가질 수 있는 것이다(feel right). 이에 따르면, 사람들은 조절적합성이 큰 목표실현 수단을 더 선호하고, 조절적합성이 높을 때 목표를 추구하는 동기가 보다 강해지며, 조절적합성이 높을수록 자신이 선택한 바람직한 대안을 더 긍정적으로 느끼며 자신이 선택하지 않은 대안은 보다 부정적으로 느낌으로써 조절적합성이 높은 대안에 보다 큰 가치를 부여한다.

(3) 조절초점이 선택에 미치는 영향

Chernev(2004)의 연구는 소비자가 가지는 목적지향성(goal orientation)에 따라 대안을 평가하는 기준이 달라질 수 있음을 보여주었다. 앞서 언급하였듯이 조절초점은 상황적으로 유발될 수 있는데, 이를 위해 연구자는 향상초점의 경우 실험참가자의 희망과 소망을 종이에 적도록 하였고 예방초점의 경우 자신의 의무와 책임에 대해 적도록 하였다. 그런 다음 미로가 그려진 종이를 주고 연필로 미로 찾기를 하도록 하였다. 향상초점 조건에 있는 참가자들에게는 미로의 출발점에 쥐가 있고 목적지에는 치즈가 놓여 있는 것으로 제시하여 치즈를 먹기 위해 미로를 찾아가는 것으로 과제가 제시되었다. 반면 예방초점 조건에 있는 참가자들에게는 미로의 출발점에 쥐가 있고 뒤에서 뱀이 쫓아와 뱀에게 잡아먹히지 않기 위해 미로를 찾아가는 것으로 과제가 제시되었다. 미로 찾기를 마친 후 두 개 대안을 주고 그 중 마음에 드는 하나를 선택하는 과제를 주었다. 두 대안은 각각 두 개의 속성을 가지고 있는데, 한 속성은 치약의 미백효과와 같이 쾌락적(hedonic) 속성이고 다른 속성은 충치예방효과와 같이 실용적(utilitarian) 속성이다. 그런데 〈표 3-1〉에서 보듯이 한 대안은 쾌락적 속성에서 우위를 갖고 다른 대안은 실용적 속성에서 우위를 갖는다.

향상초점이 유발된 참가자는 실용적 속성보다 쾌락적 속성에 보다 가중치를 두어 쾌락적 속성이 우월한 대안을 보다 많이 선택하고 반대로 예방초점이 유발된 참가자는 실용적 속성이 우월한 대안을 보다 많이 선택할 것이라고 예측하였고, 연구 결과는 이를 입증하였다. 〈표 3-1〉을 보면 치약 선택 시 향상초점인 참가자는 39%가 미백효과가 좋은 치약을 선택한 반면 예방초점인 참가자는 17%만이 미백효과가 좋은 치약을 선택하였다. 충치예방효과가 뛰어난 치약에 대해서는 향상초점 참가자는 61%가 선택한 반면 예방초점 참가자는 83%가 이를 선택하였다. 다른 연구에서도 두 개의 대안이 제시되고 각 대안은 두 개의 속성을 가지고 있는데, 한 속성은 제품의 수행(performance)와 관련된 것이고 다른 속성은 제품의 신뢰도(reliability)와 관련된 것이다. 처음 연구에서와 마찬가지로 한 대안은 제품의 수행과 관련된 속성이 보다 우위를 갖고 다른 대안은 제품의 신뢰성과 관련된 속성에서 보다 우위를 갖는다. 두 번째 연구에서는 향상초점이 유발된 참가자는 제품의 수행과 관련된 속성이 우월한 대안을 보다 많이 선택할 것이고, 예방초점이 유발된 참가자는 제품의 신뢰도가 우월한 대안을 보다 많이 선택할 것이라고 예측하였다. 〈표 3-1〉을 보면 향상초점이 유발된 참가자의 41%가 속도와 파워에서 우위를 갖는 자동차를 선택한 반면 예방초점 참가자는 19%만이 이를 선택하였다. 보증기간과 유지비에서 우위를 갖는 자동차는 향상초점 참가자의 59%가 선택한 반면 예방초점의 참가자는 81%가 선택하였다. 이러한 결과는 조절초점에 따라 유발되는 목표지향성과 보다 적합한 속성이 달라질 수 있고 그에 따라 소비자가 보다 가중치를 두어 선택하는 대안의 속성이 달라지고 대안의 평가가 달라질 수 있음을 잘 보여준다.

표 3-1 각 조건에서 해당 제품을 선택한 참가자 비율(%)

	대안 제품	우위에 있는 속성	목표지향성	
			향상초점	예방초점
치약(N=46)	1	미백효과(쾌락적)	39%	17%
	2	충치예방효과(실용적)	61%	83%
자동차(N=63)	1	속도, 파워(수행)	41%	19%
	2	보증기간, 유지비(신뢰도)	59%	81%

Chernev(2004)는 또 다른 연구에서 조절초점이 현상유지편향(the status quo bias)에도 영향을 미침을 보여주었다. 그는 앞에서와 마찬가지 방법으로 향상초점과 예방초점의 다른 목표지향성을 유발한 후 실험참가자들에게 카메라 두 대를 보여주었다. 각 카메라는 네 개의 속성을 가지고 있고 한 카메라는 두 개의 속성에서 보다 우위를 갖고 다른 카메라는 나머지 두 속성에서 보다 우위를 갖고 있다. 참가자들이 두 대 중 하나를 선택한 후 앞서 제시한 카메라 두 대를 포함한 카메라 여섯 대를 새로이 제시하고 다시 선택을 하게 하였다. 이 때 한 집단에게는 여섯 개를 보고 다시 선택을 하는 것으로 선택 상황을 제시하였고(중립조건), 다른 집단에게는 이전에 선택한 카메라를 선택할 것인지 아닌지를 먼저 결정하고 이전 카메라를 선택하지 않을 경우 다시 카메라를 선택하도록 하였다(현상유지조건). 결과를 보면, 향상초점이 유발된 참가자들은 중립조건에서는 55%, 현상유지조건에서는 52%가 처음에 선택한 카메라를 선택하였다. 반면 예방초점이 유발된 참가자들은 중립조건에서는 48%, 현상유지조건에서는 79%가 처음에 선택한 카메라를 선택하였다. 이런 결과는 예방초점을 가진 사람들이 부정적인 결과를 피하고자 동기화되고 그 결과 보다 안전하게 현상을 유지하는 대안을 선호함을 보여준다.

한편 Wang과 Lee(2006)는 조절초점이 선택에 미치는 영향에서 관여도의 조절효과를 보여주었다. 이들은 〈표 3-2〉에 나와 있는 두 개의 치약 제품을 실험 자극물로 사용하였다. 사전조사를 통해 향상/예방초점에 더 적합한 속성을 선정한 후 각 속성에 대해 강한 주장과 약한 주장을 만들었다. 예를 들어, 치아미백은 향상초점에 더 적합한 속성이고 이를 그냥 '미백효과'라고 표현한 것은 약한 주장에, '치아미백을 위해 자연 연마제 첨가'라고 한 것은 강한 주장에 해당한다. 〈표 3-2〉에서 보듯이 치약 A, B 모두 동일한 속성으로 표현되었지만 향상초점에 보다 적합한 제품인 치약 A는 향상초점에 해당하는 속성 '치아미백, 상쾌한 향, 치아 에나멜 강화'를 강한 주장으로 제시하였고, 예방초점에 해당하는 속성 '치은염 예방, 충치 예방, 프라그 형성 막음'은 약한 주장으로 제시하였다. 치약 B는 예방초점에 보다 부합하는 제품으로 A와는 반대로 향상초점과 적합한 속성이 약한 주장으로 제시되었고 예방초점과 적합한 속성은 강한 주장으로 제시되었다.

관여도는 고저로 조작하였는데, 고관여도 조건에서는 대학생이 새 치약의 목표고객이며 해당 지역에서 곧 출시 예정이고 출시 전에 제품에 대한 중요한 피드백을 받기 위해 소수 선정된 집단에게 조사를 실시하는 것이라고 말하였다. 저관여도 조건에서는 치약이 아직 개발 단계에 있으며 기초적인 피드백을 받기 위해 대단위의 설문조사를 실시하는 것이라고 말하였다. 그런 후 치약 정보를 제시하고 치약이 얼마나 좋다고 생각하는지 7점 척도로 평가하도록 하였다. 참가자의 조

표 3-2 향상/예방초점과 적합한 속성을 가진 치약 제품 예

	치약 A(향상초점)	치약 B(예방초점)
향상초점 적합 속성	치아미백을 위해 자연 연마제(대나무, 실리카, 탄산칼슘) 첨가	미백효과
	상쾌한 향을 위한 소엽씨와 자몽씨 추출물, 오렌지와 민트의 천연오일 함유	상쾌한 향
	치아 에나멜 강화를 위한 에스테르 C 용액과 칼슘, 나트륨, 마그네슘, 아연 아스코르브산염, L-아스코르브산 복합체 함유	치아 에나멜 강화
예방초점 적합 속성	치은염 예방	치은염 예방을 위한 효소 함유(글루코스 옥시다제, 락토페록시다아제, 라이소자임)
	충치 예방	충치 예방을 위해 치아부식과 프라그 형성을 일으키는 박테리아의 성장을 방해하는데 효과적인 차나무 오일 함유
	프라그 형성 막음	프라그 형성을 막을 수 있는 특수 성분(칼프록스) 함유

절초점은 앞에서와 마찬가지 방법으로 향상/예방초점으로 유발하였다.

그림 3-3 관여도와 조절초점에 따른 치약 평가

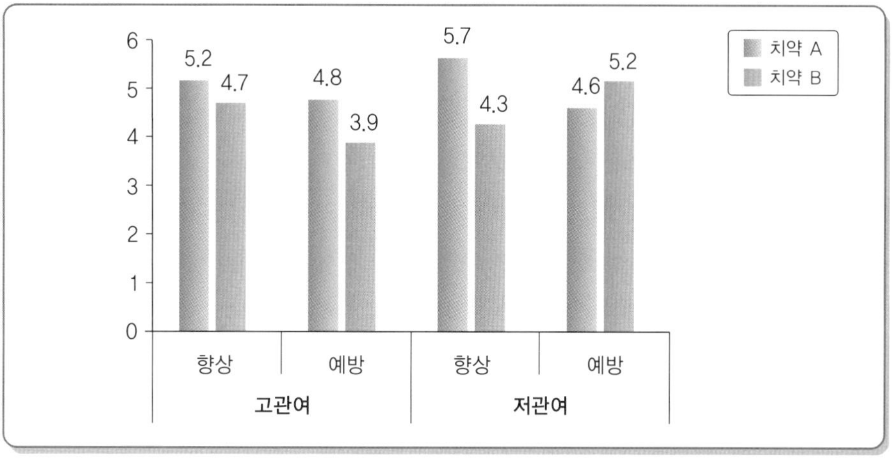

[그림 3-3]의 결과를 보면, 고관여일 때는 조절초점과 상관없이 향상초점 적합 속성이 보다 강하게 주장된 치약 A가 더 좋게 평가된 반면 저관여일 때는 조절초점에 따라 치약에 대한 평가가 달라지는 것을 볼 수 있다. 즉 향상초점이 유발되었을 때는 치약 A가, 예방초점이 유발되었을 때는 치약 B가 보다 좋은 것으로 평가되었다. 이러한 결과는 고관여일 때는 조절초점과 관련 없이 제품의 속성에 기초해서 제품이 평가되는 반면 저관여일 때는 조절초점에 따라 조절초점에 적합한 속성이 지각적으로 보다 현저해지고 평가에 영향을 미치면서 조절초점과 적합한 제품이 보다 좋게 평가됨을 보여준다. 이러한 결과를 통해 Wang과 Lee(2006)는 조절 적합성 효과가 체계적인 정보처리이기보다 휴리스틱한 정보처리의 결과로 나타나는 현상임을 제안하였다. 즉 저관여 상태의 소비자들은 자신의 조절초점에 부합되는 정보에 선택적으로 주의를 기울여 그 정보에 설득될 가능성이 높은 반면, 정보를 처리하려는 강한 동기가 유발된 고관여 상황의 소비자들은 자신의 조절초점성향에 상관없이 메시지에 포함된 모든 제품정보를 보다 체계적으로 처리한다는 것이다.

3.6 선택의 지연(choice deferral)

지금까지 알아본 선택 현상들은 대개 여러 대안이 주어지고 그 중 하나를 선택하는 과정에서 나타나는 것이었다. 그러나 일상생활에서 일어나는 선택의 상당 부분은 선택을 할 것인지 말 것인지에 대한 것이기도 하다. 지금 쓰고 있는 스마트폰이 기능상 크게 문제는 없지만 구매한지 2년이 지나 건전지 수명이 줄어 사용하는 데 불편함이 있다고 해보자. 어떤 스마트폰을 구매할 것인지에 앞서 이 소비자는 스마트폰을 새로 구매할 것인지 아닌지를 먼저 결정해야 한다. 약정기간이 지나 사용요금이 이전보다 저렴해져서 불편을 감수하고 현재 스마트폰을 계속 사용하기로 결정했다고 해보자. 이 소비자는 스마트폰을 새로 사는 결정을 이후로 미룬 것인데, 이것이 바로 선택지연에 해당한다. 경제학에서는 지금 선택을 하지 않고 선택을 지연하는 이유를 두 가지로 본다. 하나는 선택을 할 만큼 좋은 대안이 없기 때문이고 다른 하나는 지금 선택을 하지 않고 대안을 더 탐색하는 것이 보다 나은 선택을 할 가능성이 있기 때문이다. 경제학에서는 소비자가 모든 대안에 대해 명확한 선호를 가지고 있고 대안들을 비교하는 데 전혀 어려움이 없다고 보기 때문에 주어진 대안에 대한 선호가 비슷하여 어떤 것이 제일 좋은지 선택하기 어렵다거나 속성 간에 상쇄(trade-off)를 하는 것이 어렵다(가령, 뛰어난 제품성능과 고가격)는 이유로 선택을 지연한다고 보지 않는다. 그러나 선택지연에 대한 심리학적 연구는 바로 이런 이유들로 사람들이 선택을 지연함을 보여준다.

Tverksy와 Shafir(1992)는 소비자들이 속성 간의 상쇄가 어려워 갈등이 발생하는 경우 선택 지연이 보다 많이 일어남을 보여주었다. 이들이 사용한 두 선택상황과 각 상황에서의 선택비율은 다음과 같다.

〈작은 갈등 상황〉

여러분은 지금 CD 플레이어를 사기 위해 여러 제품들을 살펴보고 있다. 여러분은 매장에서 잘 팔리는 Sony CD 플레이어가 정상가보다 훨씬 낮은 99달러에 판매되고 있는 것을 알게 되었다. 여러분은 두 대안 중 어느 것을 선택할 것인가?

A. Sony CD 플레이어를 산다. 66%

B. 다른 제품에 대해 더 알게 되기까지 기다린다. 34%

〈큰 갈등 상황〉

여러분은 지금 CD 플레이어를 사기 위해서 여러 제품들을 살펴보고 있다. 마침 여러분이 들어간 매장에서는 오늘 하루 할인판매를 하고 있다. 그곳에서는 기본 기능만 가지고 있는 대중적인 Sony CD 플레이어를 99달러에, 기능이 많은 최신형 Samsung CD 플레이어는 159달러에 할인판매하고 있다. 두 CD 플레이어 모두 정상가보다 저렴한 가격이다. 여러분은 다음의 세 가지 대안 중 어느 것을 선택할 것인가?

A. Sony CD 플레이어를 산다. 27%
B. Samsung CD 플레이어를 산다. 27%
C. 다른 제품에 대해 더 알게 되기까지 기다린다. 46%

작은 갈등 상황에서는 34%의 참가자가 선택 지연을 선택하는 반면 큰 갈등 상황에서는 46%가 선택지연을 선택한다. 이러한 결과는 경제학의 정규성(regularity) 가정을 위반한다. 즉 선택지연이라는 동일한 대안에 대한 선택비율이 대안이 세 개로 늘어났을 때 더 커진 것이다. 이런 결과가 나타난 것은 대안이 늘어나면서 기본적인 기능에 가격이 저렴한 Sony와 기능이 많지만 가격이 비싼 Samsung 제품 간에 어떤 것을 선택해야 할지, 즉 기능과 가격을 상쇄해야 하는 인지적 어려움이 갈등을 유발하고 이로 인해 선택을 지연하고 기다리는 대안을 보다 선호하기 때문이다.

Dhar(1997)는 선택지연에 대해 일련의 연구를 진행하였고, 선택 지연을 가져오는 맥락요인과 과제요인을 제시하고 있다. 먼저 맥락요인으로는 맥락 내 대안의 매력도와 결정 어려움(decision difficulty)이 있을 수 있다. 먼저 대안의 매력도가 선택 지연에 미치는 영향을 보기 위해 Dhar와 Sherman(1996)은 〈표 3-3〉에 나와 있는 것처럼 두 대안이 모두 가지고 있는 공통 속성과 한 대안만 가지고 있는 독특한 속성으로 이루어진 두 대안을 사용하였다.

대개 선택을 위해 대안을 비교할 때 두 대안이 모두 가지고 있는 공통속성은 비교, 평가 과정에서 선택에 큰 영향을 미치지 못하게 된다. 두 대안이 모두 가지고 있으므로 별로 고려되지 않는 것이다. 반면 한 대안이 독특하게 가지고 있는 대안은 선택 과정에서 가중치를 받으면서 선택에 보다 영향을 미치게 된다. 이들은 전반적인 매력도가 비슷한 대안을 두 개씩 짝지어 사람들에게 제시하고 선택

표 3-3 공통 속성과 독특한 속성으로 이루어진 대안 예

(1) 독특한 나쁜 속성과 공통된 좋은 속성을 가진 두 대안	
여행지 A	여행지 B
아름다운 경치	아름다운 경치
오염 문제	다소 붐빔
밤에 놀 수 있는 곳이 많음	밤에 놀 수 있는 곳이 많음
비싼 물가	날씨가 나쁠 수 있음
유명한 박물관	유명한 박물관
긴 여행시간	교통시설이 안 좋음
(2) 독특한 좋은 속성과 공통된 나쁜 속성을 가진 두 대안	
여행지 C	여행지 D
아름다운 경치	좋은 식당
오염 문제	오염 문제
유명한 박물관	좋은 극장
비싼 물가	비싼 물가
밤에 놀 수 있는 곳이 많음	멋진 해변
긴 여행시간	긴 여행시간

하게 하는데, 한 조건에서는 〈표 3-3〉의 (1)에서처럼 두 대안이 독특한 나쁜 속성을 가지고 있고 공통된 좋은 속성을 가지고 있는 대안을 제시하였고, 다른 조건에서는 (2)에서처럼 두 대안이 독특한 좋은 속성을 가지고 있고 공통된 나쁜 속성을 가지고 있는 대안을 제시하였다. 결과를 보면 (1)의 경우에 선택 지연에 대한 선호가 높아진다. 공통적으로 좋은 속성은 접어 두고 독특한 나쁜 속성을 비교하다보니 선택이 쉽지 않아 선택을 지연하게 된다. 이는 선택맥락(choice context)을 구성하는 대안이 어떤 식으로 제시되느냐에 따라 평가된 대안의 매력도가 전반적으로 높아지거나 낮아질 수 있고 낮아지는 경우 선택을 하지 않고 선택을 지연하는 경우가 늘어남을 보여준 것이다.

선택지연을 가져오는 또 다른 맥락요인은 결정 어려움이다. 앞에서 언급한 것처럼 갈등이 발생하는 상황에서 특정 대안을 선택해야 하는 명확한 이유가 없거나 대안이 가지고 있는 속성 값이 서로 유사하여 대안에 대한 선호에 큰 차이가 없을 때(preference uncertainty) 사람들은 결정에 어려움을 느끼면서 선택을 지연하게 된다. 소비자들의 기호가 다양해지면서 기업들은 제품구색을 다양하게 갖추는 경우가 많은데 이는 오히려 소비자의 구매를 어렵게 만드는 결과를 가져올 수 있다. 애플이 매킨토시 컴퓨터 하위브랜드의 수를 줄인다고 발표한 적이 있었는데, 이는 구매자의 혼란을 줄임으로써 판매를 늘리고자 한 전략으로 해석할 수 있다.

선택지연에 영향을 미치는 요인으로는 의사결정 전략과 시간압박 등을 들 수 있다. 2장에서 여러 의사결정 전략들을 살펴보았는데, 이런 전략들은 크게 보완적 평가방식과 비보완적 평가방식으로 구분된다. 보완적 방식은 주어진 모든 속성정보를 비교하면서 한 대안이 가지고 있는 장점과 단점이 서로 보완이 되도록 평가가 이루어지는 방식으로 더 많은 인지적 노력을 요구한다. 이런 선택 평가방식은 소비자로 하여금 자신의 선택에 대한 확신을 낮출 수 있고 그 결과 선택의 지연을 증가시킬 수 있다. 반면 비보완적 평가방식은 대안의 특정 장점이나 단점 등 대안의 일부 정보를 토대로 인지적 노력을 많이 기울이지 않고 선택이 일어나므로 보완적 방식보다 선택의 확신을 높이면서 선택지연을 줄일 수 있다. 따라서 소비자들로 하여금 비보완적 평가전략을 쓰도록 유도하는 기업의 마케팅활동은 선택지연을 줄일 수 있는데, 촉진활동에서의 시간압박이 이에 해당한다. 시간이 부족할수록 사람들은 의사결정과정에서 대안의 일부 정보만 사용하는 비보완적 선택 전략을 사용할 가능성이 커지고 그 결과 선택이 보다 많이 일어날 수 있다. '마감임박'과 같이 특별한 프로모션으로 제품을 구매할 수 있는 시간이 얼마 남지 않았다는 메시지는 선택지연을 줄이고 제품의 구매로 이어지게 할 가능성이 높다.

3.7 온라인 구매결정

최근 많은 소비자는 온라인에서 제품을 구매한다. 우리나라의 온라인 쇼핑 시장 규모는 2010~2020년 동안 연평균 19.7% 증가하였고 2022년에는 그 규모가 200조원을 넘어섰다. 특히 모바일을 통한 온라인 쇼핑 비중이 증가하였는데, 2022년 기준 전체 온라인 쇼핑의 73.6%가 모바일로 이루어졌다. 이러한 변화는 소비자 구매결정이 많은 경우 PC나 모바일환경에서 이루어짐을 보여주며, 이러한 환경의 변화가 구매결정과정에 어떠한 변화를 가져오는지 살펴볼 필요성을 제기한다. 그렇다면 과연 온라인에서의 구매결정은 오프라인과 다른가? 이 질문에 대해 Bucklin과 그 동료들(2002)은 두 선택환경의 차이점을 제시하면서 위 질문에 '그렇다' 고 답한다. 우선 오프라인에서 매장을 방문했다는 것은 구매의도가 있음을 보여주지만, 온라인에서 사이트에 방문한 것은 브라우징을 하는 것인지, 검색 중인 것인지, 구매를 위해 방문한 것인지 그 의도가 분명치 않다. 오프라인 매장은 진열되어 있는 제품에 소비자가 수동적으로 노출되지만, 온라인에서는 소비자가 보다 능동적으로 선택환경을 만들어 나간다. 오프라인 매장의 제품은 모든 소비자에게 동일하게 노출되지만, 온라인 사이트는 개개 소비자의 관심이나 취향에 맞춰 제공될 수 있다. 마지막으로 오프라인 매장에서는 구매과정에 마케터가 개입하기 어렵지만 온라인에서는 적은 비용으로 여러 단계에서 개입할 수 있다. 이런 환경의 차이는 정보탐색, 평가, 구매, 구매 후 행동에 차이를 가져올 수 있다. 온라인 구매결정에 대해 수많은 연구가 이루어졌기에 이를 포괄적으로 알아보기는 어렵고 주요 특징을 보여주는 내용을 중심으로 소개하고자 한다.

(1) 소비자 의사결정 여정(consumer decision journey)

온라인으로 구매환경이 변화되면서 나타나는 구매 의사결정 과정의 변화를 마케터의 입장에서 제시한 모델이 소비자 의사결정 여정 모델이다(Court, Elzinga, Mulder, & Vetvik, 2009). 이는 컨설팅 회사인 맥킨지에서 진행한 소비자 설문조사와 미국, 독일, 일본, 5개 산업군의 구매 데이터에서 20,000명 가량의 구매 과정을 분석하여 제안한 모델이다. [그림 3-4]의 마케팅 깔때기 모형(funnel model)에서 제안하듯이 구매 의사결정을 제품의 인지, 친숙도 형성, 고려, 구매, 충성도 형성의 선형적인 과정으로 보는 것이 아니라 구매가 끝난 이후에도 온라인의 여러 채널을 통해 다른 소비자와 상호작용하면서 자신의 구매나 소비경험을 공유하고 제품 관련 정보를 지속적으로 업데이트하면서 이후 구매에 다시 반영하는 순환적인 과정으로 본다(Lemon & Verhoef, 2016).

이 여정은 [그림 3-5]에 나와 있듯이 초기 고려 대안군 형성, 능동적 평가, 구매, 구매 후 경험의 네 과정으로 구성되어 있다. 평소 소비자는 다양한 채널의 광고, 가족이나 친구의 구전, 제품경험, 매장 등 여러 접점(touch points)에서 제품에 대한 정보에 노출되고 이런 누적된 노출로 제품에 대한 인상을 형성한다. 제품에 대한 요구가 생기면 평소 형성된 인상은 몇 개의 브랜드로 구성된 초기 고려 대안군을 형성하는데 영향을 미친다. 문제인식 단계에서 인지되는 브랜드는 그렇지 않은 브랜드보다 최종적으로 구매될 가능성이 세 배나 높지만 초기 고려 대안군에 포함되지 않았다고 해서 전혀 소비자에게 선택될 기회가 없는 것은 아니다. 다음 단계인 능동적인 평가 과정에서 소비자는 정보를 탐색하고 가능한 대안을 둘러보면서 새로운 대안을 추가하기 때문이다. 소비자들은 더 이상 마케터들이 밀어내는(push) 정보에 수동적으로 반응하지 않고 자신에게 필요한 정보를 적극적으로 구하고(pull) 그 과정을 통제한다. 깔때기 모델에 따르면 초기 인지에서 친숙도, 고려 단계로 나아감으로써 고려 대안의 수가 줄어들지만 여정 모델에서는 그렇지 않다. 능동적으로 정보를 탐색하고 평가하면서 고려 대안군이 확장될 수 있고 새롭게 진입한 제품이 기존의 고려 대안군에 있던 제품을 내몰기도 한다. 인터넷에서 제품후기를 검색하거나 친구나 가족들로부터 의견을 구하고 매장 내의 제품시용이나 프로모션을 활용하기도 한다. 한편 마케터가 여정의 여러 접점에서 제공하는 개인화된 제품관련 정보나 프로모션 정보도 구매에 영향을 미치게 된다. 구매의 목적이나 동기가 무엇이냐에 따라 달라지겠지만 고객의 40%는 구매결정을 매장에 갈 때까지 미루고 매장에서 보고 듣고 경험하는 것에 기초하여 마음을 바꾼다. 구매가 이루어진 후에도 소비자는 자신의 구매가 적절한 것이었는지를 보기 위해 계속 관련정보를 탐색하고, 자신의 소비경험을 다른 소비자와 공유하면서 다음 구매에 영향을 미칠 수 있는 구매 후 경험을 형성하기 때문에 구매단계에서 의사결정 과정이 끝나지 않고 계속 진행되는 여정에 있게 된다.

그림 3-4 깔때기 모델(Court et al., 2009)

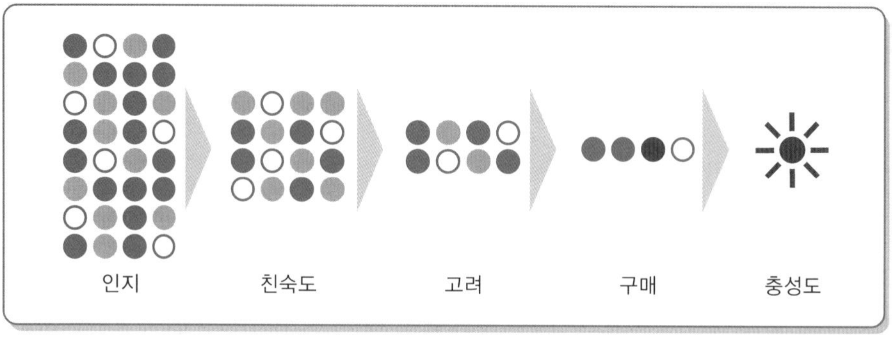

그림 3-5 의사결정 여정 모델(Court et al., 2009)

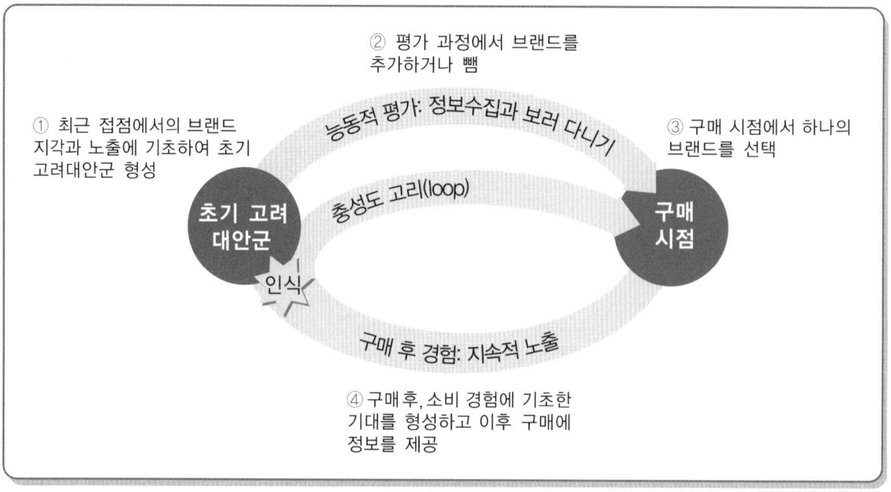

구매 여정 개념은 구매환경의 변화에 따른 소비자 의사결정의 변화를 포착하며, 마케터에게 다양한 접점에서 맞춤화된 정보를 제공하고 소비자와 상호작용하면서 소비자 구매결정에 효과적으로 영향을 미치도록 제안한다. 그리고 이러한 영향이 효과적이기 위해서는 다양한 접점이 보다 통합적으로 관리되어야 함을 강조한다.

이후 소비자 의사결정 여정은 여러 연구자들에 의해 수정되고 확장된다(Santos & Gonçalves, 2021). 일례로, Lemon과 Verhoef(2016)는 구매 전, 구매, 구매 후의 세 단계로 구성된 고객 여정(customer journey)을 제안한다. 소비자 의사결정 여정의 첫 두 단계가 구매 전으로 통합되어 구매가 이루어지기 전의 모든 활동이 구매 전 경험으로 묶이고, 이 단계에서는 욕구 인식, 제품 고려 및 탐색 행동이 이루어진다. 구매 단계에서는 선택, 주문, 결제가 이루어지고, 구매 후 단계에서는 소비와 사용, 제품과 관련된 마케팅 활동에의 참여(engagement), 서비스 요청 등의 행동이 이루어진다. 이전 구매경험이 이후 구매에 영향을 미치고 여정의 각 단계에서 기업과의 여러 접점을 통해 지속적으로 구매 관련 정보를 접하면서 구매결정을 하게 되는데, 이 과정은 반복적이고 역동적으로 진행된다. 고객 여정은 고객과 기업이 많은 접점을 통해 상호작용하는 과정에서 고객이 갖는 고객 경험(customer experience)을 중요하게 생각한다.

최근에 이루어진 기술혁신은 소비자의 구매 여정과 고객 경험에 여러 변화를 가져올 수 있다(Santos & Gonçalves, 2021). 증강현실이나 가상현실은 예전에는 경험할 수 없었던 실감 정보를 제공하고 제품과 상호작용하면서 정서적인 유대를 형성하게 하여 제품정보탐색이나 충성도 형성 과정에 영향을 미칠 수 있다. 안면인식이나 지문인식은 결제를 편리하고 안전하게 해주어 거래비용을 줄임으로써 구매 과정이나 채널선택에 영향을 미칠 수 있다. IoT 기술을 활용한 자동주문 시스템이나 구매를 도와주는 추천 시스템과 AI 기술은 의사결정자로서의 소비자 역할 자체에 변화를 가져올 수도 있다. 이런 기술혁신이 구매 여정에 미치는 영향도 연구되고 있으며 앞으로 더 활발해질 것으로 기대한다.

(2) 온라인 구매결정 과정

온라인이라는 구매환경의 변화에 따라 나타난 소비자 구매결정의 변화를 기존 소비자 의사결정 모델에 기초해 분석한 연구도 있다. Darley, Blankson과 Luethge(2010)는 2001~2008년 사이에 주요 마케팅과 소비자행동 저널에 발표된 온라인 소비자 의사결정 관련 논문 52편을 선정하고 이들 논문의 내용을 분석하였다. 이들은 소비자 의사결정 과정을 문제인식, 탐색, 대안평가, 구매, 결과로 보는 5단계 모델(Engel, Kollat, & Blackwell, 1978; Engel, Blackwell, & Miniard, 1986)에 기초해 온라인 의사결정과 관련하여 어떤 연구들이 이루어졌는지 분석하였다. 그 결과 대부분의 연구들이 외부환경이 의사결정 과정의 하나 혹은 그 이상의 단계에 미치는 영향을 연구한 것으로 나타났다.

이들은 외부환경을 크게 4가지, 즉 개인 특성(동기, 가치, 라이프스타일, 성격), 사회적 영향(문화, 준거집단, 가족), 상황과 경제적 요인, 온라인 환경(웹 사이트의 질, 웹 사이트의 인터페이스, 웹 사이트의 만족도, 웹 사이트 경험)으로 구분하였다. 개인 특성이 온라인 소비행동에 미치는 영향을 살펴본 한 연구는 대인관계에서의 신뢰정도가 낮은 사람이 온라인 보안 문제에 대한 우려로 온라인 쇼핑 의향이 낮고, 인지 욕구가 높은 소비자들이 온라인에서 정보탐색을 더 많이 하며, 사회적으로 외로움을 느끼는 사람들이 온라인 서핑을 더 많이 함을 보여주었다(Das, Echambadi, McCardle, & Luckett, 2003). 온라인 구전 활동(electronic word of mouth, eWOM)에 참여하는 소비자의 동기를 분석한 연구는 사회적 상호작용에의 욕구, 경제적 이득, 다른 소비자에 대한 우려, 자아 가치감(self-worth)을 높이고자 하는 동기 등으로 소비자가 온라인에 자신의 의견을 남기는 활동을 함을 보여주었다(Hennig-Thurau, Gwinner, Walsh, & Gremler, 2004). 이는 사회적 요인과 경제적 요인, 개인 특성이 구매 후 행동인 온라인 구전 활동에 영향을 미침을 잘 보여준다.

온라인 환경의 특징이 의사결정에 미치는 영향에 대한 연구들을 살펴보면, 먼저 정보 과부하에 대한 연구가 있다. 온라인 환경의 가장 큰 특징 중 하나는 접근이 쉬운 방대한 양의 정보이다. 이는 의사결정의 질을 높일 수 있는 요인이지만 정보 과부화로 인해 오히려 의사결정의 질을 낮출 수도 있다. 한 연구는 대안의 수와 제품속성의 수, 속성수준의 분포에 따라 정보 과부하 정도가 달라지는지, 그리고 이런 요인들이 가장 좋은 대안을 선택하는 데 영향을 미치는지 살펴보았다(Lee & Lee, 2004). 속성 수준의 분포는 정보의 구조적 특성으로 그 분포가 균일하게 되어있는지 아니면 특정 속성 수준에 몰려 있어 불균등한지 그 정도를 가리킨다. 속성 수준이 불균등하게 분포되어 있을수록 속성의 진단성이 높고 보다 현저한 정보가 되어 정보처리의 양이 줄어들고 의사결정을 쉽게 해준다. 예를 들어, 가격이 15,000원, 17,000원, 19,000원의 세 수준이 있고 각 가격대에 3개의 제품이 있는 경우와 가격이 15,000원, 19,000원인 제품이 각각 1개씩이고, 나머지 7개는 17,000원인 경우를 비교하면 전자보다 후자의 경우 가격과 관련된 정보처리의 양이 줄어들 것이다. 연구결과, 단순히 대안의 수를 늘리는 것보다 속성의 수와 속성수준의 분포를 달리하는 것이 정보 과부하에 더 큰 영향을 미치고, 속성의 수가 많아지고 속성수준이 균등하게 분포되어 있을수록 의사결정의 질이 떨어지는 것으로 나타났다. 이 연구에서는 대안의 수가 18개와 27개인 조건을 비교하였는데, 대안의 수가 의사결정의 질에 영향을 미치지 않는 것으로 나타났다. 연구결과가 시사하는 바는 처리할 수 있는 대안의 수에 역치(threshold)가 있고 그 안에서는 대안의 수가 의사결정의 질에 별다른 영향을 미치지 않는 것으로 나타났다. 이는 기존연구의 결과와도 일치하는 것이다. Malhotra(1982)의 연구에 의하면, 대안의 수가 10~25개인 경우 정보 과부하 정도는 비슷하게 나타난다. 이는 대안의 수가 많아질 경우 모든 대안을 세부적으로 비교하는 절차를 무시하고 의사결정 과정을 단순화하기 때문이다. 또한 대안의 수가 증가하는 것이 속성의 수가 증가하는 것보다 정보처리의 양이 더 적게 증가하기 때문이기도 하다. 온라인 정보 과부하는 의사결정의 질에 영향을 미칠 뿐 아니라 의사결정에 대한 만족도와 확신 정도를 낮추고 소비자를 더 혼란스럽게 만드는 등 소비자의 주관적 반응에도 부정적인 영향을 미치는 것으로 나타났다.

온라인에는 방대한 정보가 있는 것과 더불어 정보 제시방식을 소비자가 통제할 수 있다는 장점이 있다. 검색을 한 후 제시되는 수많은 제품을 인기순, 가격순 등 소비자가 원하는 방식으로 정렬할 수 있고 검색조건을 넣어 특정 브랜드, 가격대와 같이 원하는 기준에 맞춰 선별된 제품만 볼 수도 있다. 또한 가격비교 사이트는 방대한 정보를 가공해서 제공하여 소비자의 정보처리를 용이하게 해주기도 한다. 이전에는 소비자의 정보처리방식을 분석하기 위한 실험실 연구에서나 가능했던 제품–속성 매트릭스 제시방식도 여러 사이트에서 종종 사용된다. 일례로 Dell사는 [그림 3–6]에서 보듯이 여러 노트북을 비교하기 쉽게 제품은 세로로, 속성 정보는 가로로 제시하고 있다. Shi, Wedel과 Pieters(2013)는 시선추적(eye-tracking) 데이터를 사용하여 제품–속성 매트릭스로 제공되는 온라인 제품정보를 사람들이 어떻게 처리하여 구매결정을 내리는지 연구하였다. 이들은 대안별 또는 속성별 처리가 구매과정의 어느 단계에서 주로 나타나는지, 그리고 정보제시방식을 수직적 또는 수평적으로 달리 했을 때 소비자가 선택하는 처리방식에 차이가 나타나는지를 보고자 하였다.

그림 3-6 Dell.com의 제품 제시 방식

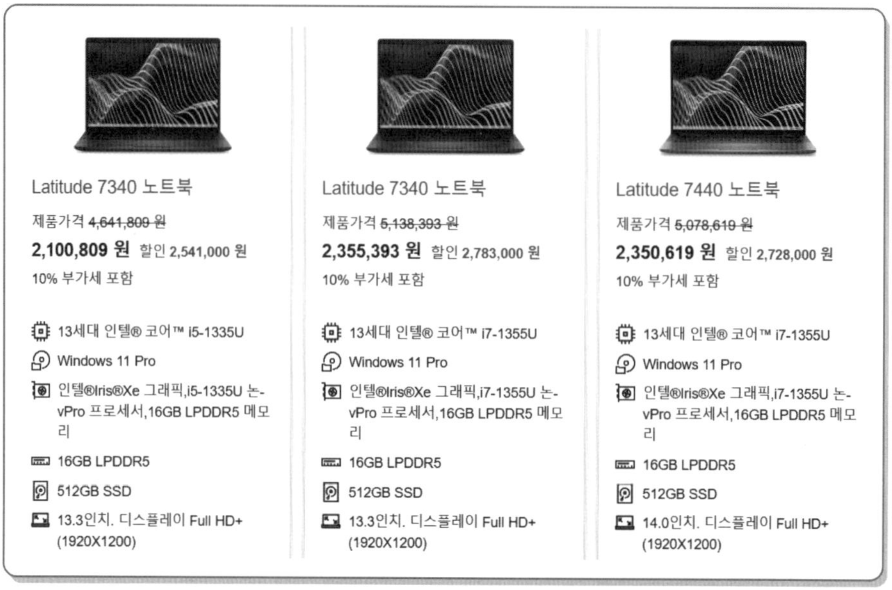

그림에서처럼 대안이 세로로 제시되는 것이 수직적 방식이고 가로로 제시되는 것이 수평적 방식이다. 한 화면에 대안과 속성 정보가 모두 제시되는 상황에서 시선은 재빠르게 움직이면서 좋은 대안을 찾기 위해 움직이는데, 이렇게 해서 얻은 시선 추적 데이터 자체로는 소비자가 대안별 혹은 속성별 처리방식을 사용하는지를 명확하게 구분해내기 어렵다고 한다. 그래서 연구자들은 방대한 시선 추적 데이터를 설명할 수 있는 정보처리 모델을 제시하고 이 모델과 실제 데이터가 얼마나 부합하는지 정도를 토대로 소비자가 어떤 처리방식을 사용하는지를 알아내는 방법을 사용하였다.

연구결과, 참가자들은 대안별, 속성별 처리방식을 매우 빈번하게 바꿔가며 구매결정을 위한 정보처리를 하는 것으로 나타났다. 이들은 각각 12개의 속성정보를 갖는 제품 4개를 제시하였는데, 한 제품을 최종 선택하는 데 평균적으로 67초가 소요되었고, 1분이 조금 넘는 시간 동안 48번에 거쳐 처리방식을 바꾸는 것으로 나타났다. 처리방식을 변경하기 전에는 한 제품의 2~3개 속성에 주의를 두거나 두 개 제품의 한 속성에 주의를 두는 것으로 나타났다. 이는 사람들이 인접해 있는 속성이나 제품 정보를 작은 단위(parcel)로 수집하여 처리함을 보여주는데,

이는 작업기억의 정보처리 용량 한계나 해당 정보를 장기기억에 통합하는데 따른 처리속도의 제한 때문인 것으로 보인다. 이런 빈번한 처리방식의 변경은 대안별 또는 속성별 처리가 의식적이고 의도적인 정보처리 전략인가에 대한 의문을 제기한다. 대개의 웹 환경에서 많은 정보를 빠르게 처리할 때 사람들은 무의식적인 처리 절차에 따라 정보를 습득하는 것으로 보인다. 그리고 최종적으로 대안을 선택하기 전에 잠정적으로 선택된 대안의 속성을 다른 대안의 속성과 비교하는 시선처리를 주로 하여(gaze cascade) 최종선택 전에 자신이 선호하는 대안이 정말 적절한 대안인지 검증(verification)하는 과정을 거치는 것으로 보인다. 그리고 수직적 또는 수평적인 대안 제시방식에 따른 처리방식의 차이는 나타나지 않았고, 제시방식과 상관없이 왼쪽에서 오른쪽으로의 시선 움직임이 많이 나타났다. 이는 제시된 정보가 문자와 숫자로 이루어져 있다 보니 일상적인 읽기에서 나타나는 시선 움직임이 많이 나타난 것으로 보인다.

2장에서 소개한 Payne과 그 동료들이 사용한 정보처리과정 추적(process tracing method) 연구에서는 정보처리과정의 초기에는 속성별 처리를 통해 일부 속성의 기준을 충족시키지 못하는 대안을 제거하여 대안의 수를 줄인 후 대안별 정보처리가 일어남을 보여주었다. 이들이 사용한 정보판은 속성 정보가 다 가려져 있고 마우스를 클릭할 때만 원하는 속성 정보가 제시되어 마우스의 움직임을 통해 어떤 정보를 어떤 순서로 얼마동안 보는지 알 수 있었는데, 이는 시선추적보다 훨씬 의도적인 행동이다. 반면 Shi 등(2013)의 연구에서 제시한 웹 페이지는 통상적인 웹 페이지처럼 모든 정보를 한 눈에 보여준다. 그리고 시선 추적을 통해 짧은 시간 안에 무의식적으로 이루어지는 정보처리 과정을 포착하여 보여주었기 때문에 이전 연구에서는 보고된 바 없는 높은 빈도의 처리방식 변경이 일어난다는 것과 웹에서의 정보처리가 갖는 특성을 보여줄 수 있었다.

온라인 환경의 또 다른 특징은 제품에 대한 추천 정보가 있다는 것이다. 온라인 추천 정보는 다른 소비자의 리뷰나 평점, 전문가 리뷰나 평점, 추천시스템으로 구분해볼 수 있다(Senecal & Nantel, 2002). 추천시스템은 의사결정의 여러 단계에서 도움을 줄 수 있는데, 가용한 대안을 효율적으로 선별하고, 고려 대안군의 질을 높이고, 제품선택에 대한 소비자 확신을 높이는 것으로 알려졌다(Häubl & Trifts, 2000). 추천 정보에 대해 소비자는 세 가지 다른 반응을 보일 수 있는데, 그에 따라 이후 의사결정 과정이 달라진다. 첫 번째는 추천 정보를 사용하지 않는 것이고, 두 번째는 추천 정보를 사용하고 그에 따라 결정을 내리는 것이고, 세 번째는 추천 정보를 사용하지만 따르지는 않는 것이다. 추천 정보를 사용하지 않는다면, 자신의 사전 지식이나 경험에 근거해 선택을 하거나 제품에 대한 정보를 탐색하고 평가하여 결정을 내리게 된다. 추천 정보를 사용하고 그에 따라 결정을 내린다면, 자신이 직접 결정을 내리는 것이 아니라 다른 사람 또는 시스템의 추천에 따라 결정을 내리게 된다. 이 경우 소비자는 자신이 선호하는 대안이 없거나 관련 정보를 처리하고자 하는 동기나 여력이 부족하기 때문에 의사결정과정의 일부나 전체를 시스템 정보에 위임하게 되는 것이다. 마지막으로 추천 정보를 사용하되 따르지 않는 경우는 추천 정보를 참고만 하되 자신이 직접 정보를 처리하여 결정을 내리게 된다. 추천 정보를 받아들이는 정도에 따라 자신이 직접 결정을 하거나 혹은 자신과 시스템의 의견을 종합하는 하이브리드 방식으로 결정을 내릴 수 있다.

Senecal, Kalczynski와 Nantel(2005)은 클릭스트림(clickstream) 정보를 이용하여 위 세 가지 방식으로 의사결정을 하는 사람들의 구매과정을 비교분석하였다. 인터넷에서 우리가 한 활동은 로그파일로 흔적을 남기게 되는데, 이 데이터를 사용하여 한 사이트에서 어떤 페이지를 얼마 동안 보았는지, 페이지 간 이동은 어떤 방식으로 이루어졌는지, 사이트 간 이동은 어떤 식으로 이루어졌는지 등의 소비자의 정보탐색 흔적을 보여주는 것이 클릭스트림 정보이다. 연구자들은 참가자들에게 한 쇼핑 사이트에서 제품을 구매하는 과제를 주고 구매 전까지 어떤 식의 클릭스트림이 발생하는지 보았다. 그리고 참가자가 사이트의 추천상품을 보길 원하면 추천버튼을 눌러 해당 정보를 볼 수 있도록 사이트를 구성하였다. 연구결과, 추천 정보를 사용한 참가자들이 사용하지 않은 참가자들보다 더 복잡한 정보탐색 행동을 보였다. 결정을 하는데 시간이 더 오래 걸렸고 더 많은 페이지를 방문하였고 더 복잡한 정보 탐색 패턴을 보였다. 연구자들은 참가자들이 추천 정보를 사용하는 것에 대해 본인이 선호하는 제품이 없거나 제품관련 정보를 처리할 동기나 여력이 없어 시스템이 추천하는 정보를 수용하는 것으로 보았는데, 추천 정보를 사용하지 않은 사람들보다 오히려 더 복잡한 정보탐색을 하는 것으로 나타난 것이다. 이런 연구결과는 참가자들이 추천 정보를 이용한 것이 더 많은 정보를 얻기 위함이지 추천 정보를 이용하여 적은 노력으로 구매를 하고자 함이 아님을 보여준다. 이는 인터넷에서의 정보탐색비용이 낮기 때문에 가능하다. 사이트 설계 시 추천 정보와 다른 제품정보 간의 내비게이션이 원활하도록 구성하는 것이 두 정보를 다 이용하는 소비자의 정보탐색행동을 보다 쉽게 할 수 있음을 시사한다.

한편 다른 소비자나 전문가의 평점(rating)과 후기(review)가 소비자의 구매결정에 미치는 영향에 대해서도 많은 연구가 이루어졌고, 특히 경영정보 분야에서는 쇼핑 사이트에서 방대한 양의 평점과 후기, 매출 정보를 수집(crawling)하여 평점과 후기가 매출에 미치는 영향을 분석하였다. 평점이 높을수록 매출이 높고, 후기의 양이 많고 그 내용이 긍정적일수록 매출이 높아지지만, 후기 내용의 방향성과 다르게 평점과 후기의 양이 매출에 미치는 영향은 일관되게 나타나지 않았다. 한 연구에서는 2004~2013년 사이에 출판된 26개 논문을 메타 분석하였고, 리뷰의 양(후기의 개수나 평점)보다 방향성(후기로 전달되는 제품의 선호 정도)이 매출에 미치는 영향이 더 큼을 보여주었다(Floyd, Freling, Alhoqail, Cho, & Freling 2014). 온라인 쇼핑몰, 블로그, 온라인 포럼, SNS에 올라와 있는 제품후기를 토대로 이루어진 51개의 연구를 메타 분석한 연구 역시 후기의 양보다 방향성의 영향이 더 큼을 보여주었다(You, Vadakkepatt, & Joshi, 2015). 한 연구는 Amazon.com의 패널 데이터를 분석해서 평점이 매출에 직접적으로 영향을 미치기보다 후기의 감성(sentiments)을 통해 간접적으로 영향을 미침을 보여주었고(Hu, Koh, & Reddy, 2014), 이와 비슷하게 다른 연구에서도 긍정적 후기가 매출 증가에 미치는 영향을 평점이 매개함을 보여주었다(Li, Wu, & Mai, 2019). 즉 긍정적 후기가 높은 평점에 긍정적 영향을 미치고, 높은 평점이 매출을 높이는데 영향을 준다는 것이다.

평점이 매출에 미치는 영향이 일관되게 나오지 않은 것은 크롤링한 정보를 한꺼번에 분석함으로써 평점이 단계적인 과정을 거쳐 매출에 영향을 미침을 고려하지 않았을 수 있다. 대개의 온라인 쇼핑몰에서는 평점이 후기보다 먼저 제시되고 소비자는 대개 평점에 근거해 제품을 선별하여 고려 대안군을 형성한 후 제품별로 후기를 읽어보면서 구매를 할 것인지 아닌지를 결정하는 경우가 많다. 이런 단계적인 구매과정을 고려했을 때 제품정보와 함께 제시되는 평점은 초기 구매의도를 형성하는 데 영향을 미치고 이후 후기는 그 구체적인 내용에 따라 초기 의견을 조정하여 최종 구매의도를 형성하는 데 영향을 미칠 것이다. 안서원(2021)의 연구는 실험연구를 통해 평점과 후기가 구매의도에 미치는 단계적인 영향을 보여 주었다. 평점 정보를 먼저 보여준 후 구매의도를 측정하고, 후기를 보여준 후 다시 구매의도를 측정하였다. 평점과 후기가 일치하는 경우는 기존에 형성한 구매의도가 더 강화될 뿐 변하는 것이 아니어서 평점이나 후기의 상대적인 영향력을 보기 어려워 평점이 높을 때는 부정적인 후기, 평점이 낮을 때는 긍정적인 후기를 보여주는 불일치 조건에서 구매의도의 변화를 살펴보았다. 평점은 163개의 후기와 2,415개의 후기에서 나온 경우로 나누었고, 제품의 유형은 탐색재와 경험재로 구분하였다. 연구결과, 평점이 몇 천 개 이상의 후기를 평균하여 나왔을 때, 그리고 제품의 객관적인 평가가 상대적으로 용이한 탐색재에 대하여 제시되었을 때 구매의도에 영향을 미침을 볼 수 있었다. 또한 수천 명이 평가하여 나온 평점은 이후 후기의 구매의도에 대한 영향력을 약화시키는 것으로 나타났다. 후기의 경우 긍정평보다 부정평일수록, 그 내용이 유용할수록, 그리고 제품이 탐색재인 경우 구매의도의 변화에 더 큰 영향을 미치는 것으로 나타났다. 이러한 결과는 평점과 후기가 단계적으로 영향을 미치며, 얼마나 많은 사람의 평가가 반영되었는지, 제품의 유형이 무엇인지, 후기의 방향성이나 유용성에 따라 평점과 후기의 구매의도에 대한 영향력이 달라짐을 보여준다.

마지막으로 소개하고자 하는 온라인 구매 환경의 특징은 가격 민감성(price sensitivity)이다. 온라인은 정보탐색비용이 낮고 많은 제품의 가격을 손쉽게 비교할 수 있기 때문에 가격 민감도를 높이는데 좋은 환경이다. 그러나 온라인에서 실제로 가격 민감도가 높아지는지에 대한 연구결과는 일관적이지 않다. 한 연구에서는 1996~97년 자료를 분석하여 책이나 CD의 가격이 오프라인보다 온라인에서 더 높았음을 보여주어 온라인에서 오히려 가격 민감도가 낮음을 보여준 반면 (Bailey, 1998), 동일 제품의 1999년 가격 자료를 분석한 다른 연구는 책과 CD의 가격이 온라인에서 더 낮음을 보여주어 가격 민감도가 더 높음을 보여주었다 (Brynjolfsson & Smith, 2000). 어떤 제품군을 분석하느냐에 따라서도 결과가 달리 나타나기에 가격 민감도가 온라인에서 높아진다고 일반화하기는 어려울 것으로 보인다. 그러나 가격비교가 용이하고 동일 제품을 파는 판매업체의 수도 많은 온라인에서 가격경쟁이 심한 것은 분명한 현상으로 나타나고 있다. 이에 연구자들은 어떻게 하면 온라인에서의 가격경쟁을 완화시킬 수 있는지에 관심을 갖고 그

방안을 제시한다.

Lal과 Sarvary(1999)는 디지털 속성과 비디지털(nondigital) 속성을 구분함으로써 온라인에서 가격경쟁을 낮출 수 있는 조건을 제시한다. 디지털 속성은 가격처럼 온라인에서 매우 쉽게 탐색되고 비교될 수 있는 속성을 가리키고, 비디지털 속성은 옷의 재질이나 농산물이나 꽃의 신선도처럼 물리적으로 제품을 보고 만져봄으로써 그 특성을 확인할 수 있는 속성을 가리킨다. 이는 Nelson(1970, 1974)이 구분한 탐색재와 경험재와 관련되기는 하지만 동일한 개념은 아니다. 비디지털 속성의 경우 물리적으로 확인하는 것이 필요할 뿐 그 속성을 알기 위해 해당 제품을 소비해야 하는 것은 아니다. 그리고 이 구분은 제품 수준에서 적용되기보다 속성 수준에서 구분되는 것이기에 한 제품이 디지털 속성과 비디지털 속성을 모두 가질 수 있고, 어느 속성의 영향이 더 큰지에 따라 해당 속성의 제품으로 구분될 수 있다. 인터넷의 등장으로 쇼핑에 드는 비용과 노력이 줄어든 상황에서 소비자는 물리적으로 제품을 확인하고 이전에 구매경험이 없는 새로운 제품을 구매하는 것을 큰 비용이 드는 것으로 생각하게 되었다. 그래서 비디지털 속성의 확인이 중요한 제품을 구매하는 경우 새로운 제품을 구매하기보다 이전 구매경험이 있고 친숙한 제품을 온라인으로 구매하게 되고, 이러면서 특정 브랜드에 대한 충성도가 높아지고 가격 민감도가 낮아지게 된다.

Lynch와 Ariely(2000)는 실험연구를 통하여 온라인에서 와인을 판매할 때 어떤 방식으로 정보를 제공하고 어떤 와인을 판매하느냐에 따라 가격경쟁을 완화시킬 수 있는지 보여주었다. 이들은 가격 정보, 품질 정보(산미, 바디감, 단맛, 떫은 맛 등), 사이트 비교 정보의 사용성을 고저로 조작하였다. 사용성이 높은 조건에서는 와인이 제시될 때 가격과 품질 정보, 다른 사이트의 와인 정보를 바로 볼 수 있고, 낮은 조건에서는 해당 정보를 클릭해야 볼 수 있었다. 사이트의 와인 유통과 관련해서는 전체 100개 와인 중 60개는 공통으로 두 경쟁사가 모두 판매하고, 20개는 한 사이트에서만 판매하였다. 연구 참가자들로 하여금 자신의 돈으로 8번의 와인 쇼핑을 하도록 하였고, 연구자들은 가격 민감도를 보기 위해서 와인의 가격을 매번 달리 제시하였다. 연구결과, 품질 정보의 사용성이 높아지면 가격 민감도가 낮아졌다. 이는 와인이 공산품과는 달리 차별화되는 제품이기에 더 그러한 것으로 보인다. 두 경쟁사에서 모두 판매하는 와인의 경우 사이트 비교 정보의 사용성이 높으면 가격 민감도가 높아졌지만 한 사이트에서만 판매하는 와인의 경우 이런 효과가 나타나지 않았다. 세 가지 정보의 사용성이 모두 높은 경우 소비자들의 만족도가 높아졌다. 쇼핑을 더 즐겼고 자신이 선택한 와인을 이후 시음에서 더 좋아했고, 두 달 후 사이트를 재방문할 의도도 높게 나타났다. 이런 연구결과들은 와인처럼 차별화되는 제품의 경우 정보 사용성을 높이고 다른 사이트에서 판매하지 않는 고유한 제품을 판매하는 것이 가격경쟁을 완화시킬 수 있는 방안임을 시사한다. 그리고 낮은 정보탐색비용은 가격 정보 뿐 아니라 품질 정보에도 해당되므로 품질 정보의 사용성을 높여 구매 결정 시 품질 정보를 이용하도록 하는 것이 가격 민감도를 낮추는 좋은 방법이 될 수 있다.

(3) 온라인 구매결정의 질

많은 정보와 다양한 제품으로 온라인은 이상적인 쇼핑환경을 제공하는 것처럼 보이지만 이런 환경이 과연 더 나은 의사결정으로 이끌 것이냐는 검증이 필요한 문제이다(Peterson & Merino, 2003). 미국의 한 보고서에서는 80% 이상의 소비자가 인터넷이 찾기 어려운 물건을 살 수 있는 가장 좋은 장소라고 생각하지만 동시에 60%의 소비자가 제품정보를 검색하는 과정에서 종종 좌절과 혼동, 압도감을 느낀다고 보고한다. 온라인이 더 나은 구매결정에 대한 잠재력을 가지고 있지만 이것이 실현되느냐는 다른 문제이다.

그런데 무엇이 좋은 구매 결정이냐에 대해서도 다른 의견이 있을 수 있다. 가장 좋은 가격 조건을 가진 제품을 구매하는 것이냐, 자신의 요구에 가장 잘 맞는 제품을 구매하는 것이냐, 아니면 이 두 가지를 모두 반영하여 자신의 요구에 맞으면서 가격조건도 좋은 제품을 구매하는 것이냐이다. 한 연구는 소비자가 최저가를 찾는 데 집중하면, 이상적이지 못한 제품을 선택하게 됨을 보여준다(Aron, Sundararajan, & Viswanathan, 2006). Punj(2012)는 최저가보다는 자신의 요구에 맞는 적합한(fit) 제품을 적절한 가격에 구매하는 것이 의사결정의 질을 높이는 것임을 제안한다. 그러나 그런 적합한 제품을 찾는 것은 시간과 인지적 노력을 요구한다. 사람들이 인터넷으로 구매를 하는 것은 시간과 노력을 줄이기 위함인데, 자신의 요구에 맞는 제품을 구매하기 위해서는 시간과 노력을 기울일 필요가 있다는 것이다. 하지만 제품에 대한 지식을 가지고 있거나 온라인 구매 경험이 누적되면

적합한 제품을 찾기 위한 노하우가 습득되면서 이후에는 보다 적은 비용으로 좋은 제품을 구매할 수 있게 된다. 그리고 정보탐색이나 구매결정 시 추천시스템이나 비교사이트와 같은 의사결정 도구(decision aid)를 활용하는 것도 도움이 될 수 있다. 자신의 요구에 맞는 적합한 제품을 구매함으로써 소비자는 보다 만족하게 되고 온라인 시장의 효율성도 높아지게 된다.

한편 Simonson은 자신의 요구에 맞는 적합한 제품을 절대 가치(absolute value)라는 개념으로 제안한다(Simonson & Rosen, 2014). Simonson은 수년 동안 2장에 소개한 타협효과처럼 지엽적인(local) 선택맥락으로 유발되는 상대적 가치(relative value)가 선택에 미치는 영향을 보여주었다. 그러나 온라인이라는 거의 완벽한 정보환경이 제공되는 상황에서 상대적 가치보다는 제품의 가치를 절대적으로 평가하고 예측된 경험효용이 실제 경험에 유사한 선택을 할 수 있게 되었다고 본다. 이들이 말하는 절대 가치는 제품에 대한 진리나 진실을 가리키는 것이 아니라 선택맥락의 영향으로 상대적으로 제품을 평가하기보다 제품 자체의 가치를 평가할 수 있음을 가리킨다. 과거에는 제한된 정보로 제품의 질을 평가하기 어려웠기에 브랜드나 가격, 원산지, 광고 등 마케터가 제공하는 품질단서를 활용했지만 온라인상에서는 제품에 대한 많은 정보가 가용하고, 이를 보다 쉽게 활용할 수 있는 여러 의사결정 도구들이 있으며 다른 소비자뿐 아니라 전문가의 의견에도 쉽게 접근할 수 있기에 보다 정확하게 제품의 품질과 소비경험을 예측할 수 있게 되었다.

Simonson은 자신이 1992년에 했던 실험을 다시 반복하였다. 당시 실험에는 두 집단이 있었다. 한 집단은 가격이 169달러와 239달러인 미놀타 카메라를 보았다. 두 번째 집단은 앞의 집단이 본 2개의 카메라에 더하여 더 비싼 469달러 카메라를 보았다. 결과는 우리가 잘 알듯이 첫 번째 집단보다 두 번째 집단에서 239달러 카메라의 선택 비율이 높아졌고, 이는 우리가 앞서 소개한 타협효과이다. 이 똑같은 실험을 온라인 세팅에서 진행하면 어떻게 될까? 다시 진행한 실험에서는 4개의 조건이 있었고, 앞의 두 조건은 이전 실험과 유사한 세팅에서 캐논 카메라로 진행되었고 여전히 타협효과가 나타났다. 반면 나머지 두 조건에서는 우리가 Amazon.com에 방문했을 때 볼 수 있듯이 다양한 가격의 수많은 카메라, 다른 소비자들이 쓴 후기를 볼 수 있었다. 이후 이들은 검색을 하면서 고려 대안군을 줄여 앞의 두 조건에서 보았던 동일한 카메라로 선택 폭을 줄이게 된 것으로 가정하고 해당 제품을 보고 선택을 하도록 하였다. 온라인 세팅에서 2개 또는 3개의 카메라를 본 사람들은 타협효과를 보이지 않았다. 온라인이라는 세팅 자체가 제품의 가치를 상대적이 아닌 절대적으로 평가하게 만들었기 때문이다. 이들은 온라인상에서 사람들의 비합리성(irrationality)이 줄어들고 있다고 보며, 기존의 마케팅 역할도 제품의 절대적 가치를 높이는 방향으로 옮겨가야 할 것으로 제안한다.

3장에 소개된 이론들은 대안이 어떻게 평가되는지 단계별 정보처리과정을 제시하기보다 선택에 영향을 미치는 심리적 요인을 소개하고 이 요인들이 어떻게 선택에 영향을 미치는지를 보여주는 것들이라 볼 수 있다. 대안에 대한 주어진 모든 정보를 처리하기보다 자신의 선택을 자기 스스로나 남에게 납득시키고 합리화할 수 있는 적절한 이유를 가지고 있는 대안을 찾거나 많은 정보를 쉽게 이해할 수 있는 이야기를 구성해서 전반적인 이해의 틀을 가지고 세부 정부를 처리하거나 자신이 가지고 있는 목표가 무엇인지에 따라 그에 적절한 정보를 취해 대안을 평가하는 우리의 모습을 보여준다. 마지막으로는 오프라인과 다른 특성을 가진 온라인을 중심으로 구매결정에 영향을 미치는 요인들에 대해 알아보았다. 주로 제품관련 요인이었는데, 온라인 구매 결정에는 배송이나 사이트의 신뢰도와 같은 제품 외적 요인도 영향을 미친다. 또한 앞서 언급하였듯이 온라인 쇼핑의 상당 부분이 모바일로 이루어지고 있는데, 본 장에서는 이 부분까지 다루지는 않았다. 새로운 디지털 기술의 도입으로 온라인 환경은 계속 변화하고 있다. 이런 환경의 변화가 소비자의 구매결정과정에 어떤 영향을 미치는지 수많은 연구가 여러 관련분야에서 이루어지고 있기에 본서는 기존 행동적 의사결정 연구의 맥락에서 관련된 주제들을 다소 선택적으로 소개하였다.

4장

선호도

04 선호도

행동적 의사결정 연구에서 기초가 되는 개념 중의 하나는 선호도(preference)이다. 선호도란 일반적으로 어떤 대상을 좋아하는 정도로 이해되는데, 이 분야에서는 선호도를 다분히 행동주의적 입장에서 이해해 왔다. 즉 선호도란 선택이라는 겉으로 보이는 행동을 통해 드러나는 것이라고 본 것이다. 이러한 정의는 한 개인의 내부에서 일어나는 대상에 대한 주관적인 느낌을 객관적으로 측정할 수 있는 방법을 제시한다는 데서 유용하다.

선호도에 대한 이러한 조작적 정의는 인간의 선택에 대해 규범적인 이론을 제시하는 경제학이나 기술적인 이론을 제시하는 행동적 의사결정 연구 모두 받아들이는 것이다. 행동적 의사결정 연구가 경제학을 비판하기는 하지만 사람들의 선택행동에 기초해 사람들의 선호를 추정하는 데 있어서는 경제학과 같은 입장이라고 볼 수 있다. 그러나 그렇다고 해서 두 분야가 선호도에 대한 기본전제를 공유하는 것은 아니다. 양쪽의 선호도에 대한 이해가 어떻게 다른가 알아보기 위해, 먼저 규범적 이론을 제시하는 경제학에서 사람들의 선호도 또는 기호(taste)를 어떻게 이해하는지 알아보자.

4.1 선호도의 구성

경제학자 March(1978)에 의하면, 규범적 이론에서 보는 선호도란 첫째, 절대적(absolute)인 것이다. 이는 다양한 대상에 대한 선호도간에 차등을 두지 않으며 선호도에 근거한 선택이나 행동이 윤리적으로 문제가 되지 않음을 가리킨다. 즉 트로트에 대한 선호나 고전음악에 대한 선호나 모두 동등하며 선호에 있어 더 고급한 것이 있지 않다. 둘째, 행동이나 선택이 선호도에 근거하며 선호도와 일치한다고 본다. 이것은 겉으로 드러난(revealed) 선택행동을 보고 그 사람의 선호도를 유추하는 것의 이론적 전제가 된다. 셋째, 선호도는 안정적(stable)이다. 현재의 행동은 현재의 선호도에 근거하며 현재의 행동이 미래의 어느 시점에서 실현될 때 개인의 선호가 변하지 않음을 가정한다. 넷째, 선호도는 일관적이다. 선호도가 안정적이라는 것이 시간의 흐름에 따라 선호도가 변하지 않음을 가리킨다면 일관성은 지금 현 시점에서 상황이 달라져도 선호도가 변하지 않음을 가리킨다. 다섯째, 선호도는 명확하다고 봄으로써 선호도와 관련된 모호성을 배제한다. 여섯째, 자신이 선택한 결과에 의해 자신의 선호도가 영향을 받지 않는다고 본다.

March는 경제학에서 보는 선호도에 대한 전제를 소개한 후, 실제로 사람들이 보이는 선호도가 어떠한지를 다시 설명한다. 먼저 사람들은 자신의 선호를 관리(manage)한다. 즉 단순히 수동적으로 어떤 대상에 대한 선호를 갖는 것이 아니라 선호를 높이거나 줄이기 위해 자신의 행동을 조절한다는 것이다. 예를 들면, 고전음악에 대한 기호를 갖기 위해 음악을 자주 듣고 이론적 이해를 구하는 등의 노력을 하는 것, 체중조절을 위해 채소나 간을 하지 않은 음식을 자주 먹음으로써 이에 대한 선호를 가지게 되는 것 등이 해당한다. 이는 사람들의 선호가 자신이 선택한 결과에 의해 달라짐을 잘 보여준다. 둘째, 선호도는 구성(construct)되는 것이다. 자신의 선호도가 항상 명확한 것은 아니어서 때로는 현재 알려지지 않은 선호를 새로이 구성하거나 발견하기 위해 기존의 선호나 행동을 통합하기도 하고 자신의 행동을 이해하는 방편으로 선호도를 고안하기도 한다. 즉 자신이 그렇게 행동한 것은 자신이 그것을 좋아하기 때문이라고 이해하는 것이다. 가령 원래 라코스떼 의류제품에 대해 그다지 호의적이지 않은 소비자가 세일 중인 그 제품을 구매할 수 있는데, 그는 자신의 구매행동으로부터 '내가 이 제품을 구매한 것을 보면 라코스떼 의류브랜드를 좋아하는구나'라는 생각을 가질 수 있다. 셋째, 사람들은 자신의 선호도를 전략적으로 다룬다. 이는 자신이 원하는 결과를 최종적으로 얻기 위해 현재의 선호도에 제약을 두는 것을 일컫는다. 이에 대한 좋은 예는 율리시즈에서 찾을 수 있다. 율리시즈는 항해를 하는 사람들이 요정 사이렌의 노래에 이끌려 바다에 뛰어들어 결국은 죽게 된다는 것을 알고 자신이 그 전철을 밟지 않기 위해 부하들에게 자신을 기둥에 묶어 놓도록 명령을 내린다. 즉 미래의 자신이 자신의 선호에 따라 행동하는 것을 막기 위해 사전에 준비를 하는 것이다. 넷째, 사람들은 자신의 선호도를 혼동하기도 하는데 이는 상반되는 감정이 공존할 수 있기 때문이다. 사람들은 때로 어떠한 결과를 원하면서 동시에 피하기도 하고, 쾌락과 고통, 사랑과 증오와 같은 양극의 감정을 동시에 느끼기도 한다. 다섯째, 사람들의 행동이 항상 선호도에 근거한 것은 아니다. 사람들은 때로 자신이 가지고 있는 원칙이나 사회의 규범을 더 존중하여 자신의 선호를 희생하기도 한다. 여섯째, 사람들은 자신의 선호가 바뀔 수 있음을 고려한다. 따라서 자신이 선택한 결과가 미래에 나타나는 경우 그 결과에 대한 선호를 지금은 알지 못하지만 상당 정도 변할 것을 예측하여 당장 결정을 내리기보다 미래의 선호에 대해 좀 더 알 수 있게 될 때까지 결정을 유보하기도 한다.

선호도에 대한 March의 기술과 마찬가지로 심리학자들은 선호도가 구성된다(constructed)고 본다. 심리학자들이 보는 선호의 구성은 March가 말하는 구성보다 더 구체적인 개념으로 사람의 선호가 선호도를 유발하는 과정에서 형성되는 것을 가리킨다.

Tversky와 Thaler(1990)은 위와 같은 선호도에 대한 다른 견해를 야구심판의 비유를 들어 설명한다. 세 명의 야구심판이 있는데 이들은 야구장에서 벌어지는 여러 행동에 대해 판단을 내리는 자신의 행위를 다른 식으로 묘사한다. 첫째 심판은 말하기를 '나는 내가 보는 대로 판단한다,' 둘째 심판은 '나는 있는 그대로 판단한다,' 세 번째 심판은, '내가 판단하기 이전에는 아무 것도 없다'고 말한다. 이 세 심판은 선호에 대한 다른 관점을 나타낸다고 볼 수 있는데, 첫 번째 심판의 관점은 선호가 실재하지만 사람들은 자신이 할 수 있는 범위 내에서, 때로는 편향되게, 선호를 지각하고 보고한다는 것이다. 두 번째 심판은 경제학자의 관점을 나타낸다고 볼 수 있는데, 사람들이 자신의 선호도를 아는 것이 마치 구구단을 아는 것과 마찬가지라고 본다. 즉 사람들 머릿속에 잘 정리된 선호도 순서가 있으며 사람들은 그것을 읽어내기만 하면 된다고 보는 것이다. 따라서 선호와 관련된 일체의 불명확성이나 비일관성을 인정하지 않는다. 세 번째 심판은 선호가 구성된다고 보는 심리학자의 견해를 나타낸다고 볼 수 있다. 심리학자들은 선호를 어떻게 유발하느냐에 따라 선호도가 달라질 수 있다고 보며 다음 절에서 설명할 선호도 역전(preference reversal) 현상은 선호도가 구성됨을 보여주는 좋은 경험적 예이다.

한편 Fischhoff(1991)는 선호도(또는 가치) 유발에 대한 다양한 견해를 양끝에 명확한 가치관(articulated values)과 기본 가치관(basic values)을 둔 연속선으로 표현하였다. 여기서 명확한 가치관은 경제학자의 관점을 지칭한다. 기본 가치관은 사람들이 아주 기본적인 것, 즉 자신의 경험을 통해서 익숙하고 그 가치에 대해 숙고할 기회가 있었던 것에 대해서만 안정적인 선호를 형성하고 있으며 그렇지 않은 것에 대해서는 기본적 가치에 근거한 추론 과정을 거쳐 가치를 형성하게 된다고 보는 것이다. 의사결정 분석가(decision analyst)들이 대체로 이러한 견해를 갖는다고 볼 수 있다. 심리학자들은 대체로 이 두 관점을 양끝으로 하는 연속선상의 중간쯤에 위치한다고 볼 수 있다. 즉 사람들이 모든 대상에 대한 명확한 가치를 가진다고는 보지 않지만 매번 선호를 결정하기 위해 기본 가치로부터 출발할 필요는 없다고 본다. 기본적 가치보다는 더 세분화된 선호를 가지고 있으며 그에 근거해 선호도가 어떻게 유발되는가에 따라 최종 선호를 형성하게 된다고 보는 것이다.

선호도에 대한 경제학자의 관점에 큰 영향을 미친 것은 선호도 역전(preference reversal) 현상이다. 경제학에서는 선호도와 관련하여 일체의 불명확성이나 비일관성을 인정하지 않는데, 선호도 역전은 선호를 어떻게 유발하느냐에 따라 선호도가 달라짐을 보여주기 때문이다. 선호도 역전에 대해 경제학자들은 초기에는 회의적이었다. 선호도 역전 현상이 참가자들이 과제를 제대로 이해하지 못했거나 충분히 동기화 되지 않아 나타나는 일시적인 실험결과라고 간주하였다. 그러나 조건을 달리한 여러 실험연구에서 그 현상이 일관성 있게 나타나자 역전현상을 하나의 사실로 받아들이게 된다. 역전현상을 비롯하여 2장에서 소개한 틀 효과, 유인효과나 타협효과와 같은 여러 맥락효과, 그리고 Payne의 상황적합 의사결정 이론(contingent decision making) 등은 모두 선호도가 구성되는 것임을 잘 보여주는 경험적 연구결과라 볼 수 있다. 다음 절에서는 선호가 구성된다는 것을 직접적으로 보여주는 선호도 역전 현상에 대해 보다 상세히 소개하고자 한다.

4.2 선호도 역전(preference reversal)

선호도 역전이란 동일한 대안에 대한 선호가 선호유발 방식이 달라지는 것에 따라 달라지는 현상을 가리킨다. 예를 들면, A와 B라는 두 개의 대안이 있는데, 두 개 중 더 좋은 것을 선택하라고 할 때는 A를 선택하다가 각각에 대한 구매의도 금액을 적으라고 하면 B에 더 높은 금액을 적는 식이다. 이 현상을 실험을 통하여 처음 체계적으로 보여준 연구자는 Lichtenstein과 Slovic(1971)이다. 이후 선호도 역전은 많은 연구자들에 의해 연구되었고, 선호도 역전의 유형이 구분되기도 하였다. Hsee 등(1999)은 **평가척도**(evaluation scale)에 의한 선호도 역전과 **평가모드**(evaluation mode)에 의한 선호도 역전을 구분한다. 평가척도는 응답자들에게 요구되는 반응방식을 가리킨다. 한 사람의 선호는 여러 방식으로 유발될 수 있는데, 어느 대안을 보다 선호하는지 선택을 할 수도 있고, 어느 대안에 보다 높은 금액을 지불할 용의가 있는지 그 금액을 적을 수도 있고, 어떤 대안을 가진 사람이 더 행복할지를 100점 척도에 평가하게 할 수도 있다. 이처럼 응답자의 선호를 어떤 방식으로 유발해서 표현하게 하느냐가 평가척도와 관련된 것이다. 반면 평가모드는 평가를 해야 하는 대안이 함께 제시되느냐 아니면 하나씩 단독으로 제시되느냐의 구분을 가리킨다.

(1) 평가척도에 의한 선호도 역전

Lichtenstein과 Slovic(1971)은 내기를 실험과제로 사용하여 사람들에게 두 가지 방식으로 자신의 선호를 표현하게 하였다. 첫째는 선택을 하게 하였고, 둘째는 해당 내기에 금액을 매기도록 하였다(bidding). 즉 사람들에게 두 개씩 짝을 이룬 여러 내기 쌍을 보여주고 두 개 중 자신이 더 선호하는 내기를 하나 선택하거나 아니면 두 내기 각각에 대해 자신이 내기에 참가하기 위해 지불할 용의가 있는 금액의 상한가를 적도록 하였다. 내기의 예는 다음과 같다.

> A. 4,000원을 .99의 확률로 받거나 1,000원을 .01의 확률로 잃는 내기
> B. 16,000원을 .33의 확률로 받거나 2,000원을 .67의 확률로 잃는 내기

위의 두 내기는 각각 다른 특징을 가지고 있는데 첫 번째 내기는 보상을 받을 확률이 높은 반면 보상액수는 그리 많지 않고, 두 번째 내기는 받을 수 있는 보상의 액수가 상대적으로 크지만 그 확률은 작다. 그래서 각각은 P-bet, $-bet이라고 지칭된다. 사람들의 실제 선호도를 보면 선택을 하는 경우 확률이 높은 A를 선호한다. 그러나 상한가를 매기는 경우 보상이 큰 B의 내기에 더 높은 금액을 적는다. 이 두 결과는 서로 상반되는데, 왜냐하면 선택되는 대안이 더 선호되는 것이라면 그 대안의 금액을 더 높게 적어야하기 때문이다. 연구자들은 이 현상을 설명하기를 사람들이 선호를 표현하는 반응양식(response mode)이 어떤가에 따라 주의를 두는 요인이 달라지기 때문이라고 한다. 선택을 하는 경우 확률에 더 주의를 기울여 보상을 받을 가능성이 큰지 적은지를 고려하는 반면, 금액을 적는 경우 받을 수 있는 금액에 기준해서(anchoring) 값을 조정하는데(adjustment) 이 조정이 보통 충분치 않아 보상이 큰 내기에 더 높은 금액을 적게 된다는 것이다. 이 경우 확률요인은 선택이라는 반응양식과 더 잘 맞고(compatible), 보상의 액수는 금액 매기기와 더 잘 맞으므로 반응양식에 따라 주의를 주는 대안의 요인이 달라진다.

또 다른 예는 선택과 값 맞추기(matching)의 경우이다. 실험참가자들에게 두 개의 대안이 있는 어떤 상황을 제시하고 그중 하나를 선택하게 하거나 대안의 속성에 대한 일부 정보를 빼놓은 상태에서 두 대안이 동등하게 되도록 빠진 정보를 맞추어 넣도록 한다(matching). 다음은 Tversky, Sattath, & Slovic(1988)이 사용한 예 중의 하나를 수정한 것이다.

(선택 시) 서울에서 교통사고로 사망하는 사람이 일 년에 약 600여 명 된다고 한다. 이에 교통부에서는 사망자 수를 줄이기 위해서 여러 다양한 방안을 계획하고 있는 중이다. 다음은 두 방안을 실시하는데 드는 연간비용과 그 방안을 실행했을 때 예상되는 사망자 수를 나타낸 것이다. 다음 두 방안 중 여러분은 어느 방안을 더 선호하는가?

A. 예상되는 사망자 수 500명, 연간비용 5억 5천만 원
B. 예상되는 사망자 수 570명, 연간비용 2억 5천만 원

빠진 정보 맞추어 넣기의 경우 네 가지 정보 중 하나를 빈 칸으로 놔두고 참가자들로 하여금 두 방안의 전반적인 매력도가 동등하게 되도록 그 값을 써넣도록 한다. 참가자들의 일반적인 반응을 보면 선택을 하는 경우 보통 A를 선택하나 값

을 맞추어 쓰라고 하는 경우 B를 더 선호하는 대답을 한다. 연구자들은 이를 설명하기를 값을 맞추어 쓰는 경우보다 선택을 하는 경우에 대안의 두 속성 중 더 중요하다고 생각되는 속성(위의 문제에서는 사망자 수)에 가중치를 더 두기 때문이라고 한다(prominence hypothesis). 이를 달리 표현하면 선택상황에서 중요한 속성이 더 두드러지게 되고 따라서 그 속성에서 우위에 있는 대안을 선택하게 된다는 것이다.

Fischer와 Hawkins(1993)는 전략 적합성 가설(strategy compatibility hypothesis)을 제안한다. 이는 가장 중요한 속성에서 우위에 있는 대안에 대한 선호가 양적인 선호도 과제보다 질적인 선호도 과제에서 더 커진다는 것이다. 예를 들어, 품질이 가격보다 더 중요한 속성이라고 하면 고품질 브랜드는 구매의도 측정(양적인 선호도 과제)보다는 선택(질적인 선호도 과제)에서 보다 선호될 것이다. 전략 적합성 가설은 과제 특성을 양적, 질적과 같이 구체화함으로써 선호도 역전에 대한 이전 가설이나 설명을 확장하기는 하였으나 결과가 다르게 나오는 여러 질적 과제의 차이를 명확하게 구분하지 못하고 일부 경험적 결과를 설명하지 못한다는 제한점을 가지고 있다.

이후 Nowlis와 Simonson(1997)은 속성-과제 적합성 가설(attribute-task compatibility)을 제안하였다. 이들은 속성의 유형을 두 가지로 구분하는데, 비교가 용이한(comparable) 속성과 질적으로 풍부한(enriched) 속성이 이에 해당한다. 비교가 용이한 속성은 가격이나 메모리 크기, 연비, 속도 등 속성 값이 숫자로 제시되어 서로 비교가 쉬운 속성을 가리키는 반면 풍부한 속성은 브랜드나 원산지처럼 하나의 속성이 많은 정보를 함축하는 속성을 가리킨다. 비교가 용이한 속성은 선택 과제처럼 비교에 기초한 과제에 보다 적합하고, 풍부한 속성은 대안을 개별적으로 평가하는 과제에 보다 적합하다는 것이 이들 가설의 주된 내용이다. 예를 들어, 309달러인 삼성 TV와 209달러인 Magnavox TV가 있다고 해보자. 선택을 할 때는 상대적으로 가격이 저렴한 Magnavox TV가 많이 선택되지만 각 제품에 대한 구매의도를 측정하게 하는 경우 보다 좋은 브랜드로 평가받는 삼성 TV가 더 높게 평가된다.

이처럼 평가척도에 의한 선호도 역전은 선호를 유발하는 반응양식, 즉 과제에 따라 적합한 속성이 달라지면서 가중치를 받는 속성이 달라지기 때문에 선호 역전이 일어난다고 설명한다. 속성과 과제의 적합성(compatibility)이 주된 심리적 기제로 제시되어 왔고 속성과 과제의 특성이 보다 구체화되는 방식으로 이론들이 제시되어 왔다.

(2) 평가모드에 의한 선호도 역전

평가모드에 의한 선호도 역전은 주로 Hsee에 의해 연구되었다. 그는 두 개의 평가모드를 제안하는데, 하나는 두 대안이 동시에 제시되어 평가되는 **공동평가**(joint evaluation, JE)이고 다른 하나는 하나씩 평가되는 **단독평가**(separate evaluation, SE)이다. 공동평가는 두 대안이 같이 제시되다보니 상대적으로 비교가 용이하고 단독평가는 대안이 하나씩 제시되다보니 평가도 단독으로 이루어진다. Hsee는 평가모드에 따라 속성의 **평가용이성**(evaluability)이 달라지고 평가가 용이한 속성이 보다 가중치를 받으면서 선호 역전이 일어난다고 제안하였다. 예를 들어, 음악용어 중고사전을 구매하려는 소비자를 생각해보자. 한 사전은 단어 수가 10,000개이고 상태가 양호하다. 다른 사전은 단어 수가 20,000개이고 겉장이 찢어진 상태이다. 공동평가를 하는 경우 사전의 사용 목적에 맞게 단어 수가 더 많은 사전이 선택되거나 더 좋게 평가되겠지만 단독평가를 하는 경우 단어 수가 얼마나 되어야 충분한지 잘 알지 못한다면, 상태가 양호한 중고사전이 보다 좋게 평가될 것이다. 단독평가일 때는 단어 수가 10,000개라는 것이 충분히 많은 것인지 좋은 것인지 평가하기 어렵지만 공동평가가 되면 20,000개와 비교되면서 10,000개에 대한 평가가 가능해진다. 이처럼 평가모드가 달라지는 것에 따라 단어 수라는 속성의 평가용이성이 달라진다. 단독평가일 때 음악용어 사전에 대한 사전지식이 없는 경우 몇 개의 단어 수가 적절한지 알기 어렵다보니 겉장의 상태와 같이 단독으로 있어도 평가가 용이한 속성이 선택이나 평가에 보다 영향을 미치게 된다.

Hsee 등(1999)은 속성의 평가용이성이 속성 자체의 내재적인 속성이라기보다 평가용이성 정보에 의해 달라진다고 보았다. 인턴사원을 뽑는 한 회사에서 지원자들의 영어실력을 알기 위해 공인영어시험 성적을 제출하도록 하였고 한 지원자가 OPIC 등급이 3등급이라고 제출했다고 해보자. OPIC 시험에 대해 전혀 사전지식이 없는 사람에게 이 정보는 평가용이성이 매우 낮은 정보이다. 그런데 우리나라 학생들이 평균 5등급을 받는다는 것과 숫자가 적어질수록 등급이 높아지는 것이라는 것도 함께 알게 되었다고 해보자. 평균값과 방향성을 알면 이 속성의 평가용이성은 높아진다. 평균값보다 높으면 잘하는 것이고 평균값보다 낮으면 못하는 것이라는 것을 알기 때문이다. 이제 우리는 이 지원자가 평균 이상의 영어실력을 가지고 있다는 것을 알게 된다. 여기에 추가적으로 등급의 범위가 1~9등급이라는 것을 알게 되면 이 정보의 평가용이성은 더 높아지고 우리는 보다 구체적으로 3등급이 어느 정도 좋은 점수인지를 알게 된다. 이처럼 주어진 속성에 대해 얼마나 알고 있는지 또는 어떤 정보가 함께 주어지는지에 따라 한 속성의 평가용이성은 달라질 수 있다.

〈표 4-1〉은 Hsee 등(1999)이 보고한 연구결과를 보여주는데, 이들은 APE라는 사람들에게 생소한 점수를 제시하고 이 점수에 기초하여 제인이 대학생활에서 얼마나 좋은 수행을 보일 것이라고 생각하는지를 10점 척도에 예측하도록 하였다. 이 점수는 1100, 1200, 1300, 1400 네 가지로 제시되었고, 〈표 4-1〉에 나와 있는 것처럼 APE점수의 평가용이성을 세 가지로 조작하였다. 첫 번째는 점수 외에 아무 정보도 주지 않아 평가용이성이 매우 낮은 경우이고, 두 번째는 평균 점수를 제시하여 평가용이성이 다소 높아졌고, 세 번째는 범위 정보를 제시하여 평가용이성이 가장 높아진 경우이다. 사람들의 예측결과를 보면 속성의 평가용이성이 달라짐에 따라 점수에 대한 평가가 함께 달라지는 것을 볼 수 있다. 추가정보가 없는 경우 APE점수에 따라 예측 점수가 별로 달라지지 않고, 평균점수를 제시한 경우 1250을 중심으로 낮은 점수는 비슷하게 낮게, 높은 점수는 비슷하게 높게 평가된 것을 볼 수 있다. 반면 점수의 범위가 제시된 경우 점수가 커지는 것에 따라 예측점수도 함께 좋아지는 것을 볼 수 있다.

표 4-1 지원자에 대한 예측평균

평가용이성	지원자의 APE 점수			
	1100	1200	1300	1400
추가 정보 없음	5.13	5.20	5.54	5.84
평균 점수 제시(1250)	4.56	4.71	6.40	6.84
점수 범위 제시	3.04	3.98	6.52	8.30

그런데 속성 값이 정확하게 주어지고 그 의미를 온전히 이해하는 경우에도 평가용이성은 낮을 수 있다. 예를 들어, 미국 여행을 앞두고 숙소를 예약하는 경우를 생각해보자. 한 호텔의 숙박비가 120달러라고 하자. 120달러가 어느 정도의 금액인지를 알고 있다고 하더라고 이 금액이 하루 숙박비로 적당한 금액인지를 바로 알기는 어렵다. 숙박시설이 도심 한복판에 있는지 아니면 변두리에 있는지, 숙박시설이 얼마나 깨끗하고 좋은지에 따라 120달러는 비싼 것일 수도 있고 저렴한 것일 수도 있기 때문이다. 이처럼 평가용이성은 한 속성이 얼마나 바람직한지(desirability) 그 정도를 평가할 수 있는 정도를 가리키는 것이다.

그리고 앞의 예에서 본 것처럼 연속적으로 값이 변하는 속성보다는 어떤 특정 속성이 있거나 없는 이분되는 속성(예, 회계사 자격증 유무, 제품 상태가 양호하거나 불량한 것)이 상대적으로 평가용이성이 크다고 볼 수 있다. 이런 속성의 경우 추가적인 정보 없이도 어떤 것이 좋고 나쁜지를 비교적 쉽게 알 수 있기 때문이다.

한편 평가용이성에 의한 선호도 역전은 다양한 상황에서 나타날 수 있다. Hsee 등(1999)은 크게 세 가지로 구분을 하는데, 첫 번째는 대안이 동일한 범주나 제품군에 해당하면서 제시된 속성 간의 상쇄가 요구되는 상황이다. 두 번째는 대안이 동일한 제품군이기는 하지만 속성 간의 상쇄가 요구되지는 않는 상황이다. 세 번째는 대안이 다른 범주에 해당하는 경우이다. 〈표 4-2〉는 각 상황에 해당하는 대안 예를 보여주며, 대안 J는 공동평가에서 보다 좋게 평가되는 대안이고 대안 S는 단독평가에서 보다 좋게 평가되는 대안을 가리킨다.

표 4-2 선호도 역전이 나타나는 여러 상황의 대안 예

		대안 J	대안 S
동일 범주/제품군 속성 간의 상쇄 유 (CD 플레이어)	재생 가능 CD 수	5개	20개
	음질	THD = .003%	THD = .01%
동일 범주/제품군 속성 간의 상쇄 무 (아이스크림)	아이스크림 양	8oz	7oz
	채운 정도(컵 크기)	모자라게 담음(10oz)	넘치게 담음(5oz)
다른 범주/제품군 (기부 대상)	대안 J	자외선 노출로 인한 농부들의 피부암	
	대안 S	사냥에 의해 멸종되어 가는 호주의 포유류	

첫 번째 상황의 CD 플레이어는 재생 가능한 CD 수와 음질에 있어 각 대안이 우위에 있어 지배하는 대안이 없고 두 속성 간에 상쇄를 해서 평가를 해야 하는 상황이다. Hsee 등(1999)은 THD가 음의 일그러짐 정도를 가리키는 것으로 이 숫자가 적을수록 음질이 좋다는 것을 참가자들에게 알려주어 어느 정도의 평가용이성을 제시하기는 하였으나 오디오 기기에 대해 전문적인 지식을 가지고 있지 않는 이상 대부분의 참가자들은 정확히 얼마나 적은 것이 좋은 것인지를 알기는 어렵다. 반면 재생 가능한 CD 수는 비교적 평가가 쉬울 수 있다. 두 속성이 모두 숫자로 제시되어 있기는 하지만 음질이 상대적으로 평가가 어려울 수 있다. 이들은 상대적으로 평가가 어려운 속성이 공동평가에서 보다 유리하게 평가될 것이라고 보았고 결과는 이를 검증하였다. 즉 단독평가에서는 CD 수가 많은 대안 S가 보다 높게 평가되었지만(대안 S: 256달러, 대안 J: 212달러) 공동평가에서는 음질이 좋은 대안 J가 보다 높게 평가되었다(대안 S: 204달러, 대안 J: 228달러).

한편 아이스크림의 경우 실질적으로 대안 J가 양이 많으므로 지배대안이며 굳이 속성 간의 상쇄가 요구되지 않는 상황이다. 단독평가에서는 모자라게 담은 것보다 넘치게 담은 것이 보다 먹음직스럽고 푸짐해 보이기 때문에 참가자들이 더 많은 돈을 지불할 용의를 보이지만(대안 S: 2.26달러, 대안 J: 1.66달러), 공동평가에서는 실제로 담긴 양이 대안 J가 많으므로 대안 J에 더 많은 돈을 지불하게 된다(대안 S: 1.56달러, 대안 J: 1.85달러). 아이스크림의 양에 대해 온스(oz) 단위에 익숙한 미국 사람들은 대략 그 양이 어느 정도인지 알기는 하지만 그래도 단독으로 제시되는 경우 그 양이 어느 정도의 가치가 있는지 평가하기란 쉽지 않다. 그러나 공동평가가 되면 비교 대상이 생기면서 어느 것이 더 좋은지 분명해지기 때문에 그만큼 평가용이성이 높아지게 된다. Hsee(1998)는 아이스크림 실험 예에서처럼 가치가 더 낮은 대안이 단독평가에서 더 호의적으로 평가되는 것을 '적은 것이 더 좋은 효과(less is better effect)'라고 하였다.

마지막으로 서로 다른 범주에 해당하는 대안에 대한 평가는 평가용이성 가설과 함께 규범이론(norm theory)이 필요하다(Kahneman & Miller, 1986). 규범이론에 의하면, 어떤 대상을 평가할 때 사람들은 그 대상(예, 피부암)이 속해 있는 범주 정보(예, 인간의 질병)를 활성화시키고 이 범주에서 특정 대상이 얼마나 중요한지를 평가한다고 한다. 즉 인간의 질병 문제 중 피부암이 얼마나 긴급하고 위중한 질병

인지를 판단한다는 것이다. 단독평가일 때 대상을 평가하기 다소 어려운 데 대상을 그 대상이 속한 범주와 비교함으로써 평가용이성을 높이는 것이다. 반면 공동평가일 때는 두 대안의 범주가 서로 다르므로 범주 자체의 중요성을 비교하게 된다. 즉 인간의 질병과 멸종 위기의 동물문제를 비교하면 인간의 질병 문제가 더 중요한 것으로 판단되어 피부암에 더 기부를 하게 된다. 그러나 단독평가일 때는 사람의 질병 중 피부암이 얼마나 위중한 질병인지, 멸종되는 동물들 중 호주의 포유류들이 얼마나 중요한지가 평가되어 호주의 포유류에 대해 더 기부하게 된다.

Hsee 등(2004)은 공동평가와 단독평가처럼 평가 모드에 따라 나타나는 선호도 역전에 기초하여 **차이식별 편향**(distinction bias)을 제안한다. 이는 우리가 선택을 할 때와 선택한 대안을 소비하거나 경험할 때 평가모드가 달라지는 것에 기초한다. 즉 선택을 할 때는 대개 여러 개의 대안을 함께 고려하는 공동평가 모드에 있지만 선택한 대안을 소비하거나 경험할 때는 단독평가 모드에 있게 된다. 이렇게 선택을 할 때와 소비를 할 때 평가모드가 달라짐으로 해서 사람들은 자신의 경험을 극대화하지 못하는 선택을 할 수 있다.[1] 단독평가에서 보다 중요한 속성이 공동평가에서는 충분히 고려되지 못하고 여러 대안들을 서로 비교하다 보니 대안들 간의 차이에 보다 집중하기 때문이다. 예를 들어, 두 개의 직업 대안이 있다고 해보자. 하나는 일 자체는 흥미롭지만 연봉은 사천만 원이고, 다른 일은 일이 다소 지루하고 반복적이지만 연봉은 오천만 원이다. 공동평가에서는 연봉이 평가용이성이 높아지면서 선택에 보다 영향을 미치게 된다. 그러나 막상 선택한 일을 할 때는 단독평가 모드가 되면서 일 자체의 성격이 보다 중요해진다. 이들은 차이식별 편향을 줄이기 위해 선택을 할 때 단독평가 모드로 대안에 대해 생각해볼 것을 제안한다. 자신이 그 대안을 소비하는 상황을 상상해보면서 과연 얼마나 만족스러울지를 생각해보면 선택 상황에서 대안 간의 차이에 민감해져 자신의 경험효용

1) Kahneman과 Snell(1990, 1992)은 기존 효용의 개념을 세분화하여 세 가지 효용을 제시한다. '결정효용(decision utility)'은 기존 효용의 개념으로 선택행동에서 유추된 선호 정도를 가리킨다. 결정효용에 더하여 '경험효용(experienced utility)'과 '예측효용(predicted utility)'을 새로이 추가하였는데, 경험효용은 사람들이 어떤 대상을 경험 또는 소비하면서 실제로 느끼는 좋고 싫은 정도, 즉 실제로 느끼는 선호 정도를 가리키며, 예측효용은 선택의 결과가 미래에 경험되는 경우 미래의 경험효용에 대한 개인의 현재 믿음(beliefs)을 가리킨다. 즉 미래에 자신이 어떤 대상을 얼마나 선호할지 그 정도를 예측한 것이다. Hsee 등(2004)은 차이식별 편향이 일어나는 것이 선택을 하는 공동평가 모드에서의 결정효용이 실제 소비가 일어나는 단독평가 모드에서의 경험효용과 다른 데서 나타나는 것으로 설명한다. 세 가지의 효용에 대해서는 이후 7장에서 보다 자세히 소개될 것이다.

을 극대화시키지 못하는 선택을 줄일 수 있을 것이라고 보았다.

4.3 선호도와 태도

선호도와 태도는 유사하다. 선호도는 행동적 의사결정 연구에서 선택의 기초가 되는 개념으로 다른 비교대상들에 비해 어떤 대상을 좋아하는 정도로 볼 수 있고 효용과 혼용해서 사용된다. 태도는 '어떤 대상에 대해 일관성 있게 호의적 또는 비호의적으로 반응하는 학습된 경향성(predisposition)'을 나타내며 사회심리학의 주요 기본 개념이다. 선호도가 주로 호, 불호의 정도를 가리킨다면 태도는 보다 다양한 방식으로 대상에 대해 반응하는 경향성이라고 볼 수 있고, 그런 의미에서 선호도를 태도의 한 종류로 볼 수도 있다. 그런데 재미있는 것은 사회심리학에서는 태도 자체에 대해 많은 연구가 이루어진 반면 행동적 의사결정 연구 분야에서는 선호 자체에 대한 연구가 그리 많지 않다는 것이다. 사회심리학에서는 태도의 형성, 태도의 구조, 태도 변화, 태도의 측정, 태도-행동 일관성 등 여러 주제로 방대한 연구가 이루어져왔다. 특히 태도가 무엇이냐는 태도의 정의와 구조에 대한 것은 초기부터 지금까지 다양한 이론이 제시되어 왔다.

태도 연구자들 사이에는 연구 초기부터 태도의 정의에 대한 논쟁이 있어왔다. Rosenberg와 Hovland(1960)는 세 요소이론을 제안하였는데 이는 태도가 정서(affect), 인지(cognition), 행동(behavior)의 세 요소로 이루어졌다고 보는 것이다. 즉 어떤 대상에 대해 사람들이 어떻게 느끼는가, 무엇을 생각하는가, 그리고 어떤 행동을 취하는가가 태도를 이룬다고 보았다. 가령 어떤 소비자가 코카콜라가 톡 쏘는 맛을 갖고 있다고 생각하고(인지), 톡 쏘는 맛을 좋아하고(정서), 콜라를 마시고 싶을 때 톡 쏘는 맛의 코카콜라를 구매하고 싶은 의사를 가질 때(행동), 그 소비자는 코카콜라에 대해 호의적 태도를 갖고 있는 것으로 보는 것이다. 이에 반해 한 가지 요소이론은 세 요소 중 한 요소만으로도 태도를 충분히 설명할 수 있다고 보는 것이다. 예를 들면, Thurstone과 Chave(1929)는 태도가 태도대상에 대한 평가(evaluative) 또는 정서적인(affective) 반응이라고 보았고, Fishbein과 Ajzen

(1975)은 태도를 인지적 평가로 보았고, Bem(1972)은 자기지각이론(self-perception theory)을 통해 대상에 대한 태도 인식에 행동의 관찰이 중요하다고 보았다. Bem은 사람들이 다른 사람의 행동을 관찰하여 그의 태도를 추론하듯이, 자신의 행동을 관찰하여 자신의 태도를 추론하는 경향이 있다고 주장하였다. 이 한 가지 요소 이론들은 세 요소이론이 주장하는 태도의 세 구성요소 중 하나를 강조하는 이론으로 끝나기 쉽다는 비판을 받았으며, 세 요소 이론은 태도와 세 구성요소간의 불일치현상으로 비판을 받았다. 특히 주목을 끈 것은 태도와 행동 사이의 불일치로 선거행동이나 사회문제에 대한 의견 등에 관한 연구를 보면 사람들의 실제 행동이 스스로 자신의 태도라고 표명한 것과 다르게 나타나는 것을 볼 수 있다. 가령 유권자들은 선거전 여론조사에서 특정 후보에 대해 높은 긍정적 태도를 갖고 있다는 의견을 나타냈지만 실제 투표에서는 다른 후보를 선택하는 행동을 보일 수 있다.

태도와 행동 사이의 불일치를 줄이기 위해 태도를 인지적 평가로 본 Fishbein은 자신이 제안한 다속성 태도 모델[2)]에 추가적인 변인을 넣어 이론의 예측력을 높이고자 하였다. 초기 태도 모델을 수정한 확장된 Fishbein 모델, 즉 **합리적 행동이론**(theory of reasoned action)은 인간이 대부분의 경우 무의식적으로 행동하거나 기분에 따라 행동하지 않으며, 그 대신 어떤 행동의 수행여부를 결정할 때 그 행동의 수행결과가 자신에게 어떤 결과를 초래할 것인가를 합리적으로 생각하고, 그 결과가 긍정적인 결과를 초래할 것으로 생각될수록 그 행동을 수행할 가능성이 높다고 제안한다. 합리적 행동이론의 특징은 다음과 같다. 첫째, 행동에 선행하는 것은 행동의도(behavioral intention)이다. 그리고 행동의도는 개인적 요인과 사회적 요인에 의해 결정된다. 둘째, 행동의도에 영향을 미치는 개인적 요인은 '그 행동에 대한 태도'이다. 즉 이 모델은 행동에 영향을 미치는 것이 '대상에 대한 태도(attitude toward the object)'가 아니라 '대상과 관련된 행동에 대한 태도

---

2) 이는 특정 대상에 대한 개인의 태도가 그 대상이 가지고 있는 여러 속성에 대한 신념과 각 속성에 대한 평가에 의해 결정된다는 이론이다. 예를 들어, 아이폰의 사용성이 얼마나 좋다고 생각하는지(속성에 대한 신념의 강도)와 사용성이 좋은 것이 얼마나 바람직한지(속성에 대한 평가)를 고려하여 사용성에 대한 평가가 일어나고 이런 식의 평가가 여러 속성에 대해 이뤄진 후 통합되어 한 대상에 대한 태도가 형성된다고 보는 것으로 2장에서 소개된 선형 모델과 비슷하다. 태도이론은 대부분의 소비자행동 교재에 자세히 소개되어 있으므로 여기서는 건너뛰고자 한다. 태도이론에 대한 자세한 설명은 이학식 · 안광호 · 하영원 · 석관호, 소비자행동, 제7판, 집현재, 2020을 참조하기 바란다.

(attitude toward the behavior)'라고 제안한다. 예를 들어, 많은 소비자들이 성능이 우수하고 멋있는 에쿠스에 대해 호의적 태도(즉 대상에 대한 긍정적 태도)를 갖는다. 그러나 그들이 에쿠스 자체를 좋아하더라도 형편에 어울리지 않고 그것을 구매하는데 상당한 비용을 지출해야 하므로 에쿠스를 구매하는 행동에 대해서는 부정적 태도(행동에 대한 부정적 태도), 즉 낮은 행동의도를 가질 수 있다. 셋째, 행동의도에 영향을 미치는 사회적 요인은 주관적 규범이다. **주관적 규범**(subjective norm)은 그 행동과 관련하여 사회적 측면에서 생각할 때 어떻게 할 것인가에 대한 개인의 주관적 생각이다. 주관적 규범은 다시 규범적 신념과 순응동기의 두 가지 요인에 의해 결정된다. **규범적 신념**(normative belief)은 준거집단 혹은 준거인이 자신의 행동을 지지 혹은 반대할 것인지에 대한 개인의 생각이다. 예를 들어, 고급 수입차를 구매하고 싶어 하는(행동에 대한 긍정적 태도) 교수는 학생이나 동료교수들이 자신의 수입차 구매에 부정적일 것이라는 생각을 가질 수 있다. **순응동기**(motivation to comply)는 그 준거집단 혹은 준거인의 의견을 얼마나 수용하는가에 관한 것이다. 만약 그 교수가 자신이 중요하게 생각하는 주위사람들의 뜻에 대한 순응동기가 크다면 수입차를 구매할 의도는 낮아진다. 반대로 순응동기가 낮다면 수입차 구매의도는 높을 것이다. 이와 같이 동일한 규범적 신념을 가졌더라도 순응동기에 따라 행동에 대한 주관적 규범의 영향력은 달라진다.

이후 Ajzen(1988)은 **계획된 행동이론**(the theory of planned action)을 제안하면서 주관적 규범에 이어 개인이 행동을 수행하는 것을 얼마나 쉽게 생각하는지의 정도를 가리키는 **지각된 행동통제**(perceived behavioral control) 개념을 추가한다. 지각된 행동통제는 개인이 그 행동을 수행하는 것을 얼마나 쉽게 생각하는지를 가리킨다. 아무리 구매에 대해 긍정적 태도를 가지고 있고 구매에 대한 주관적 규범이 호의적이라고 하더라도 자신이 구매행동을 통제하기 어렵다고 지각하면 행동으로 이어지기 어렵다. 예를 들어, 한 소비자가 취업을 하고 구입자금에 여유가 있어 출퇴근용으로 현대 쏘나타를 매우 사고 싶고 또 자신의 쏘나타 승용차 구매를 아내와 부모님 등 주위 사람들이 지지할 것으로 생각했지만 쏘나타를 사기 위해서는 예약을 한 후 6개월을 기다려야 한다는 얘기를 듣고 구매를 포기할 수 있다.

한편 다른 연구자들은 태도에 대한 기본관점을 바꿈으로써 태도와 행동 간의 불일치 문제를 해결한다. 태도 이론가들은 기본적으로 태도를 어떤 대상에 대한 일관된 반응 경향성으로 보아 태도가 형성되면 기억에 저장되고 필요할 때마다 인출되어 대상에 대해 일관되게 반응하도록 한다고 가정하였다. 그러나 이후 많은 연구결과들은 태도가 항상 형성되어 있는 것은 아니며, 형성되어 기억에 저장되어 있다 해도 항상 인출되어 사용되는 것은 아님을 보여준다. 즉 태도도 태도를 유발하는 상황에 의해 즉각적으로 또는 일시적으로 구성될 수 있으며 태도의 접근가능성(accessibility)에 의해 기존에 형성된 태도가 인출되기도 하고 그렇지 않기도 한다. 근래의 태도이론은 태도의 세 요소가 연결되어 있긴 하지만 이는 태도가 형성되고 경험되는 매우 다른 방법이므로 세 요소간의 일관성을 가정할 필요가 없다고 보며, 사람들이 태도에 대해 대답을 할 때 어떤 요소가 부각되느냐에 따라 태도가 달라질 수 있다고 본다(Breckler, 1984; Zanna & Rempel, 1988). 즉 선호도와 마찬가지로 태도를 일시적인 구성물(attitudes as temporary constructions)로 보는 것이다(Wilson & Hodges, 1992).

태도가 구성된다는 것과 더불어 태도에 대해 새로이 제시된 관점은 태도가 단일의 평가가 아닌 이중의 또는 두 개의 과정으로 구성된 평가라는 것이다. 즉 사람들은 동일한 대상에 대해 다른 평가를 가지고 있을 수 있는데, 하나는 자동적이고 암묵적(implicit)인 태도이고 다른 하나는 보다 의식적인 명시적(explicit) 태도이다.[3] 인간의 정보처리는 크게 두 가지 방식으로 이루어지는데, 하나는 자동적, 다른 하나는 통제적 방식이다(6장 Focus 참고). 우리가 무엇을 보고 어떤 대상인지를 바로 인지하는 것, 자유롭게 모국어를 구사하는 것은 성인에게는 전혀 어렵지 않고 대개 자동적이고 무의식적으로 정보가 처리되어 그 정보처리 과정에 의식적으로 접근하기 어렵다. 반면 수학문제를 푼다거나 어떤 문제의 해결책을 강구하는 상황에서는 의식적으로 생각을 하고 우리가 무슨 생각을 하는지 스스로 알 수 있다. 정보처리 방식과 마찬가지로 태도도 이렇듯 두 가지 방식으로 형성될 수 있다고 보는 것이다. Wilson 등(2000)은 암묵적 태도를 정의하기를 (1) 평가의 이유가 알려져 있지 않고, (2) 자동적으로 활성화되며, (3) 암묵적 반응에 영향을 미친다고 하였다. **단순노출 효과**(개인이 어떤 대상에 반복적으로 노출되면 저절로 그 대상에 대해 보다 호의적인 태도를 형성한다는 mere exposure effect)도 일종의 암묵적 태도라

3) 이는 달리 내현적(implicit), 외현적(explicit) 태도라고도 불린다.

고 할 수 있는데, 사람들은 이전에 노출되었던 대상에 대해 보다 호의적인 태도를 갖게 되지만 노출 자체가 태도변화를 가져온다는 것을 의식하지는 못한다. 암묵적 반응은 명시적으로 태도를 측정하는 것이 아니라 암묵적인 방법으로 태도를 측정하는 것을 가리킨다. 예를 들어, 흑인에 대해 편견을 가지고 있는 백인을 생각해보자. 명시적으로 태도를 측정할 때 이 백인은 자신이 인종주의자라는 것을 그대로 드러내기 싫어할 것이고 자신의 실제 태도와는 다르게 흑인에 대해 보다 우호적인 태도를 나타낼 수 있다. 반면 암묵적으로 태도를 측정하는 것은 직접적으로 태도를 물어보는 것이 아니라 간접적인 방식으로 태도를 측정하는 것이다. 예를 들면, 태도 대상과 평가적 개념(예, 부지런한 vs. 게으른) 간의 연합 정도를 반응시간으로 측정하는 것이 있을 수 있다. Greenwald 등(1998)이 제안한 암묵적 연상테스트(implicit association test, IAT)에서는 백인을 참가자로 하여 다음과 같이 다섯 단계에서 반응시간을 측정한다. 첫 단계에서는 컴퓨터 모니터에 흑인 이름과 백인 이름이 섞여 하나씩 나오고 참가자는 이름을 보고 흑인 이름이라고 생각되면 자판 왼쪽의 'Z' 키(왼쪽 키)를, 백인 이름이라고 생각되면 자판 오른쪽의 '/'(오른쪽 키)를 누르도록 한다. 두 번째 단계에서는 제시된 형용사의 의미가 부정적이면 왼쪽 키를, 긍정적이면 오른쪽 키를 누르도록 한다. 세 번째 단계에서는 이름과 형용사가 같이 섞여 하나씩 제시되며 흑인 이름과 부정적인 형용사가 나오면 왼쪽 키를, 백인 이름과 긍정적인 형용사가 나오면 오른쪽 키를 누른다. 네 번째 단계에서는 첫 번째 단계에서 형성된 인종과 자판키의 연상을 거꾸로 적용하도록 한다. 즉 흑인 이름이 나오면 오른쪽 키를 누르고 백인 이름이 나오면 왼쪽 키를 누르게 한다. 다섯 째 단계에서는 이름과 형용사를 같이 섞어 하나씩 제시하는데, 흑인 이름과 긍정적 형용사에 대해서는 오른쪽 키, 백인 이름과 부정적 형용사에 대해서는 왼쪽 키를 누르도록 한다. 즉 세 번째 단계에서 형성된 이름–형용사에 대한 반응방식을 뒤집어 반응하도록 한 후, 세 번째와 다섯 번째 단계에서의 반응시간을 비교하는 것이다. 흑인에 대해 부정적인 편견을 가지고 있는 백인 참가자라면 흑인과 부정적 형용사에 대해 동일한 키를 누르는 세 번째 단계에서의 반응시간보다 흑인과 긍정적 형용사에 대해 동일한 키를 누르는 다섯 번째 단계에서의 반응시간이 더 길게 나타날 것이다. 기존에 흑인과 부정적 내용의 형용사 사이의 연상이 얼마나 강하게 형성되어 있느냐에 따라 이 연상에 반대되는 반응양식에의 반응시간이 오래 걸릴 것이라고 보는 것이다.

자신의 태도를 표명할 때 암묵적 태도와 명시적 태도 중 어떤 태도가 사용되느냐는 어떤 태도가 접근가능성이 높은지에 따라 달라질 수 있다. 정보의 접근가능성은 다음에 따라 달라질 수 있다: (1) 얼마나 최근에 활성화되었는지, (2) 비슷하지만 다른 정보로 해당 정보의 인출을 방해하는 간섭(interference)을 일으키는 정보가 얼마나 있는지, (3) 해당 정보를 얼마나 반복(rehearsal)했는지, 그리고 기존 정보와 연관지어 공들여 처리하는 정교화(elaboration) 정도, (4) 정보의 생생함이나 추상화 정도처럼 인출에 영향을 미칠 수 있는 정보 자체의 특성, (5) 해당 정보를 처음 부호화할 때 가졌던 동기와 처리 목표, (6) 인출단서의 유무 등이다. 최근에 활성화되었던 정보일수록, 간섭을 일으키는 경쟁정보가 적을수록, 해당 정보를 충분히 공을 들여 처리하고 그 정보에 반복적으로 노출될수록, 다른 정보에 비해 해당 정보가 두드러져 보이고 구체적일수록, 충분한 정보처리 동기를 가지고 정보를 부호화 했을 때, 그리고 의사결정 시점에 인출단서가 제공될 때, 기억에 저장되어 있는 해당 정보의 접근가능성이 높아진다. 대개 암묵적 태도는 자동적으로 활성화되므로 명시적 태도를 기억으로부터 인출하고자 하는 동기와 처리 능력이 없는 경우에는 암묵적 태도가 보고되지만 동기와 처리 능력이 있을 때에는 명시적 태도가 인출되어 보고될 수 있다.

그러나 어떤 태도가 접근가능하게 되었다고 하더라도 그 태도가 현재 상황에 진단적(diagnostic)이거나 타당(valid)하지 않다고 판단하면 그 태도는 사용되거나 보고되지 않는다. 이처럼 기존 태도의 접근가능성과 진단성은 해당 태도가 사용되느냐에 영향을 미치며 Feldman과 Lynch(1988)는 이를 접근가능성-진단성 모델(accessibility-diagnosticity model)로 제안하였다. 만약 인출된 태도가 현재 상황에 타당하지 않다고 판단하거나 인출할 태도가 형성되어 있지 않으면 사람들은 그 상황이 제공하는 여러 단서를 사용하여 즉석에서 태도를 구성하고 이를 보고할 것이다. 이처럼 최근 태도이론들은 태도가 현재 이용 가능한 여러 단서를 사용해 그 시점에 구성된다는 것과 태도가 형성되는 여러 경로를 밝히는 모델들을 제시하고 있다.

심화 다중경로 정박과 조정 모델

최근에 발표된 태도 모델 중 Cohen과 Reed(2006)의 '**다중경로 정박과 조정 모델**(multiple pathway anchoring and adjustment model, MPAA)'을 소개하고자 한다. [그림 4-1]은 이 모델의 개념적 틀을 보여준다.

이 모델은 태도의 형성, 저장, 인출, 그리고 행동에의 영향을 통합된 방식으로 설명한다. 먼저 태도의 형성을 보면 [그림 4-1]의 윗부분에서 볼 수 있는 것처럼 두 개의 경로가 있을 수 있다. 하나는 대상 중심(outside-in) 평가이고 다른 하나는 평가자 중심(inside-out) 평가이다. 대상 중심 평가는 평가되는 대상(제품, 사람, 상황, 사안 등)에 대한 직접 경험이나 예상된 경험에 기초한 평가, 대상이 가지고 있는 여러 속성에 근거한 속성중심 평가나 대상이 속한 범주에 기반한 범주기반 평가를 가리키며, 기존의 많은 태도이론이 이에 해당한다. 평가자 중심 평가는 평가자가 기존에 가지고 있는 가치나 사회적 정체성(예, 한국인, 부모, 야구 팬 등)에 기초하여 대상에 대한 평가가 이루어지는 것이다. 가령 어떤 소비자가 이태리 패션 브랜드 엠포리오 아르마니 숍에 들러 눈에 띄는 파카점퍼를 집어 라벨을 살펴보는데, 중국에서 제조되었다는 것을 알게 되었다고 하자. 만약 그 소비자가 대상 중심의 평가를 한다면, 디자인, 색상, 소재, 마무리 등의 제품속성에 대한 평가를 토대로 점퍼제품에 대한 호의적 태도를 형성하게 될 것이다. 그러나 만약 평가자 중심의 평가를 토대로 이 제품에 대한 태도를 형성한다면, 그 소비자는 평소에 중국산 제품의 품질에 대해 부정적 인식을 갖고 있어 아르마니 점퍼제품에 대해 부정적 태도를 형성할 수 있다. 태도가 형성되면 기억에 저장되고 이후 그 대상을 다시 보게 되거나 생각에 의해 활성화되면, 태도의 인출이 이루어지는데([그림 4-1]의 아랫부분), 상황에 따라 자동적으로 인출되기도 하고 보다 통제적인 방식으로 인출되기도 한다. 만약 인출에 성공하지 못하면 현재 가용한 정보에 기초하여 현장에서 태도가 구성된다. 인출이 성공적으로 이루어지면, 두 단계의 충족성 테스트를 거치면서 인출된 태도정보를 조정하게 된다. 첫 번째 단계는 표상의 충족성(representational sufficiency)이다. 이는 태도의 명확성/모호함(clarity/ambiguity)과 관련된 것으로 내가 이 대상에 대해 잘 형성된 일관된 입장을 가지고 있는지 묻는 것이며 대개 자동적으로 처리된다. 기억에서 인출해낸 태도가 일관되고 안정적으로 형성되어 있을수록 이를 인출해내는 것이 쉽게 느껴질 것이고 인출된 정보도 친숙하게 느껴지는데, 이런 느낌을 주관적 유창성이라고 한다. 그리고 인출한 정보가 외부에서 지각된 정보인지 내부 정보처리의 결과로 형성된 정보인지를 구분하는 것이 현실 모니터링이다. 예를 들어, 자신이 인출한 태도 정보가 제품에 대한 정보에 기초하여 자신이 판단해서 갖게 된 태도인지 친구에게 들어 기억한 정

그림 4-1 태도의 다중경로 조정과 정박 모델(MPAA)의 개념도

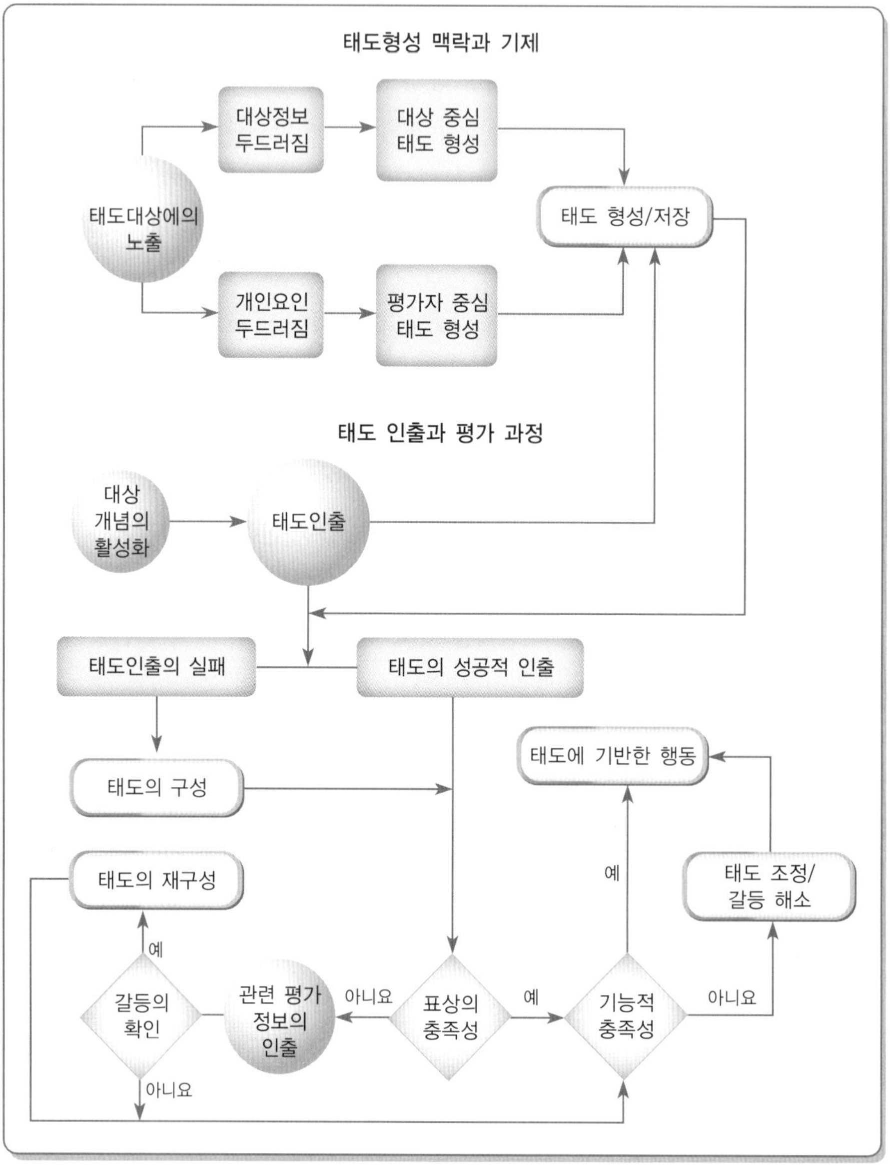

보인지를 구분하는 것이다. 이 테스트를 통과하지 못하면 추가로 관련 평가적 정보를 인출하여 갈등을 해소하고 태도를 재구성하게 된다. 표상적 충족성을 통과한 태도정보는 기능적 충족성(functional sufficiency) 테스트를 거치는데, 기능적 충족성은 인출된 태도가 현재 논의되는 대상에 적절한지를 평가하는 것이다. 이 테스트를 통과하면 태도는 행동을 이끌게 되고 통과하지 못한 정보는 태도조정이나 갈등해소 단계를 다시 거치게 된다. 가령 평소에 아르마니 제품을 자주 이용했던 한 소비자가 가구와 소파 등 실내 장식용품을 판매하는 까사 아르마니 매장이 오픈했다는 이야기를 들었다고 하자. 새로 소파를 구매하려던 그 소비자는 아르마니 소파가 대안으로 적절할지 생각했다. 평소에 아르마니 패션의류를 종종 구매하면서 디자인과 품질을 마음에 들어 했기 때문에 자연스럽게 아르마니 제품브랜드에 대한 긍정적 태도를 기억에서 떠올렸다. 아르마니 브랜드가 부착된 패션제품들은 일관성 있게 디자인과 품질에서 우수하다고 그 소비자는 생각하고 있어 아르마니 브랜드 제품, 즉 아르마니 가구에 대한 긍정적 태도는 표상의 충족성 여부에 대한 테스트를 통과했다. 그러나 가구와 같은 실내 장식용품도 패션의류와 동일한 수준의 품질과 디자인을 갖추고 있을지, 즉 기능적 충족성 여부에 대해서는 확신을 갖지 못했다. 즉 아르마니 가구에 대한 긍정적 태도는 기능적 충족성 테스트를 통과하지 못했다. 이에 따라 그 소비자는 매장에 들러 가구를 직접 살펴보고, 아르마니 가구를 사용한 경험이 있는 주변친지와 온라인 커뮤니티 참가자의 의견을 참조해 아르마니 가구에 대한 긍정적 태도를 확고히 할지 여부를 결정했다(태도에 대한 조정이나 갈등해소 단계). 이처럼 MPAA 모델은 통합적 모델로 태도에 대한 여러 관점과 다양한 연구결과를 하나의 개념적 틀로 설명하고자 시도하며 전통적인 태도모델에 대안적 관점을 제시하고 있다.

서로 관련되지만 독립적인 두 연구분야에서 선호도와 태도라는 비슷한 개념에 대해 동일하게 이들이 구성된다는 결론에 도달한 것은 이 결론의 타당성을 더욱 공고하게 한다고 볼 수 있다. 한편 선호와 태도가 구성된다는 관점은 사회과학의 한 연구방법인 설문지법에서 설문지를 작성하고 그로부터 얻은 태도나 선호도에 대한 자료를 해석하는데 주의를 기울일 필요가 있음을 시사한다. 몇몇 연구결과들은 설문지를 어떻게 작성하느냐에 따라 사람들의 응답이 달라짐을 보여준다.

예로 사람들에게 어떤 정치인에 대한 호감도(Schwarz & Hippler, 1995)나 자신의 인생이 얼마나 성공적인가를 판단하게 하는 경우(Schwarz et al., 1991) 사용하는 측정도구의 범위가 어떤 식으로 주어지느냐에 따라 응답이 달라진다. 똑같은 11점 척도를 사용하더라도 그것이 0부터 10까지 주어진 경우보다 −5부터 +5로 주어진 경우에 더 긍정적인 반응을 보인다고 하는데, 이는 선호도나 태도가 그 표현에 있어 여러 요소의 영향을 받음을 단적으로 보여준다고 볼 수 있다.

4.4 선호도의 형성과 발달

태도이론과 달리 선호가 어떤 식으로 형성되는지에 대해서 많은 논의가 이루어지지는 않았지만 몇몇 연구자들은 이를 소개하고 있다. 그러나 이 이론들은 상반된 견해를 제안하는데, 이를 간단히 요약하면 선호도의 형성과 평가를 인지적 평가로 보는 입장과 주관적, 감정적 반응으로 보는 입장이다. 전자의 대표적인 사람으로 앞서 언급한 Fishbein과 Ajzen(1975)을, 후자의 대표적인 사람으로 Zajonc(1980)를 들 수 있다. Fishbein과 Ajzen은 어떤 대상에 대한 감정 또는 정서(affective)적 반응이 그 대상의 인지에 달려있다고 보았다. 이에 반해 Zajonc는 사람의 선호도가 감정 또는 정서 그 자체에 기초한다고 보았다.

Zajonc(1980)는 'Preferences need no inferences(선호는 추론을 필요로 하지 않는다)'는 제목의 논문에서 감정이나 정서반응을 갖기 위해서는 인지가 선행해야 한다는 기존의 이론에 반기를 든다. 그는 정서반응의 특징을 나열함으로써 정서반응이 인지반응과는 다르며 인지반응이 선행될 필요가 없음을 주장한다. 정서반응의 특징을 보면 먼저 그 반응이 일차적(primary)이어서 사람들은 자신이 왜 그렇게 느끼는지 모르면서도 자신이 갖는 느낌이나 정서를 명확하게 인식한다. 둘째, 정서반응은 기본적(basic)이어서 그 반응이 인간뿐 아니라 동물에게서도 나타나며 정서의 얼굴표현은 서로 다른 문화권에서도 보편적으로 나타난다. 셋째, 사람들은 보통 자신이 느끼는 주관적, 정서적 판단을 부인할 수 없다. 자신에게 분명하게 느껴지기 때문이다. 넷째, 정서적 판단은 자아를 함축한다. 이는 인지적 판단이 대상에 내재하는 속성들을 다루는 반면, 정서반응은 우리 자신에 내재한 어떤 것을 가리킴을 의미한다. 다섯째, 정서반응은 언어화하기 어렵다. 여섯째, 정서반응은 인지에 의존할 필요가 없다. 여기에서 Zajonc는 '**변별속성**(discriminanda)'과 '**선호속성**(preferenda)'을 구분한다. 전자는 인지와 관련된 대상의 속성을 말하며 후자는 정서반응과 관련된 대상의 속성과 유기체의 속성을 말한다. 변별속성은 주로 대상이 가지고 있는 개개 속성을 가리키는 반면 선호속성은 대상이 가지고 있는 속성간의 상호작용으로 나타나는 보다 전체적이고 통합적인 그래서 다소 모호한 특성을 가리킨다. 변별속성은 주로 인지적 판단에, 선호속성은 주관적 판단에 영향을 미치게 된다. 일곱째, 정서적 판단은 내용으로부터 분리될 수 있다. 이는 사람들이 어떤 대상에 대해 정서적 판단을 내렸을 때 정서적 판단의 근간이 되는 구체적 내용에 대해서는 기억을 못해도 정서판단은 기억하는 현상을 가리킨다.

Zajonc는 인지적 판단과 선호도를 포함한 정서적 판단이 서로 다른 경로를 통해 처리됨을 뒷받침하는 대표적인 현상으로 **단순노출 효과**(mere exposure effect)를 든다. 단순노출효과는 어떤 자극에 반복적으로 노출되었을 때 그 자극에 대한 호감이 증가함을 가리킨다. 여기서 재미있는 것은 자극에 아주 짧은 시간 노출되어 자신이 그 자극을 보았다는 것을 인식하지 못하고 후에 같은 자극을 재인하지(recognition) 못해도 그 자극에 대한 선호도는 향상된다는 것이다. 선호도가 인지적 과정을 거쳐 형성되는 것이라면 선호도 향상과 함께 자극에 대한 재인율도 함께 높아져야 하는데 실제 결과는 그렇지 않음을 보여준다.

Zajonc의 선호속성과 유사한 개념으로 Mandler(1982)의 구조(structure)이론이 있다. Mandler의 이론은 사람들이 의식적으로 느끼는 좋고 싫은 감정이 어떻게 생겨나는지에 대해 설명하는데 그는 먼저 선호를 세 종류로 나눈다. 첫째는 생래적인 선호로 사람들이 태어날 때부터 보편적으로 나타내는 접근/회피행동을 가리키며 단 것에 대한 선호가 이에 해당한다. 둘째는 문화적으로 학습된 선호이다. 각 문화마다 가치를 두는 것이 다른데 이에 대한 선호는 사회화 과정을 통해 형성된다. 어떤 문화권에서는 돼지고기가 풍미되는가 하면 어떤 문화권에서는 금기되는 것이 이에 해당한다고 볼 수 있다. 셋째는 구조적 평가(structural valuation)의 결과로 나타나는 좋고 싫은 감정으로 Mandler의 구조이론은 세 번째의 선호도에 국한된 것이다. Zajonc의 선호속성이 대상이 가지고 있는 속성간의 상호작용으로 나타나는 전체적인 특성인 것과 마찬가지로 Mandler의 구조도 대상이 가지고 있는 속성간의 관계로 나타나는 것이다. 구조이론에서 선호의 평가는 대상이 가지고 있는 구조적 특징과 사람들이 가지고 있는 스키마(schema)가 얼마나 일치하느냐에 따라 달라지는데, 이때 **스키마**는 사람들이 과거에 경험한 환경에서 나타나는 규칙성을 표상(representation)한 것을 가리킨다. 구조와 스키마 사이의 일치 정도에 따라 의식적인 선호의 감정이 느껴지지만 구조와 스키마, 또 그 둘의 비교과정 자체가 의식적일 필요는 없다고 본다. 이에 대해 Mandler는 Zajonc의 '선호는 추론이 필요치 않다(preferences need no inference)'를 '의식적인 선호의 감정은 의식적인 추론을 필요로 하지 않는다(conscious preferences need no conscious inference)'로 바꾸어 말한다.

Focus

선호도 형성은 왜 중요한가?

박카스, 딤채, 코웨이, 이마트의 공통점은? 바로 우리나라 각 해당 제품 시장에 제일 처음 진입한 브랜드이며 지금까지도 소비자들의 사랑을 받고 잘 팔리거나 이용되고 있는 성공적인 브랜드라는 것이다. 이러한 1호 제품은 대개 그 시장에서 점유율이 1위인 1등 브랜드로 자리매김하면서 여러 우위를 누리게 되는데, 이를 시장 개척자의 우위(pioneering advantage)라고 부른다. 제일 먼저 시장에 들어감으로써 선제적으로 좋은 위치에 자사제품을 포지셔닝 시킬 수 있고 전환비용(기존에 사용하던 제품을 다른 제품으로 바꿈으로써 발생하는 여러 시간, 경제, 심리적 비용)을 구축함으로써 기존 점유율을 유지할 수 있기 때문이다. 그런데 Carpenter와 Nakamoto(1989)는 이에 더하여 1호 제품이 시장 개척자의 우위를 누리는 것이 소비자의 선호도 형성에 영향을 주기 때문이라는 추가적인 이유를 제시하였다. 어떤 제품군은 제품의 속성이 제품의 전체 품질이나 가치에 어떤 영향을 미치는지 정확히 알기 어려운데, 이런 제품군일수록 제품의 시장진입 순서가 소비자의 선호 형성에 영향을 미칠 수 있다는 것이다. 1호 제품의 경우 그 이전에는 소비자들이 제품 경험이 없으므로 그 제품군에 대한 선호가 형성되어 있지 않은 상태이다. 그러다가 제품이 처음 소개가 되면, 소비자는 제품을 경험하면서 1호 제품의 광고나 판매원이 전달하는 대로 특정 제품 속성이 제품의 품질이나 가치와 연결된다고 믿게 되고, 그 관계를 경험을 통해 학습하면서 받아들이게 된다. 즉 1

호 제품이 소비자의 선호 형성에 영향을 미쳐 그 제품이 가지고 있는 속성의 중요도나 속성들의 조합이 이상적인 것으로 받아들여지고 시장의 기준으로 통용되면서 소비자들의 지속적인 사랑을 받게 되는 것이다.

선호도 형성은 소비자의 구매결정에도 영향을 미치게 되는데, Novemsky, Dhar, Schwarz와 Simonson(2007)은 이와 관련하여 '선호 유창성(preference fluency)' 이라는 개념을 제안하였다. 선호도 유창성은 특정 대안에 대해 선호를 형성하는 것이 쉬운지 또는 어려운지에 대한 주관적 느낌을 가리킨다. 앞에서도 언급하였듯이 선호도는 선택의 과정에서 구성되기도 하는데, 이 때 선택 환경이 어떠냐에 따라 선호가 쉽게 형성되어 구매로 연결되기도 하고 호, 불호가 명확하지 않아 결국 고민만 하다 선택을 하지 못하고 선택을 미루게 되기도 한다. 제품 정보가 읽기 쉬운 폰트로 제시되거나 제품을 선택하는 이유를 적게 제시해도 되는 경우 선호가 쉽게 형성되어 대개 선택을 하는 반면, 제품 정보가 알아보기 어려운 폰트로 제시되거나 자신의 선택 이유를 많이 대야 하는 경우에는 선호가 쉽게 형성되지 않아 다수의 사람들이 선택을 지연하게 된다. 예를 들어, 옷을 구매하는 데 특정 옷을 왜 선택하는지 이유를 두 개만 말해도 되는 경우 디자인이 맘에 들고 감이 좋다는 식의 이유를 들고 나면, 그 이유에 근거해 결정을 내릴 수 있다. 반면 8개 이유를 대보라고 하면, 처음 서너 개는 쉽게 얘기하지만 점차 이유를 찾기 어려워지면서 내가 정말 이 옷을 좋아하는 것인가 의문이 들면서, '에이 모르겠다, 나중에 고르자!' 하고 선택을 미루게 된다. 즉 선호를 형성하는 것이 쉬운지 어려운지에 따라 선택을 하느냐 지연하느냐가 달라질 수 있다는 것이다. 이에 마케터는 고객이 제품 정보를 보고 쉽게 선호를 형성할 수 있는 방식으로 선택 환경을 설계하는 것이 필요하다.

다음은 선호도의 형성, 발달과 관련하여 단편적으로 이루어진 몇몇 경험적 연구들을 소개하고자 한다. West 등(1996)은 퀼트를 자극물로 사용하여 '소비어휘(consumption vocabulary)'가 선호형성과 발달에 미치는 영향을 살펴보았다. 소비어휘란 제품의 속성과 그 수준, 속성의 평가를 표현하는 여러 어휘들을 가리킨다. 한 쇼핑사이트에 제시된 포도주 소개를 보면, 생산국, 원산지, 알코올 함량, 용량, 빈티지, 포도품종, 와인종류, 시음 평 등을 소개하고 있는데, 시음 평에는 '보랏빛이 감도는 짙은 적색을 띠고 있으며 입안에서 매우 부드럽게 넘어가는 미디움 바디 스타일로 부드러운 탄닌 맛과 달콤함 과일 맛이 난다'처럼 와인을 마실 때 느낄 수 있는 색상, 향과 맛, 넘어가는 느낌 등에 대해 표현하고 있다. 이처럼 포도 품종이 카베르네인지 샤르도네인지, 종류가 백도주인지 적포도주인지, 어떤 향이 나며 맛이 나는지를 표현하는 데 사용되는 여러 어휘들을 '소비어휘'라고 한다.

이들은 두 조건을 두어 한 조건에서는 여러 종류의 퀼트와 각 퀼트와 관련된 역사적 사실들을 소개하였고, 다른 조건에서는 퀼트와 여러 퀼트를 구분하는 속성과 속성 수준, 즉 퀼트와 관련된 소비어휘를 소개하였다. 참가자들은 70여 개에 달하는 퀼트를 하나씩 보면서 자신의 선호를 측정하였다. 이후 두 집단의 선호 판단을 비교해보면, 소비어휘를 소개받은 집단이 그렇지 않은 집단보다 더 일관된 선호를 보였고, 선호를 평가하는 데 각 속성이 얼마나 영향을 미쳤는지에 대해 보다 정확한 자기 통찰력을 보였고, 명시적으로 주어진 속성 외에 암묵적 속성(명시적으로 소비어휘로 제시되지는 않았으나 서로 다른 퀼트를 구분할 수 있는 속성)에 대해서도 발견하고 이를 활용하는 것으로 나타났다. 이들은 소비어휘가 제품선호와 관련된 사고를 하는 데 있어 사용될 수 있는 어휘와 제품의 특성을 파악할 수 있는 지식구조를 제공함으로써 처리 부담을 줄여주고 소비자들이 보다 안정된 선호를 형성하고 이를 보다 일관된 방식으로 표현하는 데 도움을 준다고 설명하였다.

Hoeffler와 Ariely(1999)는 선호형성과 발달에 미치는 경험의 영향을 살펴보았는데, 이들은 경험을 노력, 선택, 체험의 세 차원으로 구분하고 각 차원이 안정적인 선호형성에 어떻게 영향을 미치는지 알아보았다. 이들은 기본적으로 선호가 구성된다는 관점에 동의하지만 제품에 대한 경험이 반복되면서 학습이 일어나고 그 결과 선호가 보다 안정적으로 형성된다고 보았다. 이들은 제품구매가 일어나는 다양한 상황을 네 가지로 구분하여 제시하였다. 첫째는 제품에 대한 속성정보만 제시되는 것이다(정보 조건). 첫 아이를 낳아 유모차를 처음 구매하려는 부모를 생각해보자. 이들은 인터넷 검색을 통해 유모차에 대한 여러 정보를 얻게 되고 이에 기초하여 구매결정을 내리게 된다. 두 번째는 매장을 방문하여 유모차를 구매하는 부모가 접하는 상황으로 유모차에 대한 정보를 얻으면서 실제로 제품의 특성을 체험할 수 있는 조건이다(체험 조건). 세 번째와 네 번째는 실제로 선택을 해보는 조건이다. 두 개의 대안을 보고 더 낫다고 생각하는 대안을 선택하고 그 결과를 체험하는 것이다. 그런데 세 번째 조건은 한 대안이 다른 대안을 지배하는 식으로 대안군이 구성되어 다소 쉽게 한 대안을 선택할 수 있는 상황이고(쉬운 선택조건), 네 번째 조건은 지배하는 대안이 없어 속성 간의 상쇄가 필요한 선택상황이다(어려운 선택조건). 이들은 다소 듣기 불편한 소리를 자극물로 사용하여 위의 네 조건에서 여러 종류의 소리에 대한 선호학습이 일어나도록 한 후 새로운 소리로 구성된 자극물을 제시하여 선택과 평가과제를 하게 한 후 선호의 안정성, 반응시간, 선호 강도 등을 비교하였다. 실제 제품과 같이 복잡한 자극물은 속성과 선호의 관계를 파악하기가 어렵고 반복 경험과 실제 체험을 실험실 상황에서 제공하기 어려워 소리를 사용하여 실험을 진행한 것이다. 그 결과 사람들의 선호형성에 가장 큰 차이를 가져온 조건은 어려운 선택조건인 것으로 나타났다. 즉 선택을 하되 속성 간의 상쇄가 불가피하여 노력을 더 기울이게 한 경우 선호가 보다 안정적으로 형성되고 속성 간의 관계를 더 잘 파악하였으며 적절한 수준의 선호 강도를 보였다. 쉬운 선택을 한 참가자들은 선택이나 평가를 통해 드러난 객관적인 선호보다 더 큰 선호 강도를 보였는데, 위의 예를 가지고 말하자면 소비자가 실제로 좋은 유모차를 선택하는 정도보다 주관적으로 자신의 선택에 보다 확신을 갖는 것을 말한다. 이들은 선호형성이 어떤 환경에서 이뤄지는가에 따라 선호에 대한 객관적 지식과 주관적 지식이 다르게 나타날 수 있음을 보여주었고, 단순히 제품에 대한 정보와 체험을 갖는 것보다는 선택과정을 통해 속성 간의 상쇄를 실제로 해보고 자신이 선택한 결과를 체험하는 것이 안정된 선호형성에 보다 효과적임을 보여주었다.

Hoeffler 등(2006)은 초기 경험과 그 경험의 결과가 만족스러운지 아닌지의 여부가 선호형성에 미치는 영향을 살펴보았다. 대상에 대한 경험이 별로 없는 초기에는 주로 첫 경험과 비슷한 대안을 찾기 때문에 첫 경험이 이후 선택에 영향을 미치게 되며, 초기 경험의 결과가 만족스러운 경우 그렇지 않은 경우보다 대안 탐색의 범위가 줄어들면서 근시안적인 탐색(myopic search)을 하게 되고 그 결과 이상적인 선호에 가까운 신호를 발달시키기 어렵다고 보았다. 또한 Hoeffler 등(2013)은 경험의 차원을 강도(intensiveness)와 범위(extensiveness)로 구분하여 강도보다는 범위가 선호발달에 더 영향을 미침을 보여주었다. 이들은 선호발달을 범주 내의 다양한 대안에 대해 변별된 선호를 갖고, 아직 경험하지 않은 대안에 대한 선호에 대해서는 대안의 속성에 기초해 보다 정확하게 예측하고, 고품질 대안에 대한 선호를 갖게 되는 것으로 정의했다. 그리고 비슷한 것을 많이 경험하는 것(강도)보다 다양하게 경험하는 것(범위)이 선호발달에 긍정적인 영향을 미침을 보여주었다. 이는 다양한 경험이 한 범주 내의 여러 대안에 대해 보다 세분화된 변별을 가능하게 해주기 때문이다.

선호도는 행동적 의사결정 연구에서 효용과 함께 선택을 이끄는 기본개념이지만 관찰과 측정이 가능한 선택행동에 기초해서 선호를 유추하는 경제학의 영향으로 선호도 자체에 대한 연구는 상대적으로 적다. 또한 선호도가 어떻게 형성, 발달, 변화되는지를 보기 위해서는 연구자가 관찰이 가능한 기간 내에 어떤 대상을 반복적으로 소비 또는 경험을 하게 해야 하는 연구 방법론상의 어려움으로 많은 연구가 이루어지지는 않았지만 사회심리학에서 태도 자체에 대한 많은 연구가 있었던 것처럼 행동적 의사결정 분야에서도 선호도에 대한 연구가 보다 활발히 이루어져야 하지 않을까 생각된다. 태도와 선호도가 매우 유사한 개념이라는 점에서 사회심리학에서의 태도 연구가 선호도 연구에 시사점이 있을 것이라 생각되어 본 장에서는 태도에 대한 연구도 일부 함께 소개하였다.

5장

판단 1: 휴리스틱과 편향

05 판단 1: 휴리스틱과 편향

우리는 때때로 아직 일어나지 않은 사건에 대한 가능성을 판단하고 그 판단에 근거해 행동을 취해야 할 때가 있다. 그 사건이 얼마만큼 가능한지 확률을 판단해야 하는 것이다. 사람들은 이런 상황에서 어떻게 확률판단을 할까? 확률판단에 대한 심리학적 연구의 결과를 간단히 말하자면 사람들은 수학시간에 배운 확률이론에 따라 판단을 하는 대신 주먹구구식 방법(heuristics)을 사용한다는 것이다. 이러한 주먹구구식 판단은 대체적으로 확률이론에 근거한 판단에 근사한 값을 추정해 적은 정보로 신속하게 판단을 할 수 있게 한다는 점에서 효율적이지만 때론 편향된 결과를 가져온다.

Kahneman과 Tversky는 일련의 연구를 통하여 사람들이 어떻게 확률판단을 하며 사람들이 쓰는 휴리스틱으로 인해 어떤 판단의 편향이 나타나는지를 보여주었다(Kahneman, Slovic, & Tversky, 1982).[1] 이들의 연구방법은 Gestalt 심리학자들이 시각 착시를 가지고 시각과정에 대해 연구를 한 것과 유사하다. Kahenman과 Tversky는 여러 문제 상황을 고안하고 이 문제들을 사람들에게 풀게 하였다. 이 문제들은 휴리스틱에 의존해 판단을 하게 되면 확률이론에 근거해 내린 판단과는 다른 결과가 나오게끔 만들어졌는데, Kahneman과 Tversky는 편향된 판단의 결과가 나오면 그것은 사람들이 휴리스틱하게 판단을 하였기 때문이라고 설명하였다. 이들이 소개한 세 가지 휴리스틱에는 대표성(또는 전형성, representativeness), 가용성(availability), 정박과 조정(anchoring and adjustment)이 있다. 다음에서는 이들의 구체적인 내용을 하나씩 소개하기로 한다.

1) 확률판단에 대한 이들의 연구를 통틀어 '휴리스틱과 편향(heuristics & biases)' 프로그램이라고 일컫는다.

5.1 대표성 휴리스틱

지방에서 올라온 한 대학 신입생이 학교 오리엔테이션에 참가했다. 갑자기 만나게 된 많은 사람들 속에서 이 학생은 자기와 같은 지방출신 학생이 있을까 찾아보기 시작했다. 다른 학생의 옷매무새나 인상, 머리 스타일 등을 보면서 지방출신일까 서울출신일까를 생각하고 지방출신일 것 같은 학생한테 다가가서는 말을 시켜보고 말투를 확인한다. 말로 정확하게 설명하기 힘들지만 이 학생은 서울학생, 지방학생이 어떤 특징을 가지고 있다는 생각을 가지고 있고, 자신의 생각과 특정 학생의 특징이 얼마나 부합하는지 그 정도에 따라 그 학생이 지방학생일지 서울학생일지를 판단한다. 이런 식의 판단은 흔히 일어나는데, 어떤 사람이나 사건이 특정 범주에 속할 확률을 판단할 때 그 사람이나 사건이 해당 범주의 특징을 얼마나 나타내는지 그 정도에 따라 그 범주에 속할 확률을 판단하는 것이 **대표성 휴리스틱**이다. 자신이 보고 있는 학생의 특징과 자신이 지방학생이 어떨 것이라고 생각하는 것 사이에 얼마나 유사성이 있는지, 특정 학생이 지방학생의 특징을 얼마나 전형적으로 나타내는지 정도에 따라 판단을 하는 것이다.

이렇게 판단을 하는 것이 왜 때로는 편향된 판단을 하게 할까? 이는 사람들이 전형성이나 유사성에 기반해 판단을 할 경우 확률판단에 영향을 미치는 요인들을 고려하지 않거나 대표성 휴리스틱에 기반한 판단과정에 이러한 요인들이 영향을 미치지 않기 때문이다. 이러한 요인들로는 결과의 사전확률, 표본의 크기, 우연사건의 속성, 예측가능성, 그리고 평균으로의 회귀 등이 있다. 이제 이 요인들이 어떻게 편향된 판단을 초래하는지 하나씩 살펴보자.

Focus

범주화 과정으로서의 대표성 휴리스틱

Kahneman과 Tversky는 대표성 휴리스틱이 어떠한 인지적 정보처리과정을 거쳐 일어나는지 구체적으로 설명하지는 않았지만 대표성 휴리스틱은 일종의 범주화 과정이라 볼 수 있다. 사람들은 새로운 대상을 접하게 되면 가장 먼저 그 대상이 무엇인지 범주화를 하게 되는데, 범주화란 자신이 이미 가지고 있는 사전 지식에 기초해 새로운 대상을 분류하고 이해하는 것이다. 예를 들어, 여러분이 어떤 모임에 나가 근육질로 보이는 한 사람과 대화를 나누게 되었다고 해보자. 그가 스포츠웨어로 캐주얼하게 옷을 입고, 신문에서 읽은 스포츠기사, TV에서 본 스포츠경기, 혹은 직접 참가해 본 스포츠에 대한 경험 등 단지 스포츠에 대해서만 이야기를 한다면 여러분은 그를 어떤 사람으로 생각하게 될까? 아마 여러분은 여러분의 머릿속에 이미 존재하는 "스포츠광"이라는 유형의 사람들을 떠올릴 것이다. 그 이유는 그 사람의 여러 가지 특징들이 여러분의 머릿속에 있는 스포츠광의 특징들과 매우 유사하기 때문이다. 즉 여러분은 모임에서 만난 그 사람을 별 무리 없이 스포츠광의 한 명으로 분류하고 스포츠광이라는 범주에 대해 여러분이 일반적으로 갖고 있는 여러 가지 기존 지식에 근거해 그 사람을 판단할 것이다. 이처럼 새로운 자극을 기존 범주의 한 구성원으로 포함시키고 그 범주의 일반적인(전형적인) 특징들을 바탕으로 그 자극을 평가하는 과정을 "범주적 처리(categorial processing)"라고 한다. 한편 여러분이 그 모임에서 또 다른 사람을 만났다고 상상해 보자. 매우 허약하고 창백해 보이는 이 사람은 유행의 첨단을 달리는 펑크스타일로 옷을 입고, 역시 스포츠에 대해서만 이야기하고 싶어 한다. 하지만 이 사람은 겉모습 때문에 여러분의 머릿속에 존재하는 "스포츠광"이라는 유형에 들어가기에는 적합하지 않아 여러분은 그 사람에 대한 평가를 내리기 위해서 기존의 스포츠광이라는 범주 지식(전형적 특징)을 이용하기보다는 그 사람의 여러 가지 다른 측면들을 따로따로 고려하여 판단을 내리는 "분석적 처리(piecemeal processing)"를 거칠 수 있다. 그 사람이 스포츠광인 데도 말이다. 만약 이 모임이 스포츠와 관련된 모임이어서 실제로 이 사람이 스포츠광일 가능성이 매우 높음에도 여러분이 가지고 있는 스포츠광에 대한 전형적인 생각과 일치하지 않아 이 사람에 대한 상세한 정보를 구하지 않고 그냥 이 사람은 스포츠광이 아니라고 판단한다면 여러분은 대표성 휴리스틱에 의한 편향을 보이는 것이 된다.

(1) 사전확률(prior probability)의 무시

어떤 사람이 특정 집단에 속할 확률을 구하는 경우 사람들은 여러 가능한 집단의 사전확률을 고려하지 않고 그 사람이 특정 집단의 속성을 얼마만큼 전형적으로 나타내는지에 기초하여 판단을 한다. 앞서 든 예를 보면, 한 신입생이 서울학생일지 지방에서 올라온 학생일지를 판단할 때 기본적으로는 그 학과에 서울학생과 지방학생의 비율(이를 사전확률 또는 기저확률(base rate)이라 한다)이 대개 어느 정도인지가 중요한 정보일 수 있는데, 사람들은 이 정보보다는 특정 학생이 자기가 가지고 있는 서울학생, 지방학생에 대한 생각과 얼마나 유사한지에 따라 판단을 한다.

Kahneman과 Tversky는 실험연구를 통해 이를 보여주었다. 그들은 사람들에게 심리학자들이 100명의 엔지니어와 변호사 개개인의 성격을 묘사한 글을 적었고 다음의 글은 그중 한 개를 무작위로 뽑은 것이라고 얘기하면서 한 사람에 대한 묘사 글을 제시하였다.

> A씨는 올해 45세입니다. 그는 결혼을 했고 자녀수는 네 명입니다. 그는 전반적으로 보수적이고 신중하며 야망이 있습니다. 그는 정치, 사회와 관련된 문제들에는 별 관심이 없으며 자신의 여유시간을 대부분 목공, 등산, 수학퍼즐풀기 등을 포함한 자신의 취미생활로 보내고 있습니다.

이때 100명을 이루는 엔지니어와 변호사의 비율을 한 집단에게는 70 : 30으로, 다른 집단에게는 30 : 70으로 제시하였다. 즉 사전확률을 조작하였다. 사람들에게 보여준 위의 글은 우리가 전형적으로 생각하는 '엔지니어'의 성격을 묘사하였고 질문은 이 묘사 글이 100명 중 엔지니어를 묘사하는 것인지 아니면 변호사를 묘사하는 것인지를 판단하는 것이다. 확률이론은 사전확률을 함께 고려해야 한다고 보며 따라서 엔지니어가 70명이 있는 경우와 30명 있는 경우 판단이 달라져야 한다. 그러나 실제 결과는 사람들의 판단이 전형성(즉 제시된 글이 전형적인 엔지니어 혹은 변호사를 묘사한 것인지)에 의해서만 영향을 받고 사전확률에는 영향을 받지 않음을 보여준다. 서로 다른 사전확률, 즉 100명 가운데 엔지니어가 30명이라는 정보와 70명이라는 정보를 제공받은 두 집단의 엔지니어 혹은 변호사일 것이라는 판단에 거의 차이가 없게 나타났다.

짧은 글이 주어지지만 그 사람이 변호사인지 엔지니어인지를 판단하는 것과 관련된 아무런 정보를 주지 않는 경우에도 사람들은 그 글에 근거해 판단을 내리고 사전확률을 사용하지 않는다. 그러나 부가적인 정보가 주어지지 않고 사전확률만 제시된 경우에는 사전확률에 근거하여 판단을 내린다.

(2) 표본크기(sample size)에 둔감

모집단으로부터 추출된 표본의 특성에 대해 판단할 때 사람들은 표본의 크기를 염두에 두지 않고 표본이 모집단을 대표한다(representative)는 생각으로 모집단의 특성이 적은 수의 표본에도 그대로 나타날 것이라고 생각한다. Tversky와 Kahneman은 사람들의 이러한 경향을 소수의 법칙이라 명명했는데, 이는 통계학의 대표적인 정리 중 하나인 대수의 법칙(무작위적인 표본추출을 통해 표본의 크기가 충분히 커지면, 표본 평균값이 모집단 평균에 가까워지는 현상)과 비교해 이름붙인 것이다. 이를 보여주는 실험으로 큰 병원/작은 병원 문제가 있다. Tversky와 Kahneman는 95명의 학부생을 대상으로 다음과 같은 실험을 실시했다.

> 어떤 마을에 두 개의 병원이 있고 큰 병원에서는 매일 45명 정도의 아기가, 작은 병원에서는 15명 정도의 아기가 새로 태어난다. 태어난 아기들 중 남아의 비율은 50% 정도이지만 정확한 비율은 날마다 조금씩 다르다. 일 년 동안의 기록을 볼 때 어느 병원이 남아의 비율이 60% 이상 태어난 날이 더 많겠는가?

이 문제의 답은 작은 병원이지만, 실험결과는 큰 병원을 선택한 사람이 21명, 작은 병원은 21명, 그리고 거의 같다고 대답한 사람이 53명으로 나타나 대부분의 사람들이 두 병원이 비슷하다고 대답하였다. 이러한 실험결과는 사람들이 어떤 사건의 확률을 추론하는 과정에서 큰 표본이 작은 표본보다 모집단의 특성을 더 잘 나타낸다는 **대수의 법칙**(law of large numbers)을 고려하지 않고 크기가 작은 표본도 큰 표본과 동일하게 모집단의 특성을 대표할 것이라는 **소수의 법칙**(law of small number)을 적용하기 때문에 편향된 판단이 발생함을 보여준다. 작은 병원이 표본크기가 작기 때문에 분산(variance)이 클 확률이 더 크고 따라서 50%(병원에서 태어난 신생아 중 남아 비율의 기댓값)에서 벗어나는 비율을 얻을 확률이 더 크지만 사람들은 표본크기에 상관없이 두 표본이 다 모집단의 분포와 비슷한 양상을 보인다고 보는 것이다. 즉 표본크기에 상관없이 모집단의 남아 출생비율 50%가 동일하게 나타날 것으로 착각하는 것이다.

(3) 우연사건(chance or random event)에 대한 잘못된 믿음

추신수 선수가 2014년 미국 프로야구구단 텍사스 레인저스와 초대형 장기계약을 맺은 후 한국의 야구팬들은 추신수의 예상 타율에 큰 관심을 보였다. 미국 프로야구에 참가한 이후 텍사스 레인저스와 계약을 할 때까지 추신수 선수가 기록한 평균 타율은 2할 9푼이다. 즉 10번 중 3번 정도는 안타를 쳤다는 것이다. 만약 그가 특정 팀과의 게임에서 3타석 무안타를 기록하면, 그 게임 중계를 시청하는 많은 국내 팬들은 4번째 타석에서는 반드시 안타를 칠 것으로 기대한다. 그런데 이는 우연사건에 대한 잘못된 믿음에 기인한 판단이다. 평균 타율 2할 9푼이란 추선수가 무수히 많은 타석에 나서 평균적으로 10번 중 3번 정도 안타를 쳤다는 의미이다. 그런데 특정 게임에서 몇 번의 타석에 들어서 3타석 연속 무안타라는 결과가 나타나면 사람들은 추선수의 평균 타율이 그 게임에서도 그대로 재연될 것으로 생각하고 4번째는 안타를 칠 것이라고 믿는 것이다.

이처럼 사람들은 우연하게 또는 무작위로 일어난 일련의 사건들이 수많은 시행을 기반으로 하는 모집단의 특성을 그대로 보여야 한다는 생각을 갖고 있다. 특히 무작위로 발생한 사건의 반복횟수가 적은 경우에도 이러한 기대가 그대로 적용될 것으로 생각한다. 가령 동전을 6번 던진 경우 다음의 결과가 나왔다고 하자. H는 앞면, T는 뒷면을 나타낸다. H–T–H–T–T–H, H–H–H–T–T–T, H–H–H–H–T–H의 결과가 나왔고 각각의 결과가 나올 확률을 판단하라고 하면 사람들은 첫 번째 결과가 나타날 가능성이 가장 높을 것으로 판단한다. 첫 번째 결과가 사람들이 우연사건에 대해 가지고 있는 생각과 가장 유사한 모습을 갖기 때문에 이러한 판단을 한 것이다. 즉 사람들은 첫 번째 던졌을 때 앞면이 나왔으면 그 다음 시행에서는 뒷면이 나올 것으로 기대한다. 그러나 확률이론에 의하면 위의 세 결과는 모두 같은 확률, 즉 $(\frac{1}{2})^6 = 0.015625$을 갖고 시행횟수가 6번으로 적기 때문에 두 번째나 세 번째의 결과도 충분히 우연사건의 결과일 수 있다.

이런 우연사건에 대한 잘못된 믿음은 '**도박사의 오류**(gambler's fallacy)'라고 불리기도 한다. 룰렛게임에서 홀수가 계속 나오면 이제는 짝수가 나올 것이라고 생각하면서 짝수에 돈을 걸거나 지금까지 계속 졌으니 이제는 이길 차례라고 믿는 도박사의 생각이 잘못된 판단이라는 것이다. 일반적인 승률이나 특정 결과가 나올 확률은 많은 시행을 했을 때 나타나는 것인데, 적은 수의 시행에서도 이런 결과가 나타날 것이라고 믿기 때문이다.

(4) 예측가능성(predictability)에 둔감

사람들은 종종 현재의 정보를 가지고 미래에 대해 예측을 하게 되는데 이때 현재의 정보를 얼마나 신뢰할 수 있는지, 그 정보가 얼마나 정확한 예측을 보장하는지에 대해서는 고려를 하지 않고 현재의 모습이 미래에도 계속 나타날 것이라고 예측을 하는 경향이 있다. 즉 현재를 미래의 전형으로 보는 것이다. 구체적인 연구의 예로 Kahneman과 Tversky(1973)는 사람들에게 교생실습을 하는 학생이 어떻게 수업을 진행하는지 적은 글을 보여주고 이 학생의 수행 정도를 평가(evaluate)하게 하였다. 동시에 다른 집단의 사람들에게는 같은 정보를 주고 5년 후 이 학생의 선생님으로서의 자질을 예측(predict)하게 하였다. 이때 사람들은 평가와 예측에서 차이를 보이지 않았다. 이는 예측을 할 때 현재 주어진 정보가 미래에 대해 얼마나 예측가능성을 가지고 있는지 먼저 고려하지 않고 현재에 근거해 미래를 예측함을 보여준다.

예를 들어, 기업의 미래 성공 · 실패 여부를 예측하라고 하면, 대부분의 사람은 과거에 성공했던 기업은 계속 성공할 것이라고 예측하고, 과거에 실패했던 기업은 계속 실패할 것이라고 예측하는 '**승자-패자 효과**(winner-loser effect)'를 보인다. 이는 현재의 정보를 가지고 미래를 예측할 때 현재 정보의 신뢰성이나 정확성을 고려하지 않고 과거와 현재의 대표적인 특성이 미래에도 계속될 거라는 잘못된 믿음에서 나온 것이라 할 수 있다.

또한 사람들은 예측한 결과와 예측의 기반이 된 정보 사이에 유사성이 클수록 자신의 예측에 대해 확신을 갖게 되는데 이를 Kahneman과 Tversky는 '**타당도에의 착각**(the illusion of validity)'이라고 하였다. 사람들이 자신의 판단이 타당하다고 확신을 갖게 되는 또 다른 경우는 예측을 할 때 사용하는 여러 단서에 일관성이 있을 때이다. 여러 단서에 일관성이 있다는 것은 단서가 서로 상관되어 있거나 중복적일 때인데, 이런 경우는 단서가 독립적일 때보다 단서에 근거한 예측의 정확성이 낮게 된다. 실제 정확성은 낮아지지만 사람들의 확신은 커지게 된다.

(5) 평균으로의 회귀(regression toward mean)에 둔감

사람들은 종종 평균으로의 회귀현상을 고려하지 않은 채 두 현상이 유사한 결과를 가져와야 한다고 본다. 평균으로의 회귀현상에 따르면 아주 키가 큰 아버지의 아들은 아버지보다 적을 확률이 더 크고, 아주 지능지수가 높은 부모를 둔 자녀는 부모보다 지능지수가 낮을 확률이 더 크다. 그러나 사람들은 아들은 아버지의 키를, 자녀는 부모의 지능을 전형적으로 드러낸다고 생각하여 아버지와 아들의 키, 부모와 자녀의 지능지수가 비슷할 것이라고 생각한다.

스포츠계에서는 '2년차 징크스(sophomore jinx)'라는 것이 있는데, 이는 데뷔 첫해 뛰어난 활약으로 주목받은 신인이 다음 해에는 성적이 부진해지면서 슬럼프에 빠지는 현상을 가리킨다. 그러나 2년차 선수가 슬럼프에 빠지는 것은 징크스라기보다는 '평균으로의 회귀' 현상에 기인한 것일 수 있다. 즉 계속 좋은 성적을 보이기보다 평균 성적이 나타나는 것이 통계적으로는 더 가능한 일이다. 한편 Kahneman은 대학에서 본격적인 연구를 하기 전에 군대에서 교관으로 복무를 했는데, 당시 전투기 조종사들이 훈련을 받을 때 비행을 잘해서 칭찬을 받으면 그 다음 비행에서 잘 못하고, 반대로 비행을 못해서 야단을 맞으면 다음 비행에서 잘하게 되자 교관들이 칭찬하면 수행이 나빠지고 야단을 치면 오히려 수행이 좋아진다는 잘못된 생각을 가지고 있음을 발견하게 되었다. 그는 이것이 칭찬과 야단의 효과라기보다는 조종사들의 수행이 평균으로의 회귀 현상을 보이는 것임을 지적하였다.

이처럼 어떤 사건의 범주나 가능성을 판단할 때 사람들이 종종 사전확률, 표본크기, 예측가능성, 평균으로의 회귀를 무시하고 대표성(전형성)에 근거해 편향된 판단을 하는 것을 대표성 휴리스틱이라 한다.

5.2 가용성

가용성이란 사람들이 어떤 사건의 빈도나 확률을 판단할 때 실제빈도에 근거하기보다는 구체적인 사례를 떠올리는 것이 얼마나 쉬운가에 의존해 빈도판단을 하는 것이다. 즉 사례가 쉽게 떠오르면 빈도를 높게 판단하는 것이다. 가용성도 유용한 휴리스틱이기는 하지만 실제빈도나 확률의 발생과는 별 관련성이 없는 요인들의 영향을 받으므로 때론 편향된 판단을 하게 한다. 이러한 요인들로는 사례의 인출용이성 정도, 탐색의 효율성, 상상력, 상관에의 착각이 있다.

(1) 사례의 인출용이성(retrievability of instances)

빈도를 판단할 때 그 사례가 친숙할수록(familiarity), 현저할수록(salience), 그리고 최근의 것(recency)일수록 인출하기 쉽다. 그러나 이러한 요인들이 실제빈도에는 영향을 미치지 않을 수 있기 때문에 편향된 판단을 가져온다. 실험 예를 보면 사람들에게 똑같은 수의 남자와 여자의 이름이 적힌 명단을 읽게 하고 어느 성의 이름이 더 많은지 묻는다. 이때 명단에 유명한 사람의 이름을 한쪽 성에만 더 많이 넣으면 사람들은 친숙한 이름이 많은 성의 빈도가 더 높다고 판단한다. 다른 예로는 교통사고와 비행기사고로 사망할 확률을 판단하게 하는 것이다. 사람들은 비행기사고로 인한 사망률이 더 높다고 보는데, 이는 비행기사고가 대부분 대형 사고일 때가 많고 언론매체에서 크게 보도가 되기 때문에 더 현저하게 사람들에게 지각되고 그럼으로써 그 발생빈도가 높게 생각되는 것이다.

Slovic, Fischoff와 Lichtenstein(1982) 또한 실험으로 사람들이 두드러지고 생생한 사건들을 더 잘 기억해서 편향된 판단을 함을 보여주었다. 이들은 응답자들에게 다양한 질병, 자동차 사고, 자연 재해, 사형, 살인 등의 40가지 원인에 의한 사망자 수를 추정해 보도록 했는데, 그 결과 그들이 추정한 사망률과 실제 사망률은 상당한 차이를 보였다. 응답자들은 사고로 인한 사망자 수와 질병으로 인한 사망자 수가 별 차이가 없는 것으로 판단했는데, 실제로는 질병에 의한 사망이 사고로 인한 사망보다 16배나 많은 것으로 나타났다. 마찬가지로 응답자들은 살인에 의한 사망을 심장마비에 의한 사망만큼 많은 것으로 추정하였는데, 실제로는 심장마비에 의한 사망이 살인에 의한 사망보다 11배나 더 많았다. 이처럼 사람들은 두드러지고 생생한 사망 원인들(예, 자동차사고, 살인, 홍수, 화재 등)은 과대평가하고 일상적인 사망 원인들(심장마비, 당뇨, 천식 등)은 과소평가하는 경향을 보인다. 그 이유는 사람들이 사고, 살인, 화재 등 두드러지고 생생한 사건들을 취급한 신문기사나 뉴스를 더 쉽게 떠올리며 쉽게 떠올려지는 정도로 실제빈도를 추측하기 때문이다.

(2) 탐색의 효율성

어떤 특정한 속성을 만족시키는 집단의 예를 찾는 것이 얼마나 용이한가에 따라 사람들의 빈도판단이 달라진다. 실험 예로 사람들에게 r로 시작하는 단어가 더 많은지 아니면 r이 세 번째 위치에 오는 단어가 많은지를 판단하게 하는 경우 대부분의 사람은 r로 시작하는 단어를 생각해 내기 쉽기 때문에 빈도를 높게 판단한다. 하지만 실제로는 r이 세 번째 오는 단어가 더 많다.

Tversky와 Kahneman(1973)은 2,000개의 단어가 포함된 4쪽 분량의 소설을 1분 정도 보여주고 (1) 7개의 철자로 이루어진 단어 중에서 -ing로 끝나는 단어(_ _ _ _ ing)와 여섯째 자리 철자가 n인 단어(_ _ _ _ _ n _)가 몇 개나 있을지, (2) 6개의 철자로 이루어진 단어 중에서 -ly로 끝나는 단어(_ _ _ _ ly)와 다섯째 자리 철자가 l인(_ _ _ _ l _)인 단어가 몇 개나 있을지를 추측해보라는 실험을 하였다. 실험결과 사람들은 질문 (1)에 대해서는 -ing로 끝나는 단어는 13.4개, 여섯째 자리 철자가 n인 단어는 4.7개라고 추측하였고, 질문 (2)에 대해서는 -ly로 끝나는 단어는 8.8개, 다섯째 자리 철자가 l인 단어는 4.4개 정도 될 것이라고 추측하였다. 그런데 논리적으로 생각해보면 여섯째 자리 철자가 n인 단어 안에 -ing로 끝나는 단어가, 다섯째 자리 철자가 l인 단어 안에 -ly로 끝나는 단어가 포함되기 때문에 어떤 경우라도 -ing로 끝나는 단어와 -ly로 끝나는 단어가 여섯째 자리 철자가 n인 단어와 다섯째 자리 철자가 l인 단어보다 많을 수는 없다. 부분집합이 전체집합보다는 클 수 없기 때문이다. 그럼에도 불구하고 이런 오류가 나타나는 것은 사람들이 -ing로 끝나는 단어와 -ly로 끝나는 단어가 얼마나 있을지 추측해보라고 할 때는 "singing, playing, running" 등과 "lovely, lonely, easily" 등의 단어들을 쉽게 떠올리지만, "_ _ _ _ _ n _"인 단어와 "_ _ _ _ l _"인 단어에 해당하는 단어들은 떠올리기 어렵기 때문이다. 즉 사람들은 쉽게 떠오르는 단어는 그 수가 많을 것이라고 판단을 하고, 반대로 잘 떠오르지 않는 단어는 그 수가 많지 않을 것이라고 판단하는 가용성 휴리스틱을 이용하기 때문에 부분집합을 전체집합보다 크게 판단하는 오류를 범하게 된다.

(3) 상상력(imaginability)

적절한 사례를 얼마나 쉽게 상상할 수 있느냐의 여부도 빈도판단에 영향을 준다. 사람들에게 10명의 사람으로 k명의 위원회를 구성하라고 하고 k가 2일 때와 8일 때 어느 경우가 더 많은 위원회를 구성하겠는가를 판단하게 하였다. 이때 대부분의 사람들은 2일 경우가 더 많다고 생각하는데 이는 2명의 위원회를 생각하는 것이 8명의 서로 다른 위원회를 생각하는 것보다 더 쉽기 때문에 이런 판단을 내리게 되는 것이다. 실제로 2명일 때와 8명일 때의 가능한 위원회의 수는 같다.

(4) 상관에의 착각(illusory correlation)

실제 상관이 없음에도 두 변인이 상관이 있을 것이라고 생각하기 쉬운 경우(예, 위로 올라간 눈과 의심하는 성격) 두 변인이 함께 일어날 빈도를 높게 판단한다. 두 변인이 상관이 있다고 착각을 하는 경우 반증하는 예에 주의를 기울이기가 어렵고 따라서 실재하는 관계를 파악하기 어려워 실제 이상으로 두 변인이 관련이 있다고 생각하게 된다.

가용성에 대한 이후 연구는 인출용이성이 인출내용과 함께 대상에 대한 태도에 영향을 미칠 수 있음을 보여준다. Wanke, Bohner와 Jurkowitsch(1997)는 인출내용(content)와 인출용이성(ease of retrieval)이 판단에 어떠한 영향을 미치는지를 알아보기 위해 BMW를 대상으로 실험을 하였다. 연구자들은 네 개의 집단을 두고, 각 집단에게 BMW가 좋은 이유 1개 또는 10개, BMW가 나쁜 이유 1개 또는 10개를 생각하여 적도록 하였다. 사람들이 자신이 인출한 내용에 기초해 판단을 한다면 좋은 이유 1개보다 10개를 생각해낸 사람들이 BMW에 대해 보다 긍정적인 태도를 보일 것이고, 반면 나쁜 이유 1개보다 10개를 생각해낸 사람들이 BMW에 대해 보다 부정적인 태도를 보일 것이다. 그런데 결과를 보면, [그림 5-1]과 같이 좋은 이유를 1개 생각한 집단이 좋은 이유 10개를 생각한 집단보다 BMW에 대한 태도가 더 호의적인 것으로 나타났다. 반면 나쁜 이유 10개를 생각해낸 집단이 1개를 생각해낸 집단보다 BMW에 대한 태도가 더 호의적인 것으로 나타났다. 이는 이유를 생각해내는 것이 얼마나 용이한지의 여부가 이유의 내용과 함께 작용하여 좋은 이유를 생각해내기 어려울 때(10개)는 쉬울 때(1개)보다 태도 호의성이 떨어지고, 나쁜 이유를 생각해내기 어려울 때는 쉬울 때보다 태도 호의성이 높아짐을 잘 보여준다.

그림 5-1 실험조건별 BMW 평가

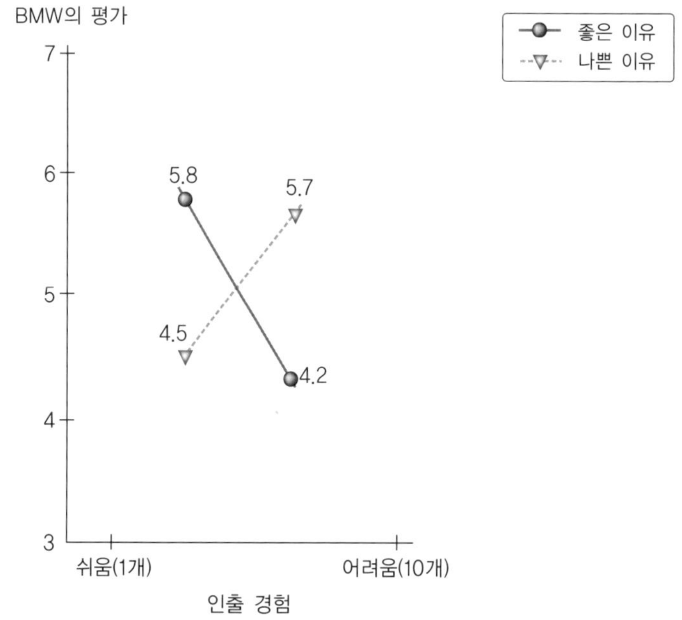

5.3 정박과 조정

이 휴리스틱은 사람들이 어떤 값에 대해 추측을 할 때 보통 기준점에 정박(anchoring)한 후 조정(adjustment)을 해서 답을 낸다고 보는 것이다. 이때 사람들이 판단에 사용하는 기준점은 문제 상황에서 제시되거나 때론 부분적으로 행해진 계산의 결과일 수 있다. 정박과 조정현상이 시사하는 것은 기준점이 달라짐에 따라 사람들의 추측이 달라진다는 것이다. 이러한 정박과 조정 휴리스틱에 의존했을 때 편향된 결과가 나오는 것은 조정이 충분히 이루어지지 않았기 때문이다.

실험 예로 Tversky와 Kahneman(1974)은 사람들에게 UN의 회원국 중 아프리카의 나라가 얼마나 되는지 추정하게 하고 기준점으로 돌림판을 돌려서 나온 숫자를 주었다. 그 결과 집단 1은 10을, 집단 2는 65를 기준점으로 갖게 되었다. 사람들은 회원국이 각각 10이나 65보다 큰지 작은지 먼저 대답한 후 구체적인 값을 추측하였다. 추측한 값을 보면 집단 1은 25, 집단 2는 45였다. 돌림판을 돌려서 기준점을 정한 것은 그 기준점이 임의로 정해진 것임을 보여주기 위해서였는데, 그럼에도 불구하고 사람들은 기준점에 정박하여 조정을 하고 그 조정이 불충분하여 기준점의 영향을 과하게 받은 값을 보고함을 보여준다.

다른 예에서는 다음의 계산식을 두 집단에게 각각 5초 동안 보여주고 그 값을 추측하게 하였다.

$$8 \times 7 \times 6 \times 5 \times 4 \times 3 \times 2 \times 1 =$$
$$1 \times 2 \times 3 \times 4 \times 5 \times 6 \times 7 \times 8 =$$

위의 값을 정확하게 계산할 시간이 충분치 않기 때문에 사람들은 앞의 몇 개만 계산을 하고 그 값에 정박한 후 조정을 하여 답을 낼 것이다. 계산과정에 대한 이러한 예측은 사람들의 반응에 대해서도 다음의 예측을 가능하게 한다. 즉 첫 번째 계산식을 받은 집단의 대답은 두 번째 계산식을 받은 집단보다 더 클 것이며 두 집단 모두 조정이 부족하여 실제 값인 40,320보다는 작은 값을 보고할 것이다. 실제 반응을 보면 첫 번째 계산식을 받은 집단의 중앙치가 2,250, 두 번째 계산식을 받은 집단의 중앙치가 512로 예측한 방향대로 결과가 나왔고 두 값 모두 실제 값보다는 훨씬 작은 것을 볼 수 있다.

한편 Joyce와 Biddle(1981)은 회계부정에 대한 추측 문제를 가지고 정박과 조정 현상을 보여주었다. 이들은 두 집단에 각기 다음의 질문을 주었다.

집단 1: 8개 회계 법인이 1,000개 회사를 대상으로 회계 감사를 실시할 때 몇 개 회사에서 경영상의 회계 부정이 적발되겠습니까?

집단 2: 8개 회계 법인이 1,000개 회사를 대상으로 회계 감사를 실시할 때 10개 이상의 회사가 경영상의 부정으로 적발되겠습니까? 적발된다면 몇 개 회사에서 경영상의 회계 부정이 적발되겠습니까?

연구결과 아무런 숫자를 제시받지 않은 집단 1은 1,000개 기업 중 약 43개의 기업이 회계부정을 저질렀을 거라고 예측한 반면 10이라는 숫자를 제시받은 집단 2는 약 16개의 기업이 회계부정을 저질렀을 것이라고 추측하여 역시 기준점이 최종 판단에 영향을 미침을 보여주었다.

기업들은 촉진프로그램을 개발하면서 정박과 조정효과를 활용할 수 있다. 가령 한 가전전문 할인점이 "정상가 230만원짜리 김치냉장고를 70만원을 깎아 160만원에 판다"고 광고하는 것이 한 예이다. 가전전문 할인점은 김치냉장고에 대한 판촉활동을 벌이면서 '정상가'인 230만원을 준거가격으로 먼저 제시한 뒤 할인가격을 제시하고 있다. 여기서 준거가격은 정박의 역할을 한다. 소비자들은 '할인가'인 160만원이 적정가격인지 정확히 판단할 수 없지만, 정상가인 230만원을 먼저 본 뒤에는 횡재했다는 기분을 느낄 수 있다.

심화 정박과 조정의 심리적 기제

먼저 Jacowitz와 Kahneman(1995)은 조정(adjustment)과정 없이도 정박효과(anchoring effect)가 나타남을 보여주었다. 이들은 한 집단의 사람들에게 에베레스트 산의 높이가 얼마나 되는지와 같은 상식 질문을 하였다. 그리고 이 집단의 응답 중 15와 85백분위(percentile)에 해당하는 값을 두 번째 집단에게 제시하는 기준점으로 사용하였다. 두 번째 집단을 반으로 나누고 한 집단에게는 85백분위에 해당하는 기준점을 제시하고 에베레스트 산의 높이가 제시된 기준점보다 높은지 대답하도록 하였다. 나머지 반의 다른 집단에게는 15백분위에 해당하는 기준점을 제시하고 에베레스트 산의 높이가 이보다 낮은지 답하도록 하였다. 결과를 보면 두 집단 모두에서 다수의 사람들이 에베레스트 산의 높이가 높거나 낮다고 응답하였다. 기준점으로 사용된 값은 상위 또는 하위 15%에 해당하는 높이였는데, 이를 기준점으로 사용하여 제시한 결과 다수의 사람들이 에베레스트 산이 이보다 높거나 낮다고 판단한 것이다. 기존의 정박과 조정 실험은 목표값이 기준점보다 큰지 적은지를 비교판단하게 한 후 목표 값이 얼마나 될지 추측하게 하였는데, 이들의 실험에서는 추측과정 없이 비교판단만 하게 한 것이다. 그리고 비교판단만으로도 기준점에 영향을 받는 정박효과를 가져올 수 있음을 보여줌으로써 조정과정이 정박효과에 필수적인 과정이 아님을 보여준 것이다.

그렇다면 조정과정 없이 어떻게 정박효과가 나타나는가? 여러 연구자들이 이에 대한 심리적 기제를 제시하였는데, 이들의 공통된 견해는 제시된 기준점이 기억의 연상(association)작용을 일으켜 기준점과 관련된 정보를 활성화시키고 이 정보가 더 가용해지면서 최종판단에 영향을 미치기 때문이라고 설명한다. 이러한 설명은 연구자에 따라 다양하게 표현되었는데, Mussweiler와 Strack(1999)은 이를 '**선택적 접근가능성 모델**(selective accessibility model)'이라고 지칭하였고, Chapman과 Johnson(1999)은 '**활성화로서의 정박**(anchoring as activation)'이라고 지칭하였다. Mussweiler와 Strack(1999)은 정박효과를 일종의 **의미점화**(semantic priming) 현상이라고 보았고, 제시된 기준점이 추측해야 하는 목표 값과 의미상 연관이 없는 경우에는 정박효과가 나타나지 않음을 보여주었다. 구체적인 예를 들면, 브란덴부르크 문의 높이 또는 너비를 추측해야 하는 과제를 주고 다른 문의 높이와 너비를 기준점으로 제시하는 경우 제시된 기준점과 추측해야 하는 목표 값이 동일하게 높이나 너비일 때만 정박효과가 일어났다. 즉 제시된 기준점은 문의 높이인데, 추측해야 하는 목표 값이 너비일 때는 정박효과가 나타나지 않았다.

선택적 접근가능성 모델에서는 정박효과가 나타나는 것을 두 단계로 나누어 설명한다. 먼저 정박효과를 보여준 기존과제를 비교과제(comparative task)와 절대과제(absolute task)로 단계별로 구분한다. 비교과제는 기준점이 제시되고 목표 값이 이보다 큰지 또는 적은지를 판단하게 하는 단계이고, 절대과제는 비교과제를 수행한 후 구체적으로 목표 값을 추측하는 단계이다. 비교과제에서는 제시된 기준점을 초점 가설로 삼고 이 가설을 지지하는 정보에 대해 선택적 접근이 일어나게 된다. 이후 절대과제를 수행하면서 앞서 선택적으로 활성화된 정보가 접근가능성이 높아 이를 활용되게 되면서 기준점에의 정박효과가 나타나게 된다.

이후 앞서 소개된 세 개의 휴리스틱과 관련된 것 외의 여러 편향들이 소개되었다. 일부는 앞의 휴리스틱이 적용되어 나타나는 편향이고, 새로운 편향도 소개되었다. 이에는 조건확률 판단 시 보이는 혼동, 결합오류, 사후판단편향, 과신, 확증편향, 공변량 판단(covariation assessment)과 관련된 편향 등이 있다.

5.4 조건확률 판단 시 보이는 혼동

사건 A가 나타날 단순확률은 보통 p(A)로 표시한다. 그리고 p(A|B)는 조건확

률을 나타내는데, 이는 B가 일어난 상태에서 A가 일어날 확률을 나타낸다. 그런데 사람들은 조건확률을 판단할 때 종종 p(A|B)와 p(B|A)를 혼동한다. 때로 의사들은 유방암에의 위험 정도가 높은 여성의 유방을 유방암이 발생하기 전에 제거하는 수술을 한다. 유명 여배우 안젤리나 졸리도 유방암 확률이 높아 유방절제술을 받았다는 것이 한동안 뉴스에 보도되기도 하였다. 이런 예방차원의 수술을 하는 이유는 고위험군에 해당하는 여성이 실제 유방암을 가질 확률, 즉 p(유방암 | 위험 정도가 높은 집단)가 높다고 판단하기 때문인데 실제로 판단의 근거가 된 것은 반대의 조건확률인 유방암이 발생한 여성들이 유방암 발생의 위험정도가 높은 집단에 속할 확률, p(위험 정도가 높은 집단 | 유방암)이기 쉽다. 이러한 실례가 있었는데, 이 예에서 전체 여성인구 중 유방암 발생률은 7.7%, 전체 여성인구 중 위험도가 낮은 여성들은 42%, 위험도가 높은 여성들은 58%를 차지한다. 유방암을 일으킨 여성들 중 위험도가 낮다고 판단된 여성은 7.5%이고 위험도가 높다고 판단된 여성들은 92%이다.[2] 이 예에서 수술을 결정하기 위해 고려해야 할 확률은 p(유방암 | 위험 정도가 높은 집단)인데, 이를 계산하면 .12 정도가 된다.[3] 이 수술을 행한 의사는 위험도가 높은 여성 두 명 중 한 명이 유방암을 가질 확률이 있다고 판단하고 수술을 행하였는데 이를 .12와 비교하면 이 의사가 위험도를 과대평가하여 필요 이상으로 수술을 행했음을 알 수 있다. 즉 굳이 수술을 해서 유방을 제거하지 않아도 되는 여성이 유방을 제거하는 사례가 나타나게 되는 것이다.

5.5 결합오류(conjunction fallacy)

이는 사람들이 어떤 사건의 발생확률을 판단할 때 대표성 휴리스틱을 적용하여, 개별사건을 결합한 결합사건 혹은 복합사건의 발생확률이 각각의 개별사건

2) 여기서 92%는 p(유방암 고위험군 | 유방암)이다.

3) 조건확률 P(A|B)는 p(A∩B)/p(B)로 구할 수 있다. 그런데 p(A∩B)를 구하기 어려운 경우에는 이 식 대신 비율규칙(the ratio rule)을 사용할 수 있다. 이는 조건확률의 비가 단순확률의 비와 같다는 것인데, 즉 p(A|B)/p(B|A)=p(A)/p(B)이다. 이 규칙을 위 문제에 적용하면 p(유방암 | 유방암 고위험군)/.92=.077/.58이고 따라서 p(유방암 | 유방암 고위험군)는 약 .12가 된다.

발생 확률보다 높다고 판단하는 현상을 말한다. 결합오류를 보여주는 대표적인 실험 예로 Linda문제가 있다. 사람들에게 Linda라는 여자를 설명하는 짤막한 글을 주고 읽게 한 후 그녀에 관한 여러 문장을 주고 그 문장이 현재 Linda의 모습을 설명할 가능성을 1(매우 그럴듯함)부터 8(전혀 그럴듯하지 않음)까지 순위를 매기도록 하였다. 아래 문장 오른쪽 옆 괄호 안에 있는 숫자는 사람들 반응의 평균값이다.

> Linda는 31살의 미혼 여성으로 자신의 의견을 거리낌 없이 말하는 편이며 매우 총명하다. 그녀는 대학교에서 철학을 전공하였다. 대학생 시절 그녀는 차별과 사회정의 문제에 관심이 많았으며 반핵운동에도 참여하였다.
>
> (1) Linda는 초등학교 선생님이다. (5.2)
> (2) Linda는 서점에서 일하며 요가를 배운다. (3.3)
> (3) Linda는 여성운동에 활발하다. (2.1)
> (4) Linda는 정신문제를 담당한 사회복지가로 일한다. (3.1)
> (5) Linda는 여성유권자 모임의 한 구성원으로 일한다. (5.4)
> (6) Linda는 은행에서 일한다. (6.2)
> (7) Linda는 보험판매원이다. (6.4)
> (8) Linda는 은행에서 일하며 여성운동에 활발하다. (4.1)

위의 8개 문장 중 문장 (3), (6), 그리고 (8)의 결과를 보자. Linda가 여성인권 운동가일 확률은 높게 판단하고(2.1) 은행원일 확률은 낮게 판단한 것(6.2)은 일리가 있어 보인다. 그러나 Linda가 여성인권 운동가이면서 은행원일 확률(4.1)이 은행원일 확률보다 높을 것으로 판단한 것은 확률이론에 맞지 않는다. 각 문장을 하나의 사건으로 간주할 경우 문장 (3)과 (6)은 각각 별개의 사건인 반면 문장 (8)은 두 사건을 결합시킨 결합사건이다. 따라서 결합사건 (8)에 대한 확률판단은 (3), (6) 사건의 확률보다 낮아야 한다. 즉 여성인권 운동가이면서 은행원일 사건은 여성인권 운동가일 사건과 은행원일 사건의 교집합이므로 두 사건이 동시에 일어날 확률은 각각의 사건이 일어날 확률 보다 낮아야 하는 것이다. 그러나 사람들의 확률판단을 보면 (3) > (8) > (6)의 순서로 결합사건인 문장 (8)이 (6)보다 높게 평가되었다. 사람들에게 Linda를 설명한 글과 8개 문장 사이의 유사성을 판단하게 하였을 때에도 같은 결과를 가져왔는데, 문장 (8)이 문장 (6)보다 Linda와 더 유사한 것으로 판단되었다. 이러한 결과가 나타난 것은 사람들이 Linda의 현재 모습을 판단하는 과정에서 그녀가 여성 인권운동가 집단을 대표하는 전형적 인물일 가능성이 높으므로 사건 (8)의 발생확률이 사건(6)의 발생확률 보다 높을 것으로 판단했기 때문이다. 즉 대표성 휴리스틱을 토대로 Linda가 어떤 특성의 사람일 것이라고 판단을 내린 결과이다. 이러한 결합오류는 확률이론에 대한 지식이 많은 전문가 집단에서도 마찬가지로 나타난다.

5.6 사후판단 편향(hindsight bias)

2014년 4월에 발생한 세월호 침몰은 수백 명에 이르는 단원고 학생들의 소중한 생명을 앗아간 대형 참사였다. 이 사건을 접한 대다수 사람들의 반응은 과거에도 이와 비슷한 사건이 발생했고 이미 예상되었던 참사였다는 것이다. 하지만 만약 사건이 발생하기 전에 그들의 의견을 물었다면, 아마도 상당수의 사람들은 그렇게 큰 선박이 작은 운전실수로 큰 풍랑도 일어나지 않은 서해에서 좌초되지는 않을 것이라고 예측했을 것이다. 이처럼 사람들은 어떤 사건의 결과를 알고 나면 마치 사전에 그러한 결과가 발생할 것을 예측하고 있었다고 생각하는 경향이 있다.

사람들이 이미 나타난 결과에 대해서 그럴 수밖에 없었다고 결정론적으로 판단하는 것을 **사후판단 편향**이라고 한다. 사람들에게 어떤 특정사건이 일어나기 전에 그 사건의 여러 가능한 결과들에 대해 확률판단을 하도록 하고, 실제 그 사건이 일어나 특정한 결과가 나타난 후 여러 가능한 결과들에 대해 다시 확률판단을 하게 하면 사람들의 반응이 달라지는 것을 볼 수 있다. 사건이 일어난 후 사람들은 그 사건의 결과를 사전에 예측한 듯이 이미 일어난 결과의 확률을 높게 평가하는 경향이 있는데, 이러한 편향은 이전에 자기가 어떻게 예측을 했었는지 가급적 정확하게 기억을 하도록 하는 경우에도 여전히 나타난다. 우리가 어떤 결과를 알고 난 후 흔히 "내가 이럴 줄 알았다니까!"라는 말을 하곤 하는데, 이것이 바로 사후판단 편향(hindsight bias)에 해당한다. 즉 어떤 사건의 결과를 예견(foresight)할 때보다 그 사건이 일어난 후에 나타난 결과의 가능성을 높게 평가하는 것이다.

Fischhoff와 Beyth(1975)는 1972년 미국의 닉슨 대통령이 중국과 소련을 방문하기 전에 사람들에게 두 나라의 관계에 대한 여러 가능한 결과의 확률을 물었다. 즉 닉슨이 마오쩌둥을 만날 것인지, 소련과 미국이 합동 우주 프로그램을 계획할 것인지 등에 대해서 이런 사건들이 실제로 일어날 확률이 얼마나 될지 답하도록 하였다. 그 후 실제로 닉슨이 중국과 소련을 방문한 후 2주에서 6개월이 지난 뒤 연구자들은 이전에 응답했던 사람들에게 다시 똑같은 질문을 했고, 이전에 그들이 적었던 확률을 기억해서 적거나 기억이 나지 않는 경우 자신이 어떻게 생각했을지 다시 생각해보고 답하도록 하였다. 결과를 보면 84%의 응답자들이 사후판단편향을 보여 실제로 일어난 사건에 대해서는 자신들이 실제 이상으로 정확하게 예측했다고 응답한 반면 일어나지 않은 사건에 대해서는 이전에 보고한 것보다 낮게 예측한 것으로 응답하였다. Fischhoff는 이후 2001년 미국 뉴욕에서 일어난 9 · 11 테러와 관련하여 사후판단편향 연구를 다시 실시하였다. 9 · 11 테러가 나타난 후 사람들이 추가 테러 위협에 떨고 있을 때 1년 내 추가 테러의 가능성이 얼마나 될 것인지를 물었고, 1년 후 추가 테러가 나타나지 않은 상황에서 이전에 물었던 질문을 다시 하여 역시 사후판단편향이 나타남을 확인하였다.

사후판단편향 연구는 앞에서처럼 실제사건 전후로 질문을 해서 확률판단을 비교하기도 하지만 이미 결과가 나타난 사건(예, 19세기 영국과 네팔 간의 구르카전쟁)에 대해 결과를 모르는 집단에게 결과를 알려주지 않고 여러 가능한 결과에 대해 확률을 판단하게 하고, 다른 집단에게는 결과를 알려주지만 결과를 모른다고 가정하게 하고 여러 가능한 결과의 확률을 판단하도록 하여 두 집단의 확률판단을 비교하는 방법으로 연구하기도 한다. 예로, Arkes 등(1981)은 외과 의사들을 두 집단으로 나누고 집단 A의 의사들에게는 증상에 대해서만 알려주고 병명이 무엇인지 예측하도록 하였고, 집단 B의 의사들에게는 증상과 병명을 함께 알려준 다음, 병명을 모른다고 가정한 상황에서 병명을 예측하도록 하였다. 집단 B의 의사들이 병명을 알려주지 않은 집단 A의 의사들에 비해 그 병명으로 진단을 내렸을 거라고 더 많이 응답한 것으로 나타났고, 이런 결과는 전문가에게도 사후판단편향이 나타남을 보여준다.

사후판단편향은 정보처리와 저장의 결과로 나타나기에 피하기 어려운 것으로 알려져 있다. 즉 결과에 대한 정보가 바로 개인의 지식구조에 자동적으로 통합되어 사람들이 결과지식을 알게 된 이후와 전 상태를 구분하지 못하게 되면서 사후판단편향이 나타난다는 것이다. 동기적인 이유도 제시되었는데, 하나는 사람들이 세상이 실제 이상으로 예측가능한 곳이라는 것을 믿고자 하는 동기이고, 다른 하나는 자신이 실제 이상으로 더 많은 것을 알고 있다는 것을 자신이나 타인에게 보이고자 하는 동기에서라는 것이다.

이러한 사후판단 편향은 문화차이와 관련해서도 연구되었는데, 연구에 따라 결과가 상이하다. 한 연구에서는 서양 사람들이 기본적으로 독립적인 자기개념을 가지고 있기 때문에 **자기본위편향**(self-serving bias)이 더 커서 사후판단편향도 더 크게 나타날 것이라고 보았고, 캐나다인과 일본인을 비교하여 일본인이 상대적으로 사후판단편향을 덜 보임을 보여주었다(Heine & Lehman, 1996). 반면 Choi와 Nisbett(2000)은 동양인이 서양인보다 종합적인(holistic) 인지양식을 가지고 있어 모순을 더 잘 받아들이고 기대하지 않은 결과에 대한 놀라움도 상대적으로 적어 오히려 사후판단편향을 더 보일 것이라고 예측하였고, 한국인과 미국인을 비교하여 예측한 결과를 얻었다. 한편 박재영, 이완수, 노성종(2009)은 북핵 문제와 버지니아 공대 총기사건에 관한 한국과 미국 신문의 기사를 분석하면서 북핵 문제와 버지니아 공대 총기사건의 발생이 예측 가능했다는 내용의 기사가 얼마나 되는지를 비교했다. 그 결과 한국 신문의 경우 북핵 사태가 예견 가능했다는 내용의 기사가 84.8%, 버지니아 공대 총기사건이 예견 가능했다는 내용의 기사가 86.4%를 차지하였다. 반면 미국 신문은 북핵 사태가 48.2%, 버지니아 공대 총기사건은 48.8%로 나타나 한국 신문에서 그 수가 압도적으로 많은 것으로 나타나 한국 신문에서 더 높은 사후판단편향이 나타나고 있음을 보여주었다. 한 후속 연구에서는 아시아, 오스트레일리아, 유럽, 북미 사람들을 대상으로 사후판단편향 연구를 실시하였고, 사후판단편향이 문화와 관련 없이 보편적으로 나타나는 현상임을 보여주었고, 단지 놀라움에 대한 생각이나 동기 등이 조절변인으로 작용하여 편향이 나타나는 정도가 달라질 수 있음을 보여주었다(Pohl, Bender & Lachmann, 2002).

5.7 과신(overconfidence)

이 현상은 자신의 판단이 옳다는 것에 대해 실제 이상으로 확신을 갖는 것을 가리키며 이를 처음 실험으로 보여준 이는 Oskamp(1965)이다. Oskamp(1965)은 8명의 임상심리학자, 18명의 심리학 대학원생, 그리고 6명의 학부생들에게 심리적으로 부적응을 보이는 29세의 한 젊은이에 대한 임상보고를 읽게 하였다. 이 임상보고는 네 부분으로 나뉘어져 있는데, 첫 부분은 이 젊은이가 전쟁 참전자로 현재는 화원에서 일하고 있음을 보여주고 둘째 부분은 이 젊은이의 12살까지의 어린 시절을 묘사하였다. 셋째 부분은 고등학교시절과 대학생 시절, 넷째 부분은 군복무 시절과 그 이후에 대해 묘사하였다. 실험참가자들은 각 부분을 읽고 일련의 질문에 답을 하였다. 질문들은 이 임상보고에 관한 것으로 참가자들은 이 젊은이에 대해 읽은 내용에 근거해 임상판단을 내려야 했다. 질문은 오지선다였고 각 문제를 푼 후 참가자들은 자신의 답이 맞을 확률을 표시하였다(20%~100%). 결과를 보면, 첫 부분을 읽은 후 정확도는 26%, 확신 정도는 33%, 네 번째 부분을 읽고 난 후의 정확도는 처음과 유사하였지만 확신 정도는 50% 이상으로 증가하였다. 즉 확신의 정도는 참가자들이 읽은 내용의 양에 비례해 증가하나 정확성은 그렇지 않음을 보여준다. 또한 전문지식의 양과 경험이 다른 참가자들 간에 정확도의 차이가 나타나지 않았다.

이후 과신이 단순히 과제가 익숙하지 않거나 확신 정도를 표현하는 것에 서툴러서 나타나는 것이 아니라 여러 분야에서 일반적으로 나타나는 현상임을 여러 연구들이 보여주었다. Oskamp의 연구 이후 과신은 주로 상식과 관련된 문제를 가지고 연구되었는데, 예를 들면 다음과 같은 문제이다.

> "다음 두 나라 중 어느 나라가 국민의 평균수명이 더 높은가?"
> ① 아르헨티나 ② 캐나다

사람들은 둘 중 맞는다고 생각되는 나라를 고르고 자신이 고른 나라가 실제로 정답이라고 확신하는 정도를 50~100%로 표시한다. 이런 문제를 수십 개 푼 후 확신 정도가 50%라고 응답한 문제들에서 실제 정답률이 50% 나타나는지를 보는데, 대개 실제 정답률은 30~40%로 나타났다. 자신이 맞는다고 생각하는 정도보다 실제 정답률은 낮게 나타나는데, 이것이 바로 과신 현상이다. 두 답지 중에 하나를 선택하고 자신이 맞을 확률을 보고하는 것 외에 확신범위(confidence range)를 적게 하는 과제도 종종 사용되었다. 예를 들면, 기업에서 일하는 매니저들에게 특정년도 IBM의 직원 수가 몇 명이나 되는지를 90% 확신범위로 대답하도록 한 후 실제로 정답이 그들이 말한 범위 안에 드는 비율을 살펴보는 것이다. 결과를 보면 문제영역에 따라 42~62% 정도 밖에 되지 않았고, 50% 확신범위로 내답하게 했을 때는 정답이 20% 정도만 그 범위 안에 드는 것으로 나타나 확신범위를 사용하여 응답하게 하는 경우 과신 정도가 더 심해지는 것으로 나타났다(Russo & Schoemaker, 1992).

한편 과신에 대한 이후 연구는 문제의 난이도에 따라 과신의 반대 현상, 즉 자신의 판단이 실제보다 덜 정확하다고 생각하는 경향(underconfidence)이 나타남을 보여주기도 하였다. 이는 다시 일반적으로 어려운 문제에 대해서는 과신이 나타나지만 쉬운 문제에 대해서는 오히려 반대의 현상이 나타나는 난이도 효과(hard-easy effect)로 보고되었다. 그런데 위와 같이 두 개의 답지를 주는 상식문제를 해당 문제영역(예, 나라들의 인구통계, GNP 수준)을 대표할 수 있는 식으로 문제 표본을 추출해서 문제를 구성하면(이를 representative design이라 한다) 과신현상이 사라져 과신현상이 통계적인 가공물(artifacts)일 수 있다는 견해도 있었다. 그러나 이를 통제할 수 있는 방식으로 연구를 해도 여전히 과신현상이 나타남을 보여주는 연구도 있었다(Klayman et al., 1999).

또한 자신의 과업수행의 정확성을 과대평가하는 것 외에 자신의 과업수행을 남들과 비교할 때도 비슷한 현상이 나타나 사람들은 자신이 평균 이상이라고 생각하는 경향을 보인다(better than average effect). 한 연구에서는 90% 이상의 운전자가 자신이 평균 이상의 운전실력을 가지고 있다고 믿고 있음을 보여주었고(Svenson, 1981), 다른 연구에서는 응답자의 3분의 2 이상이 자신이 같은 성, 비슷한 연령의 타인과 비교했을 때 행복한 정도가 상위 35%에 해당한다고 대답하여 자신이 타인보다 더 행복하다고 생각하는 경향이 있음을 보여주었다(Lykken, 1999).

과신이 많은 영역과 다양한 사람들에게서 나타나는 현상으로 보고되기는 하였지만 항상 나타나는 것은 아니다. 자신의 과업수행에 대해 지속적으로 그리고 즉각적으로 피드백을 받는 사람들(예, 전문 도박꾼, 일기 예보자 등)은 자신의 예측 정확성에 대해 과신을 하는 정도가 적거나 거의 하지 않는 것으로 알려졌다.

5.8 확증편향(confirmation bias)

흡연이 폐암의 근본원인이라는 연구결과를 토대로 전사회적으로 금연캠페인이 전개되고 흡연행위에 대한 법적 규제가 강화되고 있다. 이에 대한 애연가들의 반응은 어떠할까? 많은 애연가들은 수십 년 간 담배를 피웠지만 건강에 별 이상이 없으며 흡연이 반드시 폐암을 유발하는 것은 아니라는 신념 혹은 가설을 설정하고 이를 지지해주는 증거를 찾는다. 가령 내 주변에 담배를 전혀 피지 않는 사람들도 폐암에 걸리는 것을 보면 흡연이 반드시 폐암을 유발하는 것은 아니라는 식으로 자신이 내세운 가설을 지지해주는 증거를 제시하는 것이다. 이와 같은 경향을 확증편향이라고 하는데, **확증편향**은 사람들이 자신의 머릿속에 가지고 있는 가설을 검증할 때 그 가설이 틀릴 수 있음을 확인하기보다 그 가설이 맞는지를 확인하는 경향을 가리킨다. 이러한 경향으로 자신의 가설이 맞는지 틀리는지를 검증하기 위한 정보를 구할 때에 자신의 가설과 일치하는 정보만을 선별적으로 구하게 된다. 이 확증편향을 보여준 초기 연구로는 Wason(1960)의 세 숫자 문제가 있다. 사람들에게 '2, 4, 6'의 세 숫자를 주고 이 세 숫자를 설명하는 규칙을 발견하도록 하였다. 사람들은 자신이 옳다고 생각하는 규칙에 맞는 세 숫자 예를 말하고 실험자는 그 예가 자신이 가지고 있는 규칙에 맞는지 아닌지를 확인해 준다. 사람들이 발견해야 할 규칙은 '오름차순으로 나열된 세 숫자'이지만 대부분의 사람들은 이를 맞추지 못한다. 이는 사람들이 자신의 가설에 일치하는 예만 들 뿐 자신의 가설을 반증하는 예를 들지 않기 때문이다. 대부분의 사람들이 처음 생각하는 규칙은 '오름차순의 세 짝수', 또는 '처음의 수에서 2를 더해 가는 것' 등이었다. 사람들이 4, 6, 8, 또는 13, 15, 17 등의 예를 들면 '맞다'는 답변을 듣게 되

그림 5-2 Wason의 네 카드 문제

므로 자신이 가지고 있는 가설이 옳다고 생각하여 실험자가 세운 가설을 찾는데 어려움을 보이는 것이다.

Wason(1966)은 조건추론과 관련된 선택 과제를 통해서도 확증편향을 보여주었다. [그림 5-2]에서처럼 네 장의 카드를 보여주는데, 카드 한 면에는 알파벳, 다른 면에는 숫자가 씌어져 있다. 참가자들이 해야 하는 과제는 "한 면에 모음이 있으면, 다른 면에는 홀수가 있다"는 조건 규칙이 제대로 지켜지고 있는지를 확인하기 위해 두 장의 카드를 선택하는 것이다. 여러분이 이 실험의 참가자라면 어떤 카드를 선택하겠는가? Wason(1966)의 실험에서는 90%의 사람들이 A와 7이 적힌 카드를 선택하였다. 그러나 여기서 맞는 카드는 A와 4가 적힌 카드이다. 일단 조건문에 따라 사람들은 모음인 A가 적힌 카드를 선택하고 다른 면을 보아 홀수가 있는지 확인한다. 그리고 숫자가 써진 카드에서는 7을 많이 선택하는데, 이는 'p이면 q이다'라는 조건문을 'q이면 p이다'도 의미하는 쌍조건(p ↔ q)으로 이해하기 때문이다. 그래서 홀수 카드를 선택하고 이를 뒤집어 다른 면에 모음이 있는지 확인하고자 하는 것이다. 그러나 규칙은 한 면에 홀수가 있는 경우에 대해서는 아무런 말을 하고 있지 않으므로, 홀수카드를 선택해 이를 뒤집어 다른 면에 모음이 있는지를 확인하는 대신 짝수가 써진 카드를 뒤집어 다른 면에 모음이 있는지, 즉 조건에 반하는 반증 예가 존재하는지를 확인해야 하는 것이다. 이처럼 사람들은 조건 추론을 정확히 이해하지 못하고, 주어진 조건문이 틀렸는지를 확인하기보다 맞는지를 확인하는 확증편향을 보이게 된다.

그런데 위와 같은 조건추론에서의 확증편향이 구체적인 내용을 담아 제시되면 사람들은 조건추론을 정확히 이해하면서 확증편향도 약해지게 된다. 예를 들어, '술을 마시려면, 20세 이상이어야 한다'는 규칙이 있고, 한 경찰이 술집에 들어가 미성년자가 술을 마시고 있는지 확인하려 한다고 해보자. 여러분이 경찰이라면

그림 5-3 구체적 내용이 담긴 조건추론 선택문제

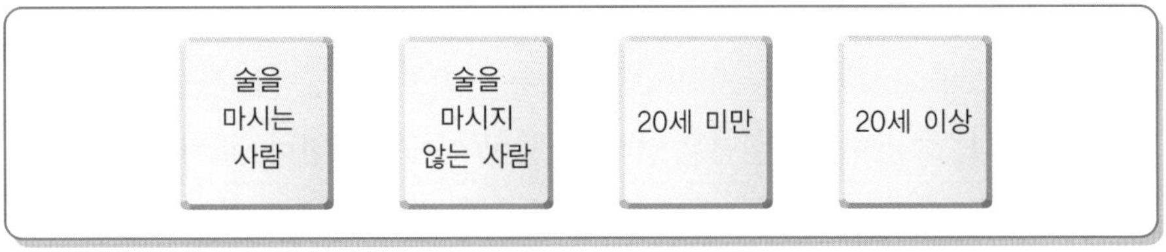

[그림 5-3]의 네 경우 중 어느 경우를 확인하겠는가? 답은 그리 어렵지 않다. 술을 마시는 사람이 20세 이상인지를 확인하고, 20세 미만인 사람이 술을 마시고 있는지 확인하면 되는 것이다.

Johnson-Laird 등(1972)은 위와 비슷하게 구체적인 내용이 들어가 있는 추론 과제를 이용하면 80% 이상의 참가자가 정확하게 해당 카드를 선택한다는 것을 보여주었다. 이처럼 추상적인 내용이 아닌 구체적인 내용으로 조건추론을 하게 하였을 때 수행이 좋아지는 것을 '**내용효과**(content effect)'라고 한다. 이후 Cheng과 Holyoak(1985)는 실용적 추리도식(pragmatic reasoning schema)이라는 개념을 제시하면서 이 현상을 설명하는데, 사람들이 추상적인 추론 방식을 습득하기보다는 일상의 구체적인 상황에서 추론을 하고 이런 경험이 반복되면서 추리도식을 형성하게 된다고 보는 것이다. 위에 제시된 예의 경우, 어떤 행동이 허용되기 위해서 어떤 조건이 충족되어야 하는지와 관련된 다양한 상황을 경험하면서 사람들이 허용도식(permission schema)을 형성하게 되고, 이 도식을 상황에 적용하여 보다 정확하게 추론을 한다는 것이다.

이처럼 사람들이 반증보다는 자기 생각을 지지하는 주장에만 관심을 갖는 '확증편향'이 있기 때문에 올바른 결정을 내리기 위해서는 반박 주장을 제시하는 "악마의 대변자(devil's advocate)"가 필요할 수 있다. 가톨릭교회에서는 성인(聖人) 후보자를 심사할 때 '신의 대변자(God's advocate)'와 '악마의 대변자(devil's advocate)'를 선정하고 '신의 대변자'가 후보의 공적을 제시하면서 성인으로 이름을 올려야 한다고 주장하면, '악마의 대변자'는 그 증거들을 의심하면서 잘못은 없는지 조목조목 따지는 과정을 거치는데, 이는 악마의 대변자가 성인 후보자에게 퍼붓는 모든 비난들을 청취하고 이에 대해 숙고하기 전까지는 사후의 영광을 허용해서는 안 된다고 생각하기 때문이다. 즉 제도적으로 확증편향을 막는 장치를 해놓은 것이다.

확증편향은 소비자 판단과 의사결정에서도 빈번하게 나타난다. 소비자들은 제품이나 서비스에 관하여 많은 지식이나 믿음을 가지고 있다. 예를 들면 "자동차는 독일제가 좋다," "삼성제품은 믿을 만하다" 등이 이에 해당한다. 소비자들이 가지고 있는 믿음은 일종의 가설로 볼 수 있다. 자신의 믿음이 100% 맞다고 확신할 수 없지만 잠정적으로 맞다고 받아들이면서 이후 경험에 의해 그 믿음을 수정하거나 유지하는데, 이러한 과정이 마치 과학자가 가설을 세우고 경험적인 증거를 수집하여 가설을 검증하면서 지지하거나 기각하는 과정과 유사하기 때문이다. 단지 과학적 가설 검증에서는 반증(falsification)의 과정을 통해 가설을 검증하는데, 일반 소비자는 반증보다는 확증 과정을 통해 자신의 믿음을 확인하는 것이 차이점이라 볼 수 있다. 즉 스마트폰을 구매할 때 S사의 것이 더 좋다는 믿음을 가지고 있으면서 경쟁사의 것을 구매해서 정말 좋지 않은지를 확인하지는 않는다는 것이다.

가령 유니클로 히트텍의 발열효과가 뛰어나다고 믿고 있는 어떤 사람이 이에 대한 부정적 메시지를 접한 상황을 생각해보자. 유니클로는 발열내의 히트텍을 출시해 엄청난 판매고를 올렸고, 속에 히트텍만 입고도 따뜻한 겨울을 날 수 있다는 얘기가 사람들 사이에 오르내리기도 했다. 중년의 어떤 회사원이 딸로부터 생일선물로 히트텍을 받아 애용하고 있었는데, 고교동창 모임에서 한 친구가 히트텍의 발열효과가 그리 뛰어나지 않다고 얘기하는 것을 들었다. 그래서 그는 섬유의 발열효과로 인해 히트텍의 보온효과가 탁월하다는 유니클로의 주장과 자신의 사용경험이 믿을 만한지를 확인하고 싶었다. 그런데 발열 및 보온효과와 같이 모호성이 높은 사용경험을 정확히 판단하기란 쉽지 않다. 그는 히트텍이 발열효과가 탁월하다는 유니클로의 주장을 확인하기 위해 히트텍을 입어본 직장동료들의 의견을 구하기로 했고, 그들은 모두 히트텍의 발열효과가 매우 뛰어나다고 평가했다. 그는 발열효과에서 히트텍의 우수성에 대한 자신의 믿음(가설)을 확인하면서 고교동창이 제품을 제대로 사용하지 못한 탓으로 그의 경험을 평가 절하하였다. 이처럼 모호성이 높은 제품을 사용하는 경우 소비자는 자신이 그 제품에 대해 사전에 갖고 있는 믿음(가설)을 지지하는 방향으로 자신의 경험을 해석하려는 경향이 있다.

Focus

'건축학개론'을 통해 본 사랑에 대한 판단 – 알고리즘과 휴리스틱

승민이 서연에게서 등을 돌린 건 그녀가 술에 취해 선배와 함께 방으로 들어가는 장면을 목격한 것이 결정적이었다. 그녀가 선배와 '그렇고 그런 사이'라고 단정해버렸기 때문이다. 그런 사정을 모르는 서연은 얼마 후 "왜 연락이 안 되냐"며 그를 찾아오지만 파국은 이미 두 사람의 사랑을 삼켜버린 뒤다. 승민은 "이제 제발 꺼져줄래?"라는 막말을 쏟아낸 뒤 혼자 눈물을 삼킨다. 하지만 서연이 좋아하는 사람은 선배가 아닌 승민이었다. '첫눈 오는 날 여기서 만나자'는 약속을 지키려고 혼자 빈집으로 향했던 것도 그녀였다.

그렇다면 승민은 왜 서연의 마음을 제대로 확인하지도 않은 채 쉽게 포기한 것일까. 여기에는 사랑이라는 감정이 알고리즘(algorithm)보다는 휴리스틱(heuristic)의 경로를 따라가기 십상이기 때문이다. 수학과 컴퓨터 용어로 사용되는 알고리즘은 어떤 문제를 해결하기 위한 절차와 방법론을 뜻한다. 수학문제를 푸는 것처럼 원인과 결과가 분명한 문제에 대한 해답을 추구해가는 과정이다. 반면 행동경제학에서 파생된 휴리스틱은 이성이나 합리성보다는 직감 또는 직관으로 문제해결에 접근하는 방식을 일컫는다. 대개 명확한 근거나 실마리가 없을 때 나타난다. 휴리스틱의 단점은 편향이다. 다시 말해 불완전한 정보를 토대로 판단을 하는 과정에서 잘못된 결정이 내려질 수 있다는 것이다.

만약 승민이 알고리즘을 따라 행동했다면, 그리하여 그날 밤의 진실을 탐색했더라면 두 사람의 운명은 달라졌을 수도 있다. 하지만 차분한 이성을 앞세우기엔 스무 살의 청년이 감당하기 어려울 정도로 가혹한 광경이었다.

자료원: 한국경제, 2013. 9. 14.

5.9 지지이론(support theory)

Tversky와 Koehler(1994)는 사람들이 주관적 확률을 판단하는 방식이 확률이론이 제시하는 것과는 다른 방식으로 이루어짐을 제시하면서 '지지이론'을 제안하였다. 확률에 대해서는 수학자들 사이에도 여러 의견이 있는데, 기존의 확률이론보다 좀 완화된 이론들도 기본적으로 외연성(extensionality)을 가정한다. 외연성 가정이란 기본적으로 동일한 외연(주어진 개념이 적용되는 사물의 범위나 개체들의 집합)을 가진 사건에 대해서는 확률을 동일하게 판단해야 한다는 것이다. 그런데 실제로 사람들이 주관적 확률을 판단하는 것을 보면 동일한 사건이라 하더라도 그 사건이 어떻게 기술되느냐에 따라 판단이 달라진다. 이들은 '사건(events)'과 '사건에 대한 기술(description of events)'을 구분하고 후자를 '가설(hypotheses)'이라고 표현하였다. 예를 들어, 두 개의 주사위를 던져 한 주사위는 윗면이 1, 다른 주사위는 윗면이 2가 나온 사건이 있다고 해보자. 이 사건은 '두 면의 합은 3' 또는 '두 면의 곱은 2'로 기술될 수 있다. 이렇듯 동일한 사건을 다르게 기술하는 경우 그에 대한 사람들의 주관적 지지 정도가 달라질 수 있는데, 이들은 특히 한 사건을 그 사건을 이루는 하위요소들로 풀어(unpacking) 제시하면 그 확률이 더 높게 판단되는 **분해효과**(unpacking effect)를 보고하였다.

Tversky와 Koehler(1994)는 질병으로 인한 사망률을 사람들에게 질문하였는데, 한 집단에게는 그냥 질병에 의한 사망률을 질문하였고, 두 번째 집단에게는 심장질환, 암, 그 외의 질병에 의한 사망률을 질문하였고, 마지막 집단에게는 질병으로 사망할 경우 다음의 폐암, 위암, 전립선암, 유방암, 방광암, 백혈병, 그 외의 암으로 죽을 확률을 질문하였다. 첫 번째 집단은 58%가 질병으로 죽을 것이라고 응답하였는데, 두 번째 집단에서 이를 세 가지로 풀어 제시하면 질병으로 죽을 확률이 73%로 커진다. 그리고 마지막 집단에서 암을 7가지로 풀어 제시하면 암으로 죽을 확률이 두 번째 조건에서 18%라고 응답한 것이 마지막 집단에서는 31%로 커진다. 이처럼 한 사건을 그 사건을 이루는 세부사건으로 분해하여 제시하면 사람들의 확률판단이 높아지게 된다. 즉 전체에 대한 확률판단이 그 전체를 이루는 부분에 대한 확률의 합보다 작아지는 현상이 나타나는데, 이를 **준가법성**(subadditivity)이라고 한다. 이는 사람들이 어떤 사건에 대한 주관적 확률을 판단할 때 그 사건을 이루는 배타적인 하위사건들을 생각하고 각 사건에 대한 주관적 지지 정도를 합하여 전체사건에 대한 주관적 확률을 판단하기보다 그 사건의 가장 대표적이거나 가용한 하위사건에 기초해 전반적인 인상을 형성하는 식으로 주관적 확률을 판단하기 때문이다. 즉 기억이나 주의의 한계로 이러한 현상이 나타나는 것이다. 한 사건을 세부사건으로 분해하여 제시하면 사람들은 미처 생각하지 못했던 가능성들을 떠올리게 되고 결국 명시적으로 언급된 것들에 대한 주관적 지지 정도가 증가하게 된다.

이러한 분해효과는 확률판단에만 나타나는 것이 아니라 다른 평가적 판단에도 영향을 미친다. 예를 들어, 북알래스카에 위치한 정유공장이 환경보호법을 위반하여 재판을 받게 된 상황이라고 가정하자. 정유공장의 환경위반 행위가 주변 지역주민들의 건강에 미치는 악영향은 동일하지만, 이를 다음과 같이 달리 기술하여 제시하였다(Van Boven & Epley, 2003).

분해조건: 한 정유공장은 허용치의 2배나 높은 위험물질을 공기 중으로 배출시켰다. 이 정유공장의 환경위반 행위로 인해 주변 지역주민들의 천식, 폐암, 인후암, 그리고 그 외 각종 호흡질환 발병 가능성이 10% 정도 증가하였다.

전체조건: 한 정유공장은 허용치의 2배나 높은 위험물질을 공기 중으로 배출시켰다. 이 정유공장의 환경위반 행위로 인해 주변 지역주민들의 각종 호흡질환 발병 가능성이 10% 정도 증가하였다.

위의 다른 기술문을 각각 다른 집단에 보여준 후 자신이 판사라면 환경위반이 주변 지역주민에게 주는 고통의 강도, 주민에 대한 보상금액, 공장 폐쇄 기간에 대해 어떻게 판결할 것인지를 질문하였다. 흥미롭게도 동일한 사건에 대한 평가결과는 〈표 5-1〉과 같이 조건에 따라 상이하게 나타났다.

표 5-1 기술방법에 따른 사람들의 평가결과

	분해조건	전체조건
고통의 강도	9.17	7.70
보상금액	264,722달러	130,336달러
공장 폐쇄 기간	9 ~ 12개월	6 ~ 9개월

〈표 5-1〉에 나타난 것처럼 사람들은 환경위반의 악영향에 대해 좀 더 자세하게 기술하였을 때 환경위반 행위를 더 심각하게 받아들여 전체사건으로 묘사한 상황보다 더 많은 벌금을 부과하고 나아가 더 오래 공장을 폐쇄해야 한다는 판결을 내렸다.

분해효과는 보험이나 주식과 같이 확률판단이 중요한 제품에서 효과적인 커뮤니케이션 방법에 대한 시사점을 제공한다. 예를 들어 보험 관련 광고에서 '각종 암을 보장해주는 다보장보험'이라고 포괄적으로 표현하기보다는 '우리나라 사람들에게 가장 많이 발생하는 간암, 폐암, 위암과 같은 각종 암을 보장해주는 다보장보험'이라고 구체적으로 표현할 때 소비자는 암 발생확률을 더 높게 지각하면서 보험의 필요성을 더 크게 인식하고 보험에 가입할 가능성이 증가할 것이다.

그러나 분해효과가 항상 나타나는 것은 아니다. 먼저 전체사건을 다소 비전형적인 세부사건으로 풀어 제시하면 오히려 세부사건에 대한 주관적 확률이 낮아진다. Sloman 등(2004)은 실험에 참가한 사람들을 세 집단으로 나누어 사건의 발생확률을 예측하도록 하였다. 먼저 A 집단은 "내년에 미국에서 죽는 사람들 중 한 명을 임의로 선택할 경우, 질병으로 죽게 될 확률은 어느 정도일까요?"라고 질문하였고, B 집단은 "내년에 미국에서 죽는 사람들 중 한 명을 임의로 선택할 경우, 심장질환, 암, 뇌졸중 또는 그 외의 질병으로 죽게 될 확률은 어느 정도일까요?", 그리고 C 집단은 "내년에 미국에서 죽는 사람들 중 한 명을 임의로 선택할 경우, 폐렴, 당뇨병, 간경화 또는 그 외의 질병으로 죽게 될 확률은 어느 정도일까요?" 라고 질문을 하였다. 연구결과를 보면 B 집단(심장질환, 암, 뇌졸중 또는 그 외의 질병)이 60%로 가장 높게 나왔고, A 집단(질병)이 55%로 그 다음으로 높게 나왔으며, C 집단(폐렴, 당뇨병, 간경화 또는 그 외의 질병)이 40%로 가장 낮게 나왔다. 이런 결과가 나타난 이유는 B 집단의 경우 사람들의 사망원인을 실제로 사람들이 많이 죽는 전형적(typical)인 질병인 심장질환, 암, 뇌졸중 등으로 기술하여 분해효과가 나타나 발생확률이 높게 예측되었지만 C집단의 경우 폐렴, 당뇨병, 간경화와 같이 사람들이 죽는 일반적인 사망원인이 아닌 비전형적인(atypical) 질병으로 기술되었기 때문에 발생확률이 낮게 예측된 것이다. 이러한 결과는 전체사건을 세부적으로 기술하는 사례의 전형성에 따라 분해효과가 나타나기도 하고 그 반대의 현상이 나타나기도 함을 보여준다.

분해효과는 사건과 자신과의 관련성에 따라서도 달라질 수 있다. Van Boven과 Epley(2003)는 심리학과 학생들을 대상으로 사회과학 분야에서 10위권 안에 든 X대학과 자연과학 분야에서 10위권 안에 든 Z대학에 대해 〈표 5-2〉와 같이 설명한 뒤 두 대학의 학문의 우수성(academic quality)을 평가한 후 만약 자신이 그 대학에 다니는 학생이라면 자신이 받는 교육에 대해 얼마나 만족할 것이라고 생각

표 5-2 대학평가 결과 제시방법

사회과학대학 (X대학)	분해조건	이번 대학평가에서 심리학, 사회학, 문화인류학과 기타 사회과학 분야가 모두 10위권 안에 들었습니다.
	전체조건	이번 대학평가에서 사회과학 분야가 모두 10위권 안에 들었습니다.
자연과학대학 (Z대학)	분해조건	이번 대학평가에서 화학, 지질학, 물리학과 기타 자연과학 분야가 모두 10위권 안에 들었습니다.
	전체조건	이번 대학평가에서 자연과학 분야가 모두 10위권 안에 들었습니다.

하는지, 예상된 만족도를 평가하도록 하였다.

학문의 우수성을 평가하는 것은 제3자로써 주어진 자료를 보고 자연스럽게 판단할 수 있는 것이므로 관련성이 있는 판단이지만 자신이 그 대학의 학생이라고 생각하고 예상되는 만족도를 평가하는 것은 응답자 학생들이 심리학 전공이므로 사회과학대학에 대해서는 관련성이 있지만 자연과학대학에 대해서는 관련성이 떨어지는 평가이다. 따라서 분해효과가 자연과학대학에 대한 예상된 만족도 평가에서는 나타나지 않을 것이라고 예측하였다.

결과를 보면 학문의 우수성에 대한 평가에서는 사회과학대학과 자연과학대학 모두 전체조건(11점 만점 중 6.23점)보다 분해조건(11점 만점 중 7.35점)에서 더 높은 평가를 받아 분해효과가 나타났다. 그러나 자신이 소속된 대학이라고 가정하고 그 대학이 제공하는 교육에 대한 예상 만족도를 평가한 경우에는 사회과학대학에서는 전체조건(11점 만점 중 6.62점)보다 분해조건(11점 만점 중 8.08점)에서 더 만족한다고 평가하여 분해효과가 나타났지만 자연과학대학 조건에서는 전체조건(11점 만점 중 6.67점)과 분해조건(11점 만점 중 6.23점) 간에 만족도의 차이가 나타나지 않았다. 즉 평가에 대한 관련성 지각 정도에 따라 분해효과가 달리 나타나는 것을 볼 수 있다.

지금까지 소개한 여러 판단 휴리스틱과 그로 인한 편향은 많은 연구를 통해 반복적으로 검증되었고 심리학뿐 아니라 인접 사회과학 분야에 큰 반향을 불러일으켰다. 인간이 인지적 한계와 의사결정에서의 편향을 보인다는 연구결과는 계몽시대 이래 지금까지 가져온 인간의 합리성에 대한 믿음에 의문을 제기하였기 때문이다. 그러나 휴리스틱하게 판단을 한다고 해서 항상 편향이 나타나는 것은 아니다. 휴리스틱은 적은 정보로 보다 빨리 판단을 내리게 하는 주먹구구식 방법으로 때로는 효율적으로 정확한 판단을 내리게 해준다. Kahneman과 Tverksy 또한 이런 점에서 휴리스틱의 효용이 있다고 보았지만 이들의 연구방법이 휴리스틱 이용에 따른 판단의 편향을 보여줌으로써 편향 자체가 부각된 점이 없지 않아 있다. 다음 6장에서는 이들의 관점과는 다른 휴리스틱 개념을 소개하고자 한다.

6장

판단 2: 대안적 접근

06 판단 2: 대안적 접근

Tversky와 Kahneman 연구의 원래 의도는 현실에서 사람들이 내리는 판단이나 의사결정을 설명할 수 있는 기술적 이론을 제안하는 것이었다. 이들은 사람들이 휴리스틱한 방법을 쓰면 그 결과 때로는 편향된 판단이 일어난다는 것을 보여주고자 하였다. 그러나 이들의 처음 의도와는 달리 사람들은 인지적 편향에 더 큰 관심을 보였고 이러한 반응은 Tversky와 Kahneman에게도 영향을 미친 것으로 보인다. 이들이 인간의 어리석은 실수, 비합리성을 공공연하게 주장한 것은 아니지만 그들이 사용하는 언어가 다분히 그런 메시지를 함축한다는 비판을 피하기는 어려울 것 같다(Lopes, 1991).[1)]

6.1 스마트한 휴리스틱

Tversky와 Kahneman의 연구방법과 그 결과에 의문을 제기하고 비판을 가한 연구자들도 있었는데, 그중 가장 대표적인 인물이 Gigerenzer이다. 그는 확률판단 시 기저율(base rate)을 무시하고 대신 '대표성(representativeness)'이라는 휴리스틱을 사용한다는 Tversky와 Kahneman의 연구결과에 대해 사람들이 판단에서 편향을 보이는 것은 사람들에게 익숙한 양식으로 정보가 제공되지 않았기 때문이라고 지적하였다(Gigerenzer & Hoffrage, 1995). 동일한 문제를 서로 다른 양식의

1) Lopes는 Tversky와 Kahneman이 1974년 Science지에 실린 그들의 논문에서 사람들의 휴리스틱한 판단과정을 보여주기 위한 실험결과를 보고하는 데 있어 사람들의 수행을 평가하는 식의 언어를 사용하고 있다고 지적한다. 논문에서 각 휴리스틱을 소개하는 소제목을 보면, 대표성의 경우 insensitivity to priors, insensitivity to sample size, misconceptions of chance, insensitivity to prediction, illusion of validity, misconceptions of regression으로 소개되었다. 가용성의 경우 bias due to retrievability, bias due to search process, bias due to imaginability, illusory correlation으로 소개되었다. 정박과 조정은 insufficient adjustment, biases in conjunction vs. disjunction, biases in probability distribution으로 소개되었다.

정보로 제시한 아래의 예를 살펴보자. 동일한 의사결정 문제에서 Tversky와 Kahneman은 관련정보를 확률로 제공하였고, Gigerenzer는 동일한 정보를 빈도(frequency)로 제시하였다.

(확률양식) 정기검사에 참여하는 40대의 여성들 중에 1%는 유방암을 가지고 있다. 만약 어떤 여성이 유방암을 가지고 있다면 그 여성이 정기검사에서 양성으로 나올 확률은 80%이고 반면 유방암을 가지고 있지 않아도 정기검사에서 양성으로 나올 확률은 9.6%이다. 40대의 한 여성이 유방암 정기검사에서 양성결과를 받았다고 할 때 이 여성이 실제로 유방암을 가지고 있을 확률은 얼마인가? (Eddy, 1982)

(빈도양식) 정기검사에 참여하는 40대의 여성들 1,000명 중 10명이 유방암을 가지고 있다. 유방암을 가지고 있는 10명의 여성 중 8명은 정기검사를 받으면 양성결과가 나오는 반면 유방암을 가지고 있지 않은 990명의 여성 중 95명도 정기검사를 받으면 양성결과가 나온다. 여기 유방암 정기검사에서 양성결과를 받은 40대 여성들이 있다. 이들 중 실제로 유방암을 가지고 있는 사람은 몇 명일까? ___ 중 ___ 명 (Gigerenzer & Hoffrage, 1995)

Gigerenzer의 주장은 빈도(frequency)가 진화론적으로 보았을 때 인간에게 더 익숙한 형태의 정보양식(information format)이라는 것이다. 인간은 생존을 위한 여러 활동에서 자신의 주위에서 일어나는 사건들의 빈도를 처리할 필요가 있었고 이에 따라 빈도정보를 처리하는 **인지알고리즘**(cognitive algorithm)[2)]이 발달하게 되었다. Gigerenzer의 주장은 사건의 발생빈도가 자동적으로(automatic) 처리된다는 연구결과에 의해서도 지지를 받는다(Hasher & Zacks, 1979). 즉 사람들이 빈도 자체에 주의를 기울이지 않아도 빈도에 대해 어느 정도의 정보처리가 일어난다는 것은 이러한 정보를 처리하는 인지알고리즘이 있음을 시사한다. 실제로 위의 두 번째 문제와 같이 빈도로 정보가 제시되면 사람들은 더 정확한 판단을 하게 된다. 확률 양식으로 제시가 되면 베이스의 정리(Bayes' theorem)를 사용하여 문제를 풀어야 하는 반면 빈도로 제시되면 사람들이 베이스의 정리를 알지 못해도 [그림 6-1]에서 보듯이 자연스럽게 베이스가 제안한 방식대로 사고를 하게 되고 보다 정확

2) 알고리즘(algorithm)은 단계별로 구체적으로 명시된 일련의 문제 해결 절차를 가리킨다. 휴리스틱과는 반대의 개념이다. 인지알고리즘은 특정 정보를 처리하기 위해 우리 머릿속에 회로처럼 정해진 정보처리 과정이라고 보면 된다. 우리 뇌는 다양한 정보를 처리하기 위한 여러 인지알고리즘을 가지고 있다. 매우 중요한 사회적 자극인 얼굴을 인식하는 처리 과정이 있고, 빈도 정보를 담당하는 처리 과정 등이 그런 예인데, 이런 특화된 처리과정을 인지알고리즘이라고 보면 된다.

그림 6-1 빈도양식과 확률양식에 따른 사람들의 판단 방식

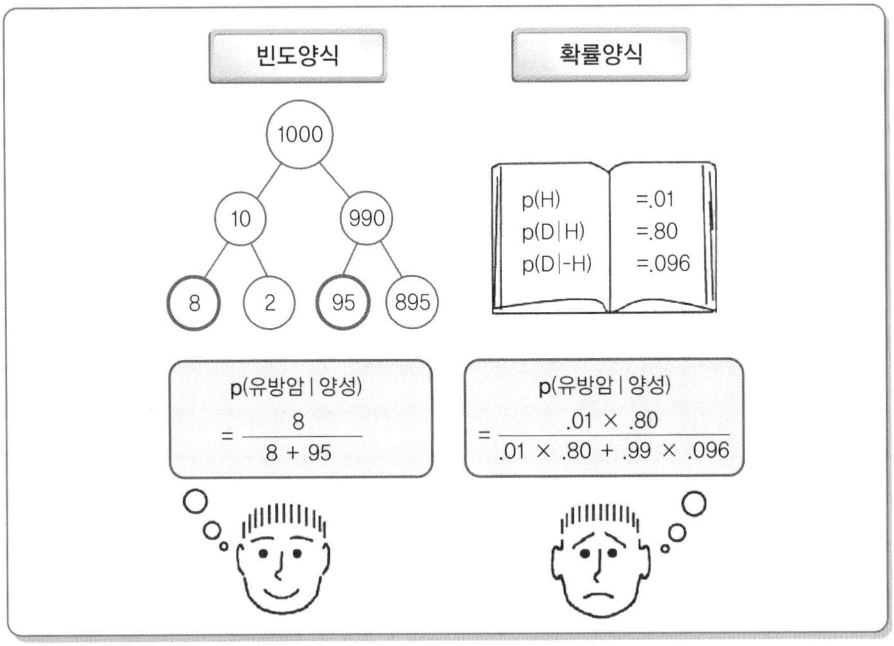

한 판단을 하게 된다는 것이다.

Gigerenzer의 연구는 사람들에게 익숙하지 않은 양식으로 정보를 제공하고 그 결과 그들이 편향된 판단을 내리는 것을 보여주는 것이 과연 타당한가하는 질문을 던진다. 그는 사람들의 판단이 얼마나 정확한지를 논하기 위해서는 그들이 가지고 있는 인지알고리즘에 상응하는 형태의 정보를 제공하는 것이 선행되어야 한다고 주장한다. 또한 Gigerenzer는 Tversky와 Kahneman의 결과분석(outcome analysis) 방법, 즉 주어진 문제에 대해 사람들이 답으로 말한 것이 합리적인 의사결정자가 따라야 하는 원칙을 제안하는 규범적 이론(normative theory)에 근거한 답과 일치하는지를 비교하는 방법이 의사결정 문제에 대한 판단을 내리기 위해 거치는 인지과정이나 의사결정자의 수행능력을 직접적으로 보여주는 것은 아님을 지적하면서 대신 과정분석(process analysis)을 할 것을 제안하였다. 실제로 Tversky와 Kahneman은 휴리스틱이 어떤 정신과정을 거쳐 일어나는지를 제안하기보다 판단에서 편향이 나타난다는 것을 통해 사람들이 휴리스틱을 사용하고 있다고 주장하였다. Gigerenzer는 실험 직후 면접이나 동시조서(concurrent verbal protocol)와 같은 방법을 사용하여 사람들의 선택이나 판단과정에 대한 정보를 얻고자 하였고, 자신이 제안하는 휴리스틱이 어떤 과정을 거쳐 일어나는지를 제안하고, 이를 시뮬레이션을 통해 보여주는 식의 과정분석 방법을 사용하였다.

Gigerenzer와 막스플랑크 연구소(Max Planck Institute)의 동료 연구자들은 '**빠르고 소박한**(fast and frugal) **휴리스틱**'을 제안하였다. 이들은 사람들이 의사결정 문제를 해결하거나 판단/선택을 하는데 있어 휴리스틱한 방법을 포함한 다양한 인지도구를 가지고 있다고 주장했는데, 이들의 공통적인 특징은 적은 정보로 빠르게 판단을 하게 하지만 그 수행정도도 꽤 좋다는 것이다. 이런 의미에서 Gigerenzer가 제안하는 휴리스틱은 스마트한 휴리스틱이다. 그들은 여러 종류의 휴리스틱을 제안하는데, 그중 가장 간단한 '**재인 휴리스틱**(recognition heuristic)'을 살펴보자.

재인 휴리스틱은 두 개 대안 중 하나를 선택해야 할 때 자신이 들어본 적이 있어 재인을 하는 대안을 선택하는 것이다. 재인 휴리스틱은 다양한 문제에 적용될 수 있다. Gigerenzer는 두 개의 도시를 주고 인구가 더 많은 도시를 선택하는 문제를 사용하여 사람들이 재인 휴리스틱을 사용해 스마트한 선택을 할 수 있음을 보여 주었다. 예를 들어, 미국에 있는 두 개 도시, 샌안토니오와 샌디에이고 중 어느 도시의 인구가 더 많을까? 만약 여러분이 재인 휴리스틱을 사용할 경우, 샌안토니오는 들어보지 못했고 샌디에이고는 들어보았다면 샌디에이고를 선택할 것이다. 그럼 어느 도시가 실제로 인구가 더 많을까? Gigerenzer는 이 문제를 독일 대학생과 미국 대학생들에게 물어보았는데, 질문을 했을 당시에는 샌디에이고가 인구가 더 많았다.[3] 질문 결과를 보면, 독일 학생들은 100% 샌디에이고를 선택했고, 미국 학생들은 62%만 샌디에이고를 선택했다. 미국 도시에 대해 아는 것이 더 적은 독일 학생들이 미국학생들보다 정답을 더 많이 맞힌 것이다. 독일 학생들의 경우 샌디에이고는 많이 들어봤지만 샌안토니오는 들어보지 못했기 때문에 재인 휴리스틱을 효율적으로 사용할 수 있었던 반면, 미국 학생들은 두 개 도시를 다 알고 있기 때문에 재인 휴리스틱을 사용할 수 없었고 추가적인 단서(예, 주도인지, 잘 알려진 미식축구나 야구팀이 있는지 등)를 사용해서 선택했을 가능성이 크다.

그렇다면 왜 도시에 대해 더 많은 정보를 가지고 있는 미국학생들의 수행이 더

3) 2010년 인구조사 결과에 의하면, 샌안토니오는 미국에서 7번째로, 샌디에이고는 8번째로 큰 도시이다.

떨어졌을까? Gigerenzer는 재인이라는 것이 가장 단순한 형태의 지식이기는 하지만 유용한 정보를 내포하고 있다고 보았다. 예를 들어, 들쥐의 경우 재인이 되지 않은 먹을거리는 입에 대지 않는다. 자신이 이전에 직접 먹어본 것이거나 다른 쥐가 먹는 것을 냄새를 맡아본 적이 있는 경우에만 먹는데, 이는 재인이 된 먹을거리가 안전하다는 것을 알려주기 때문이다. Gigerenzer와 동료 연구자들은 실제로 독일에서 발행되는 신문에 미국도시가 언급된 횟수를 조사하였는데, 샌안토니오보다 샌디에이고가 언급된 횟수가 더 많았다. 대개 인구가 많은 도시가 뉴스거리가 많을 수 있고 언론에 노출될 기회가 많다. 따라서 사람들은 신문을 통해 노출된 도시, 즉 재인된 도시일수록 인구가 많은 도시일 가능성이 클 것으로 판단할 수 있다. 이들이 조사한 자료에 의하면, 실제 인구와 언론에 언급된 횟수 간의 상관 계수는 .70이고, 신문에 도시가 언급된 횟수와 그 도시를 재인한 사람들 수의 상관은 .79이고, 도시 이름을 재인한 사람들의 수와 인구와의 상관은 .60이었다. 이처럼 재인이 단순하기는 하지만 인구가 더 많은 도시 맞추기 과제에서 실제 인구를 알려주는 좋은 단서일 수 있다.

Gigerenzer는 어떤 단서가 실제 준거 값(예, 인구)을 잘 예측하는 경우 생태학적 타당도(ecological validity)가 높다고 말한다. 그리고 위의 예에서처럼 재인 단서의 생태학적 타당도가 높은 경우 독일 학생들처럼 재인 휴리스틱을 사용해 더 좋은 수행결과를 보일 수 있는데, 이를 '적게 아는 것이 더 좋은 효과(less is more effect)'라고 하였다.

그렇다면 사람들이 실제로 재인 휴리스틱을 사용할까? 이들은 미국 대학생들에게 25개 또는 30개의 독일 도시에서 두 개의 도시를 뽑아 어느 도시가 인구가 더 많은지 선택하게 했다. 이 과제를 수행하기 전에 전체 도시목록에서 자신이 아는 도시와 알지 못하는 도시를 표시하도록 하였고, 학생들이 재인하는 도시와 재인하지 못하는 도시를 가지고 모든 가능한 도시 쌍(300개 또는 435개)에서 재인 휴리스틱이 적용 가능한 문제 수를 얻었다. 재인 휴리스틱을 적용해서 선택한 도시와 학생들이 실제로 선택한 도시가 서로 얼마나 일치하는지 살펴본 결과 평균적으로 90%가 일치하는 것으로 나타났다. 사람들이 재인 휴리스틱을 쓸 수 있는 경우 상당 부분 이 휴리스틱을 사용하는 것으로 볼 수 있는 결과인 것이다.

미국 학생들처럼 두 도시를 모두 재인해서 재인 휴리스틱을 쓸 수 없는 경우에는 앞서 언급한 것처럼 추가적인 단서를 활용해서 두 도시 중 하나를 선택할 수 있다. 만약 한 도시가 주도이고 다른 도시가 주도가 아니라는 것을 알고 있으면 주도인 도시를 선택하는 것이다. 그러나 두 도시 모두 주도가 아니라는 것을 알고 있으면 다른 단서를 찾는다. 이렇게 두 도시 중 하나를 선택할 수 있을 때까지 추가적인 단서를 찾아가게 되지만 결국 선택을 하는 것은 하나의 단서에 기반해 선택을 하게 되는데, Gigerenzer는 이것을 **하나의 이유에 근거한 선택**(one reason decision making)이라고 하였다. 기존의 의사결정 전략들이 여러 단서들을 동시에 고려하고 통합하여 선택을 하는 반면, Gigerenzer가 제안한 휴리스틱은 한 번에 하나의 단서만을 고려하기 때문에 인지적 부담도 적고, 관련 단서 중 일부만 활용해도 된다. 두 대안 중 한 대안만 재인을 하면 재인에 근거해서 선택을 할 수 있고, 둘 다 재인을 하는 경우 다른 단서를 찾으면 된다. 다른 단서에 의해 선택을 할 수 있으면 추가적인 단서 탐색을 멈추고 바로 선택을 하게 된다. 이처럼 대안과 관련된 모든 단서를 찾고 활용하기보다 제한된 탐색을 하고, 현재 고려하고 있는 단서로 선택을 할 수 있으면 추가적인 단서를 고려하지 않고 바로 선택이 이루어진다는 점에서 Simon이 제안한 최소만족(satisficing)에 기초한 선택이 이루어지는 것이다.

Gigerenzer는 하나의 단서에 기초해 선택을 하는 것이 관련된 모든 단서를 활용하는 선택방식과 비교해서 어느 정도의 정확성을 보이는지도 보여주었다. 과제는 83개의 독일도시 중 제시된 두 개 도시에서 인구가 더 많은 도시를 선택하는 것이고 재인 외에 9개의 추가 단서를 사용할 수 있다. 재인 외의 9개의 추가 단서를 찾을 때 무작위로 단서를 찾는 휴리스틱(Minimalist)과 단서의 생태학적 타당도에 기초해서 타당도가 높은 단서부터 찾는 휴리스틱(Take the best), 그리고 재인과 9개의 단서를 합한 10개의 모든 단서를 활용하는 다중회귀식을 비교한 결과를 보면, Minimalist의 경우 평균적으로 2.8개의 단서를 사용하고 정확성은 64.5%이었고, Take the best의 경우 3개의 단서를 사용하고 정확성은 65.8%이었으며, 다중회귀식은 10개의 단서를 사용하고 정확성은 65.7%이었다. 이러한 결과는 휴리스틱을 사용하는 것이 전체 단서를 보완적으로 통합하는 방식에 비해 결코 정확성이 떨어지지 않음을 잘 보여준다.

이처럼 Gigerenzer는 적은 정보로 빨리 선택을 하는 것이 결코 어리석지 않고 꽤 좋은 성과를 보임을 보여주면서 Kahneman과 Tversky와는 달리 판단과 의사결정문제에서 스마트한 휴리스틱 사용의 유용성을 보여주었다. Tversky와 Kahneman의 연구가 과거 의문이 제기되지 않았던 인간의 합리성에 대한 믿음에 일대 전환을 가져온 것과 마찬가지로 Gigerenzer의 연구는 Tversky와 Kahneman의 연구결과가[4] 함축하는 인간의 합리성에 대한 불신에 전환점을 가져오는데 공헌했다고 볼 수 있다. Gigerenzer의 연구가 Simon의 제한된 합리성 개념을 보다 확장하는데 공헌했지만, 인간 의사결정의 합리성에 대한 논쟁은 여전히 진행되고 있다. 다음에서는 이 문제에 대해 보다 자세히 살펴보고자 한다.

6.2 합리성의 문제

합리성(rationality)은 행동적 의사결정 연구 분야에서 인간의 판단과 의사결정 능력에 대한 근본적인 물음을 제기하는 중요한 주제이다. 이 분야의 많은 연구결과들은 인간의 합리성에 대해 무엇을 말해주는가? 인간은 다양한 편향을 보이고 일관되지 않은 선택을 하는 비합리적인 존재인가? 제한된 정보처리 능력을 갖고 있지만 그래도 어느 정도 합리적인 판단과 결정을 내리는 존재인가? 이에 대한 답변을 하기 위해서는 먼저 합리성이 무엇인지에 대한 정의가 필요하다.

합리성에 대한 정의는 분야마다 다양하다. 철학, 사회학, 정치학, 진화생물학, 경제학, 심리학 등의 분야에서 다뤄지고 있는데, 실제로 행동적 의사결정 연구 분야에서는 합리성이 중요한 주제임에도 불구하고 이에 대한 논의가 활발하지는 않다.

Baron(2008)은 합리적인 사고를 '사람들이 자신의 목표를 달성하는데 도움을 주는 사고'라고 정의한다. 그에 의하면 좋은 의사결정은 첫째, 문제의 중요성에 따라 자신의 목표가 무엇인지, 가능한 대안에는 무엇이 있는지, 그리고 각 대안에

4) Tversky와 Kahneman은 자신들이 1971년과 1973년 사이에 한 연구를 요약 · 정리하여 1974년 Science 지에 발표하였는데, 이 논문은 그 후 6년간(1975~1980) 127개의 학술지에 모두 227번 인용되었고, 그 중 20%는 심리학 외의 분야였다(Berkeley & Humphreys, 1982). 2023년 구글 학술검색에 의하면 48,593회 인용된 것으로 나타난다.

대한 증거자료를 충분히 찾고 생각하는 것이며 둘째, 증거를 찾고 사용하는데 있어서 편향됨이 없이 공정한 것이며 셋째, 자신이 내린 결론에 대한 확신(confidence)은 사고한 양만큼 그리고 그 질(quality)에 적절한 정도로 갖는 것이다. 첫 번째 조건에서 충분한 사고란 적정수준의 사고를 말하는데 이는 무조건 오랜 시간 동안 생각하는 것이 좋음을 가리키는 것은 아니다. 경제학의 한계효용체감의 법칙과 마찬가지로 어느 시점을 지나서는 사고의 효용이 떨어지게 되는데 이때는 사고를 계속하는 것이 오히려 좋은 의사결정을 내리는데 방해가 될 수 있다. 대부분의 의사결정상황은 주어진 시간 내에 이루어져야 하므로 우리는 제한된 시간 내에 판단을 하고 결정을 내려 시기적절하게 행동해야 한다. 그러므로 문제의 중요성에 따라 적정 수준의 사고를 하는 것이 필요하다.

Baron은 또한 합리성이란 사람들의 사고방식에 근거해 판단하는 것이지 나타난 결과로 판단하는 것이 아니라고 말한다. 즉 선택의 결과가 좋게 나왔다고 해서 그것이 합리적인 사고의 결과라고 보기는 어렵다는 것이다. 그보다는 어떻게 선택하였는가, 위에서 제시한 좋은 의사결정과정을 거쳤는지 여부에 따라 합리성을 판단해야 한다는 것이다. 때론 엉성한 사고의 결과도 좋게 나타날 수 있는데, 그것은 단순히 운이 좋아서이지 합리적인 사고의 결과라고 보기는 어렵다. 그런데 종종 사람들은 결과에 근거해 그 결과에 이르게 한 과정을 평가하는 경향이 있는데, 이를 **결과편향**(outcome bias)이라고 부른다. 즉 결과가 좋으면 그 결과에 이르게 한 과정도 합리적이었다고 판단하는 것이다.

Baron은 또한 합리성이 정확성(accuracy)과 같지 않고 마찬가지로 비합리성이 실수(error)를 뜻하는 것도 아니라고 지적하면서 합리성은 정도(degree)의 문제라고 말한다. 또 사람들이 흔히 갖기 쉬운 생각으로 합리적인 사고하면 철저히 자신의 이득을 추구하고 이성만을 중시하는 냉철한 인간상을 떠올리는데 이는 잘못된 것이라고 지적한다. 때로는 자신이나 다른 사람의 감정(emotion), 그리고 다른 사람의 이득을 생각하는 이타적인 자세도 합리적 사고를 위해 필요한 요소일 수 있기 때문이다.

한편 Dawes(1988)는 사고의 방식을 **자동적 사고**(automatic thinking)와 **통제된 사고**(controlled thinking)의 두 가지로 나누면서 보다 합리적인 사고를 위해서는 자동적 사고의 습관에서 벗어나 통제된 사고를 할 필요가 있음을 제안한다. 문제 상황과 선택의 결과에 대한 통제된 사고가 합리적인 의사결정으로 이끌 수 있다고 보는 것이다. 예를 들어, 매몰비용(sunk cost)이 무시되지 않고 현재의 의사결정에 영향을 미치는 경향은 종종 비합리적인 것으로 지적되는데 이러한 경향도 사람들에게 정보를 어떻게 제시하느냐에 따라 달라질 수 있다.

Focus

자동적 사고와 통제된 사고

Posner와 Snyder(1975)는 우리의 정보처리 방식을 크게 자동적 처리와 통제적 처리로 구분하였다. [그림 6-2]에 나와 있는 스트룹 과제를 가지고 이 두 처리 방식의 특징을 살펴보자. 스트룹 과제는 심리학자 Stroop이 고안한 과제로 하나씩 제시되는 자극의 색깔을 가능한 빨리 말하는 것이다.[5] 그런데 제시되는 자극의 성격이 조금 다른데, [그림 6-2]를 보면 자극들이 세 개의 열로 구분되어 있다. 첫 번째 열은 글씨의 의미와 글씨의 색깔이 동일한 자극들이다. 반면 두 번째 열은 여러 색깔들로 이루어져 있지만 의미가 없는 자극들이고, 세 번째 열은 글씨의 의미와 글씨의 색깔이 서로 다르다. 첫 번째와 두 번째 열 맨 위의 자극이 제시될 때는(GREY, XXXXX) 별 어려움 없이 바로 회색과 파랑으로 대답할 수 있다. 그러나 세 번째 열의 맨 위에 있는 자극인 'BLUE'

그림 6-2 스트룹 과제(Stroop task)

단어의 색과 의미가 일치하는 경우	무의미자극	단어의 색과 의미가 일치하지 않는 경우
GREY	XXXXX	BLUE
BLUE	XXXXX	BLACK
GREY	XXXXX	GREY
BLACK	XXXXX	BLACK
BLACK	XXXXX	BLUE
BLUE	XXXXX	GREY
BLACK	XXXXX	BLUE
GREY	XXXXX	BLACK

5) 본서에서는 흑백의 자극을 제시하였으나 원래 과제는 빨강, 초록, 파랑, 노랑 등의 다양한 색채로 구성되어 있다. 인터넷에서 'Stroop effect'로 검색을 하면 원래 이미지를 쉽게 찾을 수 있으니 참고해보자.

가 제시되는 경우는 약간 다르다. 이것을 보고 여러분은 이 자극의 색깔을 말해야 하는데, 회색이라는 말보다 파랑이라는 말이 먼저 튀어나올 가능성이 높다. 이는 BLUE라는 단어가 우리에게 매우 익숙한 단어여서 이 단어를 보자마자 '파랑'이라는 의미가 자동적으로 처리되어 우리도 모르게 불쑥 튀어나오기 때문이다. 반면 과제의 목적에 맞게 회색이라고 대답을 하려면 통제된 사고가 필요하다. 파랑이라고 불쑥 튀어나오려는 것을 막고 원래 과제가 무엇이었는지 상기하면서 회색이라고 말해야 하는 것이다. 그러나 이 과제를 계속 하다보면 별 어려움 없이 세 번째 열에 있는 자극들이 제시되어도 빨리 정확하게 자극의 색깔을 대답할 수 있는데, 이는 통제된 사고도 반복적으로 이루어지다보면 자동적으로 처리될 수 있기 때문이다.

이처럼 통제적 처리는 의도적인 노력을 필요로 하며 처리 과정에 대한 온전한 의식이 가능하며 정신 자원을 많이 소비하고 계열적(serial)으로 정보처리가 일어나기 때문에 시간을 필요로 한다. 반면 자동적 처리는 의도적인 노력을 거의 필요로 하지 않으며 처리 과정에 대한 의식적 접근이 어렵고 정신 자원을 거의 필요로 하지 않으며 병렬적(parallel) 처리가 가능하므로 빠른 속도로 처리된다. 이런 특성으로 통제적 처리는 새로운 과제나 복잡한 과제를 풀 때 주로 나타나며 자동적 처리는 친숙하거나 훈련된 과제를 풀 때 나타난다.

한편 Kahneman은 우리의 정보처리 과정을 시스템 1과 시스템 2로 구분하는데, 이는 자동적 처리와 통제적 처리의 구분과 매우 유사하다. 시스템 1은 직관적인 시스템으로 빠르고, 병렬적이고, 자동적이고, 노력을 요하지 않고, 연상적이며 학습이 느리다. 자동적으로 처리가 이루어지기 때문에 무엇인가 새로운 또는 예기치 않은 변인이 있을 때 이를 반영하기 어렵다는 의미에서 학습이 느리다. 반면 시스템 2는 이성적인 시스템으로 느리고, 계열적이고, 통제된 처리를 하며 노력을 요하며 규칙에 기반한 처리이며 새롭거나 예기치 못한 변인에 대해 융통성 있게 대응한다. Kahneman은 시스템 1이 기본적(default)으로 돌아가는 시스템이며 무엇인가 중요한 생각을 해야 할 때나 시스템 1이 제대로 문제해결을 하지 못할 때 시스템 2가 개입한다고 보았다. 판단 시 사용되는 휴리스틱은 시스템 1의 작동이라 볼 수 있는데, 휴리스틱의 사용으로 인한 판단 편향을 줄이기 위해서는 자동적인 시스템 1의 작동을 멈추고 시스템 2가 개입할 필요가 있음을 시사한다.

구체적인 예를 들면 한 집단의 사람들에게는 '당신이 연극을 보기 위해 10,000원 짜리 표를 예매해 놓았다. 그런데 극장에 입장하기 위해 줄에 서 있는 동안 그

표를 잃어버렸음을 발견한다. 만약 당신이 이런 처지에 놓여있다면 당신은 표를 다시 사서 연극을 보겠는가? 아니면 포기하고 그냥 돌아서겠는가?'에 답하게 한다. 다른 집단의 사람들에게는 '당신은 연극을 보기 위해 줄에 서 있다. 줄에 서 있는 동안 당신이 10,000원을 잃어버렸음을 발견한다. 만약 당신이 이런 처지에 놓여있다면 당신은 10,000원 하는 표를 사서 연극을 보겠는가? 아니면 포기하고 그냥 돌아서겠는가?'에 답하게 한다. 보통 사람들의 대답은 전자의 경우에는 포기를, 후자의 경우에는 표를 사서 연극을 보겠다고 대답하는 사람들이 더 많다. 전자의 경우에는 본인이 연극을 좋아하고 즐길 것임을 알더라도 자신이 이미 지출한 돈이 있기 때문에 그에 영향을 받아 보지 않겠다고 대답하는 사람이 많다는 설명이다. 이 결과는 위의 두 상황이 각각 다른 집단의 사람들에게 제시된 경우(between-subjects design)에 해당하는 것으로 사람들이 합리적으로 생각한다면 과거에 이미 지출한 비용이 현재의 선택에 영향을 미치지 말아야 하며 따라서 두 경우 다 비슷한 응답이 나와야 하는 것이다.

만약 사람들에게 두 상황을 다 제시하면(within-subjects design) 어떻게 될까? 실제 결과를 보면 위 두 상황 중 어떤 것을 먼저 제시하느냐에 따른 순서효과가 나타난다. 즉 돈을 잃어버린 상황을 먼저 제시하고 표를 잃어버린 상황을 제시한 경우가 그 반대의 경우보다 표를 잃어버린 상황에서 다시 표를 사서 연극을 보겠다고 대답하는 사람이 유의미하게 많아진다. 돈을 잃어버린 상황을 먼저 제시받음으로써 사람들은 표를 잃어버린 경우에도 결국 10,000원을 더 지출하는 점에 있어서는 앞의 상황과 다를 것이 없음을 깨닫게 되는 것이다. 매몰비용의 자동적인 영향력이 서로 다른 상황을 제시받음으로써 이를 다시 생각할 수 있는, 즉 보다 통제적으로 사고할 수 있는 기회를 갖게 함으로써 결과적으로 매몰비용의 영향을 덜 받게 하는 것이다.

Dawes에 의하면 합리적인 선택(rational choice)이란 첫째, 의사결정자의 현재 자산(current asset)에 근거해야 한다. 이때 자산은 돈뿐 아니라 그 사람의 생리적 · 심리적 상태, 사회적 관계, 감정(feelings)도 포함하는 것이다. 둘째, 선택은 그 선택의 가능한 결과들에 근거해야 하며 셋째, 결과가 불확실한 경우 각 결과가 나타날 확률을 고려해야 하는데 이때 확률규칙에 위반되지 않아야 한다. Dawes는 위의 기준과는 상관없이 우리가 흔히 의사결정을 내리는 방식이 있는데, 그것에는 습관이나 전통 또는 자신이 갖고 있는 종교의 교리를 따르는 것, 그리고 대부분의 사람들이 선택하는 것을 그냥 선택하는 것, 비슷한 상황에서 과거에 좋은 결과를 가져왔던 선택을 그대로 반복하는 것, 자신이 존경하는 사람의 선택을 모방하는 것 등이 있다고 말한다.

Tversky와 Kahneman(1981)은 합리적인 사고가 무엇이라고 명확하게 정의하지는 않았지만 '합리적인 선택은 기본적으로 일관성(consistency)과 일치성(coherence)을 요구한다는 점에 대해 일반적인 동의가 이루어져 있다'고 언급하고 있다(p. 453). 이들의 연구목적은 경제학 이론이 규범적 이론으로서의 가치는 있으나 기술적인 이론은 아니므로 사람들의 실제 선택행동을 설명할 수 있는 기술적 이론을 제시하는 것이었는데, 기본적으로 경제학의 기대효용이론을 합리적이고 규범적인 이론으로 받아들이고 있다. 그 외에 확률과 통계이론, 논리적 규칙도 합리적 사고의 규범으로 받아들이고 있다. 그래서 규범에서 벗어난 사람들의 행동을 편향으로 명명하고 이를 심리학적으로 설명하고자 하였던 것이다.

기존에 밝혀진 편향(bias)에 대한 또 다른 접근은 단순히 편향을 보이는 것에서 그치는 것이 아니라 어떻게 하면 그러한 편향을 막거나 줄일 수 있는가에 대해 모색하는 것이다. 예를 들면, 사후판단편향(hindsight bias)의 경우 실제로 일어나지 않은 결과가 만약 나타난다면 그것을 어떻게 설명할 수 있는지에 대해 사람들에게 생각하게 함으로써 편향의 정도를 줄일 수 있다(Slovic & Fischhoff, 1977). 이런 방법을 **편향 줄이기 기법**(debiasing technique)이라고 하며, 편향을 막거나 줄이기 위해 어떤 조치를 취할 수 있는지에 대한 처방을 제시하므로 '**처방이론**(prescriptive theory)'이라 부르기도 한다. 처방이론은 실제로 사람들이 따를 수 있는 지침을 제시하며 그것을 따름으로써 더 나은 선택과 판단을 도와준다는 데 그 의의를 찾을 수 있다.

그러나 편향이 곧 사람들의 행동을 바꿔야 함을 의미하지는 않는다는 주장도 있다(McKenzie, 2003). 실험실에서 사람들이 사용한 휴리스틱이 실제 세상에서는 오히려 판단의 정확성을 높여주는 좋은 방법일 수 있기 때문이다. 공변량 판단을 예로 들어보자. 공변량은 사건 *X*와 *Y*가 서로 얼마나 관련이 있어 함께 변하는지를 가리키는 통계적 표현으로 범주화나 인과추론, 학습의 기저에 깔려 있다. 혈액형과 성격이 관련이 있다고 생각하는 것이 가장 대표적인 예로 우리가 일상에서 흔히 하는 판단이다. 대개 공변량에 대한 판단은 〈표 6-1〉과 같은 표로 관련 정보를 제시하고 사람들에게 두 사건이 얼마나 관련이 있다고 생각하는지를 묻는다. 예를 들면, 변인 *X*는 질병의 유무, 변인 *Y*는 예방 처치의 유무일 수 있고, *A*, *B*, *C*, *D*의 네 칸은 각 사건에 해당하는 빈도를 나타낸다. 해당 사건의 빈도를 보고 제시된 예방 처치법이 질병을 예방하는 데 효과적인지 판단하는 것이다. 이러한 공변량 판단의 규범적 규칙은 φ(파이) 계수를 구하는 것으로 이를 구하는 식은 다음과 같다:

$$(AD-BC)/[(A+B)(C+D)(A+C)(B+D)]^{\frac{1}{2}}.$$

위 식을 보면 표에 제시된 네 가지 정보가 모두 사용됨을 볼 수 있다. 즉 *X*가 일어날 때 *Y*가 일어나는 경우, *X*가 일어날 때 *Y*가 일어나지 않는 경우, *X*가 일어나지 않을 때 *Y*가 일어나는 경우, *X*가 일어나지 않고 *Y*도 일어나지 않는 경우를 모두 고려해야 하는데 사람들은 보통 *X*가 일어날 때 *Y*가 일어나는 경우나 모두 일어나지 않을 때, 즉 *A*만 보거나 *A*와 *D*를 비교해서 공변량을 판단하는 경우가 많다.

표 6-1 공변량 판단의 2×2 매트릭스 예

		변인 X	
		있음	없음
변인 Y	있음	A	B
	없음	C	D

실험실에서는 *A*, *B*, *C*, *D* 네 칸의 빈도를 임의로 변화시킬 수 있다. 그런데 실생활에서는 *A*의 빈도가 낮고 *D*의 빈도가 상대적으로 높은 경우가 보다 일반적이다. 예를 들어, 담배와 폐암의 관계를 보면 담배를 피면서 폐암이 걸린 사람이 담배를 피우지 않으면서 폐암에 걸리지 않은 사람보다 훨씬 드물다. 이렇게 상대적 빈도가 많이 다른 경우 네 칸의 정보가는 달라지고, *A*에 해당하는 정보의 정보가가 더 크기 때문에 A에 기초해서 공변량 판단을 내리는 것이 오히려 정확할 수 있다. 이처럼 McKenzie(2003)는 실험실에서 사람들이 사용한 휴리스틱이 실생활에

서는 오히려 유용한 휴리스틱이 될 수 있음을 보여주면서 이 분야에서 규범적 이론으로 간주되는 이론들을 사고나 행동의 기준(standard)으로 삼기보다 그냥 하나의 이론(theory)으로 보는 것이 더 적절함을 제안하였다.

한편 Gigerenzer는 경제학적 합리성 대신 **생태학적 합리성**(ecological rationality)을 고려할 필요가 있다고 제안한다. 규범적 이론과의 일치성보다는 환경에 있는 정보의 구조와 표상방식을 우리가 얼마나 파악해서 활용하느냐의 문제, 즉 생태학적 합리성이 보다 중요한 문제라고 보았다. 기저율을 무시하는 사람들의 편향된 판단에 대해서도 어떤 환경에서 기저율을 무시하는 것이 합리적일 수 있는지를 생각해보는 것이 필요하다고 말한다. 확률이나 퍼센트의 개념이 없던 시절 인간은 자신의 일상에서 관련 현상의 표본을 추출하여(natural sampling) 단순히 그 수를 세는 빈도 정보로 불확실성에 대한 정보를 처리하였다. 이런 상황에서는 기저율에 주의를 기울이지 않는 것이 전혀 문제되지 않는다. 우리의 인지알고리즘이 빈도라는 환경의 정보양식에 적응하여 빈도 정보를 보다 잘 처리하는 방식으로 진화해온 것이다.

그는 또한 **사회적 합리성**(social rationality)을 제안하는데, 이는 의사결정 시 사회적 맥락이나 타인을 고려하는 것도 생태학적 합리성의 한 유형이라고 보았다. 대부분의 판단과 의사결정 연구는 사회적 진공상태에서 이루어진 것이 많다. 선택상황에는 나와 대안들만이 있을 뿐이다. 그러나 실생활에서 우리는 타인과 함께 삶을 영위한다. 내가 혼자 선택하더라도 나의 선택은 암암리에 타인에게 알려지게 되고, 우리는 선택을 할 때 다른 사람이 어떻게 생각하는지, 다른 사람의 의도가 무엇인지 등을 고려하며 선택하게 된다.

2장에서 소개한 유인효과는 경제학의 정규성 가정이나 대안의 구성이 선택에 영향을 미쳐서는 안 된다는 기본원칙을 위반하는 예로 흔히 소개된다. 그런데 사회적 정보가 개입되면 일관되지 않은 선택이 전혀 비합리적이지 않은 행동이 된다. 예를 들어, 뷔페에 갔는데, 디저트 접시에 케이크 한 조각만 있었다고 해보자. 나 혼자 가지러 간 경우에는 다행이라고 생각하면서 얼른 케이크를 집어 올 것이다. 그런데 친구랑 같이 디저트를 가지러 간 경우에는 그 케이크(y)를 집기보다 그냥 남겨두고 먹지 않는(x) 경우가 대부분이다. 그런데 케이크가 한 조각 더 있다(z)면 어떻게 하겠는가? 대부분의 사람들이 그 케이크를 집어올 것이다. 접시에 케이크가 하나 더 있느냐 아니냐에 따라 사람들의 행동은 달라지는데, 이것이 전혀 이상할 것은 없다. 대부분의 사람들은 다른 사람을 배려하는 식으로 행동하고자 하고 케이크가 한 개 밖에 없을 때 자기가 먹기보다 양보하거나 같이 안 먹는 식으로 행동한다. 이처럼 사회적 맥락을 고려하게 되면 $\{x, y\}$에서 x를 선택하다가 $\{x, y, z\}$에서 y를 선택하는 것이 오히려 합리적인 행동이 될 수 있다.

인간이 합리적인가 그리고 합리적 선택이 과연 어떠한 것인가에 대한 해답은 간단하지 않다. 또한 이에 대한 해답은 심리학적 연구만으로 제시될 수 있는 것도 아니다. 본장에서는 인간의 합리성에 대한 어떤 해답을 제시하기보다는 이에 대해 생각할 수 있는 심리학적 근거 내지는 자료를 제공한 것으로 만족하려 한다. 판단과 의사결정의 심리학에서는 경제학에서 통용되는 '합리성'의 개념을 인간에게 부여하지 않는다. 그런 점에서 인간의 능력을 제한된 것으로 본다고 할 수 있지만 그렇다고 인간을 비합리적이라고 보지는 않는다. 비록 인지능력과 처리용량에 한계가 있지만 직면한 환경에 대해 지적인(intelligent) 선택과 판단을 할 수 있으며 적응(adaptation)을 해나간다는 점에서 Simon이 지적하였듯이 제한된 합리성을 인정한다고 볼 수 있다.

7장

판단과 선택에 미치는 정서의 영향

07 판단과 선택에 미치는 정서의 영향

우리는 매일 정서(emotion or affect)를 느끼며 산다. 즐겁기도 하고 화가 나기도 하고 놀라거나 두려움을 느끼기도 한다. 이러한 정서는 나에게 의미가 있는 어떤 대상이나 사건에 대해 일관되고 구분되는 방식으로 나타나는 반응으로 대개 인지적 평가, 신경생리학적 반응, 행동 경향성, 얼굴이나 목소리로의 표현, 주관적 느낌(feeling)으로 구성되어 있다. 아이가 숨겨 놓은 성적표를 발견하게 되면 성적표에 적힌 성적이 과연 잘한 것인지 못한 것인지에 대한 인지적 평가가 이루어지면서 여러 가지 반응이 나타날 수 있다. 물론 부모가 아이의 성적 자체에 큰 의미를 두지 않는다면 별다른 정서적 반응이 나타나지 않을 수도 있다. 그러나 성적이 이전에 비해 많이 떨어진 경우 열이 뻗치는 것을 느끼면서 격앙되어 큰 소리로 아이를 불러 야단을 칠 수도 있고, 근래 아이가 좀 다르게 행동한 것이 떠오르면서 아이에게 무슨 일이 있나 불안감을 느낄 수도 있다. 직면한 상황을 어떻게 인지적으로 해석하느냐에 따라 다른 감정을 느낄 수 있다. 그런데 정서반응을 느끼기 위해 항상 인지적 평가가 선행되어야 하는 것은 아니다. 지금까지의 경험으로 성적표를 보는 것만으로도 바로 짜증을 느낄 수도 있다. 그리고 정서를 느낀다고 해서 항상 어떤 행동이 뒤따르는 것도 아니어서 화가 나지만 그냥 꾹 참고 넘어갈 수도 있다. 이처럼 앞에서 정서의 구성요인을 언급하였지만 구성요인 모두가 항상 정서경험에 수반되는 것은 아니다.

실제로 일상에서 우리가 느끼는 정서는 우리에게 매우 분명한데 비해, 이러한 정서가 무엇인지, 우리가 어떻게 정서를 느끼게 되는지, 정서에는 어떤 종류가 있는지 등에 대해서는 매우 다양한 견해가 있으며 그 내용도 방대하다. 따라서 본 장에서는 정서 자체에 대한 이론보다는 판단과 의사결정과 관련된 정서연구를 중심으로 그 내용을 소개하고자 한다.

7.1 경험효용

1980~90년대에 인지심리학자들은 인간의 의식 활동에서 중요한 역할을 하는 정서를 hot cognition이라 명명하면서 이를 다루지 않으면 인지과정에 대한 이해도 불완전할 수밖에 없다는 결론에 이르면서 정서에 대한 관심을 갖게 되었다. 이러한 변화는 판단과 의사결정 연구 분야에도 일어나는데, 정서에 대한 관심을 촉발시킨 초기 연구로 Kahneman과 Snell(1992)의 효용이론(utility theory)을 들 수 있다. 효용은 선호도와 마찬가지로 이 분야에서 매우 기본적인 개념인데, 때로는 선호도와 혼용되기도 한다. 효용의 개념이 처음 소개되었을 때 그것은 어떤 것을 소비하면서 갖게 되는 좋거나 싫은 주관적인 느낌을 가리키는 것이었는데, von Neumann과 Morgenstern에 의해 기대효용이론이 정립되면서 주관적인 느낌보다는 구체적인 선택상황에서 나타난 행동에 근거해 측정될 수 있는 개념으로 통용되었다. 즉 한 사람이 선택한 결과를 보고 그 사람의 효용함수를 도출하는 것인데, 겉으로 드러난 행동을 통해 대안에 대한 그 사람의 효용을 유추하는 것은 경제학뿐 아니라 심리학에서도 마찬가지이다. Kahneman과 Snell(1990, 1992)은 이러한 기존의 기대효용 개념을 '**결정효용**(decision utility)'으로 명명하고 이에 덧붙여 '**경험효용**(experienced utility)'과 '**예측효용**(predicted utility)'을 새로이 소개하였다. 이 세 개념 모두 효용을 수량화하지만 무엇을 수량화하느냐가 다르다. 결정효용은 눈에 보이는 선택행동으로부터 결과에 대한 효용을 유추하여 수량화한 것이다. 이에 반해 경험효용은 사람들이 어떤 대상을 경험 또는 소비하면서 실제로 느끼는 좋고 싫은 감정을 수량화한 것으로 원래의 효용개념을 복원시킨 것이라고 볼 수 있다. 예측효용은 선택의 결과가 미래에 경험되는 경우 미래의 경험효용에 대한 현재 개인의 믿음(beliefs)을 수량화한 것이다.

Kahneman과 Snell은 효용에 위의 세 가지 종류가 있다고 보고 이 세 종류는 서로 구별되는 것이며 이 셋이 일치하는지에 대해서는 경험적 연구가 필요하다고 보았다. 경제학에서는 경험효용이 결정효용으로 드러난다고 보아 결정효용으로 개인의 효용을 측정한다. 즉 합리적인 사람은 자신이 진정으로 좋아하고 원하는 것을 알고 있으며 이에 따라 자신이 가장 선호하는 대안을 선택하므로 선택한 결과를 보고 경험효용을 유추할 수 있다는 것이다. 그러나 결정효용이 개인의 경험효용을 극대화하지 않을 수 있는데 이에는 여러 원인이 있을 수 있다. 먼저 사람들의 결정효용이 경험효용을 충분히 반영하지 않을 수 있는데, 이는 사람들이 항상 쾌락에 근거해서만 선택을 하지 않기 때문이다. 사람들은 때로 자신의 감정을 누르고 자신이 세운 원칙이나 사회에서 요구하는 가치, 경제적인 제약 등에 근거해 선택을 한다. 가령 파티에 참석하기 위해 고급 핸드백을 구매하려는 한 소비자가 600만 원짜리 샤넬 핸드백이 가장 마음에 들지만 가격이 너무 비싸 국산 MCM 핸드백을 선택하기로 결정할 수 있다. 둘째는 현재 선택을 할 때 자신이 미래에 어떻게 느낄지를 몰라서, 즉 예측효용을 판단함에 있어 미래에 얻게 될 실제 경험효용을 정확히 예측하지 못해 결정효용에 반영하지 못하는 경우이다. 셋째는 예측효용이 정확하다 할지라도 의사결정시 이를 적절히 고려하지 못하는 경우로 Simonson(1990)의 실험이 그 예를 보여준다. Simonson은 실험집단의 참가자들에게 3주 동안 자신이 소비할 과자를 한꺼번에 선택하게 하였다. 반면 통제집단에는 3주에 걸쳐 일주일마다 그 주에 소비할 과자를 선택하게 하였다. 3주 동안 먹을 분량을 한꺼번에 선택한 집단은 매주 먹을 분량을 선택한 집단보다 더 다양한 종류의 과자를 선택했다. 이러한 다양성 추구(variety-seeking) 행동은 사람들이 자신이 선택한 과자를 1주, 2주 후에 소비할 것을 고려하지 않고 마치 현재 다 소비할 것처럼 생각하기 때문에 자신이 좋아하는 과자일지라도 이를 많이 구입해 반복해서 소비하면 그 효용이 떨어질 것을 우려하여 일부러 다양하게 선택하여 나타난 결과이다. 그러나 미래에 소비할 제품을 한꺼번에 선택하게 한 실험집단 참가자들에게 그들이 선택한 과자를 한꺼번에 소비하는 것이 아니라 3주에 거쳐 소비할 것이며 1주, 2주 후 미래의 시점에서 본인이 무엇을 선택할지를 생각해보도록 하면 두 집단 간의 이러한 차이는 줄어들었다. 이는 사람들이 미래에 소비할 상품을 지금 선택할 때 미래에 소비하는 시점에 자신이 어떻게 느낄 것인가를 고려하기보다는 현재의 생각에 근거해 결정을 내림을 보여준다.

Kahneman과 Snell은 효용의 종류를 세 가지로 구분하여 제안하면서 사람들이 하는 선택의 효율성(efficiency), 합리성(rationality), 그리고 타당성(validity)의 문제를 제기했다. 효율성은 사람들이 자신이 좋아하는 것을 선택하는가의 문제로 결정효용과 경험효용이 일치하는가에 달려있다. 합리성은 사람들이 자신의 믿음에 근거해 선택을 하는가의 문제로 예측효용이 결정효용에 반영이 되는가의 여부이다. 마지막으로 타당성은 사람들이 자신에게 좋은 것이 무엇인지를 아는가의 문제로 예측효용이 경험효용과 일치하는가의 문제이다. 이들은 개인의 결정이 효율적이기 위해서는 합리성과 타당성이 전제되어야 한다고 보았다.

세 가지 효용의 관계 중 Kahneman과 Snell(1992)은 사람들이 자신의 미래 선호를 정확히 예측할 수 있는지, 즉 예측효용이 미래의 경험효용과 어느 정도 일치하는지에 대해 연구를 하였다. 이들은 실험 참가자들에게 8일간 매일 같은 시간에 동일한 양의 아이스크림이나 플레인 요구르트를 먹도록 하였다. 그리고 실험 첫날 반복적인 소비 이후 자신의 선호가 어떻게 변할 것이라고 생각하는지를 예측하도록 하였다. 아이스크림은 대개 사람들이 좋아하는 자극인 반면, 플레인 요구르트는 시큼한 맛 때문에 대개의 사람들이 약간 싫어하는 자극이다. 이들은 사람들이 실험 첫 날 8일 간의 반복경험 후 자신의 선호가 어느 정도일 것이라고 예측한 것과 실제로 8일 간 반복소비를 한 후 측정한 선호를 비교하였다. 결과를 보면, 사람들은 자신이 아이스크림을 좋아하더라도 반복경험 이후에는 덜 좋아하게 될 것이라고 예측하였는데, 실제로도 선호가 떨어지기는 하였으나 예측한 것만큼 선호가 떨어지지는 않았다. 반면 일반적으로 사람들이 싫어하는 플레인 요구르트의 경우 반복소비 후 더 싫어하게 될 것이라고 예측하였으나 실제 선호는 예측과는 반대로 오히려 높아진 것을 볼 수 있었다. 사람들은 대개 반복소비에 대한 경험을 가지고 있고 자기가 좋아하는 것이라도 반복소비로 물리게 되면 싫어하게 될 것이라는 상식적 생각을 가지고 있었기 때문에, 자신의 선호변화를 예측함에 있어 실제 선호의 변화보다 과대평가하였다. 플레인 요구르트의 경우 변화의 방향에 대해서도 반대로 예측하였다. 즉 더 싫어하기보다 더 좋아하게 된 것이다. 이러한 결과에 근거해 연구자들은 사람들이 자신의 미래 선호에 대해 정확하게 예측을 하지 못한다는 결론을 내렸다.

한편 Mellers, Schwartz, Ho, 그리고 Ritov(1997)는 Kahneman과 Snell의 경험효용을 예측하는 수리 모델인 **결정정서이론**(decision affect theory)을 제안하였다. 기본적으로 이 이론은 사람들의 선택이 자신의 정서적 반응을 극대화하는 방식으로 일어난다고 보았다. 이들은 두 개나 세 개의 결과가 가능한 도박을 대안으로 사용해 모델의 설명력을 보여 주었는데, 이들이 제안한 수리 모델은 다음과 같다.

$$R_x = a * \{u_x + g(u_x - u_y) * (1 - s_x)\} + b$$

(a, b: 선형 계수와 상수, u_x: x(실제로 나타난 결과)의 결정효용,

u_y: y(나타나지 않은 결과)의 결정효용, s_x: 결과 x의 주관적 확률, g: 실망함수)

이 모델에서는 어떤 대안에 대해 갖는 정서적 반응(R_x)에 영향을 미치는 요인에 세 가지가 있다고 보았다. 대안의 결과가 갖는 가치(u_x)와 그 대안의 결과를 얻는 것이 얼마나 가능한가에 대한 기대(s_x), 그리고 실제로 나타난 결과가 갖는 가치와 나타나지 않은 결과가 갖는 가치 사이의 차이($g(u_x - u_y)$)이다. 사람들은 결과로 얻은 것의 가치가 클수록, 그 결과의 가능성이 낮을수록, 그리고 자신이 받은 것과 받지 못한 것의 가치 사이의 차이가 클수록 더 큰 정서적 반응을 보이게 된다. 예를 들어, 10,000원을 받게 된 결과에 대해 어떤 정서적 반응을 보이느냐는 이것을 받을 가능성이 어느 정도였는지와 대안이 되는 결과가 무엇인지에 따라 달라진다. 자신이 20,000원을 받을 수도 있었는데 10,000원을 받았을 때와 아무것도 받지 못할 수도 있었는데 10,000원을 받게 되면 후자의 경우에 더 기분이 좋을 것이다. 또한 10,000원을 받을 가능성이 90%이었을 때와 10%이었을 때를 비교하면 10%로 그 가능성이 낮았을 때 실제로 그 결과가 나타나면 더 기분이 좋을 것이다.

이들이 모델의 설명력을 보여주기 위해 사용한 도박은 두 가지 결과가 가능한데 그 중 한 결과는 따는 것도 잃는 것도 없다. 다른 결과는 돈을 따거나 잃게 되는데, 이때 따거나 잃는 돈의 액수와 확률은 도박마다 다르다. 이들은 이러한 도박을 참가자들에게 제시하고 실제로 게임을 하여 어떤 결과가 나왔을 때 참가자 자신이 느끼는 정서적 반응을 보고하게 하였다. 그 결과를 보면, 일반적으로 참가자들은 돈을 딸 때 기쁨을 느끼고 돈을 잃을 때 실망을 느끼게 된다. 그리고 이 때 액수의 절댓값이 커짐에 따라 정서의 강도도 커지게 된다. 결과의 가치와 더불어 결과에 대한 예측 정도, 즉 주관적 확률도 정서의 강도에 영향을 미치게 되는데 예기치 못한 결과일수록 더 큰 정서적 반응을 가져온다. 예로, 참가자들은 $56.70을 .94의 확률로 따는 것보다 .09의 확률로 땄을 때 더 큰 기쁨을 느끼고 $56.70을 .94의 확률로 잃을 때보다 .09의 확률로 잃을 때 더 큰 실망감을 갖는다. 이러한 주관적 확률에 따른 '**놀람효과**(surprise effect)'는 돈의 액수가 다를 때에도 나타

나는데 참가자들은 \$9.70을 .94의 확률로 따는 것보다 \$5.40을 .09의 확률로 딸 때 더 큰 기쁨을 느낀다고 보고하였다. 위 식에서 놀람효과는 $1-s_x$로 표현되어 확률이 적을수록 놀람효과가 커진다. 가능했지만 나타나지 않은 결과(counterfactual outcome)가 실제로 나타난 결과보다 더 나을 때 사람들이 느끼는 실망감은 '실망효과(disappointment effect)'인데, 이는 위 식에서 $g(u_x-u_y)$로 표현되었다. 예로, 참가자들은 \$56.70을 딸 수도 있었는데 아무 것도 받지 못하면 실망을 하지만 \$56.70을 잃을 수도 있었지만 아무 것도 잃지 않게 되면 안도감을 느낀다. 즉 사람들은 실제로 나타난 결과 그 자체보다는 나타날 수 있었지만 나타나지 않은 결과와 실제로 나타난 결과의 비교를 통해 자신이 얻은 결과를 평가하게 된다.

실제로 Mellers 등은 참가자들이 도박의 결과를 보고 보고한 정서와 모델이 예측하는 정서 사이에 상관을 내었는데 그 결과 상관이 높게 나타났다. 또한 사람들의 실제 선택과 모델이 예측하는 선택 사이에도 상관이 높게 나타나 결정정서이론의 타당성을 보여주었다. Mellers 등이 제안한 이 이론은 도박뿐 아니라 일상생활에서 나타나는 여러 선택상황에도 적용될 수 있다.

7.2 과거 정서경험의 기억

이후 Kahneman은 **기억효용**(remembered utility)의 개념을 추가로 소개한다. 이는 과거의 정서경험을 어떻게 기억하고 있는가를 가리키는 것으로 미래 선택에 영향을 미치게 된다. 예를 들어, 우리가 어디로 휴가를 갈 것인지 결정할 때 이전 휴가 경험을 어떻게 기억하고 있느냐가 선택에 영향을 미치게 된다. 이에 Kahneman과 동료 연구자들은 사람들이 과거의 정서경험(affective episodes)을 어떻게 인지적으로 평가하는지(retrospective evaluation)에 관심을 가지고 일련의 연구를 하였다. 이들은 연구 결과 정서경험이 얼마나 지속되었는가는 보통 무시되고(duration neglect) 대신 정서경험이 끝날 때와 절정에서의 강도가 어떠했는지가(peak & end rule) 평가에 중요한 영향을 미친다고 제안하였다.

이들이 연구를 위해 주로 사용한 정서는 고통(pain)이다. 한 실험에서는 사람들에게 차가운 물에 손을 담그게 하여 고통을 느끼게 했는데, 여기에는 두 가지 조건이 있었다(Fredrickson & Kahneman, 1993). 한 조건은 짧은 시행으로 실험참가자들은 14℃의 물에 60초 동안 한 손을 담그고 있었고 다른 조건인 긴 시행에서는 다른 쪽 손을 찬물에 90초 동안 담그고 있었다. 그런데 그 90초의 초기 60초는 14℃의 물이었고 나머지 30초 동안은 물의 온도가 서서히 올라가 1℃가 높아졌다. 보통 대중 목욕탕의 냉탕 온도가 20℃ 정도인 것을 감안하면, 14℃의 물은 꽤 차갑고 계속 손을 담그고 있으면 저릿한 느낌에 불편감을 주는 온도이다. 실험참가자들은 두 조건을 모두 경험하고 만약 둘 중에 하나를 다시 반복해야 한다면 어느 조건을 선택할 것인지 질문을 받았다. 결과는 80%의 참가자들이 90초의 긴 시행을 더 선호한다는 것이다. 긴 시행은 짧은 시행이 가지고 있는 고통의 강도를 다 가지고 있고 그것에 더해 30초의 추가적인 고통을 가지고 있음에도 말이다. Kahneman 등에 의하면 긴 시행에서 찬물이 주는 고통의 기간은 길지만 끝이 덜 고통스럽기 때문에 그것을 덜 고통스럽게 판단한다는 것이다. 마찬가지로 전체 지속시간이 짧았어도 절정에서의 강도가 강하면 지속시간이 길고 강도가 약한 경험보다 더 고통스럽게 평가된다.

이들은 과거의 정서경험을 평가하는 두 가지 다른 방식을 각각 영화와 스냅사진에 비유한다. 일정기간 지속되는 정서경험을 모두 통합하여 전반적인 정서경험을 판단하는 방식은 영화와 유사하고, 선택된 몇몇 순간들만이 비중을 달리하여 통합되는 방식은 스냅사진과 유사하다고 본 것이다. 그렇다면 사람들이 실제로 과거의 정서경험을 평가하는 방식은 스냅사진과 유사하다고 볼 수 있는데, 이러한 방식은 과연 합리적인 것일까? 과거의 정서경험을 판단하는 방식이 합리성의 문제와 결부되는 것은 그러한 판단이 미래의 선택에 영향을 미치기 때문이다. 즉 위에 언급한 간단한 실험에서도 사람들은 자신의 과거 경험을 어떻게 기억하느냐에 따라 선택을 달리 하게 된다. 이때 실시간으로(real time) 느낀 실제 고통의 양과는 무관하게 덜 고통스럽게 기억되는 것을 선택하는 것은 미래에 자신이 느낄 고통의 양을 증가시키는 결과를 초래하게 된다.

이러한 지속기간 무시현상은 다양한 상황에서 나타난다. Redelmeier와 Kahneman(1996)은 장내시경에 걸리는 시간을 4분에서 69분까지 다양하게 조작한 후 검사를 받게 하고 검사가 얼마나 고통스러운지 평가를 하도록 하였다. 그 결과 검사시간과 검사평가의 상관관계는 0.3에 불과했고, 이후 자신의 경험에 기초해 검사방법을 선택하게 했을 때 검사시간은 선택에 거의 영향을 미치지 않았다. 반면 내시경 검사가 끝난 후 장비를 몸에서 바로 뺀 경우보다 1분 정도 기다렸다 뺀 경우 검사를 더 호의적으로 평가해 가장 최근에 경험한 고통의 강도가 평가에 더 큰 영향을 미친 것으로 나타났다. 또한 Schreiber와 Kahneman(2000)은 사람들에게 일정시간 동안 소음을 들려주는 실험을 하면서 한 집단에게는 원래 소음보다 강도가 낮은 소음을 추가하여 들려주었다. 크건 작건 소음은 사람들에게 스트레스를 유발하는데, 실험이 끝난 후 소음을 듣는 것이 얼마나 괴로웠는지 물어보면 강도가 낮은 소음에 대한 청취시간이 추가되어 실제 소음청취시간이 길어진 집단이 시간이 짧았던 집단보다 소음을 덜 부정적으로 평가하였다.

과거 정서경험에 대한 기억이 주로 고통이나 불편을 수반한 정서를 가지고 주로 연구가 되었지만 긍정적인 정서를 유발하는 영화를 자극물로 사용해 긍정적인 정서에 대해서도 연구가 된 바 있고, 결과는 부정적인 정서와 마찬가지로 지속시간을 무시하고 절정과 끝날 때의 정서경험이 전반적인 평가에 중요한 역할을 함이 밝혀졌다.

7.3 정서가 의사결정에 미치는 영향의 종류

결정효용의 개념도 사람들이 대안을 경험 또는 소비하면서 느끼는 정서의 정도를 고려하기는 한다. 그러나 그것은 사람들이 실제로 느끼는 정서라기보다 순전히 인지적으로 계산되어 미래에 대안의 결과가 현실화되었을 때 느낄 것이라고 기대되는 반응, 즉 기대된(expected) 정서이다. 지금 한 개인 투자자가 주식을 사려고 한다고 해보자. 그는 이 주식의 주가가 미래에 오를 것인지 내릴 것인지, 각 경우의 확률은 어느 정도 되는지를 고려하여 이 주식을 사는 것의 기대효용을 계산하고 그에 근거하여 이 주식을 사는 것이 좋을지 아닐지를 결정한다. 그러나 실제로 결과가 나타났을 때보다는 그 강도가 약할 수 있지만 주식이 오르면 어떨까, 주가가 떨어지면 어떨까를 생각하면서 사람들은 지금 대안을 평가하면서 정서를 느낄 수 있고, 이런 정서반응은 사람들의 대안평가에 영향을 미칠 수 있다. Loewenstein은 이를 **즉각적인**(immediate) **정서**로 명명하고 기대된 정서와 구분하였다(Loewenstein & Lerner, 2003; Rick & Loewenstein, 2008). 그런데 의사결정을 내리는 시점에서 사람들이 느끼는 즉각적인 정서의 영향은 다시 두 종류로 구분될 수 있다. 하나는 위의 예에서처럼 고려하는 대안 자체에서 유발되는 정서의 영향(integral)이고 다른 하나는 고려되는 대안과 관련 없이 우연적으로 발생한 정서의 영향(incidental)이다.

(1) 대안에서 유발되는 정서가 의사결정에 미치는 영향

우리가 흔히 가지고 있는 생각 중의 하나는 정서가 유발되면 합리적인 의사결정을 내리기 어렵다는 것이다. 화가 났을 때 이성적인 생각에 반하는 말이나 행동을 하게 되는 경험들을 대개 가지고 있을 것이다. 그러나 신경생리학자 Damasio 부부는 뇌 손상 환자들을 대상으로 한 연구에서 재미있는 현상을 발견했는데, **정서적 정보처리**가 합리적인 의사결정에 매우 중요한 역할을 한다는 것이다(Damasio, 1994; Bechara et al., 1997; Vogel, 1997). 환자들은 주로 안와전두엽(ventromedial prefrontal cortex: 눈 바로 위쪽 대뇌피질 부분)에 이상이 있는 사람들로 지능검사나 기억검사에서는 아무런 이상을 보이지 않았지만 실제생활에서 흔히 일어나는 의사결정 상황에서는 정상인과 달리 자신에게 이로운 결정을 내리지 못하였다. 또한 이 환자들은 감정처리에도 이상을 보였다. 이러한 현상을 좀 더 체계적으로 연구하기 위해 Damasio 부부는 뇌 손상 환자들에게 카드게임을 하게 하였고 그들의 행동을 정상인으로 이루어진 통제집단과 비교하였다(이 게임은 연구자들의 소속 대학인 Iowa대학의 이름에 따라 Iowa Gambling Task라고 불린다). 카드게임을 위해 참가자들에게 2,000달러를 주고 카드 네 벌을 주었다. 참가자들은 카드 네 벌 중 한 벌을 택해 카드를 뽑고 될 수 있는 한 많은 돈을 따야 한다. 카드 네 벌 중 두 벌은 참가자들에게 100달러의 상금을 주는 카드를 가지고 있지만 때로는 많은 벌금을 내야 하는 카드가 있어 장기적으로는 손해를 가져온다. 반면 나머지 두 벌은 상금은 50달러로 적지만 벌금도 적어 장기적으로 보았을 때 참가자들에게 이득을 가져오게 되어 있다. 뇌 손상 환자들은 손해를 가져오는 카드 벌을 지속적으로 선택하지만 정상인들은 얼마 지나지 않아 자신에게 이득을 가져오는 카드 벌을 택하게 된다. 자신의 선택에 대해 설명을 하게 하였을 때 정상인들은 어떤 카드 벌이 더 위험이 큰지에 대한 직관을 가지고 있는 반면 뇌 손상 환자들은 그런 직관을 갖지 못했다. 선택행동과 아울러 사람들의 정서반응에 대한 지표가 되는 피부전기반응(skin conductance response: SCR)도 함께 측정하였는데, 정상인들은 보다 위험한 카드 벌에서 카드를 뽑기 전에 높은 SCR을 보였지만 뇌 손상 환자들은 카드를 뽑기 전과 벌금 카드를 뽑은 이후에도 별다른 변화를 보이지 않았다.

Damasio 부부는 정상인이 의사결정을 내리는 과정에서 전두엽의 일부가 과거 경험을 통해 뇌에 저장된 보상과 처벌에 대한 정서반응을 활성화시켜 직감이나 육감과 같은 무의식적 정서반응을 갖도록 함으로써 의사결정에 따른 위험을 예기하고 대처하여 자신에게 이로운 대안을 선택할 수 있도록 하는 것으로 보았고, 이를 **신체표지가설**(somatic marker hypothesis)이라 하였다. 자극에 대한 정서적 반응은 우리 뇌에 신경생리학적 변화를 가져오는데, 이렇게 변화된 상태가 특정 자극이나 상황과 연합되어 저장되고 이후 비슷한 경험을 할 때 이전에 저장된 신체 감정표지가 활성화되면서 현재 직면한 자극이나 상황의 정서가(예, 긍정적 정서 혹은 부정적 정서)에 대한 정보를 제공하게 된다. 이러한 신체 감정표지는 처음에는 무의식적인 느낌으로 '뭔가 느낌이 좋지 않은' 또는 '왠지 느낌이 좋은' 식으로 느껴지다가 자극에 대한 정보처리가 이루어지면서 보다 의식적인 접근이 가능해진다. 이러한 신체 감정표지는 우리에게 보다 이득이 되는 대안에 주의를 기울이도록 안내하는 역할을 하면서 의사결정을 돕는다. 이런 결과는 지금까지 의사결정이나 선택이 가치극대화를 추구하기 위한 이성적 사고의 결과로 생각된 것과는 달리 합리적인 선택이 인지적 사고뿐 아니라 정서적 정보처리도 필요로 함을 잘 보여준다.

그러나 정서의 영향이 항상 우리에게 도움이 되는 방향으로만 일어나는 것은 아니다. 기존연구는 대안에 의해 유발된 정서가 그 대안이 일어날 가능성의 판단을 왜곡시킬 수 있음을 보여준다. Johnson 등(1993)은 사람들에게 항공여행 보험을 구매하기 위해 얼마까지 지불할 용의가 있는지 물어보았는데, 이 때 보장내용을 '어떠한 사유로 인한 죽음도 보상해준다' 또는 '어떤 테러리즘에 의한 죽음도 보상해준다'로 조작하여 제시하였다. 테러리즘은 사람이 죽을 수 있는 하나의 이

유일 뿐이고 어떠한 사유에 포함되므로 원칙적으로는 '어떠한 사유'로 제시되었을 때 더 높은 금액을 적어야 한다. 그러나 사람들은 테러리즘이 제시되었을 때 대개 더 높은 금액을 지불할 용의를 보인다. 이는 테러리즘으로 죽음의 이유를 제시함으로써 죽음에 대한 보다 생생한 이미지를 가지고 온 것이 정서적 반응을 불러일으키고 이것이 실제 그 사건이 일어날 확률을 보다 크게 느끼게 함으로써 나타난 결과이다.

Rottenstreich와 Hsee(2001)는 정서를 유발하는 대안에 대한 확률판단과 그렇지 않은 대안에 대한 확률판단이 차이를 보인다고 제안한다. Kahneman과 Tversky가 제안한 프로스펙트 이론의 결정가중치는 작은 확률은 과소평가되고 큰 확률은 과대평가되는 S자 모양의 함수를 갖는다. 그런데 Rottenstreich와 Hsee(2001)에 의하면 정서를 유발하는 대안의 경우 [그림 7-1]에서 보듯이 더 선명한 S자의 모양을 갖는 함수를 보인다고 한다. 즉 불가능한 것에서 가능성이 있는 사건으로 변화될 때(예, 0에서 .01로 변화)와 가능한 사건에서 확실한 사건으로 변화될 때(예, .99에서 1로 변화)에 객관적인 확률에 대한 주관적인 확률 지각이 급격하게 변하는 반면 중간의 확률에 대해서는 별 차이가 없는 편평한 함수를 보인다. 예를 들어, 20달러를 잃는 것의 확률이 .01에서 .99로 변할 때 각 확률로 20달러를 잃는 것을

그림 7-1 정서를 유발하는 대안에 대한 주관적 확률 판단

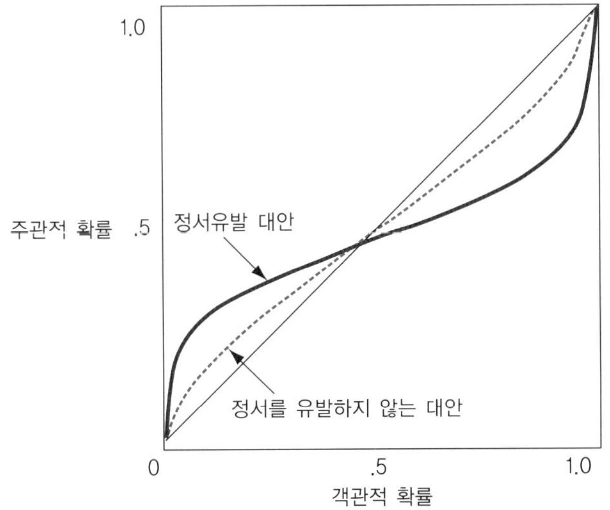

피하기 위해 얼마까지 지불할 용의가 있는지 그 금액을 적도록 하면 확률이 .01일 때는 1달러를 적고 확률이 .99일 때는 18달러를 적는다. 그러나 전기충격을 받게 될 때 이를 피하기 위해 얼마를 지불할 용의가 있는지 적게 하였을 때는 확률이 .01일 때는 7달러, 확률이 .99일 때는 10달러를 적었다. 전기충격은 두려움과 같은 부정적 정서를 불러일으키는 자극인데, 일단 그것이 조금이라도 가능한 일이 되면 그 가능성을 상대적으로 높게 지각하면서 보다 높은 금액을 적게 되지만 일단 가능한 일이 되면 가능한 정도의 변화에 대해서는 둔감하게 반응한다. 그래서 확률이 .01로 가능성이 낮을 때에도 전기충격을 피할 수 있다면 상대적으로 큰 금액인 7달러를 내겠다고 하고 .99로 확률이 높아져도 가능성의 변화에는 둔감하여 7달러와 얼마 다르지 않은 10달러를 내겠다고 하는 것이다.

이처럼 정서는 확률지각을 왜곡되게 할 수 있을 뿐 아니라 정서의 강도가 큰 경우 사람들에게 생각할 여지를 주지 않으면서 때로는 자신에게 손해가 되는 결정을 내리게 할 수 있다. Loewenstein(1996)은 사람들이 때로 이성적으로 사고하지 못하고 자신의 행동에 대한 통제력을 잃어 결국에는 자신의 이익에 반하는 행동을 하는 것을 본능(생리적) 요인(visceral factors)에 의한 영향으로 설명한다. 본능(생리적) 요인으로는 배고픔, 갈증, 성적 충동과 같은 추동(drive)상태, 기분(moods)이나 정서(emotions), 물리적 고통, 그리고 약물 중독으로 인해 나타나는 갈망(cravings) 등이 있다. 이러한 본능요인은 직접적으로 쾌 · 불쾌의 반응을 가져오며 여러 가능한 행동의 바람직한 정도를 상대적으로 결정하는데 영향을 미친다. 예를 들면, 배고픔은 부정적인 느낌을 가져오며 사람들은 이러한 느낌을 회피하기 위해 무엇을 먹게 되는데 이 때 배고픔의 정도에 따라 먹는 행동이 얼마나 바람직한가가 달라진다.

일반적으로 본능(생리적 요인)은 개인이 외부 환경과 내적 상태의 변화에 대처하게 하는 적응적인 역할을 하지만 때로 그 강도가 커져 통제하기가 어렵게 되면 개인의 장기목표와는 상반되는 행동을 초래할 수 있다. 좋은 예로 약물중독을 들 수 있다. 약물에 중독이 되어 내성이 생기고 금단증상이 나타나는 경우 약물 중독자는 끊을 결심을 하여도 이를 행동에 옮기지 못하게 된다. 약물이 자신에게 해롭다는 것을 잘 알고 있고 약물을 끊으려고 노력을 해도 약물에 대한 갈망이 강해지면 결국에는 그 갈망에 굴복하게 되는 것이다. 갈망이 강해지면 중독자는 지금 현재 자신의 갈망을 해결하기 위해 온통 약물과 관련된 생각만 하게 된다.

다른 예로 2006년 월드컵 결승전에서 자신의 분노를 참지 못하고 상대방 선수를 들이받아 퇴장당한 프랑스의 지단 선수를 들 수 있다. 결승전에서 프랑스와 이탈리아는 1:1로 팽팽한 경기를 하고 있었다. 지단은 자신의 마지막이 될 월드컵 무대에서 노장으로 맹활약을 하면서 프랑스를 결승까지 이끌어 왔고 결승전에서도 선제골을 넣어 큰 역할을 하고 있었다. 그런데 경기 후반 지단은 갑자기 이탈리아 선수 마테라치를 들이받았고 마테라치는 쓰러졌다. 주심은 지단을 퇴장시켰고 프랑스는 결국 승부차기에서 패배했다. 자신의 마지막이 될 월드컵 무대에서, 화려하게 승리로 장식되었을 수 있는 경기에서 지단은 왜 그런 행동을 했을까? 나중에 밝혀진 바로는 마테라치가 지단의 누이를 모욕하는 말을 했고, 이에 분노한 지단이 그를 들이받은 것이다. 이처럼 강한 정서는 사람들로 하여금 앞뒤 생각지 않고 나중에 크게 후회할 행동을 하게 만든다.

Loewenstein은 본능(생리적 요인)의 여러 특징을 제안하였고 이를 수리적으로 표현하였는데, 여기서는 그 특징을 언어적으로 기술하기로 한다. 첫째, 본능의 강도가 커질수록 사람들이 실제로 하는 행동과 원하는 행동 사이의 불일치가 커진다. 예로, 공포의 수준이 약할 때는 사람들이 이를 없애기 위해 적절한 행동을 할 수 있지만 공포의 강도가 심해지면 공황상태(panic)에 빠지거나 경직되어 대처행동을 하기 힘들어진다. 둘째, 미래의 본능에 대해서는 사람들이 자신이 실제로 할 것이라고 생각하는 행동과 자신이 원하는 행동 사이의 불일치가 거의 없다. 미래에 대한 결정을 내릴 때 미래의 본능상태를 고려하지 않고 그 영향력을 과소평가하기 쉽기 때문에 자신이 생각하는 대로 행동할 수 있을 것이라고 생각한다. 이 부분은 우리가 다이어트나 공부 계획을 세우는 것을 생각해보면 쉽게 이해가 될 것이다. 우리가 다이어트에 실패하는 것은 좋은 계획을 세우지 못해서가 아니다. 계획은 쉽게 세우지만 막상 세운 계획을 실행하는 시점이 되면 몸이 따르지 않아 포기하는 경우가 대부분이다. 셋째, 현재의 본능이 미래의 본능보다 그 영향력이 더 크다. 따라서 현재의 본능에 따라 사람들은 충동적인 행동을 하게 되는데 이는 현재의 본능을 충족시킬 수 있는 대상이 가깝게 있거나 즉각적인 행동이 가능한 경우에 한해서이다. 넷째, 현재에 경험되고 있는 본능은 미래에 대한 의사결정에 영향을 미친다. 이 특징의 좋은 예는 주부가 장을 볼 때 배가 고프면 필요 이상으로 먹거리를 사는 것이다. 다섯째, 미래의 본능상태가 자신의 행동에 미칠 영향을 예측하기 힘들다. 여섯째, 시간이 흐름에 따라 사람들은 과거 자신의 행동에 미쳤던 본능요인의 영향을 잊어버리고 그 결과 본능요인의 영향 하에 행한 자기 과거의 행동을 이해하지 못하게 된다. 이것은 사람들이 과거의 정서나 감정 상태를 기억하는 것이 힘들기 때문인데 좋은 예는 고문을 이기지 못하여 기밀을 누설한 자신의 행동을 시간이 지난 후에 이해하지 못하고 죄책감에 빠지는 것이다. 고문을 받을 당시는 고통의 영향 하에 있어 그것이 너무 괴로워 자백을 하게 되지만 후에 그 고통의 강도를, 즉 그 고통이 어떠했는지를 기억하지 못함으로써 자신이 왜 자백을 하였는지 이해하기 힘들게 되는 것이다. 이러한 본능의 특징들은 한 개인 내에서 뿐 아니라 개인 간에도 나타난다. 미래의 자기 본능을 평가하는 방식이 타인의 본능을 평가할 때에도 그대로 나타나는데, 즉 타인의 본능이 타인의 행동에 미치는 영향을 과소평가하거나 무시하기가 쉽다. 이것의 좋은 예는 권위에의 복종현상을 극적으로 드러낸 Milgram(1966)의 연구에서 실험참가자들에 대한 사람들의 반응이다.[1)] 사람들은 자신이라면 그렇게 행동하지 않았을 것이라고 보고를 하며 실험참가자들의 행동을 이해하는 데에 어려움을 보인다.

위의 특징들을 한마디로 요약한다면 지금 여기의 '나'에게 미치는 본능요인의 영향은 불가항력적인 반면 과거나 미래, 그리고 다른 사람들에게 경험되는 본능요인은 과소평가하기 쉽다는 것이다. 미래에 있을 경험에서 자신이 어떻게 느낄 것인지를 예측할 때와 그것을 실제로 경험할 때는 신체적으로 서로 다른 상태일 수 있기 때문에 미래에 경험할 감정을 과소평가하는 현상이 종종 나타난다. Loewenstein은 이를 '**정서/인지 상태에서의 공감 차이**(hot/cold empathy gap)'로 표현하는데, 사람들이 정서적 경험이 실제로 유발되지 않은 차가운 인지 상태에 있을 때는 자신이 정서적으로 뜨거운 상태에 있을 때 어떻게 느끼며 행동할지를

---

1) Milgram의 실험 내용을 간략히 소개하면 다음과 같다. 진짜 실험참가자는 전기충격장치가 되어 있는 방에서 옆방에서 과제를 수행하는 다른 실험참가자(실제로는 실험협조자)의 수행정도에 따라 전기충격을 주도록 지시받는다. 전기충격은 아주 미세한 정도에서 시작해서 점점 그 강도가 강해져 제일 높은 충격은 '치명적'이라는 경고 문구가 함께 씌어져 있다. 실제로 전기충격의 느낌이 어떤지를 보여주기 위해 실험참가자에게 시범적으로 충격을 주기도 한다. 옆방의 실험협조자는 강도가 강해짐에 따라 비명을 지르는 등의 반응을 보임으로써 자신의 고통을 알리게 되지만 실제로 전기충격을 받는 것은 아니다. 여기서 Milgram이 보고자 한 것은 실험실 상황에서 권위를 가지고 있는 실험자의 지시에 실험참가자들이 얼마나 복종하는가를 보는 것이다. 옆방의 사람이 괴로워함을 알면서도 대부분의 실험참가자들은 괜찮다고 용인하는 실험자의 요구에 따라 치명적인 수준까지 전기충격의 강도를 높이게 된다.

제대로 예측하지 못한다는 것이다. 어떤 사건의 결과를 예측하는 것은 차분하고 신체적으로 각성되지 않은 차가운 인지상태에서 이루어지는 반면 실제로 그 사건을 경험할 때는 화가 나거나 두려움을 느끼거나 신체적으로 흥분되는 등 뜨거운 상태에 있게 되는 경우가 많다. 따라서 차가운 인지 상태에 놓여 있는 사람이 자신이나 다른 사람들이 신체적으로 다른 상태, 즉 뜨거운 정서상태에서 경험하는 일을 예측할 경우 예측상의 오류를 범할 가능성이 높다. 그 이유는 차가운 인지 상태에서 미래에 있을 경험이 어떤 느낌을 줄 것인지를 예측하는 것과 실제로 뜨거운 경험 상태에서 자신이나 다른 사람들이 갖게 되는 느낌 간에 괴리가 있기 때문이다. Read와 Van Leeuwen(1998)은 실험참가자들에게 1주일 후에 먹을 음식을 고르도록 하였는데, 이때(즉 차가운 상태에 있을 때)는 초콜릿 같은 기호식품보다는 건강에 이로운 과일을 더 많이 선택했다. 그러나 지금 당장 먹을 음식을 선택하도록 할 경우에는(즉 뜨거운 상태에 있을 때) 초콜릿을 더 많이 선택하는 경향을 보였다.

그리고 미래의 정서나 행동을 예측할 때 사람들은 보통 현재의 정서상태에 기초해 자신의 현재를 미래에 투사하는, 즉 미래상태도 현재와 비슷할 것으로 투사하는 경향을 보이는데 이를 **투사 편향**(projection bias)이라고 한다. 가령 맛있는 식사를 하고 배부른 상태에 있는 사람에게 친구로부터 유명한 이탈리안 레스토랑에 초대를 받아 저녁식사를 하는 것이 얼마나 즐거울지를 예측해보도록 하면 자신이 느끼게 될 즐거움을 과소평가할 가능성이 높다.

그렇다면 아주 강한 정서가 아니더라도 대상에 의해 유발된 정서와 인지가 서로 상반될 때 사람들은 어떻게 행동할까? 예를 들어, 식사 후 디저트로 초콜릿 케이크와 과일 샐러드를 고르는 상황을 생각해보자. 초콜릿 케이크는 '맛있겠다,' '먹고 싶다'는 등의 즉각적인 긍정적 정서를 불러일으키지만 칼로리가 높기 때문에 건강에 그리 좋은 선택은 아니다. 반면 과일 샐러드는 즉각적인 반응은 상대적으로 적게 나타나지만 건강에는 좋은 선택이다. Shiv와 Fedorikhin(1999)는 이처럼 정서적 반응과 인지적 반응이 서로 상충될 때 사람들이 어떻게 선택을 하는지에 관심을 가졌는데, 이들은 정보처리 용량의 가용성 여부에 따라 선택이 달라질 것이라고 보았다. 즉 정보처리 용량에 여유가 없을 때는 사람들이 정서적 반응에 따른 선택을 하지만 정보처리 용량에 여유가 있을 때는 인지적 반응에 따른 선택을 한다는 것이다. 초콜릿 케이크를 보고 드는 즉각적인 정서적 반응을 억누르기 위해서는 이것이 왜 자신의 건강에 도움이 되지 않는지의 이유를 인지적으로 떠올려야 하는데, 이는 즉각적으로 발생하는 정서반응보다는 더 정신적 에너지를 요하는 일이다. 따라서 정보처리 용량에 여유가 있을 때는 초콜릿 케이크를 보고 먹고 싶어도 이를 먹으면 안 되는 여러 이유들을 떠올리면서 본인을 자제하게 되지만 정보처리 용량에 여유가 없을 때는 이런 인지적 이유들을 떠올리기가 상대적으로 힘들어지면서 그냥 초콜릿 케이크를 선택할 가능성이 커진다는 것이다.

한편 Luce(1998)는 선택상황에서 유발되는 부정적인 정서가 사람들로 하여금 선택을 회피하는 반응을 하도록 함을 보여주었다. 예로 제한된 예산으로 가족들이 함께 탈 자동차를 새로 구매하려는 가장을 생각해보자. 일반적으로 차체가 클수록 더 안전한 경향이 있어 안전한 차를 사려고 하면 차의 가격이 높아지는 경향이 있다. 안전한 차를 선택할 것이냐? 구매가격을 고려할 것이냐? 이 두 속성 간의 상쇄(trade-off)는 인지적으로 어려울 뿐 아니라 부정적인 정서를 유발한다고 한다. 두 개의 중요한 목표가 상충되기 때문이다. Luce는 속성 간 상쇄의 어려움 정도를 조작하여 상쇄가 어려울수록, 그리고 구매상황을 구체적으로 상상하면서 선택을 하도록 한 조건일수록 사람들이 새로운 대안 중 하나를 선택하지 않고 그냥 기존대안을 유지하는 선택을 더 많이 함을 보여주었다. 그리고 선택과정에서 부정적인 정서를 더 많이 느낀 사람일수록 선택 회피를 많이 하고, 선택 회피를 한 사람일수록 이후 부정적인 정서를 적게 보고하는 것을 보여줌으로써 선택과정에서 유발된 부정적 정서가 선택 회피를 매개함을 보여주었다.

(2) 우연적 정서의 영향

대안으로 인해 정서가 유발되는 경우도 있지만 대안 외의 다른 요인(예, 의사결정자의 성향이나 상황)에 의해 유발된 정서가 선택과 판단에 영향을 미칠 수도 있다.

Clore와 Schwarz는 현재의 정서상태가 판단에 어떻게 영향을 미치는지에 대한 일련의 연구를 수행하였다. 이들의 '**정보로서의 정서 가설**(feeling or mood as information hypothesis)'은 사람들이 일상생활에서 판단과 의사결정을 내릴 때 그들이 현재 느끼고 있는 정서를 정보로 사용한다고 제안한다(Clore, 1985; Schwarz

& Clore, 1983, 1988). 예를 들면, 비오는 날과 맑은 날 각각 사람들에게 전화를 걸어 자신의 삶에 대한 전반적인 평가를 하게 하면 맑은 날 답을 한 사람들이 보다 더 긍정적인 평가를 한다. 이는 사람들이 판단을 할 때 현재 느끼고 있는 자신의 기분(mood)을 판단의 자료로 사용하기 때문이다. 즉 좋은 날씨의 영향으로 기분이 좋은 것을 정보로 사용하여 삶에 대한 만족도를 보다 긍정적으로 평가한다. 자신이 기분이 좋은 것을 보고 내 삶이 만족스럽구나 생각한다는 것이다. 이는 기분이 좋은 이유를 날씨가 아닌 만족스러운 자신의 삶으로 잘못 그 원인을 돌리는, 즉 오귀인(misattribution)하여 삶의 만족도를 판단하는 것이다.

이러한 현상은 주식시장에서도 검증되었는데, Hirshleifer와 Shumway(2003)는 햇볕이 좋은 날 일반적으로 사람들이 좋은 기분을 느끼고, 이런 좋은 기분이 투자자들로 하여금 주식의 전망을 낙관하면서 더 많은 투자를 하도록 하고 이것이 전반적인 주가상승을 가져와 더 큰 수익을 가져오게 하는지 살펴보았다. 이들은 1982년과 1997년 사이 26개 나라의 주식시장에서 수익과 날씨 간의 관계를 살펴보았고 둘 사이에 정적인 상관이 있음을 발견하였다. 반대로 사람들이 기분이 안 좋을 때는 어떨까? Edmans, Garcia와 Norli(2007)은 축구 경기에 진 후 주식시장의 변화를 살펴보았다. 이들은 39개 나라의 자료를 사용하여 경기에 진 후 실제로 주가가 떨어진다는 것을 발견하였고, 중요한 경기일수록 그 영향이 더 컸고, 축구 경기 뿐 아니라 크리켓, 럭비, 배구 국제시합에서도 이런 관계가 나타났다.

Isen(1993)은 그리 강하지 않은 긍정적 느낌(mild positive feelings)이 의사결정에 미치는 영향을 보여주었는데, 이때 의사결정은 자동적으로 또는 습관적으로 일어나는 것이 아니라 여러 단계에 거쳐 숙고하는 과정을 통해 일어나는 것을 가리킨다. Isen은 실험참가자로 하여금 의사결정 과제와는 상관없는 간단한 과제를 하게 한 후 실제 과제수행의 결과와는 상관없이 한 집단에게는 좋은 피드백을 줌으로써 또는 사탕을 주는 것과 같은 간단한 조치를 취함으로써 긍정적 느낌이 유발되도록 하였다. 먼저 긍정적 느낌이 의사결정에 미치는 영향은 위험에 대한 선호도(risk preference)에서 나타난다. 사람들의 위험에 대한 선호 또는 태도는 개인마다 다르고 또 상황에 따라 바뀔 수 있는데, 일련의 연구에 의하면 긍정적 느낌은 위험에 대한 사람들의 선호에 영향을 미친다. 위험이 낮고 부담해야 할 (금전적/심리적) 비용이 적은 상황에서는 긍정적 느낌이 사람들로 하여금 위험을 선호하여 모험을 추구하는 행동을 하게 한다. 그러나 문제 상황이 현실적이고 상당한 (금전적/심리적) 손실이 있을 경우에는 긍정적 느낌은 사람들로 하여금 손실의 확률과 크기에 민감하게 만들어 위험을 회피하도록 만든다. 즉 사람들은 자신의 긍정적 느낌을 유지하고 싶어 하기 때문에 대안을 잘 살펴보고 가능한 손실을 피하려고 한다(정서 유지, affect maintenance). 이러한 결과는 긍정적 느낌이 위험선호에 미치는 영향이 의사결정의 상황에 따라 다르게 나타남을 보여준다.

두 번째는 긍정적 느낌이 복잡한 의사결정에 미치는 영향이다. 의사결정 과제 자체가 참가자들의 관심을 끌고 노력을 기울이게 할 만큼 복잡한 과제라면, 긍정적 느낌을 가지고 있는 참가자들이 과제를 더 철저하고 효율적으로 처리한다고 볼 수 있다. 긍정적 느낌이 유발된 집단은 의사결정에 이르는 시간이 긍정적 느낌을 유발하지 않은 통제집단보다 짧았으며 정보를 탐색하는 과정에 중복(redundancy)이 적었고 불필요한 정보를 제거하는 정도도 통제집단보다 많았다. 그리고 주어진 과제에 당황하거나 혼동을 보이는 정도가 적으며 주어진 정보를 더 많이 통합하는 경향을 보였다. 복잡한 의사결정 과제는 주로 의학진단과 관련하여 연구되었는데, 한 연구에서는 의과대학 고학년 학생들에게 여섯 명의 환자 정보를 주고 그 중 폐암을 가지고 있을 가능성이 가장 높은 환자를 고르는 과제를 주었다(Isen, Rosenzweig & Young, 1991). 각 환자에 대해서는 아홉 개의 건강관련 정보가 제시되었다. 결과를 보면, 긍정적 느낌이 유발된 집단이 통제집단보다 과제를 더 정확하고 효율적으로 풀었으며 폐암 환자의 치료방법이나 다른 환자의 진단까지 제안하는 등 주어진 이상의 것을 제시하였다. 그리고 긍정적 느낌이 유발된 사람들은 정보의 통합이 더 촉진되었고 정보에 대한 개방성이 더 높았는데, 자신의 가설과 반대되는 정보도 적극 고려하는 모습을 보였다.

마지막으로 긍정적 느낌과 휴리스틱한 정보처리의 관계이다. 초기에는 긍정적 느낌이 체계적인 정보처리보다 휴리스틱한 정보처리를 초래한다는 보고가 있었지만, 후속연구에서는 긍정적 느낌이 체계적인 정보처리를 방해하는 것은 아님을 보여준다. 긍정적 느낌이 사람들로 하여금 휴리스틱한 정보처리를 하게 한다는 것을 보여주는 연구는 주로 태도변화와 스테레오타입과 관련하여 이루어졌는데, 긍정적 느낌이 유발된 사람들이 약한 주장에도 태도변화를 일으키거나 스테레오타입을 더 많이 사용한다는 결과가 주로 그 증거로 제시되었다. 그러나 이러한 결과를 해석할 수 있는 다른 주장들도 있다(예, 긍정적 느낌을 가진 사람이 다른 사람의 의견에 더 동의하고자 하는 경향을 보인다거나 자기 자신의 논지를 생각해내고 그것에 의해 태도변화를 보이는 것). 정보처리와 관련된 추가자료를 보면 약한 주장에도 태도변화를 보였다고 해서 이들이 주장의 강도를 구분하지 못한 것은 아니며, 약한 주장과 강한 주장에 대한 기억에도 차이가 없음이 나타났기 때문에 긍정적 느낌이 유발된 사람들이 정보처리 측면에서 세부적인 정보처리를 하지 않는 것은 아님을 보여준다. 또한 긍정적 느낌이 유발된 사람들이 스테레오타입을 더 많이 사용한다는 연구결과가 있기는 하지만 이들이 자신의 판단을 다른 사람에게 설명해야 하는 상황이 되면 오히려 통제집단보다 스테레오타입을 적게 사용한다는 결과도 있다(Bodenhausen, Kramer & Susser, 1994). Isen(2008)은 이를 긍정적 느낌이 유발된 사람들이 체계적인 정보처리를 하지 않고 휴리스틱하게 정보처리를 하는 것이라기보다는 자신이 처한 상황에 따라 보다 융통성 있게 정보처리를 하는 것이라고 해석한다(flexibility hypothesis; Isen, 2008). 즉 과제가 중요하지 않거나 별 흥미가 없어 처리에의 동기가 유발되지 않는 경우 휴리스틱하게 처리를 할 수 있지만 그렇지 않은 경우에는 보다 체계적인 처리가 가능하다는 것이다.

그렇다면 부정적 정서는 어떤 영향을 미칠까? 부정적 정서의 영향은 크게 세 가지로 나누어 볼 수 있다(Raghunathan & Pham, 1999). 먼저 **기분 일치성**(mood congruency) **효과**이다. 부정적인 정서의 영향 하에 있는 사람은 지각, 사고, 판단 등이 더 부정적인 경향을 보이는 데, 이는 부정적 정서와 정서가가 일치하는 정보가 더 활성화되어 사용되기 때문이다. 즉 부정적 정서가 정보처리에 사용되는 정보의 내용에 영향을 미친다는 것이다. 두 번째는 부정적 정서가 처리에 영향을 미친다는 것인데, 부정적 정서는 주의의 폭을 좁게 하고 단서의 활용을 방해하고, 체계적인 정보처리를 방해하는 것으로 알려져 있지만, 체계적인 정보처리에 대해서는 연구결과가 일관적이지는 않다. 마지막으로는 부정적 정서가 사람들의 동기에 영향을 미친다는 것인데, 사람들이 부정적 정서상태에 있게 되면 그 상태에서 벗어나고자 동기화되면서 자신의 기분을 좋게 하는 선택을 하게 된다. 일례로 사람들이 부정적 정서를 느낄 때 친사회적인 도움행동이 늘어나게 된다(Schaller & Cialdini, 1990). 한편 부정적 정서상태에서 벗어나기 위해 상황에 대해 더 체계적인 정보처리를 한다는 보고도 있다.

앞서 언급된 정서의 영향은 정서의 유형을 구분하지 않고 그냥 정서가(valence)에 기초해 긍정적, 부정적 정서로 나누어 그 영향을 살펴본 것이다. 그러나 일부 연구자들은 정서의 유형에 따라 정서의 의미구조가 다르고 이에 따라 암묵적으로 유발되는 목표가 달라질 수 있으므로 정서유형별 영향을 살펴보는 것이 필요하다고 주장한다(Raghunathan & Pham, 1999). 예로, 슬픔과 관련된 정서는 자신이 소중히 여기는 대상의 부재나 손실을 겪었을 때 주로 느끼게 되는데, 이로 인해 사람들이 슬픔을 느낄 때는 무엇인가 보상이 될 수 있는 것을 구하거나 손실을 대체할 수 있는 것을 찾도록 동기화된다. 반면 두려움이나 불안과 같은 정서는 결과에 대한 불확실성이 높고 상황에 대한 통제력이 낮을 때 느끼게 되고, 이런 정서가 유발되면 사람들은 불확실성을 줄이고 위험을 회피하고자 동기화된다. 그 결과 슬픔이 유발된 참가자들은 도박이나 직업선택 과제에서 보상이 크지만 위험이 큰 대안(예, 0.3의 확률로 $10을 받을 수 있는 도박)을 선호하는 반면, 불안이 유발된 참가자들은 보상이 적더라도 위험이 작은 보다 안전한 대안(예, 0.6의 확률로 $5을 받을 수 있는 도박)을 선호한다.

Lerner와 Keltner(2001)는 두려움과 화(anger)가 선택에 미치는 영향을 비교하였는데, 이들은 정서가 일단 유발되면 애초에 정서를 유발한 대상과 관련 없는 다른 대상에 대한 판단이나 선택에도 영향을 미칠 수 있고, 각각의 정서는 상황을 특정한 방식으로 평가하도록 한다고 보았다(appraisal tendency). 두려움과 화는 모두 부정적 정서이기는 하지만 확실성(certainty)과 통제(control) 차원에서 차이를 보인다. 두려움은 확실성이 낮고 통제의 결여와 관련되어 있는 반면, 화는 높은 확실성과 통제와 관련되어 있다. 두려움을 느끼는 사람과 화가 난 사람의 선택을 비교해보면, 두려움을 느끼는 사람은 위험을 비관적으로 평가하고 위험 회피적인 선택을 하는 반면, 화가 난 사람들은 위험을 낙관적으로 평가하고 보다 위험 추구적인 선택을 한다. 한편 행복감과 화를 비교해보면, 이 두 정서는 정서가는 반대이지만 확실성이나 통제 차원에서의 평가방식은 유사하다. 화가 난 사람의 선택을 살펴보면 정서가가 부정적인 두려움보다는 평가방식이 유사한 행복한 사람들과 비슷하게 위험 추구적인 선택을 하는 경향이 있다. 이는 정서가 선택에 미치는 효과에 있어 긍정적/부정적인 정서가보다는 상황을 평가하는 방식이 더 큰 영향을 미칠 수 있음을 보여준다.

Focus

당면한 의사결정과 무관한 정서경험이 소비자 판단에 미치는 영향

정서경험은 사람들의 의사결정에 영향을 미칠 수 있다. 그 정서경험이 당면한 의사결정과 무관한 경우에도 말이다. 사람들의 감정 상태는 행동경제학의 기본원칙인 보유효과를 뒤집는 결과를 초래할 수 있다. 보유효과는 동일한 물건이라고 하더라도 소유하지 않은 물건보다 소유하고 있는 물건에 대해 더 큰 가치를 부여하는 경향을 말한다. 그러나 특정의 정서 상태는 보유효과와 상반되는 결과, 즉 역보유효과(reverse endowment effect)를 초래할 수 있다. Lerner, Small과 Lowenstein(2004)은 특정의 감정이 의사결정과 보유효과(동일한 물건에 대해 판매가격을 구입가격에 비해 더 높게 책정하는 경향)에 미치는 영향을 연구했다. 그들은 혐오감(disgust)과 슬픔(sadness)라는 두 가지 기본정서가 무의식상태에서 이와 무관한 의사결정(동일한 물건의 판매가격과 구입가격의 결정)에 영향을 미치는지에 초점을 맞추었다. 연구자들은 두 가지 기본정서와 중립적인 기분상태를 이끌어내기 위해 세편의 영화에서 발췌한 짧은 영상을 만들어 실험참가자들에게 보여주었다. 세편의 영상물은 The Champ(슬픔을 이끌어 내기 위해 한 소년의 멘토이자 아빠인 왕년의 권투챔피언 빌리가 죽으면서 그 소년이 절규하는 장면을 보여줌), Trainspotting(혐오감을 유발하기 위해 출연자가 비위생적이고 더러운 화장실을 사용하는 장면을 적나라하게 보여줌), National Geographic 스페셜(중립적인 감정을 유발하도록 호주 북동쪽 퀸즐랜드 연안에 있는 산호초 지역 the Great Barrier Reef를 다룬 다큐멘터리를 보여줌)로 구성되었다.

연구자들은 혐오감이 가치판단에 미치는 영향을 검증하기 위해 실험참가자들을 실험집단과 통제집단으로 나누고 실험집단에 속한 참가자들에게는 혐오감을 유발하는 영상을, 그리고 통제집단에게는 다큐멘터리 영상을 보여주었다. 그런 다음 실험집단에 속한 일부 참가자들에게 형광펜 세트를 선물로 제공하여 소유하게 한 다음 그 펜의 판매가격을 제시하도록 했고 나머지 참가자에게는 그 형광펜의 구입가격을 제시하도록 요청했다. 연구자들은 혐오감을 유발한 경험을 한 실험집단 참가자들은 혐오감이 주는 거부감 때문에 갖고 있는 물건을 없애고 싶거나 새 물건을 구입하고 싶은 욕구가 줄어들 것이므로 양측 모두 가격을 낮추어 제시할 것으로 예측했고 실제로 그런 결과가 나왔다. 연구자가 제시한 형광펜을 소유한 참가자들의 판매가격과 형광펜을 갖지 않은 참가자들의 펜에 대한 구입가격 모두 통제집단(중립적인 감정을 유발시킨 영상을 본 참가자들)이 제시한 판매가격과 구입가격에 비해 현저하게 낮았다. 물건을 소유한 사람의 판매가격이 실제 가치에 비해 매우 낮게 책정되었다는 연구결과는 전통적인 보유효과와 상반된다.

그 이유가 무엇일까? 혐오감을 느끼면 사람들은 손에 들고 있거나 냄새를 맡거나 맛을 본 대상에서 멀리 떨어지고 싶어진다. 이러한 반응은 경제적 행동에도 적용될 수 있다. 혐오감을 느끼면 갖고 있는 물건을 없애고 싶어지기 때문에 그 물건을 평소보다 낮은 가격으로 판매하려고 한다. 마찬가지로 새 물건을 구입하고 싶은 욕구도 줄어들어 구입가격도 낮아진다. 따라서 혐오감 경험은 물건을 소유하고 있는 판매자의 판매가격과 이를 구입하려는 구매자의 구입가격 모두를 낮추게 함으로써 소유효과와 다른 결과, 즉 역소유효과를 발생시킨다.

한편 슬픈 감정을 경험한 실험참가자들에게도 역겨움 경험이 소유물에 대한 가치판단에 미치는 영향과 동일하게 역보유효과가 나타났다. 슬픈 감정을 유발시키기 위해 연구자들은 영화 《The Champ》에서 소년의 멘토이자 아빠 역할을 연기한 존 보이트가 죽는 장면을 보여준다. 그 다음의 실험절차는 혐오감 경험과 동일하다.

그러면 슬픔경험은 참가자들의 형광펜 구매가격과 이미 형광펜을 소유한 참가자의 판매가격에 어떤 영향을 미칠까? 슬픔을 경험한 참가자들 중 형광펜 소유자는 통제집단에 비해 판매가격을 낮추어 책정한 반면 형광펜을 갖고 있지 않는 참가자들은 통제집단에 비해 이의 구입가격을 높여 제시했다. 이러한 연구결과는 정서경험이 소유한 물건의 가치를 높게 평가한다는 보유효과를 무력화시킬 수 있음을 보여준다. 슬픔을 경험한 참가자들은 중립적 정서를 경험한 통제집단에 비해 물건의 구입가격을 매우 높게 책정했다. 즉 슬픔에서 벗어나기 위해 가격이 비싸더라도 기꺼이 지불하려고 하는 것이다.

혐오감 경험이 소유물에 대한 가치판단에 미치는 영향에서와 마찬가지로 슬픔경험이 가치판단에 미치는 영향에서도 일반적인 소유효과와 상반되는 결과가 나타났다. 슬픔은 사람들로 하여금 슬픈 상태에서 벗어나기 위해 무언가를 하고 싶은 마음을 갖게 한다. 무의식적으로 슬픈 감정 상태를 바꾸고 싶은 참가자들은 이미 소유한 형광펜을 빨리 처분하고 싶어 판매가격을 낮게 책정했고 형광펜이 없는 참가자들은 구입하려는 형광펜에 대해 높은 구매가격을 책정했다. 즉 판매자는 싸게 팔고, 구매자는 비싸게 사는 것이다.

이러한 연구결과는 실무적 시사점도 제공한다. 가령, 9.11 테러 사건 같은 정서유발 사건이 경제전반에 영향을 줄 수 있다. 일반적인 직관과 달리, 이러한 사건은 개인에게 어떤 감정(혐오감 혹은 슬픔)을 유발하느냐에 따라, 소비자의 지출을 억제시키는 것이 아니라 촉진할 수 있다.

자료원: Lerner, Small, & Loewenstein, 2004

7.4 후 회

여러 정서 중 선택과 관련하여 많은 연구가 이루어진 정서는 후회이다. 후회에 대한 이론은 경제학에서 먼저 제안되었는데, 경제학자들이 제안한 후회이론은 기대효용이론이 너무 단순하다고 비판하면서 사람들이 단순히 최대 효용을 가져오는 대안을 선택하는 것이 아니라 선택하지 않은 대안으로 인한 후회를 최소화하는 선택을 한다고 본다. 선택한 대안의 결과를 알게 되면 그것을 자신이 선택하지 않은 대안의 결과와 비교하게 되고, 만약 자신이 선택하지 않은 대안이 더 나은 결과를 가져오는 것이었다면 사람들은 자신의 선택에 대해 후회를 하게 된다. 이러한 사전경험은 새로운 선택이나 결정에 앞서 자신이 느끼게 될 후회에 대해 어느 정도의 예측을 가능하게 하고 의사결정자는 그 후회 정도를 선택 시 고려하게 된다.

Loomes와 Sugden(1982)은 후회의 정도가 자신이 실제로 선택해서 나타난 결과와 자신이 다른 선택을 했더라면 나타났을 결과 사이의 차이에 달려있다고 말한다. 즉 차이가 클수록 후회도 커지게 되는 것이다. 후회의 크기에 대한 실례로 다음의 두 대안 중에 하나를 선택하는 예를 보자.

> **대안 1.** 100%의 확률로 팔천 원을 받는 것
> **대안 2.** 67%의 확률로 만 이천 원을 받거나 33%의 확률로 아무것도 받지 못하는 것

대안 1을 선택하고 후회를 하게 되는 경우는 대안 2를 선택해서 만 이천 원을 받게 되는 경우이다. 이때 차이 금액은 4천 원이고 후회의 정도는 .67*R*(4천 원)(*R*: 후회함수)이다. 대안 2를 선택하고 후회를 하는 경우는 대안 2를 선택하여 아무 것도 못 받게 되었을 경우이다. 이때는 0과 대안 1을 선택해서 받았을 8천 원을 비교하게 되고, 후회의 정도는 .33*R*(8천 원)이 되는 것이다. [그림 7-2]에서 보듯이 *R*은 증가함수로 *R*(8천 원)>2*R*(4천 원)이고 따라서 .33*R*(8천 원)>.67*R*(4천 원)이다. 즉 후회이론은 대안 2를 선택했을 때 느끼게 될 후회가 더 크기 때문에 대다수의 사람들은 대안 1을 선택한다고 설명한다.

Loomes와 Sugden(1982)이 제안한 수리적 모델인 후회이론에 이어 후회에 영

그림 7-2 후회함수

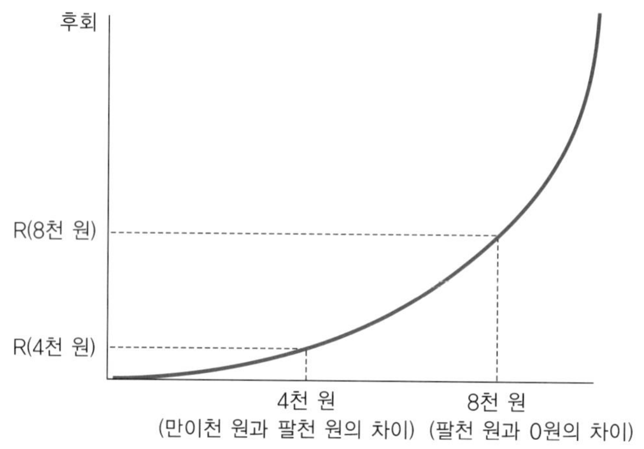

x축은 내가 선택한 대안과 선택하지 않은 대안의 결과 차이를 나타냄

향을 미치는 요인에 대한 경험적인 연구들이 발표되었다. Bell(1982, 1983, 1985)은 후회를 하게 되느냐 아니냐를 결정하는 가장 중요한 요인은 선택하지 않은 대안에 대한 피드백의 여부라고 말한다. 후회라는 것이 선택하지 않은 대안의 결과에 대한 함수라면 피드백이 있는 경우가 그렇지 않은 경우보다 문제가 되고 후회를 가져올 여지가 많기 때문이다. 상황에 따라 사람들은 다른 것을 원하는데 때로는 결과에 대해 알기를 원하지 않고, 때로는 자신이 선택한 대안의 결과에 대해서만 알기를 원하고, 또 때로는 자신이 선택한 것과 선택하지 않은 것의 결과를 모두 알고 싶어 하기도 한다. Tindale(1989)은 사람들이 피드백을 기대하면 할수록 후회를 할 가능성이 많아질 뿐 아니라 자신의 선택에 대해 가지는 확신(confidence)도 낮아짐을 보여주었다.

이러한 후회이론은 소비자 구매행동을 설명 · 예측하는데도 매우 유용하다. 소비자들이 제품을 구매 · 소비하는 과정에서 경험하는 부정적 감정은 고객 불만족 및 향후 재구매 의도에 큰 영향을 미치게 되는데, 소비자가 느끼는 부정적 감정의 대표적 유형이 '후회'이다. 후회는 소비자가 선택한 제품이 선택하지 않은 제품에 비해 못할 경우에 야기되는 부정적 감정이다. 예를 들어, '다른 브랜드의 노트북을 샀더라면,'라는 생각처럼 자신이 한 선택의 결과가 마음에 들지 않아 다른 선택을 했더라면 어땠을까 그 가능한 결과를 시뮬레이션하면서 더 좋은 결과가 예상될 때 사람들은 후회의 감정을 느낀다. 사람들은 자신이 한 행동이나 선택의 결과를 보고 '~하지 않았더라면' 혹은 '~했더라면' 하는 식의 생각을 종종 하게 되는데, 이러한 사고는 '**사후가정적 사고**(counterfactual thinking)'라고 불리며, 후회는 이런 사후가정적 사고의 결과로 나타나는 인지적 정서로 알려져 있다.

Focus

사후가정적 사고란?

Roese와 Olson(1995)은 사람들이 어떻게 후회의 감정을 느끼게 되는지 그 선행되는 사고 과정에 대한 일련의 연구를 수행하였다. 사람들은 자신의 행동이나 선택한 결과가 자신이 기대했던 것과 차이를 보이는 경우 사후가정적 사고를 하게 된다. 특히 결과에 대한 기대가 클수록, 결과가 부정적일수록, 결과가 목표 상태에 근접해 있을수록, 결과에의 개입 정도가 클수록 사후가정적 사고에의 동기가 커지고 그 유발 정도가 높아지게 된다. 예를 들어, 중요한 면접이 있어 늦지 않게 도착한다고 택시를 탔는데 가는 길에 교통사고가 나서 5분 늦게 되었고 그 결과 면접을 보지 못했다고 해보자. 중요한 면접이므로 잘해보고자 하는 기대가 컸을 것이고 이를 준비하기 위한 개입도 컸을 것이다. 그런데 5분 늦어 면접 자체를 보지 못했으니 결과가 매우 부정적이다. 만약 5분이 아니고 1시간이 늦었다면 어땠을까? 5분을 늦었을 때보다는 사후가정적 사고가 덜 나타날 것이다. 면접시간이라는 목표 시점에 근접했을수록 이를 이루지 못한 결과가 더 안타깝고 '~했더라면' 또는 '~하지 않았더라면' 식의 사후가정적 사고가 더 나타날 것이다.

그렇다면 사후가정적 사고의 구체적인 내용은 어떻게 구성될까? 어떤 결과를 초래하는 선행사건은 보통 다수인데 이들 중 예외적인 것, 현저한 것, 통제 가능한 것, 역동적인 것, 시간상에서 앞에 일어난 선행사건들이 변화가능성(mutability)이 크고 보통 이런 사건들을 변화시켜 사후가정적 사고를 하게 된다. 변화가능성이란 선행사건의 반대 상태 또는 바람직한 대안을 인지적으로 가정하기가 얼마나 쉬운지 그 정도를 가리키는데, 위의 예에서 자신이 늘 이용하던 마을버스와 지하철을 타지 않고 택시를 탄 것이라면 이 예외적인 선행사건을 변화시켜 '택시를 타지 않았더라면'라는 식의 생각을 하면서 후회를 할 가능성이 높다. '교통사고가 나지 않았더라면'라고 생각할 수도 있지만 이는 자신이 통제하기 어려운 것이라 상대적으로 변화가능성이 낮아 이런 식으로 사후가정적 사고를 할 가능성은 상대적으로 낮을 수 있다. 그리고 자신이 실제로 행한 행동

(action)에 대해 '~하지 말았더라면'하고 생각하는 것이 실제로 하지 않은 비행동(inaction)에 대해 '~했더라면'하고 상상하는 것보다 더 쉽다. 이는 행위가 비행위보다 더 현저하게 두드러지기 때문이다. 이처럼 사후가정적 사고는 그 안에 인과추론을 내포하고 있다. 여러 선행사건 중 하나를 선택 · 변화시켜 '~했더라면' 또는 '~하지 않았더라면'하고 생각하는 것은 변화시킨 사건이 실제로 나타난 결과를 초래하는데 결정적인 역할을 했다는 인과추론에 근거하기 때문이다.

이러한 사후가정적 사고의 결과 사람들은 후회와 같은 정서를 느끼게 된다. 이런 정서반응은 실제 일어난 결과와 가능한 대안 사이의 비교로 인한 대조효과(contrast effect)에 의해 나타나는데, 실제 나타난 결과와 비교되는 것이 어떤 것이냐에 따라 사람들의 정서반응이 달라질 수 있다. 즉 비교되는 것이 더 나은 것이라면 후회와 같은 부정적 감정을 느끼게 될 것이고 반대로 비교되는 것이 더 못한 것이라면 긍정적 감정을 느끼게 될 것이다. 예를 들어, Roese(1994)는 실험참가자들에게 각자의 삶에 있었던 유쾌하지 않은 사건을 자세하게 기술하라고 하였다. 그러고 나서 실제 기술한 사건보다 더 나은 대안을 생각하게 하거나(upward counterfactuals) 더 못한 대안을 생각하게 하였다(downward counterfactuals). 실험 결과 더 나은 대안을 생각했던 사람들은 더 못한 대안을 생각한 사람들보다 적어놓은 사건에 대해 더 부정적인 감정을 보고하였다. 한편 사람들은 때때로 보다 긍정적인 정서반응을 가지기 위해 전략적 또는 의도적으로 사후가정적 사고를 하기도 한다. 즉 어떤 결과에 직면했을 때 보다 안 좋은 상황을 생각하여(downward counterfactuals) 자신을 위로하는 것이다.

소비와 관련된 후회는 **경험된 후회**(experienced regret)와 **예상된 후회**(anticipated regret)로 나눌 수 있는데, 경험된 후회는 소비자가 구매행동을 한 후에 발생하는 부정적 감정이며, 예상된 후회는 구매의사결정을 하기 전에 소비자가 예상하는 후회이다. 예상된 후회는 소비자의 구매행동에 영향을 미칠 수 있는데, 예상된 후회가 생기면 소비자는 구매시점을 차후로 연기할 수 있다(Simonson 1992).

제품의 소비과정에서 부정적 결과를 경험한 소비자가 부정적 감정(예, 후회)을 느끼는 정도에 있어 귀인은 상당한 영향을 미친다. 즉 부정적 결과(사건)의 원인을 내 탓으로 돌리느냐(내적귀인) 혹은 외부의 탓으로 돌리느냐(외적귀인)에 따라 소비자가 보이는 감정적 반응은 큰 차이를 보인다. 만약 소비자가 의사결정의 부정적 결과에 대해 자신이 책임이 있다고 느낄 경우 더 큰 후회를 경험하게 된다. 귀인의 방향(즉 내적귀인 혹은 외적귀인)은 개인(예, 소비자)이 어떤 특성을 지닌 사람인지 또는 상대방(예, 기업)이 얼마나 신뢰감을 주는지 등에 의해 달라진다. 예를 들어, 소비자가 구매결정과정에 깊이 관여되어 있을수록, 그리고 구매결정에 대해 강한 책임감을 느낄수록, 내적귀인을 하는 경향이 있다. 또한 상대방이 신뢰감을 주는 존재이면 부정적 결과의 책임을 자신에게 돌릴(내적귀인을 할) 가능성이 높다. 예를 들어, 브랜드 명성이 높은 기업의 제품이나 서비스가 실패했을 경우 소비자들은 그 책임을 해당 제품이나 서비스를 제공한 기업이 아니라 자신에게 돌릴 가능성이 높을 것이다. 따라서 후회는 다른 유형의 부정적 감정인 죄책감(guilt), 수치심(shame)과 같이 부정적 결과에 대한 스스로의 책임감에서 비롯되는 감정의 성격이 강하다.

한편 후회에 대한 연구에 따르면, 행동을 취함(action)으로 인해 의사결정자가 경험하는 후회와 행동을 취하지 않음으로(inaction) 인해 느끼는 후회는 비대칭적 관계를 갖는다. 즉 의사결정자가 행동을 취하였는데 그 결과가 부정적이면, 행동하지 않은 경우보다 더 큰 후회를 경험한다는 것이다. 흔히 언급되는 예로 다음의 가상시나리오가 있다(Kahneman & Tversky, 1982).

> 김씨는 A회사의 주식을 가지고 있다. 작년에 그는 자신이 가지고 있는 주식을 B회사의 것으로 바꿀까 고려한 적이 있으나 결국은 자신의 것을 그냥 가지고 있기로 결정했다. 지금 그는 만약 자신이 주식을 B회사의 것으로 바꾸었더라면 150만 원을 더 벌 수 있었음을 알게 된다. 이씨는 B회사의 주식을 가지고 있었고 작년에 자신이 가지고 있는 주식을 A회사의 것으로 바꾸었다. 현재 이씨는 자신이 B회사의 주식을 그대로 가지고 있었더라면 150만 원을 더 벌 수 있었음을 알게 된다. 이 둘 중 누가 더 후회가 크겠는가?

이 질문에 대해 92%의 응답자가 자신이 취한 행동의 결과로 이익을 적게 낸 이씨가 더 큰 후회를 경험할 것이라고 대답하였다. 이러한 결과에 대해 자신이 한 행위를 되돌리는 것이 하지 않은 행위를 상상하는 것보다 쉽기 때문에 사후가정적 사고가 행위에 대해 더 쉽게 유발되며 따라서 후회의 정도도 크게 된다고 본다.

그러나 시간의 흐름에 따라 후회가 어떻게 변하는지를 분석한 연구에 따르면, 행동의 결과로 경험한 후회는 처음에는 크지만 시간이 지나면서 적어지는 반면,

비행동의 결과로 경험한 후회는 시간이 지남에 따라 점점 커지면서 후회의 크기가 반전되어 행동하지 않음으로 인해 경험하는 후회가 더 커지게 된다(Gilovich & Medvec, 1995; Inman & Zeelenberg, 2002). 즉 단기적으로는 행동에 대한 후회가 더 크지만 장기적으로는 비행동에 대한 후회(가령 교육의 기회를 놓친 것, 친구나 가족과 충분한 시간을 함께 보내지 못한 것 등)가 더 커진다는 것이다.

그렇다면 왜 시간에 따라 이러한 변화가 나타날까? 첫째, 후회가 되는 행동에 대해서는 사람들이 후회를 해소하기 위해 실제 행동을 통하여 또는 심리적으로 자기합리화를 통해 불편한 감정을 해소하려고 노력하기 때문에 그 결과 후회가 되는 행동으로 인한 괴로움이 점차 감소하기 때문이다. 가령 이성교제의 상대가 마음에 들지 않으면 절교를 선언하거나 현재의 전공이 적성에 맞지 않으면 전과를 하는 등의 행동을 취하여 자신이 행한 과거의 선택으로 인한 불만족이나 괴로움을 해소시키려고 노력하는 보수작업을 한다. 둘째, 시간이 갈수록 과거의 비행동이 이해할 수 없는 것으로 느껴지게 되고, 따라서 후회가 되는 비행동으로 인한 괴로움이 후회가 되는 행동을 함으로써 느끼는 괴로움보다 더 증가하게 된다. 시간이 흘러 과거의 상황을 돌이켜 생각해 보면 더 잘 해낼 수 있었을 텐데 하는 식으로 자신감이 증가하게 되고 그 결과 자신이 과거에 행동을 취하지 않는 이유를 이해하기 힘들어진다. 또한 후회가 되는 행위의 결과는 유한한데 비해 후회가 되는 비행위에 대한 결과는 심리적으로 무한한 가능성을 가지고 있기 때문에 비행위로 인한 후회의 정도가 시간이 지남에 따라 더 커지게 된다. 셋째, 후회가 되는 비행동이 후회가 되는 행동보다 더 잘 기억되기 때문이다. 일반적으로 사람들은 자신이 이룬 과업이나 목표보다 이루지 못한 것을 더 기억하는 경향이 있다. 이로 인해 사람들은 비행동에 대한 후회감에 대해 생각하는 빈도가 높아지며, 그 결과로 시간이 흐름에 따라 비행동에 대한 후회감이 커지게 되는 것이다.

지금까지 소개한 내용은 정서가 판단과 의사결정에 어떻게 영향을 미치는지에 대한 것이다. 정서 자체에 대한 연구는 지금도 활발히 이루어지고 있고 매우 방대한 연구결과를 제시하고 있으므로 향후에도 판단과 의사결정을 이해하는 새로운 통찰을 제공할 것으로 기대되는 분야이다.

8장

위험지각

8.1 위해로서의 위험지각에 대한 심리측정 연구

8.2 느낌으로서의 위험

8.3 심리측정 이후의 연구

8.4 불확실성으로의 위험지각과 위험태도

08 위험지각

행동적 의사결정 연구 분야에서 위험(risk)은 두 가지 의미를 갖는다. 하나는 지금까지 주로 다루어져 온 개념으로 '불확실성'을 의미한다. 즉 특정 결과가 나타나는 것이 100% 확실하지 않고, 일어날지 일어나지 않을지가 불확실한 경우, 우리는 위험이 내재해 있다고 말한다. 대개의 투자상황은 그 결과가 불확실하므로 위험이 내재되어 있다. 다른 의미는 '위해(hazard)'한 것을 가리키는 것으로 우리 주위에서 우리의 생명을 위협하는 것을 의미한다. 교통사고, 비행기사고, 각종 암, SARS(급성호흡기증후군)나 에볼라와 같은 전염병, 원전 사고, 건물 붕괴, 태풍이나 홍수와 같은 자연재해 등이 이에 해당한다.

대다수의 연구자들은 불확실성으로의 위험에 대한 연구를 주로 해온데 반해 Slovic과 그의 동료들은 위해로서의 위험에 대한 일련의 연구를 해왔다. 이들이 관심을 가지고 있는 것은 사람들이 어떤 것을 위험하다고 생각하며 왜 그런지를 이해하기 위해 위험의 심리적 차원을 밝혀내는 것이다. 사람들이 위험한 것에 대해 갖는 태도나 판단을 위험지각(risk perception)이라고 하는데, 본 장에서는 위해한 것에 대한 위험지각(1~3절)과 불확실성에 대한 위험지각(4절)과 관련된 연구결과를 소개한다.

8.1 위해로서의 위험지각에 대한 심리측정 연구

위험지각에 대한 심리학적 연구 역시 경제학적인 접근방법에 대한 의문을 제기하며 시작되었다. Fischhoff, Slovic, Lichtenstein, Read와 Combs(1978)는 Starr(1969)의 연구에 대한 문제점을 지적하며 그 대안이 될 수 있는 방법을 제안하였다. Starr는 위험과 관련된 활동이나 기술이 얼마나 안전하다고 사람들이 생각하는지에 대해 관심을 가지고 있었는데, 이를 사람들에게 직접 물어보기보다 기존자료를 분석해서 한 사회가 수용할 수 있는 위험 정도를 도출할 수 있다고 보았다. 예를 들면, 어떤 활동의 위험 정도는 위험에 노출된 시간당 기대되는 사망자 수로 측정할 수 있다고 보았고, 그 활동의 이득은 한 개인이 그 활동에 참여하기 위해 소비한 평균금액으로 측정할 수 있다고 보았다. 즉 돈을 쓰는 만큼 얻는 것이 있다고 본 것이다. 그리고 사람들이 위험을 가져오는 활동이나 대상과 관련된 반복된 선택을 통해 시행착오를 거치면서 한 사회가 수용할 수 있는 적정 위험수준이 형성된다고 보았다. 이는 겉으로 드러난 행동을 통해 위험과 관련된 개인의 선호를 추정할 수 있다고 본다는 점(현시선호; revealed preference)에서 경제학적인 접근법을 위험연구에 적용한 것이라 볼 수 있다. 그러나 겉으로 드러난 행동이 항상 사람들의 선호를 정확히 반영하는 것은 아니다. 사람들은 자신의 선호와 다르게 현실적인 제약이나 심리 · 사회적인 이유로 자신의 선호를 반영하지 않은 선택을 할 수 있다. 또한 과거의 자료에서 현재의 위험선호를 추정하는 것은 정확하지 않을 수 있다. 이런 이유에서 Fischhoff 등(1978)은 심리측정방법을 사용하여 여러 활동이나 기술과 관련된 위험이나 이득에 대한 태도나 선호를 직접 사람들에게 질문하여 측정하고자 하였다(expressed preference).

이들은 연구 참여자들에게 30개의 활동(예, 알코올음료, 전기, 원자력, 흡연, 수영, 자동차 등)에 대해 지각된 이득과 위험 정도, 그리고 각 활동의 수용 가능한 위험정도를 평가하게 하였고, 각 활동의 위험지각에 영향을 미친다고 알려진 다음의 9개 항목에 대해 평가하게 하였다. 자발적으로 노출되는지, 위험의 결과가 즉시 나타나는지, 노출된 사람들에게 알려져 있는지, 과학적으로 이해되고 있는지, 통제 가능한지, 새로운지, 상존하면서 적은 수의 사람을 죽이는지 아니면 드물게 나타나지만 한 번에 많은 사람의 수를 죽이는지(chronic vs. catastrophic risk), 사람들에게 상식적으로 고려되는 것인지 아니면 두려움이나 공포를 불러일으키는 것인지(common vs. dread), 그리고 결과의 심각성 등이 그것이다.

연구결과를 보면 지각된 위험과 이득 사이에는 부적(–)인 관계가 있는 것으로 나타났다. 즉 위험이 높을수록 이득이 적다고 보는 것이다. 그리고 위험 대상의 전반적인 위험수준이 매우 높은 것으로 지각되었고 더 안전해져야 한다고 생각하고 있는 것으로 나타났다. 또한 위험 대상의 지각된 이득이 높을수록 수용 가능한 위험의 정도가 높아지는 것으로 나타났다. 9개 항목에 대한 평가들을 살펴보면 서로 상관이 높은 항목들이 있었다. 이를 요인분석한 결과 두 개의 차원이 도출되었는데, 이는 사람들이 어떤 것을 위험하다고 지각하는지, 즉 위험지각의 심리적 차원을 나타낸다고 볼 수 있다. 첫 번째 요인은 '기술적 위험(technological risk)'으로 앞의 6개 항목과 관련된 것이며, 두 번째 요인은 '심각성(severity)'으로 뒤의 3개 항목과 관련된 것이다. 즉 사람들은 비자발적으로 노출되고, 결과가 바로 나타나지 않고, 노출 여부가 알려져 있지 않고, 과학적으로 이해가 명확히 되지 않고, 통제가 어렵고, 새로운 것일수록 위험하다고 느끼고, 재난의 가능성이 있고 두려움을 불러일으키고 결과가 심각할수록 위험한 것으로 지각함을 보여준다.

일례로 자동차와 원자력을 비교하면, 응답자들은 자동차와 원자력의 지각된 위험을 크게 다르지 않게 평가하였다. 연구 참가자들에게 제일 위험하지 않은 것의 위험도를 10으로 보았을 때 다른 것들이 몇 배나 더 위험한지를 평가하도록 하면 자동차는 247, 원자력은 250이었고, 같은 방식으로 지각된 이득을 평가하게 하면 자동차는 187, 원자력은 52이었다. 즉 지각된 위험은 비슷하지만 지각된 이득은 자동차가 훨씬 높은 것을 볼 수 있다. 그런데 9개 항목에 대해 평가한 결과를 보면(〈표 8-1〉 참조), 자동차에 대한 평가는 대체로 3~4점에 분포되어 있는 반면, 원자력은 1과 6에 가까운 값을 많이 가지고 있어 평가가 보다 극단적인 것을 볼 수 있다. 사람들은 원자력 발전소에 사고가 나서 방사선 등 위험요인에 노출되는 것이 전혀 자발적이지 않고, 시간이 지난 후 결과가 나타나고, 노출되어도 정확이 알기 어렵고, 과학적으로 잘 이해되지 않으며, 통제가능성이 매우 낮고, 새로운 위험이며, 그 결과가 재난에 해당하며, 두려움을 가져오고, 결과가 매우 심각한 것으로 평가하였다. 요인분석을 통해 도출된 두 개의 차원을 축으로 하는 2차원 평면상에 각 위험대상을 요인 부하량에 따라 위치시켜보면, 원자력은 요인 1과 요인 2의 값이 모두 극단적으로 커 나머지 29개의 위험대상과 동떨어져 위치하게 된다. 이런 결과는 사람들이 원자력이 다른 위험대상과는 질적으로 매우 다른 위험으로 지각하고 있음을 잘 보여준다([그림 8-1] 참조).

표 8-1 9개 위험 관련 항목에 대한 평가 결과: 자동차 vs. 원자력

9개 항목(7점 척도)	자동차	원자력
자발성(1=자발적)	4.04	6.51
결과의 즉시성(1=즉각적)	2.33	5.08
노출된 사람들에게 알려져 있는지(1=정확히 알려져 있음)	3.14	5.85
과학적으로 이해되고 있는지(1=정확히 이해되고 있음)	2.31	5.83
통제가능한지(1=전혀 통제할 수 없음)	4.19	1.36
새로운지(1=새로운)	4.73	1.35
만성적인지 재난을 가져오는지(1=만성적)	3.28	6.43
흔한지 두려움을 가져오는지(1=흔함)	3.04	6.42
결과의 심각성(1=전혀 심각하지 않음)	4.57	5.98

Slovic, Fischhoff, 그리고 Lichtenstein(1980)은 1978년의 연구를 확장하여 연구 참가자들에게 90개 위험대상에 대해 지각된 위험과 이득, 위험의 수용 가능한 정도를 측정하게 하였고, 18개의 위험관련 항목에 대해 각 위험대상을 평가하도록 하였다. 18개의 위험관련 항목은 이전 연구에서 사용한 9개의 항목 중 통제 가능성을 위험의 예방 여부와 피해의 통제 가능성으로 세분화하고 새로이 8개 항목을 추가하였다. 추가된 항목은 얼마나 많은 사람들이 위험에 노출되어 있는지, 미래 세대를 위협하는지, 개인적으로 노출되어 있는지, 위험에 노출되어 있는 사람들에게 이득이 공평하게 분배되는지, 전 세계에 재난을 가져오는지, 피해과정이 관찰가능한지, 위험이 증가하는 추세인지 감소하는 추세인지, 그리고 위험이 쉽게 감소될 수 있는지의 여부이다.

18개 항목에 대한 응답자들의 평가를 요인분석한 결과 세 개의 요인이 도출되었는데, 이는 '두려움(dread)', '친숙성(familiarity)', '노출된 사람의 수(number exposed)'이다. 친숙성은 후에 '위험에 대한 지식(unknown vs. known)'으로 다시 명명되었는데, Slovic(1987)은 이를 두려움과 함께 일반인이 지각하는 위험의 주된 심리적 차원으로 소개한다([그림 8-1] 참조). 우리는 우리가 잘 알지 못하는 위험을 더 위험한 것으로 지각하는데, SARS가 그 좋은 예다. SARS로 인한 사망률은 우리에게 친숙하고 잘 알려진 독감보다 낮지만 사람들은 SARS가 더 위험하다고

지각한다. 이는 이 질병이 새롭게 나타난 것이고 이에 대한 이해가 충분히 이루어져 있지 않고 변종의 가능성이 있어 치료가 어려울 수 있기 때문이다. 즉 우리가 잘 알고 있지 못하기 때문에 더 위험하다고 지각하는 것이다.

그림 8-1 **위험지각의 심리적 차원**

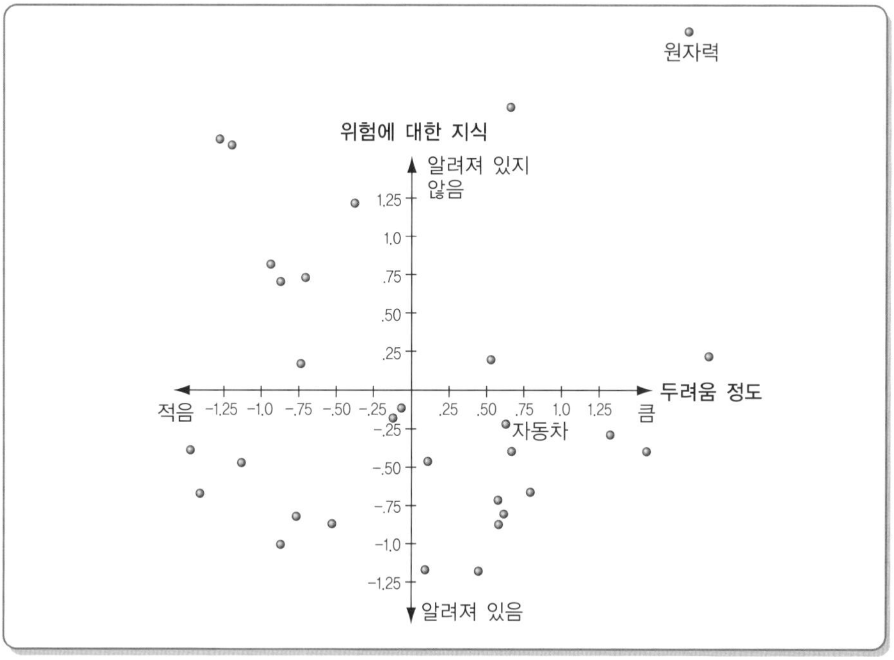

Slovic 등(1980)의 연구에서는 원자력에 대한 일반인과 전문가의 위험지각을 비교하였는데, 전문가는 위험을 연 평균 사망자 수에 근거해 평가함으로써 원자력 발전소를 그리 위험하지 않은 것으로 보는 반면(30개 위험대상 중 20번째로 위험하다고 평가함), 일반인은 원자력이 재난의 가능성이 있고 사람과 환경에 영구한 피해를 가져와 매우 위험한 것으로 지각하는 것(30개 위험대상 중 제일 위험하다고 평가함)으로 나타나 두 집단 간의 위험지각에 큰 차이가 있음을 보여주었다. 일반인에게 각 위험대상으로 인한 연 평균 사망률을 추정하게 하면 정확하지는 않아도 통계적인 수치와 큰 차이를 보이지는 않는다. 즉 일반인도 위험대상으로 인한 평균 사망률에 대해 어느 정도 알고 있기는 하지만 이것이 그들의 위험지각으로 연결되지는 않는다는 것이다. 일반인은 뉴스 등을 통해 드물게 일어나는 사고에 노출이 되고 이런 사고들은 향후 우리가 어떤 위험에 노출될 수 있는지에 대한 신호로서의 역할을 하게 된다(Slovic, 1987). 우리가 직접 경험한 것은 아니지만 2011년 일본 후쿠시마 원전사고는 원자력 발전소가 얼마나 위험할 수 있는지, 잘못 되었을 경우 그 피해가 얼마나 치명적이고 광범위할 수 있는지에 대한 생생한 예시를 보여준다.

전문가와 일반인의 위험지각에 있어서의 차이는 정책 의사결정에도 시사점을 갖는다. 우리는 종종 정부와 국민들 사이에 어떤 사안에 대해 합의점을 찾지 못하고 대립하는 것을 뉴스를 통해 본다. 특히 핵폐기물 처리장 문제는 우리나라뿐 아니라 세계 여러 곳에서 정부와 해당 지역주민 간에 갈등의 소지가 되고 있는데, 대개의 갈등 양상은 위험이 낮다고 주장하는 전문가와 정부, 그리고 이에 대해 결사반대를 주장하는 주민들의 모습이다. 전문가들은 일반인의 반대가 비합리적이며 현실에 기초하지 않은 것이라고 반박한다. 그러나 Slovic과 그의 동료들이 한 연구는 전문가와 일반인의 위험지각이 전혀 다른 방식으로 이루어지고 있음을 보여주면서 이 두 집단이 서로의 입장을 어떻게 제시하고 상대방을 설득해야 하는지에 대한 시사점을 제공한다.

8.2 느낌으로서의 위험(risk as feelings)

이후 Slovic은 위험이 두 가지 방식으로 지각될 수 있음을 제안한다. 하나는 분석적인 방식(risk as analysis)이고, 다른 하나는 체험 또는 느낌으로서의 위험(risk as feelings)이다. **분석적인 위험지각 방식**은 사망률이나 사고율과 같은 통계자료에 기초해 이성적인 방식으로 위험을 평가하는 것인 반면, **느낌으로서의 위험지각**은 직관적이고 체험적인 방식으로 위험을 평가하는 것이다. 일반인들은 위험대상에 대해 전문가와 같은 전문적인 지식을 가지고 있지 않다. 체계적으로 어떤 대상이 초래할 위험을 평가할만한 객관적인 자료나 지식을 가지고 있지 않기 때문에 대상에 대한 정서적 반응으로 대상의 위험정도를 평가하게 된다. 일상생활에서 위험대상과 관련하여 노출된 여러 정보(예, 뉴스, 주변 사람의 얘기, 본인의 경험 등)와 그 정보에 대한 정서반응이 **감정 꼬리표**(affective tag)로 정보와 함께 기억에 저장되고, 이후 그 대상을 접하게 되면 그 대상과 관련된 일련의 정서반응(affective pool)이 유발되면서 느낌으로 이 대상이 위험하다는 것을 알게 된다는 것이다. 이는 Damasio 부부가 제안한 신체표지가설(somatic marker hypothesis)과 유사하다. Damasio 부부는 의식하지 못하는 상태에서 환기된 특정 정서가 의사결정(혹은 판단)에 영향을 미칠 수 있다고 제안하면서, 사람들은 어떤 대안이 바람직한지를 인지적으로 판단하기 이전에 본능적(직관적)으로 각 대안에 대해 좋거나 나쁜 느낌을 경험하고, 이러한 느낌에 기반하여 특정 대상에 대한 태도를 형성하거나 특정 행동을 하는 등의 반응을 보인다고 주장한다. 신체적으로 좋은 또는 나쁜 느낌에 따라 의사결정(판단)이 긍정적 또는 부정적 방향으로 편향되는 성향을 그들은 신체표지가설이라고 불렀다. 가령 어린 시절에 매운 빨간 고추를 먹다 큰 고통을 경험한 적이 있는 소비자는 붉은 색에 대한 부정적 감정을 기억 속에 담고 있을 수 있다. 이로 인해 식품을 구매하거나 식당에서 식사를 하려고 할 때, 그 소비자는 붉은 색의 패키지에 담긴 식품이나 붉은 색상의 음식에 대해 무의식적으로 부정적 감정을 느껴 이를 회피할 수 있다. Slovic과 그 동료들은 사람들이 위험대상에 노출이 되면 그 대상에 대한 즉각적인 정서반응이 일어나고 이를 그 대상의 위험정도를 평가하는 데 사용한다고 보았고, 이를 **감정 휴리스틱**(the affect heuristic)이라고 지칭하였다(Finucane, Alhakami, Slovic, & Johnson, 2000).

Focus

지각된 위험을 낮추는 감정 꼬리표

특정 제품브랜드에 붙은 감정 꼬리표는 지각된 위험을 낮추고 소비자에게 심리적인 만족감을 줄 뿐 아니라 원래 제품이 가지고 있는 것보다 더 높게 가치를 평가하도록 유도한다. 가령 기업들은 신제품에 'New', 'Natural', 'Premium', 'Gold'와 같은 수식어를 붙여 감정의 꼬리표로 활용한다. 예쁘고 멋진 유명(연예)인들을 광고모델로 사용하는 것도 일종의 감정의 꼬리표를 활용한 마케팅이라 할 수 있다. 흔히 광고에서 제품정보를 전달하는 사람을 메시지 원천이라고 하는데, 메시지 원천이 제품에 대한 판단에 미치는 효과는 메시지 원천의 신뢰성(전문성과 진실성)과 매력도(유사성, 호감성, 친숙성)에 따라 달라진다. 즉 메시지 원천의 신뢰성이 높다고 지각될수록(전문성이 높고, 진실성이 있는 것으로 지각될수록), 그리고 매력도가 높다고 지각될수록(소비자 자신과 유사하게, 호감성이 있는 인상을 가질수록, 그리고 친숙하게 느껴질수록), 사람들은 그 사람이 전달하는 메시지에 대해 더 긍정적으로 평가하는 경향을 보인다. 그러므로 유명 연예인을 광고모델로 활용하는 것은 메시지 원천의 높은 매력도(높은 호감성과 친숙성), 즉 그 광고모델에 대해 기억 속에 저장된 감정 꼬리표를 활용해 제품에 대한 호의적 평가를 유도하고 지각된 위험을 낮추는데 도움을 줄 수 있다.

위험지각에 대한 심리측정 연구는 위험지각의 심리적 차원을 도출하였는데, 그 차원 중 하나는 두려움(dread)으로 위험대상이 유발하는 정서적 반응이라고 볼 수 있다. 70년대 말에서 80년대 초기는 정서의 역할에 대해 그리 관심을 두던 때가 아니어서 두려움은 그냥 심리적 차원의 하나로 제시되었을 뿐 위험에 대한 정서적 반응이 그리 부각되지는 않았다.

Slovic과 동료 연구자들의 심리측정 연구에서 밝혀낸 또 하나의 결과는 지각된 위험과 이득 사이의 관계이다. 실생활에서는 이 둘 간에 정적(+)인 상관이 있다. 즉 위험이 클수록 이득도 커지는 경향이 있지만, 사람들은 오히려 반대로 생각하는 경향이 있어 위험이 클수록 이득이 작다고 생각한다. 이러한 결과는 Alhakami와 Slovic(1994)의 연구에서도 반복적으로 관찰되었는데, 이 연구에서 추가적으로 보여준 것은 사람들의 이러한 믿음과 정서반응간의 관계이다. 이들은 위험대상에 대한 정서반응을 함께 측정했는데, 분석결과 사람들이 위험에 대한 평가를 할 때 위험대상에 대해 그들이 어떻게 생각하는지 뿐 아니라 어떻게 느끼는지도 영향을 미치는 것으로 나타났다. 대상에 대한 정서반응이 긍정적인 경우 사람들은 그 대상으로 인한 위험은 낮고 이득은 높다고 판단하였고, 대상에 대한 정서반응이 부정적인 경우에는 반대로 그 대상으로 인한 위험이 높고 이득은 낮다고 판단한 것이다. 이런 연구결과에 기초해 이들은 사람들이 대안이 유발하는 정서반응에 기초해 그 위험 정도를 판단하는 감정 휴리스틱을 제안하였다.

이런 감정 휴리스틱은 투자상황에도 나타날 수 있는데, 투자에서는 대개의 경우 위험이 높을수록 수익이 높고(high risk–high return), 위험이 낮을수록 수익이 낮다(low risk-low return). 그러나 감정 휴리스틱에 따라 의사결정을 하게 되면 사람들은 자신이 좋아하고 친숙한 기업에 투자하는 경우에는 위험은 낮고 수익은 높을 거라 판단(low risk-high return)하고, 반대로 자신이 별로 좋아하지 않고 친숙하지 않은 기업에 투자하는 경우에는 위험은 높고 수익은 낮다(high risk-low return)고 잘못 판단하게 된다. Coval과 Moskowitz(1999)는 이를 '**집 편향**(home bias)'이라고 지칭하였는데, 사람들이 투자결정을 할 때 기대수익률, 투자 위험과 수익을 고려하기보다 집과 같이 자신에게 친숙하고 편안한 회사가 수익은 높고 위험은 낮을 것이라 생각하고 이에 투자하는 경향을 가리킨다.

감정 휴리스틱은 정보가 제시되는 방식에 의해서도 영향을 받을 수 있다. 동일한 정보라도 제시되는 방식에 따라 다른 강도의 감정을 불러일으킬 수 있으며 사람들의 위험지각에 달리 영향을 미칠 수 있다. Slovic, Monahan과 MacGregor(2000)는 경력이 많은 법정심리학자와 정신과의사에게 한 환자에 대한 프로파일을 주면서 이 환자가 병원에서 나간 후 6개월 안에 다시 폭력적인 행동을 할 가능성을 판단하도록 하였다. 그리고 다른 전문가의 의견을 관련정보로 제공하였는데, 한 조건에서는 이 전문가의 폭력행동의 재발 가능성을 빈도정보로 주었고(예, 이 환자와 비슷한 100명의 환자 중 10명이 타인에게 폭력을 가할 것으로 추정된다), 다른 조건에서는 동일한 정보를 확률로 주었다(예, 이 환자와 비슷한 환자들이 타인에게 폭력을 가할 확률이 10%인 것으로 추정된다). 재미있는 것은 정보 제시방식에 따라 연구참가자들이 이 환자가 얼마나 위험할 것이라고 생각하는지에 대한 판단이 달랐다는 것인데, 빈도로 제시되었을 때 이 환자를 더 위험한 사람으로 지각했다. 후속연구에서는 [그림 8-2]처럼 전문가의 추정을 100명 중 20명 또는 20%로 올려서 제시했는데, 빈도로 정보가 제시되었을 때는 참가자의 41%가 이 환자를 퇴원시키는 것에 반대한 반면, 확률로 정보를 제시했을 때는 참가자의 21%가 퇴원 결정에 반대했다. 추가연구결과, 10%나 20%처럼 확률로 그 가능성을 제시하면 환자에 대해 다른 사람을 헤칠 가능성이 낮고 별로 위험하지 않은 호의적인 이미지를 형성하는 반면, 빈도로 제시하면 화가 나면 다른 사람에게 해를 가하는 무섭고 폭력적인 환자 이미지를 형성함을 볼 수 있었다. 이는 정보 제시방식이 각기 다른 이미지를 불러일으키고 유발된 이미지에 대한 정서반응이 이 가상의 환자가 얼마나 위험할지를 판단하는 데 영향을 미침을 잘 보여준다.

그림 8-2 확률과 빈도 제시 예

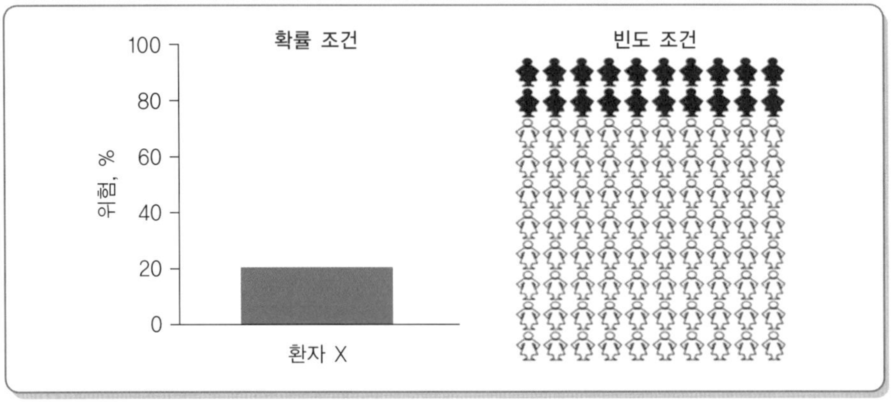

또한 감정 휴리스틱은 확률 무시(probability neglect)를 가져올 수 있다(Sunstein, 2003). 위험대상 자체가 강한 정서를 불러일으키는 경우 사람들은 결과 자체에만 초점을 맞추고 그 결과가 나타날 수 있는 확률에는 관심을 두지 않는다. 테러나 원전사고와 같이 결과 자체가 재난을 가져올 수 있는 경우 이는 강한 부정적 정서를 불러일으키기에 이 사건들이 실제로 나타날 확률이 매우 낮다는 것은 사람들의 주의를 거의 끌지 못한다.

감정휴리스틱과 관련하여 Fetherstonhaugh, Slovic, Johnson과 Friedrich (1997)은 '**정신물리학적 무감각**(psychophysical numbing)'이라는 현상을 제시하였다. 이는 사람들이 위험에 처한 사람이나 동물에 대한 판단을 하는 과정에서 위험에 처한 전체 생명의 수가 늘어날수록 숫자의 크기에 무감각해지면서 생명의 가치를 지각하는 정도가 감소하는 현상을 가리킨다. 일반적으로 사람들은 자극물의 크기가 커질수록 그 변화에 둔감해지는 경향을 보이는데, 이는 일찍이 Weber의 법칙으로 밝혀진 바 있다. Weber의 법칙에 의하면 차이식역(differential threshold, 두 개의 자극이 지각적으로 구분될 수 있는 최소한의 자극수준 차이)에 도달하기 위해 필요한 자극의 최소 변화치는 초기 자극의 강도에 비례한다. 즉 초기 자극에 변화가 일어났음을 감지하기 위해서는 초기 자극이 클수록 자극 변화치도 커져야 한다는 것이다. 예를 들어, 한 소비자가 10만 원짜리 셔츠를 7만 원으로 할인 판매했을 때 적절한 세일가격인 것으로 감지한다고 하자. 만약 그가 100만 원짜리 코트로부터 동일한 가격할인 차이를 감지하기 위해서는 30만 원을 할인해 70만 원으로 세일가격을 책정해야 한다.

Kahneman과 Tversky는 우리가 객관적 가치를 주관적으로 지각하는 과정에서도 마찬가지 현상이 일어남을 프로스펙트 이론의 가치함수에 반영한 바 있다(2장 참조). 예를 들어, 10만 원의 가치는 내가 아무 것도 가지고 있지 않을 때와 이미 100만 원을 가지고 있을 때 다르게 지각된다. 생명의 가치에 대한 지각도 동일한 정신물리학적 법칙의 영향을 받는다. 1,000명의 생명을 살릴 수 있는 어떤 방법의 가치는 2,000명이 위험에 처해 있을 때와 20,000명이 위험에 처해 있을 때 달라진다. 2,000명이 위험에 처해 있을 때 나의 기부가 1,000명의 생명을 살리는데 도움이 된다고 하는 것과 20,000명이 위험에 처해 있을 때 1,000명을 살리는데 도움이 된다고 하는 것은 다른 결과를 가져온다. 동일한 1,000명이라도 몇 명 중의 1,000명인지에 따라 생명의 가치가 다르게 지각되면서 사람들은 전자의 경우에 더 기부를 하고자 한다. 자신의 도움이 위험에 처한 사람들 중 얼마를 구할 수 있는지에 더 초점을 두고 퍼센티지(%)가 큰 경우 자신의 도움이 뭔가 차이를 가져온다고 느끼고 그것이 긍정적 정서를 유발하여 도움이나 기부행동을 유도하는 데 보다 효과적일 수 있다.

이러한 결과들은 위험에 대한 정보를 어떤 방식으로 제공하는 것이 설득 커뮤니케이션에 보다 효과적일 수 있을지에 대한 시사점을 제공한다. 사람들의 건강과 관련된 커뮤니케이션, 예를 들어, 정기적인 진단 검사를 통해 암을 조기에 발견하거나 예방하고자 하는 경우에는 발병 가능성을 퍼센트로 제시하기보다 빈도 정보로 제시함으로써 사람들의 위험지각을 보다 높게 함으로써 건강증진행동을 유도할 수 있다. 반면 원자력 발전소의 방사선 누출 등과 같이 실제보다 높게 그 위험을 지각하는 경우에 위험지각을 낮추기 위해서는 원자력 발전소의 혜택과 같은 긍정적 정보를 반복적으로 제시함으로써 보다 긍정적인 정서반응을 이끌어내 위험지각을 낮출 수 있다. 또한 기부행동을 높이기 위해서는 위험에 처한 사람의 숫자보다는 위험에 처한 한 명의 생생한 이야기를 통해 정서를 유발하는 것이 보다 효과적일 수 있다.

8.3 심리측정 이후의 연구

Slovic과 동료 연구자들은 위험지각에 대한 심리측정 연구로 사람들이 여러 위험대상이나 사건을 어떻게 생각하는지를 보여주는 위험지각의 주된 심리적 차원을 밝혀낼 수 있었다. 심리측정 연구만으로도 이전에 밝혀내지 못했던 일반인의 위험지각 방식을 밝혀낼 수 있었지만 이후 연구에서는 위험지각이 사람들의 인지적 표상이나 정서적 반응 외에 세계관(world views)이나 신뢰(trust)와 같이 보다 복잡한 사회, 문화, 정치적 요인에 의해서도 영향을 받는다는 것을 보여주었다.

세계관은 세상이나 그 사회조직에 대한 일반적인 태도로 복잡한 상황에서 사람들이 특정한 방식으로 반응하게끔 이끄는 개인의 성향이라고 볼 수 있다(Dake, 1991, 1992). 이는 사람들의 위험지각이나 위험에 대한 태도에 영향을 미치는 것으로 밝혀졌다. 지금까지 알려진 세계관의 예를 들면, 운명론, 위계론, 개인주의, 평등주의, 기술 열광주의 등을 들 수 있다. 각 세계관이 위험과 관련하여 어떤 방식으로 나타나는지를 보면, 운명론을 믿는 사람의 경우 자신의 건강에 대한 위험요인을 본인이 통제할 수 없다고 생각하는 경향이 있고, 위계론의 경우 건강을 위협하는 위험과 관련된 의사결정은 전문가에게 맡겨져야 한다고 생각한다. 기술 열광주의는 기술이 우리의 건강과 행복을 증진시킬 것이라고 믿는다. 이러한 세계관은 특히 원자력 발전소에 대한 태도와 강한 상관을 보였는데, 평등주의적 세계관을 가지고 있는 사람들은 대개 원자력 발전소에 대해 강하게 반대하는 입장을 가지는 반면, 운명론, 위계론, 개인주의적 세계관을 가진 사람들은 원전에 대해 찬성하는 입장을 가진 것으로 나타났다(Peters & Slovic, 1996).

위험지각 연구에서 반복적으로 나타난 결과 중의 하나는 성별 차이와 인종에 따른 차이이다. 위험지각에 있어 다른 집단과 두드러지게 차이를 보이는 집단이 있는데, 이는 바로 백인 남성이다. 이들은 여성이나 다른 인종의 남성에 비해 위험을 덜 지각하는 것으로 나타났는데, 이는 위험지각에 미치는 사회 · 문화적 요인의 영향을 잘 보여준다. 백인 남성들은 다른 집단과 여러 측면에서 차이를 보였는데, 이들은 전문가를 신뢰하고 위험관리와 같은 영역에서 시민들에게 의사결정권을 주는 것에 반대하는 反평등주의 입장을 가지고 있다(Slovic, 2000). 이들은 사회에 위험을 가져올 수 있는 기술을 개발, 관리, 통제하고 이로부터 혜택을 받는 데 주도적인 역할을 해온 집단이기 때문에 기술의 가치와 그것이 사회에 미치는 영향에 대해 깊은 믿음을 가지고 있고 이로 인해 위험도 덜 지각하게 된다.

위험지각에 대한 심리측정 연구가 일반인과 정부와 전문가 사이의 갈등을 해결하기 위한 커뮤니케이션 방법에 대한 여러 시사점을 제시하기는 하지만 그래도 여전히 두 집단 간의 갈등은 쉽게 해결되지 않고 있는데, 그 이유로 신뢰의 부재를 들 수 있다. 신뢰는 형성하기는 어렵지만 깨지기는 쉬운데, Slovic(1993)은 이를 '비대칭 원리(asymmetry principle)'라고 하였다. 정부와 전문가 집단이 여러 근거를 들면서 특정 기술이 위험하지 않으며 위험요인이 있더라도 통제 가능하다는 정보를 반복적으로 제시하고 그것이 실제 현상으로도 검증되어 신뢰관계가 형성되었다 하더라도 하나의 부정적 사건이나 뉴스로 이 관계는 깨질 수 있다. 이런 비대칭성은 대인지각에 대한 사회심리학 연구에서도 밝혀진 바 있는데, Rothbart와 Park(1986)은 사람의 성격을 나타내는 형용사를 제시하고 연구 참가자들에게 어떤 사람이 특정 성격을 가지고 있거나 가지고 있지 않다는 것을 확인하기 위해 그 사람의 행동을 어느 정도 관찰해야 하는지 응답하도록 하였다. '신뢰할 수 있는'과 같은 긍정적 성격에 대해서는 어떤 사람이 이런 특성을 가지고 있다는 것을 확인하기 위해 더 많은 관찰을 필요로 하지만, 이런 특성을 가지고 있지 않다는 것은 적은 수의 관찰로도 충분한 것으로 나타났다. 반면 '믿을 수 없는'과 같은 부정적 성격은 이런 성격이 없다는 것을 확인하기 위해서는 많은 수의 관찰을 필요로 하지만, 이런 성격을 가지고 있다는 것을 확인하기 위해서는 훨씬 적은 수의 관찰로도 충분한 것으로 나타났다. 즉 부정적인 정보보다 긍정적인 정보를 확인하기 위해 사람들은 훨씬 더 많은 수의 관찰을 필요로 한다. 사회심리학에서는 '**부정성 효과**(negativity effect)'로 제시된 바 있는데, 이는 긍정적 정보와 부정적 정보가 있을 때 부정적 정보가 더 진단적이고 유용하다고 생각하여 이의 영향을 더 받는 것을 가리킨다(Fiske, 1980; Herr, Kardes & Kim, 1991).

위험과 관련하여서도 긍정적인 정보는 그다지 뉴스가 되지 못한다. 원자력 발전소가 별 문제 없이 정상적으로 운영되고 있다거나 원자력 발전소가 있는 지역의 주민들이 다른 지역의 주민들만큼 건강하다는 것은 대개 뉴스에 보도되지 않고, 보도된다고 하더라도 별 주의를 끌지 못한다. 그러나 원전에 어떤 이상이 생겨 잠시 작동이 멈추었다거나 원전 인근지역 주민이 다른 지역 주민보다 특정 암의 발생률이 더 높다는 것은 뉴스거리가 되며 사람들의 관심을 끌게 된다. 이처럼 부정적 정보는 사람들의 주의를 더 끌고 사람들의 판단에 더 영향을 미치게 된다. 또한 오늘날의 미디어 환경은 특정 위험이나 기술과 이해관계가 있는 이익집단이나 시민단체가 국민과 정부 사이의 신뢰를 깰 수 있는 뉴스를 만들고 이를 배포하기가 훨씬 용이해졌다.

위험지각에 대한 심리학 연구의 공헌은 위험지각이 주관적임을 보여준 것에 있다. 위험은 객관적인 실체로 세상에 있고 우리가 그것을 읽어내기만 하면 되는 것이 아니다. 전문가조차도 사망자의 수와 같이 위험을 나타낼 수 있는 지표를 사용해서 위험을 추론한다. 일반인들은 객관적인 자료나 확률 등에 기초하기보다 체험적으로 위험을 평가한다. 위험대상에 대해 들었을 때 어떤 생각이나 이미지가 떠오르는지, 어떤 감정적 반응이 일어나는지에 기초해 위험을 평가한다. 그리고 세상을 어떻게 보는지, 우리에게 혜택을 주지만 위험이 따르는 기술에 대해 어떤 입장에 있는지, 이런 기술을 관리하고 통제하는 전문가나 정부를 신뢰하는지 등이 우리의 위험지각에 영향을 미친다. 주관적이며 복합적인 일반인의 위험지각 방식이 비이성적이고 비현실적이라고 매도하는 것은 위험관리와 관련된 갈등해결에 별 도움이 되지 않는다. 일반인과 전문가의 위험지각의 차이를 이해하고, 위험지각에 영향을 미치는 사회 · 문화적 요인을 파악함으로써 두 집단 사이의 갈등과 의사소통의 어려움 또는 부재를 극복하려는 지속적인 노력이 필요할 것이다.

Focus

광우병 괴담, 신뢰가 무너지면 괴담이 들끓는다

인간은 사회 속에서 끊임없이 의사소통하는 사회적 동물이다. 그러나 의사소통 과정에서 메시지가 제대로 전달되지 못하고 거짓말이나 왜곡돼 전달되는 경우도 많다. 괴담과 루머는 이 같은 메시지가 왜곡돼 나타나는 의사소통 부재 상황에서 증폭된다. 따라서 역으로 괴담을 잘 들여다보면 우리 사회의 지금 모습을 적나라하게 파악할 수도 있다.

괴담은 불안과 불신에서 비롯된다

사회학자들은 집단 내에서 불안이 커지게 되면 루머나 괴담이 활발하게 작용한다고 설명한다. 불안이란 집단 내에서 중요하다고 생각하는 무언가에 대해 구성원이 관련 정보나 지식이 없을 때 나타나는 심리적 현상이다. 더욱이 정부나 전문가가 진실을 숨기고 있을지 모른다는 대중의 불안감이 형성되면 근거가 없어도 사람들은 동요하게 된다. 뭔가 믿고 싶은 것이 필요하다는 심리를 괴담이 자극한다는 것이다. 더욱이 사회구조가 폐쇄적이거나 투명하지 않을 때 괴담은 기승을 부린다. 독일의 심리학자 칼 융은 "루머란 사람들이 가지고 있는 불안감이나 적대감을 외부로 표출해 해소시키는 방법"이라고 밝히고 있다. 괴담은 또 시민사회의 가장 중요한 자원인 신뢰가 무너지면서 발생한다. 개인과 개인 간, 정부와 개인 간 신뢰감이 있다면 믿지 않게 되지만 신뢰가 무너지면 루머 내용에 관계없이 이를 믿고 싶어 한다. 특히 우리나라는 이러한 루머나 괴담이 발생하기 좋은 토양을 지니고 있다고 학자들은 얘기한다. 정통성이 제대로 확보되지 못한 역대 정권을 거치면서 정부와 정치권에 대한 불신이 커졌으며 시민사회가 제대로 발달하지 못한 채 상하 관계의 유교적 전통이 남아있어 공개적인 논의가 활발하지 못한 점 등이 괴담을 키우고 있다는 것이다.

인터넷은 괴담의 진원지

인터넷이 없었던 시절에는 괴담이나 루머가 구전으로 공론화하는데 걸리는 시간이 보통 한 달 이상이었다. 그러나 광우병 괴담은 불과 2~3일 사이에 빠르게 확산됐다. 인터넷은 전파속도가 빠르고 익명성이 보장되는 속성상 괴담의 근원지가 되고 있다. 특히 인터넷 포탈이 엄청난 힘을 발휘하고 있다. 인터넷 괴담은 특히 전문적인 지식이 있는 것처럼 가장한 논리형 괴담으로 포장하고 있다. 그러나 자세히 관찰하면 괴담 유포자들은 자신의 신분이 노출되지 않는다는 점에 기대어 무책임한 발언을 일삼는다. 자신이 범죄를 저지르고 있다는 범죄의식도 약해진다. 괴담의 진원지를 모르기 때문에 일단 사람들의 입에 오르내리기 시작하면 관련 당사자가 아무리 사실 무근이라고 주장해도 진정되기보다 재생산되는 속성을 갖고 있다. 미국에서는 개인의 명예훼손과 괴담을 싣는 사이트 등을 보이콧하자는 움직임마저 일고 있다. 미국의 저명한 미래학자인 재런 러니어는 "인터넷 집단주의는 민주주의가 아니다"며 집단의 힘을 사용하는 괴담 사례가 무서운 결과를 초래할 것"이라고 경고했다.

괴담 치료약은 합리적 이성

괴담이 사회에 만연하면 사람들은 공포와 불안을 느끼며 사회안정이 흔들린다. 국제적으로는 국가의 이미지를 실추시키고 민주적 소통에 장애현상이 나타난다. 따라서 괴담을 없앨 수 있는 정확한 대책을 마련해야 한다. 일부에서는 괴담을 만들거나 남을 비방하는 글을 인터넷에 올린 사람들에게 일정한 책임을 물어야 한다고 강조하고 있다. 그러나 이는 어디까지나 국소적인 처방이며 장기적이고도 근본적인 처방책은 되지 못한다. 합리적인 판단에 근거한 건전한 이성이 시민사회에 성숙되면 자연스레 괴담이 발붙일 곳이 없어진다. 정부는 이 같은 사회를 꾸려가기 위해 장기적으로는 개방적인 의사소통 환경을 만들고 정부와 국민 상호 간의 높은 신뢰를 쌓아가도록 노력해야 한다는 게 전문가들의 대체적인 지적이다.

자료원: 한국경제, 2008. 5. 9.

8.4 불확실성으로의 위험지각과 위험태도

이제는 다시 불확실성으로의 위험으로 돌아와 위험지각과 위험태도(risk attitude)에 대한 연구를 소개하고자 한다. 기대효용이론에서 위험선호(risk preference)와 위험태도는 위험에 대한 개인차를 가리키는 표현으로 혼용되어 사용되어 왔다. 기댓값은 동일하지만 불확실성 정도에서 차이가 나는 두 대안(예, 10,000원을 100%의 확률로 받을 수 있는 대안과 50,000원을 20%의 확률로 받을 수 있는 대안)을 주고 어떤 대안을 더 선호하는지 선택한 결과를 보고 불확실한 것을 선호하면 위험추구(risk seeking), 확실한 것을 선호하면 위험회피(risk averse), 둘 사이에 선호의 차이가 없으면 위험 중립적(risk neutral)인 태도를 가진다고 말한다. 일상적으로 우리는 어떤 태도를 가지고 있는 것이 특정 행동을 가져온다고 생각한다. 그러나 기대효용이론 관점에서 본 위험태도는 태도 때문에 특정한 선택을 한다는 것을 의미하기보다 선택한 결과를 가리키는 기술적인 표현일 뿐이다. 즉 보다 불확실한 대안을 선택했기 때문에 위험 추구적인 태도를 가지고 있다고 말하는 것이지 위험 추구적인 태도를 가지고 있기 때문에 더 불확실한 대안을 선호하는 것은 아니라는 것이다.

그런데 우리가 태도라고 할 때는 대개 어느 정도의 지속성과 일관성을 가지고 나타나는 것을 가정하는데, 위험태도에 대한 연구결과를 보면 개인의 위험태도가 그리 일관적이지 않음을 보여준다. 즉 무엇에 대한 위험이냐(예, 재무 vs. 건강)에 따라 위험태도가 달라지고, 같은 영역이라도 상황에 따라 위험태도가 달라진다는 것이다. 위험태도에 대해 일련의 연구를 해온 Weber는 이에 대해 두 가지 해결방안을 제시하는데, 첫 번째는 위험태도와 위험지각을 구분하는 것이다(Weber & Milliman, 1997). 특정 대안의 위험 정도를 어떻게 지각하느냐가 위험지각이고 이는 인지과정과 관련된 것이다. 반면 지각된 위험에 대해 어떻게 반응하느냐는 위험태도와 관련된 것인데, 이는 정서적 반응과 더 관련된다고 볼 수 있다. Weber는 이 둘을 구분하기 위해 Markowitz(1959)가 재무분야에서 제안한 위험-수익 모델(risk-returns model)을 소개한다. 이 모델은 투자대안에 대해 투자자가 지불할 용의가 있는 금액(willingness to pay, WTP)이 그 대안을 통해 얻을 것이라고 예상되는 수익($V(X)$)과 대안이 가져올 위험(R(X))의 함수라고 보는 것이다(수식 1). 즉 수익에서 예상되는 위험을 뺀 만큼 지불할 용의가 있다고 본 것이다. $R(X)$는 대안 X를 얼마나 위험하다고 보는지에 해당하는 것으로 여러 요인의 영향을 받을 수 있는데, 널리 사용되는 방식은 가능한 결과의 변량 혹은 분산(variance)으로 위험을 정의하는 것이다. 즉 변량(분산)이 클수록 위험이 크다고 본다. $R(X)$는 위험지각에 해당하고, 위험함수 앞에 붙은 계수 b는 수익에 대해 위험을 어느 정도 상쇄(trade-off)할 것인지를 나타내는 것으로 이것이 위험태도에 해당한다. Weber는 위험태도와 위험지각을 구분한 후 위험선호의 개인차가 위험태도보다는 위험지각에서 유래함을 보여주었다.

$$WTP(X) = f(V(X),\ R(X)) = V(X) - bR(X) \qquad \text{(수식 1)}$$

Weber와 Hsee(1998)는 중국, 미국, 독일, 폴란드 4개국 참가자들을 대상으로 위험선호에 대한 비교문화 연구를 실시하였다. 이들 네 나라는 Hofstede(1980)가 제안한 문화차원 중 개인주의-집합주의 차원에서 차이를 보이는 나라들인데, 미국이 개인주의가 가장 높고, 중국이 가장 낮으며, 독일과 폴란드가 그 중간에 해당하는 나라이다. 이들의 논리는 개인주의가 낮고 집합주의 정도가 큰 나라일수록 사람들이 재정적 위험을 지각하는 정도가 낮다고 보는 것이다. 집합주의가 클수록 가족, 친구들과 보다 상호의존적인 관계를 갖게 되고, 이들이 재정적 위험이 있을 때 서로 도와줌으로써 경제적 손실을 완충해주는 역할을 하게 되기 때문에 재정적 위험을 상대적으로 덜 위험하게 본다는 것이다. Hsee와 Weber(1999)는 이런 내용을 '완충가설(cushion hypothesis)'로 제안하였다. Weber와 Hsee(1998)은 네 나라에서 위험태도와 위험지각에 어떤 차이가 있는지 조사하고 자신들의 완충가설을 검증하기 위해, 〈표 8-2〉에 나오는 것과 같은 투자대안을 주고 이러한 결과가 가능한 투자대안에 투자를 한다면 얼마까지 지불할 용의가 있는지 적도록 하였다. 표를 보면, 대안 1과 2는 기댓값은 크지만 위험이 큰 대안인 반면(〈표 8-2〉의 표준편차 크기 참조), 대안 3은 기댓값은 작지만 위험도 작은 대안이다. 대안 4는 대안 3보다는 기댓값이 크지만 상대적으로 위험이 큰 대안이라고 볼 수 있다.

표 8-2 투자대안 예

대안	결과 1	확률 1	결과 2	확률 2	결과 3	확률 3	기댓값	표준편차*
1	$3,500	0.79	−$5,300	0.20	−$16,000	0.01	$1,544	$3,937
2	$9,300	0.11	$3,400	0.44	−$2,400	0.45	$1,439	$4,022
3	$400	0.56	−$150	0.38	−$750	0.06	$122	$342
4	$4,700	0.01	$2,300	0.20	−$120	0.79	$412	$1,058

* 표준편차는 변량의 제곱근을 구하며 변량은 다음과 같이 구한다: $V(X)=\Sigma p_i[X_i-E(X)]^2$.
계산 예: V(대안1) = $0.79*(3{,}500-1{,}544)^2+0.2(-5{,}300-1{,}544)^2+0.01(-16{,}000-1{,}544)^2$

참가자들은 각 대안의 이득과 손실을 살펴본 후 이런 대안에 투자를 한다면 얼마까지 지불할 용의가 있는지 그 최대금액(WTP)을 적었다. 그리고 각 대안이 얼마나 위험하다고 생각되는지, 즉 지각된 위험 정도를 0(전혀 위험하지 않음)에서 100점(매우 위험함) 척도에 평가하였다. 〈표 8-3〉에 나와 있는 결과를 보면, 나라에 따라 WTP와 위험지각 정도에 차이가 있다. WTP는 중국의 평균이 제일 높았고 미국이 제일 낮았다. 전체 투자대안의 평균 기댓값이 $682인 것을 고려하면 모든 나라가 기대효용이론 관점에서는 위험회피적인 것을 볼 수 있고 중국인이 다른 나라 사람들보다 덜 위험회피적인 것으로 볼 수 있다. 위험지각은 대안을 보고 주관적으로 지각한 위험정도의 평균값인데, 중국인이 다른 나라 사람들보다 동일 투자대안을 보고 그 위험정도를 가장 낮게 지각한 것을 볼 수 있다. 따라서 완충가설에서 가정한대로 집합주의가 큰 문화일수록 위험을 지각하는 정도가 낮아지는 것을 볼 수 있다. 한편 Hsee와 Weber(1999)의 연구에서는 재정적 위험뿐 아니라 대인관계와 도덕적 행동과 관련한 위험선호에 대해서도 함께 연구하였는데, 재정적 위험에서만 중국인이 미국인보다 위험추구적인 행동을 보이고 대인관계나 도덕적 행동에서는 차이가 나타나지 않았다.

다음으로 위험태도(*b*)를 구하기 위해 수식 1에 기초해서 사람들의 투자금액을 종속변인, 기댓값과 지각된 위험을 예측변인으로 투입하여 다중회귀식을 만든 다음 위험지각 계수인 *b*의 값을 구한 결과가 〈표 8–3〉 네 번째 열에 나와 있다. 위험태도는 나라간 차이가 유의하게 나타나지 않았고 모두 음수를 보였는데, 이는 위험회피적 태도를 가지고 있음을 의미한다. 계수 *b*가 0과 비슷할 때는 위험중립적, 0보다 작은 경우에는 위험회피적, 0보다 큰 경우에는 위험추구적 태도를 갖고 있는 것이다. 〈표 8–3〉의 오른쪽 세 개 열은 개개인의 위험태도를 *b*의 값에 따라 분류해놓은 것이다. 앞에서 언급한대로 계수가 0과 유의한 차이를 보이지 않으면 위험중립, 0보다 유의하게 작으면 위험회피, 0보다 유의하게 크면 위험추구로 분류하고, 각 위험태도를 가지고 있는 사람들의 빈도를 퍼센티지로 적어놓은 것이다. 빈도를 보면 나라간 차이는 나타나지 않았고 위험회피에 해당하는 사람들이 70% 이상으로 제일 많았다.

이상의 결과는 Weber가 제안한대로 위험선호가 위험지각과 위험태도로 나뉠 수 있으며, 위험지각에서 개인이나 나라간 차이가 나타날 수 있고, 지각된 위험에 대해서는 대체적으로 위험회피적인 태도를 가지고 있음을 볼 수 있다.

표 8–3 연구결과

나라	WTP	위험지각	b(위험태도)	위험회피	위험중립	위험추구
미국	$320[a]	52.2[a]	−1.59	76	14	10
독일	$315[a]	47.4[a,b]	−1.18	71	14	9
폴란드	$352[b]	46.8[b]	−1.22	70	19	11
중국	$487[c]	41.9[c]	−0.66	67	21	12

a,b,c 서로 다른 철자가 붙은 평균끼리는 .05 수준에서 유의한 평균 차이를 보이는 것이다.

비일관된 위험선호를 설명하기 위해 두 번째로 Weber가 제안한 방법은 영역에 따라 위험선호를 측정하는 것이다. 도박에서 위험추구적인 선택을 하는 사람이 건강과 관련된 선택에서는 위험회피적인 선택을 할 수 있듯이 사람들의 위험 선호는 무엇에 대한 위험이냐에 따라 다르게 나타날 수 있다. 이에 Weber는 **영역 특수 위험수용척도**(domain-specific risk-taking scale, DOSPERT)를 개발하였다(Weber, Blais & Betz, 2002; Blais & Weber, 2006). 이 척도에서는 사람들에게 삶의 5개 영역(도덕, 재무, 건강/안전, 사회, 여가)에서 위험행동에 얼마나 참여할 가능성이 있는지를 7점 척도로 묻는다(1점: 전혀 가능하지 않다, 7점: 매우 가능성이 높다). 문항의 예를 들면, '연 수입의 10%를 새로운 벤처사업에 투자하는 것(재무)', '주요 사안에 대해 권위가 있는 인물에 동의하지 않는 것(사회)', '주말에 스카이다이빙 강습을 듣는 것(여가)' 등이다. 이런 위험을 수반하는 다양한 행동을 제시하고 응답자가 이런 행동을 할 가능성이 얼마나 되는지를 묻고(위험수용정도), 또 각 행동이 얼마나 위험하다고 생각하는지를 7점 척도(1: 전혀 위험하지 않다, 7: 매우 위험하다)에 보고하도록 한다(위험지각). 각 하위영역에 해당하는 응답을 합산하여 하위영역 점수로 사용하는데, 점수가 클수록 위험수용정도와 위험지각이 높은 것을 의미한다. 앞에서와 마찬가지로 이 척도에서도 위험지각을 위험수용과 구분하여, 위험수용에서의 개인차가 대개 위험지각에서 나타남을 보여준다. 즉 사람마다 동일한 행동이 얼마나 위험하다고 지각하는지, 그리고 어떤 이득을 가져오는지를 지각하는 데서 개인차가 있지만, 지각된 위험에 대해서는 대개 비슷하게 위험을 회피하는 태도나 수용정도를 보인다는 것이다.

DOSPERT를 사용한 여러 결과를 통해 일관되게 나타나는 결과 중의 하나는 성별 차이인데, 여성들이 재무, 여가, 도덕과 관련된 의사결정에서 위험수용정도가 낮은 반면, 사회영역에 대해서는 위험수용 정도가 높게 나타났다. 이러한 위험수용의 차이는 위험지각의 차이에서 유래되는데, 여성이 남성보다 재무, 여가, 도덕 영역에서 동일한 행동을 더 위험한 것으로 지각하는 반면, 사회영역에서는 위험을 낮게 지각하는 것을 볼 수 있었다.

또한 한 개인에게 있어서 영역에 대한 위험수용정도가 다른 이유는 영역마다 어떤 정보처리를 유도하느냐가 달라지기 때문이다. 도박이나 여가와 같은 영역은 상대적으로 재무영역보다 정서적인 정보처리를 더 유발하는 것으로 보인다. 영역에 따라 인지적인 정보처리가 더 일어나기도 하고 정서적인 정보처리가 더 일어나기도 하면서 위험에 대한 수용정도, 즉 위험태도가 달라질 수 있다. 또 개인마다 영역에 대한 친숙성이나 지식 정도가 다르기 때문에 위험을 지각하거나 이득을 지각하는 정도가 달라질 수 있다. 대개 사람들은 자신이 친숙한 영역에 대해서는 위험을 낮게 지각한다.

9장

사회적 선호
(social preference)

09 사회적 선호 (social preference)

'공유지의 비극(the tragedy of the commons)'에 대한 이야기가 있다(Hardin, 1968). 영국의 한 마을에서 모든 사람이 자신의 가축을 풀어먹일 수 있는 공동방목지, 즉 공유지를 설정해놓았다. 마을 사람들은 자신의 이득을 위해 이 공유지를 자주 이용했고, 그 결과 공유지는 황폐해져 마을 사람 모두가 이용할 수 없게 되었다. 나만 이용하고 다른 사람은 이용하지 않으면 좋으련만 다른 사람들도 나처럼 생각하고 공유지를 이용하다보면 결국 모두가 이용하지 못하게 된다. 이런 상황은 자원의 고갈이나 환경오염 문제에 잘 적용된다. 심각해지는 대기오염을 막기 위해 자가용 사용을 자제하고 대중교통수단을 이용하는 캠페인을 생각해보자. 개인은 '나 하나쯤 자가용을 탄다고 대기에 무슨 영향을 미칠까' 생각하여 캠페인에 참가하지 않고 자신의 편리만 생각하여 계속 자가용을 이용한다. 그러나 많은 사람이 이런 식으로 생각한다면 결국 캠페인은 유명무실해지고 대기의 오염 정도는 점차로 심각해져 결국 그 안에 사는 모든 사람에게 해가 돌아가게 된다.

제한된 사회적 자원을 이용하는 데 있어 나의 이익만 챙기다 보면 사회 전체에 손실을 가져오고 결국 그 사회에 속한 나에게도 해가 돌아오게 되는데, 이를 '**사회적 딜레마**(social dilemma)'라고 한다. 이는 경제학의 게임이론(game theory)이나 사회심리학에서 연구되는 '죄수의 딜레마(prisoner's dilemma)'를 확장시킨 개념이다. 사회적 딜레마 상황에서는 상호간의 이득을 높이기 위해 자신의 이익만을 추구하기보다 다른 사람의 이익이나 선택을 고려할 필요가 생기는데, 이런 이유에서 실험경제학이나 행동경세학에서는 사회적 선호에 대해 연구한다. **사회적 선호**(social preferences)란 사람들이 자신의 이익과 다른 사람의 이익을 어느 정도로 고려하는지를 가리키는 개념이라 볼 수 있는데, 관련 연구들은 경제학의 가정과 달리 사람들이 항상 자기 이익만을 추구하기보다 평등이나 공정함, 형평성 등을 위해 자신의 이익을 포기하고 다른 사람의 이익도 고려함을 보여준다(Camerer & Fehr, 2002).

사회적 선호에 대한 연구는 다양한 종류의 게임을 가지고 수행되었다. 두 명 이상의 사람이 상호작용하면서 자신의 이득과 타인의 이득을 저울질하는 사회적 상황은 매우 다양할 수 있는데, 이런 다양한 상황이 미치는 영향력은 통제하기 어렵다. 이러한 영향력을 배제하기 위해 사회적 선호 연구자들은 매우 간단한 형태의 게임을 제시하고 이런 상황에서 사람들이 어떻게 행동하는지를 관찰한 후 하나씩 변인을 추가하면서 행동이 변화되는지, 변화된다면 어떻게 변화되고 왜 변화되는지를 설명하는 식으로 연구를 수행하였다. 본 장에서는 죄수의 딜레마, 공공재 게임, 최후통첩 게임, 독재자 게임, 신뢰 게임을 통해 사람들의 사회적 선호에 대해 알아보기로 한다.

9.1 죄수의 딜레마

처음에 제시되는 죄수의 딜레마 상황에는 두 사람의 죄수가 관여한다. 검사는 범인으로 생각이 되기는 하지만 결정적인 증거가 없는 두 명의 죄수 A, B를 상대로 다음과 같은 제안을 한다. 두 명이 모두 자신의 죄를 자백하면 두 명은 각각 5년형을 살게 된다. 반면, 두 명이 모두 자백을 하지 않으면 각각 1년형을 살게 되고, 한 명만 자백을 하고 나머지 한 명이 끝까지 자백을 하지 않으면 자백을 한 사람은 바로 풀려나고 자백을 하지 않은 사람은 10년형을 살게 된다(〈표 9-1〉). 이 제안은 죄수 각각에게 제시되고 각 죄수는 상대죄수가 어떤 결정을 내리는지 모르는 상태에서 독립적으로 결정을 내려야 한다. 각 죄수의 입장에서 상대방의 결정과 상관없이 최적의 결정은 자백을 하는 것이다. 그런데 각 죄수가 자신만을 생각해서 모두 자백을 하게 되면 5년형을 살게 되는데, 이는 둘 다 자백을 하지 않아 1년형만 받는 경우보다 더 안 좋은 결과를 가져오게 된다. 즉 자신에게 이로운 것을 추구한 것이 결과적으로는 자신과 상대에게 차선의 결과를 가져오게 된다.

표 9-1 죄수의 딜레마: 각 죄수의 선택에 따른 결과

		A	
		자백하지 않음	자백
B	자백하지 않음	모두 1년 형	A는 풀려남, B는 10년 형
	자백	A는 10년형, B는 풀려남	모두 5년 형

죄수의 딜레마 게임은 경제적 게임으로도 변형이 가능하다. 지리적으로 멀리 떨어져 있는 A와 B를 생각해보자. 이 둘은 서로에게 이득을 줄 수 있는 경제적 교환을 할 수 있는 기회를 가지고 있다. 예를 들어, A가 있는 곳에는 소금이 흔하고 기름이 귀한 반면, B가 있는 곳에서는 기름이 흔하고 소금이 귀하다고 해보자. A가 있는 곳에서는 소금이 10의 가치가 있지만 기름은 20의 가치가 있고, B가 있는 곳에서는 소금이 20의 가치가 있고 기름이 10의 가치가 있다. 이런 경우 A와 B가 소금과 기름을 교환하면 서로 이득을 볼 수 있다. 그런데 이때 교환이 일어나기 위해서는 서로 믿고 협력(cooperation)을 해야 한다. 만약 A가 배신하여(defection) 기름을 받기만 하고 자신의 소금을 보내지 않으면 A는 기름과 소금을 모두 가지므로 이득을 보지만 B는 손해를 본다. 이는 B도 마찬가지다. B가 배신을 하면 A는 손해를 본다. 둘이 협력하면 더 큰 이득을 볼 수 있지만 이런 손해가 무서워 둘 다 물건을 보내지 않으면 더 큰 이득을 볼 수 없다. 이런 상황을 경제적 보상을 주는 게임으로 나타내면 〈표 9-2〉와 같이 나타낼 수 있다.

표 9-2 죄수의 딜레마 게임의 변형 예

		A	
		협력하지 않음	협력
B	협력하지 않음	모두 4만 원	A는 2만 원, B는 10만 원
	협력	A는 10만 원, B는 2만 원	모두 8만 원

그렇다면 이 게임에 참여한 사람들은 대개 어떤 선택을 할까? 죄수의 딜레마 게임은 같은 사람과 반복적으로 진행되는 경우가 많은데, 이런 경우 참여한 사람의 50% 정도가 협력을 하며, 초기 시행에서는 주로 경쟁을 하다가 전체시행의

1/3 정도 시점에서 대개 협력을 한다고 한다. 경우에 따라서는 실험자나 컴퓨터가 상대 역할을 하는 경우도 있는데 특히 컴퓨터의 경우 참가자가 어떻게 반응을 하는지에 따라서 반응을 하지 않고 미리 정해진 전략대로 반응을 하므로 다소 현실성이 떨어진다.

같은 사람과 반복적으로 게임을 하게 될 경우 어떤 전략이 자신의 이득을 극대화시킬 수 있는 방법일까? **보복전략**(tit for tat strategy)이 가장 효과적인 것으로 알려졌는데, 이는 첫 번째 게임에서는 협력을 한 후 그 후부터는 상대방이 이전에 한 행동을 반복하는 것이다. 즉 상대방이 협력을 하면 나도 협력을 하고, 상대방이 배신을 하면 나도 배신을 하는 것이다. 기존 연구는 두 참가자간에 대화를 하도록 하면 협력이 40% 정도 증가함을 보여주기도 하였다.

Dawes(1980)은 두 명이 반복적으로 하는 죄수의 딜레마 게임은 진정한 의미에서 사회적 딜레마 상황이 아니라고 보았다. 왜냐하면 선택의 결과로 나타나는 해(harm)가 사회 전반에 확산되기보다 특정 사람(참가자와 그 상대방)에게 돌아가고 배신행동의 익명성이 보장되지 않고(참가자는 상대가 한 배신행동을 결과를 통해 바로 알 수 있다!) 게임이 반복적으로 진행되다 보면 참가자의 선택이 상대의 이후 선택에 영향을 미칠 수 있기 때문이다. 이런 이유로 사회적 딜레마에 관심이 있는 연구자는 두 사람이 아닌 n명($n>2$)의 참가자가 참여하는 죄수의 딜레마 게임에 관심을 가지게 되었다.

9.2 공공재 게임(public goods games)

죄수의 딜레마 상황을 두 사람이 아닌 n명($n>2$)의 사회상황에 적용한 것이 공공재 게임이다.[1)] 전형적인 공공재 게임은 다음과 같이 진행된다. 한 집단에 n명의 참가자가 있고, 각각은 실험자로부터 y달러의 돈을 받는다. 참가자는 매 게임에서 0에서 y만큼 집단에 기부를 할 수 있다. 참가자들이 기부한 돈을 모두 합하여 다시 각 참가자들에게 나누어주므로 나는 기부를 하지 않고 다른 참가자들이 기부

1) 이는 N명의 죄수의 딜레마(N-person prisoner's dilemma) 게임이라고도 불린다.

를 하면 나에게는 이득이 된다. 그러나 모두 나처럼 생각해서 기부를 하지 않으면 추가적인 이득은 없게 된다. 경우에 따라서는 기부자의 수가 일정 수를 넘어가면 기부된 금액의 몇 배를 나눠주기도 한다. 이런 경우 기부자 수가 커지면 참가자는 더 큰 이득을 보게 된다. 예를 들어, 5명의 참가자가 있다고 해보자. 각 참가자에게 5달러를 주고 5달러를 기부할 것인지 아닌지를 각각 결정하게 한다. 5달러를 기부하는 사람의 수가 3명이 넘어가면 50달러를 주고 3명보다 적으면 기부된 금액만 5로 나누어 돌려 준다. 두 명이 5달러씩 기부했다고 해보자. 그러면 10달러를 5명에게 나눠준다. 반면 4명이 기부를 하면 20달러에 50달러를 더하여 총 70달러를 5명에게 나눠주게 된다. 각 경우 기부를 한 협력자(cooperator)와 기부를 하지 않은 배신자(defector)가 갖게 되는 금액은 아래 〈표 9-3〉과 같다. 어떤 경우이든 배신자는 기부를 하지 않기 때문에 처음에 받은 5달러를 계속 가지고 있으므로 협력자보다 항상 5달러를 더 많이 갖게 된다. 그러므로 각 개인의 입장에서는 기부를 하지 않는 것이 유리한 선택이나 모두가 이런 식으로 생각을 하여 아무도 기부를 하지 않으면 추가적인 이득은 없게 된다.

표 9-3 상금 유무에 따라 각 협력자와 배신자가 갖게 되는 금액

	상금 없음(2명 기부)	상금 있음(4명 기부)
협력자	2달러	14달러
배신자	7달러	19달러

위의 예와는 다르게 벌금을 부과하는 공공재 게임도 있다. 예를 들어, 3명의 참가자가 있다고 해보자. 사람들에게 협력을 할 것인지 배신을 할 것인지 동시에 선택하도록 한다. 협력을 한 참가자는 1달러를 받고 다른 사람에게 벌금은 없다. 반면 배신을 한 참가자는 3달러를 받지만 자신을 포함해 배신을 한 모든 사람에게 1달러의 벌금을 부과하게 된다. 예를 들어, 협력자가 1명인 경우를 보자. 이 협력자는 1달러를 받지만 나머지 두 명의 배신자로 인해 모두 2달러의 벌금을 내야 하므로 최종적으로 갖게 되는 금액은 −1달러이다. 반면 두 명의 배신자는 3달러를 받지만 자신을 포함한 배신자의 수에 따른 벌금을 내야 하므로 2달러를 벌금으로

내게 되어 결국 1달러만 갖게 된다. 〈표 9-4〉는 협력자의 수에 따라 협력자와 배신자가 받거나 내게 되는 금액을 보여준다. 표를 보면 배신자가 항상 더 이득을 보게 되는데, 이런 벌금 게임은 환경의 오염과 같은 사회적 딜레마 상황을 잘 나타낸다.

표 9-4 벌금이 있는 공공재 게임에서 협력자와 배신자가 받게 되는 금액

협력자의 수	협력자	배신자
0	-	0달러
1	-1달러	1달러
2	0달러	2달러
3	1달러	-

경제적 인간은 위와 같은 사회적 딜레마 상황에서 협력을 하지 않는 것이 이득이다. 그렇다면 실제 사람들은 어떻게 행동할까? 한번만 진행되는 공공재 게임에서는 절반 정도가 기부를 하는 협력적 행동을 한다. 그리고 자신이 받은 것의 40~60%를 기부하는데, 이는 평균이고 대개 쌍봉 분포(bimodal distribution)를 보여 자신이 가진 전부를 기부하거나 아무 것도 기부를 하지 않는 두 부류로 나뉜다. 또한 기부 후 돌려받게 되는 금액이 커질수록 기부금액도 커지는 양상을 보인다. 공공재 게임이 반복해서 진행되는 경우에는 대개 초반에는 절반 정도가 기부를 하다가 게임이 진행될수록 기부하는 사람의 수와 금액이 줄어드는 동적인 변화를 보인다. 결국 마지막 게임에서는 60~80%의 참가자가 아무 것도 기부를 하지 않으면서 끝나게 된다. 이러한 동적인 변화는 게임이 같은 사람들과 반복이 되거나 매회 다른 사람들과 반복이 되어도 마찬가지로 나타난다.

이런 변화가 나타나는 이유는 기부를 하는 사람들이 무조건적으로 기부를 하기보다 게임이 진행되면서 다른 사람들이 어떻게 행동하는지를 보고 그에 따라 협력을 하는 조건부 협력(conditional cooperation)을 하기 때문이다. 자신은 기부를 하는데 기부를 하지 않고 무임승차하는 사람이 있다는 것을 알게 되고 그것이 반복되면 자신도 기부를 적게 하거나 하지 않게 되는 것이다. 즉 상호성(reciprocity)에 의거해 다른 사람이 협력적으로 나오면 본인도 협력적으로 행동하고 다른 사람이 이기적으로 행동하면 자신의 협력행동을 줄이거나 그만두게 된다.

그러면 어떻게 하면 이러한 협력의 감소를 막을 수 있을까? Fehr와 Gächter(2000)는 처벌(punishment)의 도입이 효과적임을 보여주었다. 이들은 공공재 게임을 두 단계로 나누어 첫 번째 단계에서는 게임을 하게 하고, 두 번째 단계에서는 첫 번째 게임에서 각 참가자들의 기부액을 모두에게 알려준다. 그리고 기부를 하지 않은 사람들에게 그들이 가진 돈의 10%를 뺏을 수 있는 처벌의 기회를 주었다. 그러나 처벌을 하는 사람도 자신이 가진 돈의 일부를 내놓아 처벌의 대가를 치러야 한다. 물론 처벌을 하는 사람이 내는 돈이 처벌을 받는 사람의 금액보다는 작다. 이렇게 처벌의 기회를 주게 되면 협력이 90% 이상으로 증가하게 된다. 그리고 재미있는 것은 초반에만 처벌을 주고 후반부에 실제로 처벌을 주지 않아도 높은 협력수준이 유지된다는 것이다. 즉 실제로 처벌을 받지 않아도 처벌을 받을 수 있다는 생각 자체로도 사람들의 협력을 유지할 수 있다. 그리고 이러한 처벌은 게임이 같은 사람과 계속 반복되지 않아도 일어난다. 이는 처벌을 통해 타인이 협력행동을 하도록 해서 자신이 금전적 이득을 얻지 못하더라도 자신의 비용을 들여 타인을 처벌함을 의미하는 데, 이는 두 가지로 해석이 가능하다. 하나는 참가자들이 자신이 처벌의 효과를 보지 못하더라도 다른 사람을 위해 처벌을 하는 이타적 처벌 행동을 하는 것으로 보는 것이다. 다른 해석은 이기적 행동을 벌하는 것 자체만으로도 처벌의 효용이 있기 때문에 처벌 이후 금전적 이득이 없어도 처벌을 하는 것으로 보는 것이다. 처벌을 통해 이기적 행동에 대한 분노나 의분과 같은 자신의 부정적 감정을 표출하는 것을 처벌의 효용으로 보는 것이다.

실제 사회상황에서는 이기적 행동을 한 사회구성원을 누군가 비판하거나 꾸짖는 것, 또는 사회적으로 고립시키는 행동 등이 처벌의 형태로 나타날 수 있다. 처벌 외에 집단구성원간의 커뮤니케이션도 협력행동을 증가시키는 것으로 나타났다. 구성원간의 커뮤니케이션은 조건부 협력을 하는 사람들이 보다 나은 결과를 위해 협력을 유도하는 것을 가능하게 하고 집단 정체성을 형성함으로써 그 효과를 나타내는 것으로 보인다.

죄수의 딜레마 게임과 공공재 게임은 사회적 딜레마 상황에서 사람들이 어떻게 행동하는지 잘 보여준다. 그러나 이 두 게임은 실제로 다른 사람들과 협력하고자 하지만 다른 사람들이 협력하지 않을 것이라는 두려움 때문에 협력하지 않고 이기적으로 행동하는 사람을 구분하지 못하는 한계점이 있다. 반면 이후에 소개되는 게임들은 이 둘을 구분할 수 있고 사회적 선호에 영향을 미치는 추가적 요인을 보여준다.

9.3 최후통첩 게임(ultimatum games)

최후통첩게임은 독일의 경제학자들 Guth, Schmittberger와 Schwarze(1982)가 고안한 실험으로, 일정금액의 돈을 두 사람이 나눠 갖는 게임에서 A가 B에게 돈의 분배비율에 대해 일방적으로 제안을 하고 B가 이를 거절하면 게임이 끝나는 것으로 이루어져 있다. 이 게임의 목적은 인간이 경제적 이익을 추구함에 있어 자신의 개인적 이익 뿐 아니라 공정성도 중시하는지를 확인하는데 있다.

사람들은 공정성에 대해 높은 가치를 부여한다. 따라서 공정성을 위반한 것으로 지각되는 대상에게 분노를 느끼고 불공정한 행위를 한 상대에게 보복하기 위해 자신에게 돌아올 이득까지 포기하면서 기꺼이 그 대가를 치르게 하려고 한다. 사람들의 이러한 행동유형을 극명하게 보여주는 사례가 바로 최후통첩 게임이다. 최후통첩 게임에는 제안자(proposer)와 응답자(responder)가 있다. 실험자는 제안자에게 일정 금액의 돈(S)을 준다. 그러면 제안자는 받은 돈의 일부(x)를 응답자에게 줄 것을 제안할 수 있다. 응답자가 이 돈을 수락하면 제안자는 ($S-x$)만큼, 그리고 응답자는 x만큼 돈을 나누어 갖게 된다. 그러나 응답자가 거부하면 둘은 아무것도 받지 못하게 된다. 가령 실험자가 제안자에게 10만 원을 주었다고 해보자. 만약 제안자가 받은 돈 중에서 4만 원을 응답자에게 제안하고 응답자가 이를 수용하면, 제안자는 6만 원을 가지고 응답자는 4만 원을 가지게 된다. 그러나 만약 응답자가 그 제안을 거부하면, 제안자와 응답자 모두 한 푼도 받지 못하게 된다.

응답자가 경제적 인간이라면 제안자가 어떤 금액을 제안해도 수락할 것이다. 왜냐하면 한 푼도 못 받는 것보다는 조금이라도 받는 것이 이득이기 때문이다. 이러한 응답자를 예상하는 경제적 제안자는 가능한 가장 작은 금액을 제안할 것이다. 그러나 만약 제안자가 실험자에게 받은 돈 10만 원 가운데 1만 원을 자신에게 제시하고 제안자는 9만 원을 갖게 될 것을 안다면, 응답자는 그 제안을 흔쾌히 받아들일까? 대부분의 사람들은 그렇게 하지 않을 가능성이 높다. 응답자는 그 제안이 불공정한 배분이라고 생각하고 분노감을 느끼면서 이를 거절할 가능성이 높다. 즉 파렴치한 제안자가 자기보다 훨씬 많은 돈을 차지하는 것을 내버려두기 보다는 차라리 모두가 망하는 대안을 선택하는 결정을 내리게 되는 것이다. 실제로 게임에서 사람들이 취하는 행동을 보면 제안자는 자신이 가진 것의 30~50%를 제안하고, 응답자는 제안자가 초기 금액의 20% 이하를 제안하는 경우 제안을 거부한다. 제안자가 제안하는 금액이 너무 작아 이를 거부하는 것은 **부정적 상호성**(negative reciprocity)에 해당한다. 그런데 공정하다고 여기는 기준은 사람마다 다를 수 있음을 인식할 필요가 있다. 만약 제안자가 20% 이상을 상대에게 주면 공정한 제안이라고 생각한다면 응답자에게 3만 원을 주고 자신이 7만 원을 갖는 제안에 대해 자신을 매우 너그러운 사람으로 생각할 수 있다. 이에 반해 응답자는 제안자가 70% 이상의 돈을 갖게 되는 것에 대해 불공정하다고 생각할 수 있다.

최후통첩 게임은 두 명의 제안자나 두 명의 응답자로 변형되어 진행되기도 한다. 이처럼 두 명의 제안자나 응답자가 있게 되면 서로간의 경쟁이 생기면서 제안하거나 수락하는 금액에 변화가 생기게 된다. 제안자가 두 명인 경우 응답자는 두 개의 제안 중 금액이 큰 것을 수락하게 되므로 제안자간의 경쟁으로 제안금액이 처음 금액의 75%까지 증가하게 된다. 반면 응답자가 두 명인 경우 제안자의 제안 금액은 처음 금액의 20% 정도로 감소하게 된다.

그렇다면 사람들은 어떤 이유로 자신의 이익을 극대화하는 방향으로 행동하지 않는 것일까? 제안자는 아주 적은 금액을 제안하기보다 자기가 받은 돈의 30~50%를 제안하고 응답자는 어떤 금액이라도 수락하기보다 공정하지 않은 금액은 거부하는 것이 대개의 반응인데, 이는 모두 자신의 이익을 극대화하는 행동은 아닌 것이다. 여기에는 세 가지 이유를 생각할 수 있는데, 첫째는 이타적인 동기에 의해서이다. 타인의 이익을 고려해서 자기 이익의 감소를 감수하는 것이다. 둘째는 공정성(fairness)에 대한 선호 때문이다. 제안자는 그냥 받은 돈을 자신이 많이 가지고 다른 사람에게 적게 주는 것이 공정하지 않다고 생각하는 것이고, 응답자는 제안자가 아주 적은 금액을 제안하는 경우 공정하지 않다고 생각하여 거부하는 것이다. 만약 사전에 이루어진 다른 게임에서 이긴 사람에게 제안자의 역할을 주는 것과 같이 제안자가 되는 것에 대한 그럴듯한 이유가 있는 경우에는 제안자의 제안금액도 적어지고 응답자가 수락하는 금액도 적어지게 된다. 마지막 이유는 거절에의 두려움 때문에 전략적으로 공정하게 행동하는 것이다. 공정한 금액을 제안하지 않으면 응답자가 거절해서 결국 아무 것도 받지 못하게 될 것이라는 생각 때문에 공정하다고 생각되는 금액을 제안하는 것이다.

9.4 독재자 게임(dictator games)

최후통첩 게임은 Forsythe와 동료들(1994)에 의해 독재자 게임(dictator game)으로 발전되었다. 독재자 게임은 위의 최후통첩 게임과 유사하나 제안을 받는 사람은 제안자의 제안을 거부할 수 없다는 점에서 차이가 있다. 그래서 응답자라기보다 수용자(recipient)라고 불린다. 제안자는 실험자에게 받은 돈을 자기 맘대로 나눠서 수용자(recipient)에게 주면 된다. 이 게임에서는 대부분의 제안자(즉 독재자)는 최후통첩 게임에 비해 현저하게 적은 금액을 제안하는데, 극단적으로는 제안금액이 0이 될 수도 있다. 최후통첩 게임에서 제안자가 상대에게 공정한 제안을 하려고 하는 이유는 자신의 제안이 거절당할 두려움 때문일 수 있다. 즉 응답자가 제안을 거절하면, 제안자 자신도 무일푼이 된다는 것을 알기 때문에 공정하게 몫을 분배하려고 하는 것이다. 그러나 독재자 게임에서는 수용자가 제안을 거부할 수 없기 때문에 이러한 거절에의 두려움으로 공정하게 행동한다는 설명은 배제할 수 있다.

그렇다면 독재자 게임에서는 사람들의 행동이 어떻게 변화될까? 거절에의 두려움이 없어져도 제안자는 최후통첩 게임에 비해 적은 금액이지만 자신이 받은 것의 10~25%를 수용자에게 나눠준다. 평균적으로는 그러한 분배제안을 하는 것으로 나타나지만, 실제로는 자신이 가진 것의 반을 나눠주거나 아무 것도 주지 않는 사람들의 빈도가 높은 쌍봉 분포를 보인다. 즉 거절에의 두려움이 없어도 일부 사람들은 천성적으로 남에게 관대하거나 사회적으로 공정한 분배가 이루어져야 한다고 믿기 때문에 여전히 자기가 받은 것의 일부를 다른 사람에게 나누어준다.

이는 일부 사람들이 이타적으로 행동하거나 공정성에 대한 선호를 가지고 있음을 잘 보여준다.

독재자 게임도 게임 상황을 변화시키는 것에 따라 결과가 달라지기도 한다. 예를 들어, 제안자가 누구인지 수용자에게 알려지지 않고 실험자도 제안자가 수용자에게 돈을 주는지 안 주는지 전혀 알 수 없는 이중맹목(double-blind) 실험설계를 하고 이 부분을 참가자에게 알려주면 참가자들이 나눠주는 금액은 줄어들게 된다. 즉 자신의 행동을 아무도 알지 못하는 상황이 되면 사람들은 보다 이기적으로 행동하게 된다. 한편 수용자에게 자신의 상황을 제안자에게 말할 수 있는 기회를 주어 왜 자신이 돈을 받을만한지를 전달하면 제안자가 제안하는 금액이 늘어나게 된다.

Focus

이타심의 진화… 그 비밀을 벗기다

경제학은 인간을 이기적이라고 가정한다. 경제학의 할아버지 애덤 스미스는 '우리가 매일 아침 맛있는 쇠고기 국을 먹을 수 있는 것은 푸줏간 주인이 우리를 돕기 위한 것이 아니라 스스로를 위해 열심히 일하기 때문이라며 사회는 이기심으로 인해 발전하는 것' 이라고 말했다. 사람들이 자기의 이익을 위해 최선을 다할 때 시장은 보이지 않는 손에 의해 최선의 결과를 가져다준다. 사회는 이기심을 기반으로 돌아가고 있다. 하지만 주위를 한 번 더 둘러보면 이기적이지 않은 인간의 행동도 종종 볼 수 있다. 헌혈을 하거나 자원봉사를 하거나 언제 볼지 모를 낯선 식당의 종업원에게 팁을 주거나… 이런 행동을 설명하기란 쉽지 않다. 자신보다 남을 위한다는 이타심이라야만 설명이 가능하다. 그런데 진화론적 관점에서 보면 이타심은 이기심에 비해 열성이다. 이타심은 이기심보다 적은 보수를 갖게 해주므로 서로 경쟁하면 이타심을 가진 사람이 점차 사라진다. 말하자면 적자생존의 법칙에 의해 도태된다. 그럼에도 불구하고 주위에 흔히 보이는 이타적 인간과 그들의 행동은 어떻게 설명할 수 있을까? 많은 학자들은 이에 의문을 품고 연구를 거듭해 왔다. 하지만 진화과정을 완벽하게 설명해 주는 학설은 아직까지 나타나지 않고 있다.

이러한 가운데 국내 한 경제학 교수가 게임이론을 바탕으로 '집단을 위한 자기희생'이 이타심 진화의 비밀이라고 주장해 세계적인 주목을 받고 있다. 최정규 경북대 경제통상학부 교수는 이타심이 집단중심주의와 결합해 오늘날까지 진화해왔다는 내용의 논문을 과학저널 사이언스에 실었다. 경제학자가 과학저널에 논문을 실은 것도 화제이지만 이타심의 배경을 경제이론의 하나인 게임이론으로 설명했다는 점에서 큰 관심을 모으고 있다.

'자기집단 중심적 이타성과 전쟁의 공동진화(The coevolution of parochial altruism and war)' 라는 제목의 논문은 '인간은 자신이 속한 집단 구성원에게는 이타적이지만 외부인에게는 적대적 모습을 띠는 속성이 있고 이 두 가지 속성이 결합할 경우 전쟁에서 경쟁자를 이길 확률이 높아진다' 고 밝혔다. 쉽게 말하면 이타심이 집단 중심주의와 만날 때 생존경쟁에서 살아남을 확률이 높아진다는 것이다.

최 교수는 이를 증명하기 위해 미국 산타페연구소의 새뮤엘 보울스 교수와 공동으로 컴퓨터 시뮬레이션을 실시했다. 수천~수만 년 전 각각 26명으로 구성된 가상의 부족 20개(이타, 이기, 적대, 관용의 4가지 속성이 서로 결합된 부족들)가 있었다고 가정하고 이 부족들이 5만 세대 동안 서로 교류하면서 어떤 행동속성을 진화시켜 왔는지 분석했다. 실험에서 이타성과 함께 외부와의 교류를 차단하고 전쟁을 유발하는 자기집단 중심성(적대성)이 승패의 주요변수로 떠올랐다. 논문은 두 속성이 결합된 자기집단 중심적 이타성(parochial altruism)을 가진 부족이 다른 부족에 비해 가장 많은 자손을 퍼뜨리는 것으로 나타났다고 밝혔다.

최 교수의 자기집단 중심적 이타성 이론은 이타적 구성원이 많은 집단이 전쟁에서 승리할 가능성이 높다는 점을 말해 주지만 전쟁을 국가 간 전쟁이 아니라 기업 간, 조직 간 경쟁으로 바꾼다면 우리 주변의 여러 현상을 이해할 수 있다. 예를 들어 경쟁에서 살아남을 수 있는 기업은 이타적(회사동료를 위해 헌신하는) 구성원이 많은 기업이라고 할 수 있을 것이다. 조직 구성원들이 소속감, 애사심을 가질 수 있도록 조직의 리더는 관리해야 한다는 메시지를 전달하고 있는 셈이다. 민족주의나 종교적 갈등, 전쟁 역시 자기집단 중심적 이타성의 한 표현이라고 볼 수 있다.

최 교수는 "높은 소득을 올리는 사람이 자기 나라에는 세금을 내며 공공혜택을 다른 사람과 나누면서도, 빈곤상태에 처한 다른 나라 국민들은 돕기를 꺼리는 것도 자기집단 중심적 이타성의 예"라고 밝혔다. 문제는 이타심이 나타나는 집단의 범주다. 혈연에서 종족, 민족, 그리고 세계로 확대되는 시야를 가지는 것이 중요하다. 보다 높은 단위의 집단으로 확산되어 가는 과정이라야지 열위의 좁은 범주로 밀려 내려가는 것은 결코 발전이라고 할 수 없다. 협소한 가족주의나 과도한 민족주의에서 해방되어야 하는 이유도 여기에 있다.

자료원: 한국경제, 2007. 11. 2.

9.5 신뢰 게임(trust games)

신뢰 게임에도 두 명의 참가자가 있는데, 투자자(investor)와 피신탁자(trustee)로 불린다. 실험자는 투자자에게 금액 X를 준다. 투자자는 실험자로부터 자신이 받은 돈의 일부(*y*)를 피신탁자에게 줄 수 있다(줄 수 있는 금액: 0~*X*). 실험자는 투자자가 주기로 한 돈의 3배(3*y*)를 피신탁자에게 전달한다. 그러면 피신탁자는 자기가 받은 돈의 일부(*z*)를 투자자에게 돌려 줄 수 있는데, 그중 얼마를 돌려줄지는 전적으로 피신탁자에게 달려 있다. 가령 투자자가 10만 원을 받아 이 가운데 1만 원을 피신탁자에게 주기로 한 경우, 실험자는 이 돈의 3배인 3만 원을 피신탁자에게 전달한다. 그러면 피신탁자는 투자자에게 3만 원, 2만 원, 혹은 1만 원을 줄 수도 있고, 한 푼도 주지 않을 수 있다. 피신탁자가 자신이 받은 돈의 얼마를 투자자에게 돌려줄지는 피신탁자가 마음대로 결정할 수 있다는 것은 앞서 소개한 독재자 게임과 유사하다. 투자자는 이 돈의 액수가 크든 작든 거부할 권리가 없이 그냥 받아야 하는 것이다. 이 게임에서 투자자와 피신탁자는 서로에 대해 모르기 때문에 상대가 얼마나 신뢰할 만한지 전혀 알 수가 없다. 따라서 투자자가 피신탁자에게 주는 돈의 액수는 전혀 알지 못하는 상대방에 대해 그가 보이는 신뢰의 척도이며, 피신탁자가 투자자에게 되돌려주는 액수도 피신탁자가 얼마나 믿을만한 사람인지를 보여주는 척도이다. 이처럼 피신탁자가 자신이 받은 돈의 일부를 되돌려주는 과정에서 투자자가 자신에게 보인 신뢰가 거래관계에 영향을 미치기 때문에 신뢰 게임이라고 불린다.

경제적 인간이라면 피신탁자는 자신이 받은 것을 돌려주지 않을 것이다. 경제적 인간인 투자자도 피신탁자가 이러한 행동을 할 것으로 예측해 그에게 아무 것도 투자하지 않을 것이다. 그러나 실제 사람들의 행동을 보면 가장 많게는 자신이 받은 금액의 절반을 피신탁자에게 투자하는 것으로 나타난다. 피신탁자는 자신이 금액 3y를 받았음에도 원래 투자가가 내놓은 금액 y에 기준하여 y보다 약간 적은 금액의 돈을 돌려주는 것이 일반적인 반응이다. 그러나 투자자가 내놓은 y가 늘어날수록 피신탁자도 돌려주는 금액이 늘어난다. 투자자가 자신에게 보인 신뢰에 답하기 위해서인데, 투자자가 자신을 신뢰하고 많은 돈을 투자하면 자신도 그에 대한 보답으로 더 많은 돈을 돌려주는 긍정적 상호성(positive reciprocity)을 보이는 것이다.

Focus

비즈니스에서의 신뢰

2007년 7월은 그 유명한 마텔의 장난감 리콜이 시작되었던 시점이다. 중국에서 생산된 완구에 칠해진 페인트에서 기준치를 초과하는 납 성분이 검출됐다는 뉴스가 보도됐고, 로버트 에커트 당시 마텔 최고경영자(CEO)는 '완구에서 납 페인트 성분이 발견됐다'는 자체 조사 보고서를 공개한 다음날 사과문을 냈다. 리콜되는 완구 100만 점의 종류와 생산시기 등을 알리면서 "리콜에 영향을 받은 모든 사람, 특히 완구를 산 고객들에게 사과한다"고 말했다. 또 "우리의 목표는 이 문제를 신속히 해결하고 책임감을 갖고 시스템을 향상시키는 것"이라고 덧붙였다. 이후 총 세 번에 걸쳐 2,100만 점을 리콜하고 생산공정을 바꿨다. 미국 소비자제품 안전위원회는 마텔에게 230만 달러의 벌금을 부과했고, 리콜비용에만 무려 3,000만 달러가 소요되었다.

그 과정에서 8월 11일 리콜의 대상이 된 장난감의 제조사인 중국의 Lee Der Industrial의 공동 소유주인 창 수홍이 자신이 운영하던 회사 창고에서 목을 매 자살했다. Lee Der Industrial은 세계 최대 장난감 회사 마텔의 주요 공급업체였다. 이 사태로 인해 회사는 마텔과의 거래관계가 종식되었을 뿐 아니라 중국정부에 의해 제품수출을 금지하는 조치를 당했다. 중국내 판매가 전무한 이 회사에게는 회생의 여지가 없는 일이었다.

그런데 Lee Der Industrial에 납이 든 가짜 페인트를 공급한 것이 자살한 창 수홍 사장의 가장 친한 친구가 운영하는 회사였다는 것이 밝혀졌다. 창은 믿었던 친구에 의해 배신당하고 스스로 목을 맬 수밖에 없었던 것이다. 창은 친한 친구가 운영하는 회사로부터 페인트를 구입했다. 그리고 그 페인트 공급업체(즉 2차 하청업체)는 또 다른 공급업체(즉 3차 하청업체)로부터 구매한 페인트 안료를 사용했는데, 이 안료 공급업체가 납이 든 불량 페인트 가루를 사용해 안료를 만들었던 것이다. 창 수홍 사장은 자신의 하청업체가 이러한 비행을 저지르리라고는 결코 생각하지 않았을 것이다. 즉 창 사장은 친구를 신뢰했고, 마텔은 15년 동안 협력사로 일해 온 Lee Der Industrial사와 창 사장을 신뢰했던 것이다. 마텔의 납 페인트 장난감 리콜사태는 거래관계에서 상대방에 대한 높은 신뢰는 높은 이익창출과 기업성장에 크게 기여하지만 그릇된 신뢰관계는 모든 거래 당사자에게 엄청난 피해를 초래할 수 있음을 보여주는 사례이다.

9.6 사회적 선호 모델

사회적 선호 모델(social preference model)은 사람들이 자신의 이익을 극대화하는 방향으로 움직이는 경제적 인간이 아니라 공공성과 공정성을 추구하는, 즉 사회적으로 수용되거나 혹은 사회적으로 바람직한 방향으로 행동하는 인간인 것으로 가정한다. 앞서 소개한 여러 게임은 사람들이 자신의 이익만을 추구하지 않으며 타인의 이득을 고려하고 공정함을 추구하는, 즉 사회적 선호에 기반한 행동을 추구함을 보여준다. 이런 사람들의 행동을 설명하기 위한 사회적 선호 모델이 제시되었는데, 크게 두 종류로 나누어 볼 수 있다.

첫 번째는 불평등 혐오 모델(inequality-aversion model)이다. 이는 사람들의 행동이 두 가지 요소에 의해 영향을 받는다고 본다. 하나는 자신의 이익이고 다른 하나는 내가 받는 것과 다른 사람이 받는 것의 형평성이다. 자신의 이익이 많을수록, 그리고 내가 받는 것과 다른 사람이 받는 것이 비슷할수록 효용이 커진다. 이 두 가지를 극대화시키고자 하지만 때로는 형평성을 위해 내 이익의 감소를 감수하기도 한다. Fehr와 Schmidt(1999)가 제안한 모델은 다음과 같다.

$$U_i(x) = x_i - \alpha_i(x_j - x_i) \quad (x_j - x_i \geq 0) \qquad (1)$$

$$U_i(x) = x_i - \beta_i(x_i - x_j) \quad (x_i - x_j \geq 0) \qquad (2)$$

위 식에서 $U_i(x)$는 게임을 하는 i와 j가 얼마를 받게 되느냐에 따라 i가 느끼는 효용을 가리키며, x_i와 x_j는 각각 i와 j가 받는 돈의 금액을 가리킨다. 수식 (1)은 i가 j보다 돈을 적게 받는 상황에서 i가 자신이 받는 돈 x_i에 대해 느끼는 효용을 가리키며 α_i는 i가 자신이 돈을 적게 받는 불평등한 상황을 얼마나 싫어하는지를 나타내는 계수이다. 반면 수식 (2)는 i가 j보다 돈을 많이 받는 상황에서 i가 자신이 받은 돈 x_i에 대해 느끼는 효용을 가리키며 β_i는 i가 자신이 돈을 많이 받는 불평등한 상황을 얼마나 싫어하는지를 나타내는 계수이다. α_i와 β_i가 0인 경우 i는 이기적인 사람이다. Fehr와 Schmidt(1999)는 일반적으로 사람들이 자신이 적게 받는 불평등 상황을 자신이 많이 받는 불평등 상황보다 싫어하는 경향이 있다고 가정하여 $0 \leq \beta_i \leq \alpha_i$, $\beta_i < 1$라고 보았고, α_i에는 상한을 두지 않았다. 이 모델에서는 또

사람들이 다양하다고 가정한다. 즉 이기적인 사람과 불평등한 것을 싫어하는 사람들이 섞여 있다고 본다. 이 모델은 앞서 소개한 여러 게임에서 나타난 사람들의 행동을 잘 설명한다.

두 번째 모델은 상호성 모델인데, 이는 불평등 혐오 모델보다 더 복잡하다. 불평등 혐오 모델의 경우 상대방이 받게 되는 금액만을 고려하는데, 상호성 모델에서는 상대방의 행동과 그 의도도 고려한다. Rabin(1993)의 모델이 대표적이기는 하나 모델 자체가 다소 복잡하므로 수식을 소개하기보다 기본적인 아이디어만 소개하고자 한다. Rabin(1993)의 상호성 모델에서 사람들은 자신한테 친절한 사람을 돕기 위해 자신의 금전적 이득을 희생하는 반면, 자신에게 해를 끼치는 사람을 벌주기 위해 자신의 금전적 이득을 희생하기도 한다. 그리고 자신의 금전적 이득을 희생하는 것의 비용이 적을수록 앞의 두 동기는 행동에 더 큰 영향을 미친다.

게임이론이 적용되는 게임 중의 하나인 '성별 대결(battle of the sexes)'을 이용해서 이 모델을 좀 더 자세히 알아보자. 이 게임에는 남편과 부인이 있다. 둘은 혼자보다는 둘이 같이 시간을 보내기를 선호한다. 그런데 혼자서 시간을 보내야 한다면 남편은 축구보기를, 부인은 오페라 보기를 더 선호한다. 그래서 같이 시간을 보내는 것이 좋기는 하지만 부인은 이왕이면 함께 오페라 보기를 더 좋아하고 남편은 함께 축구 보기를 더 좋아한다. 각각의 선택에 따라 이 부부가 얻는 결과는 〈표 9-5〉와 같다.

표 9-5 성별 대결에서 부부의 선택에 따른 결과(X는 선택에 대한 선호 정도)

		남편의 선택	
		오페라	축구
부인의 선택	오페라	2X, X	0, 0
	축구	0, 0	X, 2X

지금 이 부부는 각기 다른 장소에서 저녁에 함께 시간을 보낼 장소로 떠나려고 한다. 그런데 어디로 갈지 미리 정하지 않았고 이 둘은 서로 통화를 할 수 있는 상황도 아니다. 이때 남편과 부인은 상대방이 어떤 의도로 어떤 선택을 할 것인지 생각하는 것에 따라 다른 선택을 할 수 있다. 예를 들어, 부부가 서로를 배려해서

부인은 남편을 위해 축구, 남편은 부인을 위해 오페라를 선택하면 결국 부부는 다른 장소에 가서 혼자 시간을 보내게 된다. 그런데 부인이 남편이 더 좋아하는 것을 보는 것이 마음이 편하고 이를 남편도 알고 있으면 남편은 축구를 선택할 것이고 남편의 의도를 알고 있는 부인도 축구를 선택할 것이다. 그러나 남편이 부인이 좋아하는 오페라보다 자신이 좋아하는 축구를 선택할 것으로 부인이 믿는다면 함께 축구를 보는 것이 더 좋음에도 불구하고 자신이 더 좋아하는 축구를 선택한 남편을 벌하기 위해 오페라를 선택할 수 있다. 즉 남편이 축구를 선택한 똑같은 행동에 대해서도 어떤 의도로 축구를 선택했다고 부인이 생각하느냐에 따라 부인의 선택은 달라질 수 있다.

이처럼 상호성 모델은 단순히 상대방의 행동만 보는 것이 아니라 그 행동 밑에 깔려 있는 의도도 고려하여 그 의도가 선하다면 자신이 손해를 보더라도 상대방의 선의에 대해 자신의 선의를 보여주는 반면, 상대방의 의도가 나쁘다면 자신이 손해를 보더라도 상대방의 악의를 벌하고자 한다. 한편 불평등 혐오와 상호성을 모두 포함하는 하이브리드 모델도 제안되었다(예, Charness & Rabin, 2000; Falk & Fischbacher, 1999). 이러한 모델은 더 복잡한 사회적 상황에서 사람들의 행동을 예측하는 장점이 있기는 하지만 그만큼 모델의 간결함을 잃게 된다.

한 연구에서는 밤도둑 게임(moonlighting game)을 사용하여 상대방의 공정한 의도(fairness intention)가 사람들의 사회적 선호에 영향을 미침을 보여 주었다(Falk, Fehr, & Fischbacher, 2008). 밤도둑 게임에는 도둑과 두목이 있다(Abbink, Irlenbusch, & Renner, 2000). 도둑은 불법적인 돈에 접근할 수 있고, 두목은 도둑에게 이 돈을 가져오도록 한다. 이때 도둑은 몇 개의 대안을 가지고 있는데, 돈을 가지고 나와 그냥 사라지거나, 위험이 따르므로 아예 일을 하지 않거나, 일을 해서 돈을 두목에게 갖다 주고 보상을 받는 것이다. 도둑이 두목에게 돈을 가지고 온 후 두목도 이 도둑에게 어떻게 할 것인지에 대해서도 몇 가지 대안이 있다. 도둑에게 약속한 보상을 주거나 그보다 적은 돈을 주거나 아예 돈을 주지 않을 수 있다. 이 모든 일이 불법적인 것이므로 상대방이 약속을 지키지 않는다고 해도 법에 호소할 수는 없으며 상대방이 어떻게 행동하느냐에 따라 나의 행동도 달라질 수 있는 상호성을 살펴볼 수 있는 게임이다.

이 밤도둑 게임의 진행방식은 다음과 같다. 게임은 두 명의 참가자가 있고 두

단계로 이루어진다. 게임이 시작될 때 두 참가자는 모두 12포인트를 받는다. 첫 번째 단계에서 참가자 A는 참가자 B에게 얼마의 포인트를 줄지 뺏을지 결정한다. 참가자 A는 {−6, −5, …, 5, 6}에서 한 숫자를 선택할 수 있다. 이를 a라 하자. 만약 a가 0 이상이면 실험자는 3a를 참가자 B에게 준다. 그러나 a가 0 미만이면 A는 |a|를 B에게서 뺏는다. 게임의 두 번째 단계에서는 참가자 B가 a를 본 후 {−6, −5, …, 17, 18} 중 숫자 b를 선택한다. 만약 b가 0 이상이면 참가자 A에게 b를 보상으로 주게 되고, b가 0보다 작으면 참가자 B는 자신도 벌금 |b|를 내면서 참가자 A에게 3|b|를 벌금으로 부과하게 된다. 참가자 A도 돈을 주거나 뺏을 수 있고 참가자 B도 보상을 하거나 벌금을 부과할 수 있으므로 긍정적 상호성과 부정적 상호성을 모두 관찰할 수 있는 게임이다.

여기에 연구자들은 의도 조건과 무의도 조건을 두어 의도가 참가자들의 결정에 영향을 미치는지 보았다. 의도 조건에서는 참가자 A가 자신의 생각대로 a를 선택하는 반면, 무의도 조건에서는 주사위를 던져 a를 선택한다. 그리고 이것을 참가자 B에게도 알려준다. 무의도 조건에서는 주사위를 던져 a를 정하므로 무작위적이기는 하나, 열 개의 면이 있는 두 개의 주사위를 던진 결과에 따라 a의 값을 정하는 방식을 실제로 사람들이 a를 선택하는 비율에 맞도록 확률을 조절함으로써 두 조건 사이에 a의 값 분포에는 큰 차이가 없도록 하였다.

만약 참가자가 이기적 인간이라면 참가자 B는 a에 상관없이 b=0을 선택할 것이다. 즉 보상과 처벌 모두 비용이 따르므로 그는 아무 것도 하지 않을 것이다. 그러므로 이를 아는 의도 조건의 참가자 A는 a=−6을 선택할 것이다. 반면 참가자가 불평등을 혐오한다면 자신과 상대방이 받는 금액의 차이가 커지는 것을 싫어하므로 a가 커지면 b도 커질 것이고 a=0이면 b=0일 것이다. 그리고 불평등 혐오 모델에서는 나와 상대방이 받는 금액의 차이가 영향을 미치므로 의도 조건에서든 혹은 무의도 조건에서든 금액에서 차이가 나타나지 않을 것이다. 그러나 상대방이 공정한 의도를 가지고 있는지가 중요하다면 의도 조건에서는 a가 커지면 b도 커지고 무의도 조건에서는 참가자 A가 의도를 가지고 a를 선택한 것이 아니므로 참가자 B는 전혀 상호성을 보이지 않으면서 a의 값에 상관없이 b=0을 선택할 것이다. 마지막으로 참가자들이 공정한 의도와 나와 상대방의 공평한 분배를 모두 고려한다면 의도 조건에서는 a가 커짐에 따라 b도 커지고 무의도 조건에서는 의도 조건보다는 약한 상호성이 나타날 것이다.

실제 결과를 보면 마지막 모델, 즉 공정한 의도와 불평등 혐오가 모두 사람들의 선택에 영향을 미침을 볼 수 있다. [그림 9-1]을 보면 의도 조건에서는 a가 커짐에 따라 b도 따라 커지지만 무의도 조건에서는 의도 조건보다 약한 상호성이 나타남을 볼 수 있다. 즉 무의도 조건에서는 참가자 A가 의도를 갖고 a를 정한 것이 아니더라도 참가자 B는 금액에서 큰 차이가 나는 것을 싫어하므로 a에 어느 정도 맞추어 b를 선택하는 것이다.

그림 9-1 참가자 A의 선택에 따른 참가자 B의 보상과 처벌

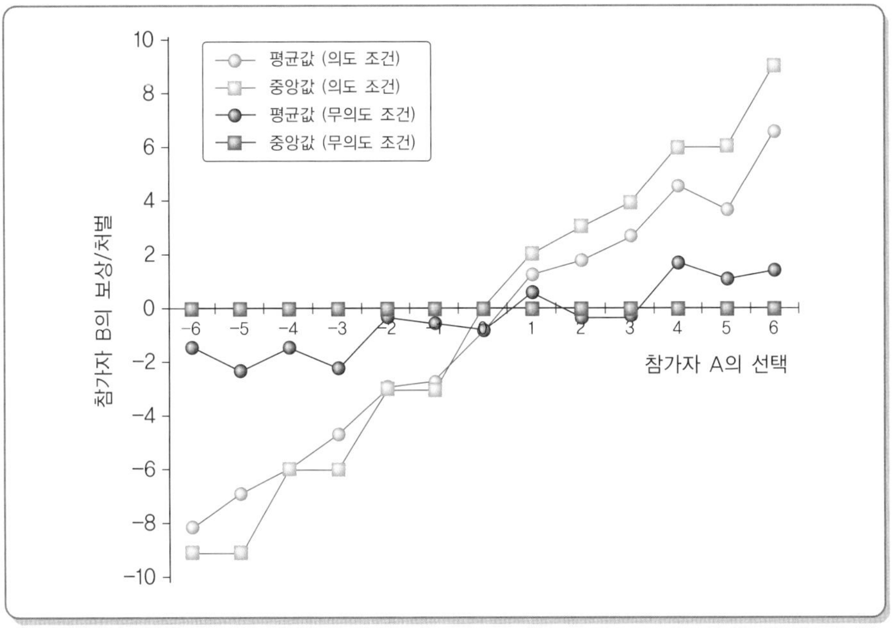

9.7 문화가 사회적 선호에 미치는 영향

앞서 보고된 대부분의 연구결과들은 여러 나라에서 얻어진 것이기는 하나 대개 산업화된 선진국의 대학생들을 대상으로 얻은 것이었다. 그리고 결과는 꽤 일

관적이어서 사람들이 자신의 이익을 우선시하는 경제적 인간이기보다 형평성과 상호성, 공정성을 고려하는 사회적 선호를 가지고 있음을 보여준다. 그렇다면 사회경제적 발달수준이 다른 문화권에서는 어떨까?

인류학자인 Henrich는 1996년 페루의 아마존 강 유역에 사는 마치구엔가 부족을 대상으로 최후통첩 게임을 실시하였는데, 이들이 지금까지 보고된 연구 참가자들과는 다르게 친사회적인 행동을 덜 보이며 경제학적 인간에 더 가까운 행동을 보인다는 것을 발견했다(Henrich, 2000). 이 부족은 가족이 단위가 되어 화전농업을 하며 몇 군데를 옮겨 다니며 산다. 이후 Henrich는 자신이 얻은 결과가 우연한 것인지 아니면 반복적으로 검증될 수 있는 것인지를 확인하기 위해 현장연구에 익숙한 12명의 인류학자와 5명의 행동경제학자들을 모아 남아메리카, 아시아, 아프리카, 오세아니아에 분포되어 있는 15개 소규모 부족을 연구하기 시작하였다(Henrich et al., 2005). 15개 부족에는 처음 연구된 마치구엔가 부족을 포함하여 이들과 유사하게 화전 농업을 하는 몇 개 부족, 그리고 수렵채취나 방목, 소규모 농업을 하는 부족들이 포함되었다. 연구자들은 이 부족들을 대상으로 최후통첩 게임, 독재자 게임, 공공재 게임을 실시하였는데, 최후통첩 게임은 모든 부족에서 실시되었으므로 주로 이 게임의 결과가 보고되었다.

결과를 요약하면, 모든 부족에서 경제적 인간의 모습을 찾아보기는 어려웠지만 부족에 따라 제안하는 금액이나 이를 수락하거나 거절하는 양상은 대학생들과 상당히 다르게 나타났다는 것이다. 대학생들의 경우 최후통첩 게임에서 제안금액의 중앙값은 항상 50%이었고 평균은 40~50%이었다. 제안금액이 20%인 경우 절반 정도는 그 제안을 거절하였고 이런 반응은 여러 나라에서 거의 비슷하게 나타났다. 반면 15개 부족에서는 꽤 큰 집단간 차이가 나타났는데, 제안금액의 평균은 26~58%로 통상적인 제안금액 보다 낮거나 높은 부족이 있었다. 물론 50%를 제안하는 것이 가장 많이 나타나기는 했다. 응답자가 제안을 거절하는 비율도 꽤 다양하게 나타났는데, 어떤 부족에서는 제안금액이 매우 낮아도 이를 거부하는 일이 매우 드문 반면 어떤 부족에서는 제안금액이 50%를 넘어도 이를 거부하였다.

연구자들은 이런 부족간 차이가 왜 나타나는지를 설명하고자 했다. 먼저 15개 부족 전체 데이터를 가지고 제안자의 성별, 나이, 교육수준, 부족내 재산수준과 같은 개인차 변인이 제안 금액의 차이를 설명하는지 보았으나 이들 개인차 변인은 설명력이 없었다. 반면 부족과 관련된 변인은 전체 변량의 12%를 설명하는 것으로 나타났다. 이에 부족의 여러 사회적 특성, 즉 사회정치적 복잡성, 협력에 대한 보상(payoffs to cooperation), 익명성(anonymity), 시장통합(market integration), 사생활(privacy), 부락의 크기(settlement size)를 조사하였다. 사회정치적 복잡성은 인류학 연구에서 매우 중요하게 고려되는 사회 변인으로 가구단위 이상에서 얼마나 많은 의사결정이 일어나는지를 나타낸다. 가장 낮게는 가족 수준, 가장 높게는 나라, 그 중간에는 추장이 다스리는 부족 등이 있다. 협력에 대한 보상은 부족에서의 경제적 활동이 친족이 아닌 타인과의 협력에 얼마나 의존하는지를 가리킨다. 마치구엔가 부족처럼 가족이 단위가 되어 경제적으로 거의 독립적으로 생활하는 부족의 경우 타인과의 협력이 거의 일어나지 않는다. 반면 고래잡이를 주업으로 하는 라마렐라 부족의 경우 친족이 아닌 타인과의 협력에 의존한다. 익명성은 익명의 역할과 거래가 중요한지 정도를 나타내는 것으로 타인과의 상호작용이 거의 없는 일부 부족은 익명성이 매우 낮은 반면 자신이 전혀 알지 못하고 앞으로 다시 보지 않을 사람과도 빈번하게 상호작용이 일어나는 부족의 경우 익명성이 높다. 시장통합은 시장에서의 교환이 빈번하게 일어나는지를 가리키는 것으로 수렵채취를 하는 하즈다 부족은 시장통합이 매우 낮은 부족으로 이들은 시장이 없어도 생활에 거의 영향을 받지 않는다. 반면 오르마 부족은 가축을 빈번하게 사고 팔며 임금을 받고 자신의 노동을 제공하기도 하므로 시장 통합이 높은 부족이다. 사생활은 자신의 비밀이 부족민으로부터 얼마나 지켜질 수 있는지를 나타내는데, 적은 수의 사람들이 단위가 되어 함께 먹고 사는 사람들은 비밀을 갖는다는 것이 거의 불가능하다. 반면 방목을 하면서 군데군데 떨어져 사는 부족은 다른 가족의 영토에 침입하는 것에 대해 엄격한 규칙을 가지고 있으며 사생활 유지가 가능하다. 부락의 크기는 100명이 안 되는 부족도 있으며 1,000명 이상의 부족도 있다.

협력에 대한 보상을 제외한 나머지 네 개의 변인, 즉 시장통합, 익명성, 사회정치적 복잡성, 부락의 크기는 서로 매우 상관이 높은 것으로 나타났는데, 이들 중 익명성을 제외한 세 개 변인의 평균을 구한 총 시장통합(aggregate market integration) 지표를 만들고, 협력에 대한 보상과 이 지표를 독립변인으로 사용해 이 두 변인이 종속변인인 제안금액을 얼마나 잘 설명하는지를 파악하기 위해 다중회귀분석을 실시했다. 그 결과 이 두 변인이 제안금액을 유의하게 설명하는 것으로 나타났다. 즉 시장이 통합되어 있고 협력에 대한 보상이 큰 사회일수록 제안 금액도 커지는 보다 협력적인 행동을 하게 된다는 것이다. 이 연구의 결과가 시사하는 바는 한 사회 안에 이기적이거나 이타적인 사람이 섞여 있다고 하더라도 사회화 과정을 거치면서 그 사회의 문화와 가치를 습득하고 그 사회에서 생존하기에 적절한 사회적 선호를 형성하게 되며 이렇게 학습된 사회적 선호가 여러 경제적 게임을 통해 드러난다는 것이다.

또한 이 연구는 일상생활이 어떻게 이루어지는지가 게임에서 나타나는 행동과 관련이 있음을 보여준다. 파푸아뉴기니의 오우족과 그노우족은 제안금액이 50% 이상으로 많기도 하지만 이를 거절하는 비율도 높은데, 이는 이들 부족에서 나타나는 선물을 통한 지위추구 행동과 관련이 있어 보인다. 이들 사회에서는 대가성이 없는 선물이라도 선물을 받으면 미래에 어떤 식으로든 이에 대한 보답을 해야 한다. 답을 하지 않은 선물이 누적되면 선물을 받은 사람은 준 사람에게 종속되어 이후 본인의 입장과 같지 않더라도 정치적으로 결탁을 해야 하는 부담을 갖게 되기도 한다. 이런 사회에서 자라다보니 제안금액도 매우 관대하지만 부담이 될 수 있는 제안을 거부하는 비율도 높게 나타난다.

9.8 도덕적 판단

사회적 선호에 영향을 미칠 수 있는 또 다른 종류의 판단은 도덕적 판단(moral judgment)이다. 나의 행동뿐 아니라 타인의 행동이 도덕적으로 적절한 행동인지 아닌지를 어떻게 판단하느냐에 따라 타인에 대한 판단 및 행동이 달라지기 때문이다. 도덕적 판단에 대한 연구는 2000년대 이후 Greene과 그의 동료들의 뇌 영상 연구가 주목을 받으면서 관심을 끌게 되었다(Greene, Nystrom, Engell, Darley, & Cohen, 2004; Greene, Sommerville, Nystrom, Darley, & Cohen, 2001). 그 이전에는 도덕적 판단이 인지나 사회인지 분야에서는 크게 다뤄지지 않았고, 주로 도덕성 발달과 관련하여 Piaget의 인지발달 이론과 이를 발전시킨 Kohlberg의 도덕발달 이론이 주를 이루었다. 이런 상황에서 Greene의 연구는 도덕적 판단이 인지적 추론에 의해 이루어지는 것인지 아니면 정서적인 정보처리가 더 주된 역할을 하는지에 대한 활발한 논의를 불러일으켰다.

도덕적 판단에 대한 연구에도 도덕적 딜레마를 제시하는 문제들이 사용되었는데, 문제의 구성요소들이 바뀌는 것에 따라 사람들의 판단이 어떻게 바뀌는지 연구되었다. 잘 알려진 전차문제(trolley problem)를 살펴보자.

> 브레이크가 고장 난 전차가 달려오고 있는데, 선로에는 5명의 인부들이 일을 하고 있다. 인부들은 전차가 다가오는 것을 모르고 있고 아무런 행동을 취하지 않는다면 이들 5명은 모두 죽을 것이다. 그러나 선로의 방향을 바꿔서 전차를 다른 방향으로 가게 하면 다른 선로에서 일을 하고 있는 1명의 인부가 죽을 것이다. 여러분이라면 이 상황에서 전차가 달려오는 선로의 방향을 바꿔 5명 대신 1명의 인부가 죽도록 할 것인가? 아니면 그대로 두어 5명을 죽게 할 것인가?

이 전차문제와 동일한 결과를 가져오지만 사람들로 하여금 다른 방식으로 결정을 내리도록 하는 문제로 육교문제(footbridge problem)가 있다.

> 브레이크가 고장 난 전차가 달려오고 있는데, 선로에는 5명의 인부들이 일을 하고 있다. 인부들은 전차가 다가오는 것을 모르고 있고 아무런 행동을 취하지 않는다면 이들 5명은 모두 죽을 것이다. 그런데 선로 위에 있는 육교에 덩치 큰 사람이 서 있고 이 사람을 밀어 떨어뜨리면 전차를 멈추게 하여 5명을 살릴 수 있다. 여러분이라면 이 상황에서 전차가 달려오는 선로에 한 사람을 밀어 떨어뜨려 이 사람을 희생시키고 5명을 살릴 것인가? 아니면 그대로 두어 5명을 죽게 할 것인가?

이 두 문제는 동일한 결과를 가져온다. 5명의 사람이 죽도록 하거나 1명의 사람이 죽도록 하는 선택의 기로를 제시하는데, 전차문제에서는 대개의 사람들이 어쩔 수 없이 5명을 살리기 위해 선로의 방향을 바꾸어 1명이 죽게 되는 대안을 신택하고 이것이 더 도덕적인 선택이라고 판단을 한다. 반면 육교문제에서는 대개의 사람들이 5명을 살리기 위해 1명을 떠미는 선택이 도덕적이지 않다고 판단하고 이를 선택하지 않는다. 똑같은 결과를 가져오는 것임에도 왜 사람들의 판단은 달라질까?

Greene은 사람들의 도덕적 판단이 개인적인 것(personal)과 비개인적인 것(impersonal)으로 구분될 수 있는데, 도덕적 판단이 개인적이라고 생각될 때 사람들은 판단을 해야 하는 상황에 정서적으로 반응하며 정서적 정보가 도덕적 판단에 더 영향을 미치게 된다고 제안하였다. 상황이 개인적인 것으로 느껴지기 위해서는 다음의 세 가지 조건을 충족시켜야 하는데, '특정 사람'에게 '신체적으로 상해를 입히고' 그 상해가 '보다 주체적인 행위에 의해 나타난 것'일 때 더 개인적인 것으로 느낀다. 즉 위의 육교문제에서 덩치 큰 남자를 육교에서 밀어 선로에 떨어지게 해서 기차를 멈추고 5명의 사람을 살리는 것은 이 세 가지 조건을 모두 충족시킨다. 그 결과 사람들은 이 상황을 매우 개인적인 도덕적 문제로 인식하며 사람을 떠밀어 죽게 하는 것에 대해 즉각적인 정서반응을 느끼면서 이를 비도덕적인 행위로 판단한다. 선로의 방향을 바꿔 달려오는 기차가 5명에게 돌진하지 않도록 하는 것은 기존에 존재하는 위험의 진로 방향을 바꿔 상대에게 상해를 가져오는 것으로 주체적인 개입이 상대적으로 약하고 따라서 비개인적인 상황으로 인식된다. 그러면서 5명이 죽는 것보다는 1명이 죽는 것이 공리주의적인 측면에서 더 나은 결과이므로 기차선로의 방향을 바꾸는 것이 도덕적이라고 판단하는 것이다. Greene은 개인적인 도덕적 판단의 경우 정서가 주된 역할을 하지만 비개인적인 도덕적 판단에서는 인지적 추론이 주된 역할을 한다고 보았다. 또한 인지적 추론과 정서적 직관이 상충하는 개인적인 도덕적 판단에서도 인지적 추론이 더 큰 영향을 발휘할 수 있는데, 그런 경우 보다 공리주의적인 선택을 함을 보여주었다.

그의 연구결과는 도덕적 판단에서의 **사회적 직관주의**(social intuitionist model)를 지지한다(Haidt, 2001). 사회적 직관주의는 도덕적 판단이 자동적이며 매우 빠르게 처리되는 도덕적 직관에 의해 이루어지고 필요한 경우 사후적으로 느리고 통제된 도덕적 추론이 이루어진다고 본다. 이러한 도덕적 직관은 사회적인 맥락에서 경험되고 학습되며 작용하므로 '사회적'이라고 불린다.

Haidt에 따르면, 도덕적 판단에는 추론(reasoning)과 직관(intuition)의 두 종류의 사고가 관여하는데,[2] 지금까지는 추론의 역할이 과대평가되었다. 추론은 사후적으로 자신의 판단을 정당화하는 데 더 관여하기 때문에 대개 동기화된 추론(motivated reasoning)의 형태를 보인다. 그리고 실제로 도덕적 행위는 도덕적 추론보다는 도덕적 정서나 직관과 더 일치하는 경향을 보인다. 이는 범법행위를 하는

2) 이는 6장에서 소개한 자동적 처리와 통제적 처리의 구분과 비슷하며, 직관은 자동적 처리에 추론은 통제적 처리에 해당한다.

사이코패스를 보면 잘 이해된다. 대개 사이코패스는 지적 능력에 있어서는 큰 문제가 없다. 이들은 사회적 규범에 대해서도 잘 알고 있고 자신의 행동이 타인에게 어떤 결과를 가져오는지도 잘 알고 있다. 단지 이들은 그 결과에 관심을 갖지 않을 뿐이다. 이들은 다른 사람의 고통에 무심하고 다른 사람의 비난에도 둔감하다. 즉 정서적 반응에 문제를 보이는데 이런 정서적 정보처리의 문제가 이들이 비도덕적인 행위를 하는 데 결정적인 역할을 한다는 것이다. 한편 남을 돕는 행동에서도 정서가 중요한 역할을 한다(Batson, 1987; Hoffman, 1982). 다른 사람의 고통에 공감하는 능력이 큰 사람일수록 상대를 돕는 행동을 많이 하는데, 이는 단순히 다른 사람의 고통을 보면서 느끼는 자신의 고통을 줄이기 위해서라기보다 진정으로 다른 사람의 고통을 줄이기 위해 돕는 것이다(Batson, O'Quinn, Fulty, Vanderplas, & Isen, 1983). 또한 공감 외에도 슬픔, 죄의식, 부끄러움 등의 정서도 남을 돕는 친사회적 행동을 유발하는 것으로 나타났다(Cialdini, 1991).

지금까지 살펴본 여러 게임과 딜레마 상황은 사람들이 단순히 자신의 이익만을 추구하는 것이 아니라 때로는 다른 사람의 이익도 고려하여 행동함을 보여준다. 그리고 여기에는 냉철한 이성적 판단이나 추론보다 공정함에 대한 선호나 다른 사람이 처한 상황에 공감하는 정서적 반응 등이 영향을 미침을 잘 보여준다.

10장

다른 시점 간의 선택
(intertemporal choice)

10 다른 시점 간의 선택 (intertemporal choice)

지금까지 언급한 선택은 대개 같은 시점에서 여러 대안이 제시되는 상황이었다. 휴가 때 어디로 여행을 갈 것인지, 어느 노트북을 살 것인지 등 여러 대안을 찾아가면서 동시에 또는 순차적으로 비교하면서 그중 가장 적절한 대안을 선택한다. 그러나 우리가 일상생활에서 접하는 상당 부분의 선택은 다른 시점에 놓인 대안을 고려해야 한다. 예를 들어, 친구들과 함께 지금 눈앞에 놓인 맛있는 케이크를 먹을 것인지 아니면 미래의 날씬한 몸매를 위해 먹지 않을 것인지, 2년 후 자동차를 사기 위해 지금 보너스를 저축할 것인지 아니면 오래되어 화질이 좋지 않은 TV를 당장 바꿀 것인지, 지금 여행을 갈 것인지 아니면 나의 노후를 위해 연금을 들 것인지 등 지금 나한테 좋은 것을 할 것인지 아니면 미래의 나를 위해 참고 인내할지를 선택해야 하는 상황을 종종 접한다. 이런 선택을 다른 시점 간의 선택(intertemporal choice)이라고 하는데, 이 역시 경제학에서 규범적인 모델인 할인효용이론(discounted utility theory)이 먼저 제시되었고 이후 심리학이나 행동경제학 연구가 이루어지면서 이 모델이 설명하지 못하는 여러 이상 현상들(anomalies)이 소개되고 대안이 되는 모델이 제시되었다.

10.1 할인효용이론과 이상 현상

다른 시점 간의 선택을 설명하기 위해 경제학에서 제시된 규범적 모델은 할인효용이론이다. Fisher(1930)는 이자율(interest rate)을 언급하면서 제품의 가치가 시간에 따라 달라짐을 제시함으로써 다른 시점 간의 선택에 대한 개념적 기초를 마련하였고, Samuelson(1937)은 할인효용이론을 제시함으로써 이론적 모델을 제시하였다. **할인효용이론**의 핵심은 현재에서 미래로 갈수록 소비대상의 효용이 떨어진다는, 즉 할인된다는 것이다. 지금 내 수중에 있는 만원과 일 년 뒤의 만원은 그 효용이 다르다. 지금 내 수중에 있는 만원은 내가 바로 무엇인가를 할 수 있지만 일 년 뒤의 만원은 일 년이라는 시간을 기다려야 쓸 수 있기 때문에 그만큼 효용이 떨어진다. 이를 수리적으로 표현하면 아래 식과 같다(Read, 2004).

$$U_t = \sum_d F(d) \times u(c(t+d))$$

위 식에서 $F(d)$는 할인함수이고($F(0)=1$, $d \geq 1$일 때 $0 \leq F(d) < 1$), d는 지연되는 시간(현재와 소비가 일어나는 미래시점 사이의 시간간격)을 가리킨다. t는 효용을 평가하는 미래시점이고, $c(t+d)$는 d만큼 지연된 미래시점 t에 소비되는 대상을 가리킨다. $u(c(t+d))$는 $c(t+d)$를 소비하면서 즉각적으로 발생하는 효용을 가리키고 여기에 할인함수가 곱해지면 미래의 효용 U_t는 $u(c(t+d))$보다 작아지게 된다. $F(d)$가 변하는 비율은 시간선호(time preference)를 가리키는데, 실제 사람들은 d가 커질수록 $F(d)$가 작아지는 양상을 보여, 크지만 지연되는 대안보다 작지만 즉각적인 대안을 더 선호하는 참을성이 없는(impatient) 근시안적인 행동을 보인다.

할인함수는 할인율(discount rate, r) 또는 할인요인(discount factor, δ)으로 나타낸다. 할인율은 일정 기간(대개 1년)에 거쳐 $F(d)$가 변하는 비율을 나타내는 반면, 할인요인은 일정 기간이 지난 후 남아 있는 가치의 비율을 나타낸다. 만약 어떤 사람에게 지금의 만원이 1년 뒤에는 9,500원과 동일한 효용을 갖는다고 해보자. 이 사람의 할인율과 할인요인은 다음과 같다.

할인율$(r(d)) = -(F(d)-F(d-1))/F(d-1) = -(9{,}500-10{,}000)/10{,}000 = 0.05$

할인요인$(\delta(d)) = F(d)/F(d-1) = 1 - r(d) = 9{,}500/10{,}000 = 0.95$

그런데 Samuelson(1937)은 효용의 할인이 시간의 흐름에 따라 일정하게 이루어진다고 가정하였고 이를 지수함수(exponential function)로 나타내었다.

$$F(d) = (1/1+r)^d$$

이 가정에 의하면 시간의 흐름에 따라 가치가 일정하게 할인되므로 다른 시점 간의 선택에서 일관성을 보여야 한다(time consistency). 즉 오늘 100달러를 받는 것과 1주일 뒤에 110달러를 받는 두 대안 중 오늘 100달러를 선택했다면 51주 후에 100달러를 받는 것과 52주 후에 110달러를 받는 두 대안 중에도 51주 후 100달러를 선택해야 한다. 그러나 실제 사람들의 선택을 보면 가까운 시점에서 더 참을성이 적어 오늘과 1주일 후의 선택에서는 받는 금액이 적어도 더 빨리 받을 수 있는 대안을 선호하는 반면 먼 시점에서는 지연되어도 받는 금액이 더 큰 대안을 선호하게 된다. 즉 할인효용이론의 가정과는 달리 시간이 지연될수록 가치가 할인되는 정도가 적어진다.

왜 이러한 비일관적인 선택행동이 일어날까? 사람들은 가까운 미래에 일어날 사건과 먼 미래에 일어날 사건을 서로 다르게 상상하기 때문에 동일한 사건이라고 하더라도 가까운 미래와 먼 미래에 일어날 사건에 대한 가치평가가 달라진다. 한 달 뒤에 관람할 인기 뮤지컬 공연티켓보다는 내일 오후에 관람하게 될 공연티켓을 구매하기 위해 사람들은 돈을 더 지불하려고 한다. 사람들은 어떤 일이 지연되는 것을 고통스럽게 생각하기 때문에 연기되는 것을 참기보다는 차라리 돈을 더 지불하더라도 지금 바로 경험하고 싶어 한다. 여기서 흥미로운 점은 동일한 일에 대한 기다림이라고 하더라도 사람들은 먼 미래에 일어날 일을 기다리는 것 보다는 가까운 미래에 일어날 일을 기다리는 것이 더 고통스러울 것으로 생각한다는 것이다. 가령 대다수 사람들은 200일 후에 19,000원을 받기 보다는 202일 후에 20,000원을 받는 것을 선호한다. 아주 먼 미래의 일이라고 하면 하루 이틀 지연되는 것이 참을만하다고 생각하기 때문이다. 그러나 대부분의 사람들은 이틀 후 20,000원을 받는 대안 보다는 오늘 바로 19,000원을 받는 대안을 선호한다. 이틀을 미루는 고통이 아주 가까운 미래에 발생될 경우에는 매우 참기 어려운 것으로 생각되기 때문이다. 사실 이틀을 기다리는 고통은 그 기다림이 가까운 미래에 일어나든 혹은 먼 미래에 일어나든 동일해야 한다. 그러나 우리는 가까운 미래에 일어날 어떤 일을 기다리는 것을 더 고통스럽게 생각하기 때문에 1,000원 정도 덜 받는 것을 기꺼이 감수한다. 그러나 어떤 일이 먼 미래에 일어날 경우에는 조금 더 기다리는 고통을 가볍게 생각하기 때문에 이틀 더 참고 기다리다가 1,000원을 더 받는 대안을 선택한다.

이와 같은 **시간에 따른 비일관성**(time inconsistency)[1]은 경제학자 Strotz(1955)

1) Loewenstein(1992)은 이를 공통차이 효과(common difference effect)로 명명하였고 다른 연구자들은 지연효과(delay effect)로 부르기도 한다(예, Chapman, 1996; Read, 2004).

에 의해 처음 문제가 제기되었는데, 이는 우리의 결심이 흔히 작심삼일로 끝나는 것을 잘 설명한다. 계획을 세울 때는 먼 시점의 일로 금연이나 다이어트, 또는 운동에 대한 계획을 세우지만 막상 담배나 음식이 눈앞에 있거나 운동을 해야 하는 시점이 되면 사람들은 근시안적으로 행동하면서 충동에 굴복하게 된다. 시간에 따른 비일관성에 대해 일부 경제학자들은 두 자아(two selves) 개념을 제시하기도 하였는데, Thaler는 이를 장기적 관점을 가진 계획자(planner)와 근시안적인 실행자(doer)로 구분하였다(Thaler & Shefrin, 1981).

시간에 따른 비일관성에 대해 심리학자나 행동경제학자들은 할인함수의 기술적 이론으로서의 문제점을 지적하면서 그 대안이 되는 쌍곡선함수(hyperbolic function)를 제안하였다. 쌍곡선함수에 따른 효용의 할인은 가까운 시점에서는 더 급격하게 이루어지고 먼 시점에서는 보다 완만하게 이루어져 지수함수보다 사람들의 실제 행동을 더 잘 설명한다. 이후 이런 특성이 더 많이 반영된 준쌍곡선함수(quasi-hyperbolic)도 제시되었다([그림 10-1] 참조).

그림 10-1 다른 할인함수의 비교

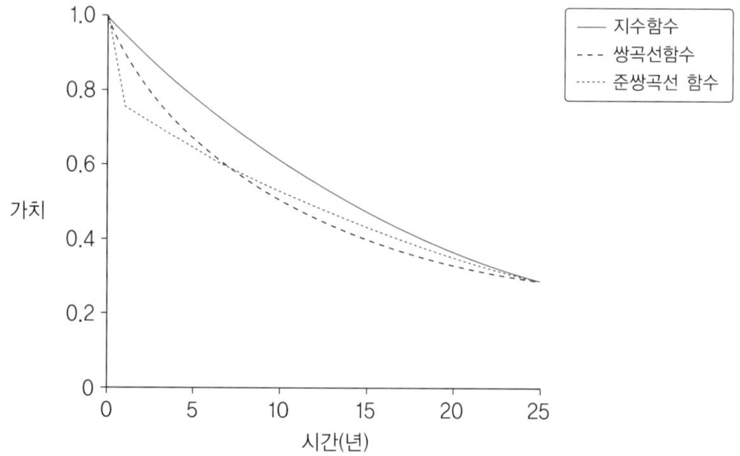

시간이 지연되는 정도가 커지는 것에 따라 할인율이 달라질 뿐 아니라 다른 요인에 의해서도 할인율은 달라진다. 먼저 받거나 지연되는 금액의 양이 큰지 작은

지에 따라 할인되는 정도가 달라지는데, 이를 **크기 효과**(magnitude effect)라고 한다. Thaler(1981)의 연구 참여자들은 지금 당장 15달러를 받는 것을 1년 뒤로 미룬다면 60달러를 받아야 한다고 하였다. 이 경우 할인율은 0.75이다. 그러나 지금 당장 250달러를 받는 것을 1년 뒤로 미룬다면 350달러를 받아야 한다고 응답하였는데, 이 경우 할인율은 약 0.29이다. 그리고 지금 당장 3,000달러를 받는 것을 1년 뒤로 미룬다면 4,000달러를 받아야 한다고 했는데, 이 경우 할인율은 0.25이다. 사람들의 이런 반응은 받는 금액이 커질수록 할인율이 작아짐을 보여준다.

또한 경제학에서는 이득이나 손실 모두 할인율이 동일하다고 보지만 실제 사람들의 행동에서는 손실이 이득보다 할인되는 정도가 더 적은 **이득-손실 비대칭** 또는 **부호 효과**(gain-loss asymmetry, sign effect)를 보인다. 앞서 소개한 Thaler(1981)의 연구에서 여러 조건 중 복권에서 당첨된 15달러를 지금 받거나 3개월, 1년, 3년 뒤에 받는다면 얼마를 받아야 하는지 적게 했을 때 사람들이 적은 금액의 중앙값은 각각 30달러, 60달러, 100달러이다. 반면 15달러를 벌금으로 내는 것을 지금 바로 낼 것인지 아니면 3개월, 1년, 3년 뒤에 낼 것인지를 물었을 때 그에 해당하는 금액은 각각 16달러, 20달러, 28달러였다. 이 돈의 액수들을 비교하면 이득보다 손실일 때 가치가 할인되는 정도가 작다는 것을 볼 수 있다.

그리고 시간간격이 동일하더라도 이를 지연으로 표현하느냐 아니면 단축(speed up)으로 표현하느냐에 따라 할인되는 정도가 달라진다. Loewenstein(1988)은 고등학생들에게 레코드 가게에서 쓸 수 있는 7달러짜리 상품권을 주었다. 그리고 조건에 따라 1주, 4주, 8주 후에 받을 수 있도록 하였고 이를 더 빨리 받거나 늦게 받을 때 교환할 의도가 있는 상품권 금액을 적도록 하였다. 〈표 10-1〉의 결과를 보면, 1주 후에 받기로 했는데 8주로 지연되는 경우 추가로 1.76달러를 더 받아야 한다고 적은 반면, 8주 후에 받기로 했는데 1주 후로 단축되는 경우 52센트를 적게 받아도 된다고 응답했나. 동일한 시간간격이어도 단축될 때 보다 지연될 때 금액이 2~4배 더 큰 것을 볼 수 있다. Loewenstein(1988)은 이를 다른 시점 간의 선택에서 나타나는 틀 효과로 보았다. 동일한 시간간격이어도 이를 지연으로 보느냐 단축으로 보느냐에 따라 할인율이 달라지기 때문이다. 시간이 지연되는 경우는 손실로 지각되고 단축되는 경우는 이득으로 지각되는데 사람들이 손실에 더 민감하므로 지연될 때 할인도 더 크게 일어난다.

표 10-1 지연 또는 단축에 따른 금액 차이(7달러 상품권 기준)

시간 간격	지연	단축
1주 vs. 8주	$1.76	$0.52
1주 vs. 4주	$1.09	$0.25
4주 vs. 8주	$0.84	$0.37

앞서 할인효용이론에서는 한 개인의 할인함수가 일정하게 나타나는 것을 가정한다고 하였다. 여기에 위반되는 또 하나의 현상은 **영역 효과**(domain effect)이다. 경제학에서는 대상이 서로 교환이 가능하다면 시간에 따른 할인율은 모든 결과에 동일하게 적용될 수 있다고 보는데, 돈과 건강도 교환될 수 있으므로 할인율이 일정해야 한다고 본다. 그러나 실제로 사람들이 보이는 행동은 그렇지 않아서 돈에 대한 할인이냐 건강에 대한 할인이냐에 따라 할인율이 다르게 나타난다. Chapman(1996)은 다음과 같은 질문을 통해 건강과 돈에 대한 할인율을 비교하였다. 돈의 경우 카지노에서 이겨 다음의 두 상금 중 하나를 선택해야 하는 상황에서 상금 B가 상금 A와 같은 정도의 유인가를 갖도록 금액을 적도록 하였고, 건강의 경우 현재 건강이 안 좋은 상태이고 다음의 두 처치 중 하나를 선택해야 하는 상황에서 처치 B가 처치 A와 같은 정도의 유인가를 갖도록 건강한 기간을 적도록 하였다. 아래와 같은 예에서 다양한 금액과 기간을 제시하였고, 돈을 잃는 경우와 건강이 좋다가 나빠지는 상황도 제시하였다.

상금 A: 지금 바로 500달러를 받는 것
상금 B: 지금으로부터 1년 후에 _____달러를 받는 것

처치 A: 지금부터 1년 동안 온전한 건강상태에 있는 것
처치 B: 지금으로부터 1년 후에 ___년 동안 온전한 건강상태에 있는 것

위의 예에서 보듯이 돈과 건강을 직접적으로 비교하는 것은 여러 어려움이 있을 수 있다. 예를 들어, 돈은 달러로 표시하지만 건강은 시간으로 표시를 해야 하므로 단위가 서로 다르다. 또한 지금 500달러를 받는 것과 지금부터 1년 동안 온전한 건강상태에 있는 것의 가치가 서로 다를 수 있다. Chapman(1996)은 이런 이

유들로 두 영역에서 할인율이 다르게 나타날 수 있는 가능성을 배제한 후에도 여전히 영역에 따른 할인율의 차이가 나타나는지를 조사하였고, 그 결과 영역에 따른 차이가 나타남을 보여주었다. 한 영역 내에서는 여러 다양한 상황에서 나타나는 한 개인의 할인율이 상관이 높아 비교적 일관적임을 볼 수 있었지만 영역 간에서는 상관이 매우 낮게 나타났다. 그러나 두 영역에서 앞서 소개된 지연효과, 크기 효과, 부호 효과는 모두 나타나 할인율이 다르기는 하지만 무엇인가 공통된 할인기제가 있음을 시사하기도 하였다.

영역에 따라 왜 할인율이 다르게 나타나는지에 대해서는 추가적인 연구가 필요하다. Chapman(1996)은 여러 가지 가능한 이유를 제시하였는데, 첫 번째는 영역이 달라짐에 따라 사람들의 인지과정이 달라지기 때문에 할인율이 다르게 나타날 수 있음을 제안하였다. 돈의 경우 대체로 사람들이 이자율을 생각하고 그에 근거해 조정을 하는 반면 건강의 경우 건강보험에 드는 데 드는 비용이나 보장금액과 보장기간 등을 생각할 수도 있지만 건강을 유지하기 위해 운동이나 금연을 하는 데 드는 본인의 노력이나 시간을 생각하는 등 훨씬 다양한 것을 생각할 수 있고 이에 따라 할인율이 달라질 수 있다. 두 번째는 영역에 따라 정서가 유발되는 정도가 다르기 때문일 수 있다. 건강이 나빠진다는 것을 상상할 때 최근에 들은 부고나 주변 지인들의 투병이 떠오르면서 더 큰 두려움을 느낄 수 있다. 세 번째는 돈과 건강의 대체가능성이 다르기 때문일 수 있다. 지금 잃거나 지연된 돈은 이후에 대체가능하다고 생각하지만 한번 잃은 건강은 대체가 어렵다고 생각하는 것이 일반적이다. 마지막으로 미래의 건강과 돈에 대한 기대가 다르기 때문일 수 있다. 일반적으로 돈은 어느 시점까지는 나의 수입이 늘어나면서 늘어날 것이라고 기대하지만 건강은 나이가 들수록 나빠진다고 생각하기 때문에 미래의 돈과 건강에 대한 할인율도 다르게 나타날 수 있다.

또 다른 이상 현상으로 **개선에의 선호**(preference for improving sequence)와 **분산에의 선호**(preference for spread)도 소개되었다. 할인효용이론에서는 다른 시점에서의 소비는 독립적이므로 서로 영향을 미치지 않는다고 본다. 그리고 시간의 흐름에 따라 효용이 할인되므로 이론적으로는 가장 선호하는 것을 먼저 소비하고 선호가 낮은 것을 뒤에 소비하는 것이 합리적이다. 그러나 실제로 사람들의 행동을 보면 대안이 일련의 순서로 제시되는 경우 점차 개선되는 순서로 제시되는 것을 보다 선호한다. 예를 들면, 연봉으로 4,000만 원, 5,000만 원, 6,000만 원을 받을 수 있다고 해보자. 할인효용이론에 따르면 올해 6,000만 원을 받고 내년에 5,000만 원, 후년에 4,000만 원을 받는 것이 합리적이다. 그러나 사람들은 이렇게 받기보다 올해 4,000만 원, 내년 5,000만 원, 후년 6,000만 원을 받기를 더 선호한다. 각각의 연봉을 독립적으로 평가하기보다 일련의 순서로 보면서 개선되는 순서를 선호하기 때문이다.[2)]

Loewenstein과 Prelec(1991)은 다음과 같은 실험으로 개선에의 선호를 보여주었다. 이들은 먼저 다음의 두 대안이 공짜라면 어떤 것을 더 선호하는지 물었다.

A. 멋있는 프랑스식 식당에서 하는 저녁식사 (86%) B. 동네에 있는 그리스식 식당에서 하는 저녁식사 (14%)

두 대안의 선택에서 대부분의 참가자는 대안 A를 선택하였다. 다음 질문은 프랑스식 식당을 선택한 참가자들에게만 물었고 두 대안(C와 D, E와 F) 중 선호하는 것을 선택하도록 하였다.

C. 한 달 뒤 금요일에 프랑스식 식당에서 저녁식사 (80%) D. 두 달 뒤 금요일에 프랑스식 식당에서 저녁식사 (20%) E. 한 달 뒤 금요일에 프랑스식 식당에서 저녁식사 그리고 두 달 뒤 금요일에 그리스식 식당에서 저녁식사 (43%) F. 한 달 뒤 금요일에 그리스식 식당에서 저녁식사 그리고 두 달 뒤 금요일에 프랑스식 식당에서 저녁식사 (57%)

위 결과를 보면 C와 D 중에는 C를 많이 선택하다가 E와 F에서 그리스식 식당에서의 저녁식가가 추가되면 자신이 보다 좋아하는 프랑스식 식당에서 저녁을 먹는 것이 더 지연되는 대안 F를 보다 선호한다. 즉 자신이 별로 좋아하지 않는 식당에서 먼저 먹고 이후 자신이 좋아하는 식당에서 먹는, 개선되는 순서를 선호한다. 그런데 여러 대안이 일련의 순서로 통합적으로 지각되기 위해서는 대안이 서로

2) 개선에의 선호는 사람들의 할인율이 부적(negative)일 수 있음을 보여준다. 미래 효용은 할인이 되므로 지연이 될수록 현재 시점의 효용보다 작아지며, 이는 할인율이 정적(positive)임을 나타낸다. 반면 개선되는 순서에 대한 선호는 지연될수록 효용이 커짐을 나타내는데 이는 부적 시간선호(negative time preference)를 의미한다.

유사하고 일정한 간격으로 제시되고 시간적으로 너무 멀리 떨어져 있지 않아야 한다.

다른 연구에서는 분산에의 선호를 보여주었는데, 이 연구에서 제시한 대안은 〈표 10-2〉와 같다(Loewenstein & Prelec, 1993). 대안은 어디에서 식사를 할 것인지 5주간에 걸친 순서를 제시한 것이다. 대안 A와 B를 제시하면 사람들은 대안 B를 선호한다. 멋진 프랑스식 식당에서 바로 먹기보다 좀 지연해서 먹는 것을 보다 선호한다. 그런데 이 순서에 5주차에 똑같이 멋진 바다가재 식당에서 먹는 것을 추가하면 멋진 식당에서 먹는 것이 보다 분산되어 있는 C로의 선호가 증가하면서 D에 대한 선호가 B에 비해 상대적으로 떨어지는 것을 볼 수 있다. 이는 각 대안에 대한 선호가 독립적이라기보다 일련의 순서로 지각되면서 이 순서들이 어떻게 분포되어 있는지가 사람들의 선택에 영향을 미침을 잘 보여주는데, 사람들은 좋은 것이 몰려 있는 것보다는 적절히 분산되어 있는 것을 더 좋아한다.

표 10-2 분산에의 선호

대안	1주	2주	3주	4주	5주	선택 비율
A	멋진 프랑스식 식당	집	집	집	집	11%
B	집	집	멋진 프랑스식 식당	집	집	89%
C	멋진 프랑스식 식당	집	집	집	멋진 바다가재 식당	49%
D	집	집	멋진 프랑스식 식당	집	멋진 바다가재 식당	51%

Focus

일시금 아닌 연금선택을 위한 '넛지'가 필요

우리나라 대부분의 퇴직자들이 퇴직금을 연금보다는 일시금으로 받는 것으로 나타났다. 삼성생명 은퇴연구소가 2009년 1월초부터 2011년 8월말까지 퇴직연금에서 퇴직급여를 받아간 베이비부머(1955~1963년생)를 대상으로 조사한 결과 연금으로 받아갈 수 있는 요건을 갖춘 1575명 중 불과 3명만 연금을 선택했다.

이런 근로자의 선택은 근본적으로 미래의 현금보다는 현재의 현금을 더 선호하는 인간의 성향과 관계가 깊다. 행동재무학자들 역시 사람들이 시점에 따라 다른 종류의 할인율을 가진다는 것을 밝혀냈다. 다시 말해 당장의 100만 원이 주는 효용과 1년 후 100만 원이 주는 효용이 다른데, 그러한 효용은 비례적으로 나타나지 않는다는 것이다. 일반적으로 먼 훗날의 효용은 당장의 효용과 비교할 때 보잘 것 없는 것으로 평가하는 경향이 있다. 이런 인간의 본성 때문에 미래에 나눠서 받는 연금보다는 당장의 일시금으로 선택할 가능성이 훨씬 높은 것이다.

미국 시카고대 캐스 선스타인 교수와 리처드 탈러 교수는 사람들에게 어떤 선택을 금지하거나 그들의 경제적 인센티브를 훼손하지 않고도 예상 가능한 방향으로 행동을 변화시키는 것을 '넛지(nudge: 팔꿈치로 슬쩍 찌른다는 뜻으로 타인의 선택을 유도하는 부드러운 개입을 뜻함)' 라고 정의했다. 근로자들이 자연스럽게 일시금이 아닌 연금을 선택해 편안한 은퇴를 준비하도록 만드는 '넛지' 가 필요하다.

미국의 퇴직연금 제도인 401(k)는 넛지의 좋은 예이다. 세금공제 등 혜택에도 불구하고 2000년대 중반까지 미국 근로자들의 401(k) 가입률은 30% 수준에 머물렀다. 대책을 모색하던 정부는 근로자들이 퇴직연금 가입에 필요한 복잡한 서류작성을 부담스러워 한다는 사실을 발견했다. 그래서 2006년부터는 근로자가 회사에 입사하면 자동으로 401(k)에 가입하도록 정책을 바꿨다. 이후 근로자들의 가입률은 점차 증가해 2012년 70%를 기록했다. 이 정책은 지금까지도 성공적인 퇴직연금 활성화 정책으로 평가받고 있다.

미국 퇴직연금 제도에서 또 다른 넛지의 사례는 바로 '점진적 저축 증대(Save More Tomorrow)' 다. 누구나 은퇴준비의 필요성은 공감했지만 당장 생활비를 줄여야 한다는 부담 때문에 저축을 늘리기가 쉽지 않았다. 이런 딜레마를 해결하기 위해 일부 기업은 새로운 시스템을 도입했다. 근로자의 봉급이 인상되면 퇴직연금 납입액이 자동으로 늘어나도록 했다. 프로그램 시행 초기 조사결과에 따르면, 약 3년4개월 동안 이 제도를 시행한 기업 근로자는 다른 근로자에 비해 월급 중 퇴직연금 납입액 비중이 4배 이상 높았다. 점직적 저축 증대 제도는 현재 피델리티를 포함한 미국 내 대부분 운용사들이 활용하고 있다.

이처럼 미국은 성공적으로 퇴직연금제도를 도입하면서 다른 국가들의 벤치마킹 대상이 되고 있다. 401(k)를 통해 국민들이 안정적으로 노후를 준비할 수 있도록 돕는 동시에 미국증시의 부흥을 이끌며 일석이조의 효과를 냈다. 이런 성공의 배경에는 넛지의 힘이 있었다. 한국에서도 은퇴에 대한 관심이 늘어나면서 국민연금 외에도 퇴직연금, 개인연금 가입자가 늘고 있다. 정부 역시 세금공제 등 다양한 혜택을 만들어 장려하고 있다. 눈앞의 당근으로 은퇴준비에 대한 관심을 높이는 것도 물론 중요하지만 다소 느리더라도 장애물이 없는 안전한 길을 만들어 그 길을 누구나 자연스럽게 갈 수 있도록 하는 노력도 동반돼야 한다.

자료원: 한국경제 2011. 10. 23., 중앙일보 2014. 11. 7.

10.2 다른 시점 간의 선택에 영향을 미치는 요인

본 절에서는 앞서 소개된 일부 이상 현상을 설명할 수 있는 다른 시점 간의 선택에 영향을 미치는 심리적 요인에 대해 소개하고자 한다. Berns, Laibson, & Loewenstein(2007)은 이 요인을 크게 기대(anticipation), 자기통제(self-control), 표상(representation)의 세 가지로 제시하고 있다.

먼저 기대는 시간이 지연될수록 오히려 소비 대상의 효용이 커질 수 있음을 보여준다. 경제학에서 효용은 제품이나 서비스의 소비로부터만 발생한다. 그러나 사람들은 자기에게 즐거움이나 만족감을 주는 소비를 예상하고 기대하는 것에서도 효용을 느낀다. 예를 들면, 영화를 볼 때만 효용이 발생하는 것이 아니라 친구와 영화를 볼 것을 기다리며 어떨까 기대하고 즐거워하는 것에서도 효용이 발생한다. Loewenstein(1987)의 연구는 바로 이런 점을 보여주는데, 그는 30명의 대학생을 대상으로 다섯 개의 결과를 즉시, 3시간 후, 24시간 후, 3일 후, 1년 후, 10년 후 받거나 혹은 피하기 위해 지불할 용의가 있는 최대 금액을 적도록 하였다. 다섯 개의 결과는 4달러 받기, 4달러를 잃는 것, 1,000달러를 잃는 것, 110볼트 전기충격(치명적이지는 않음) 받기, 자신이 선택한 영화배우와의 키스였다. 긍정적인 것과 부정적인 결과가 섞여 있고, 일부는 금전적인 결과, 다른 일부는 비금전적인 결과이다. 긍정적인 결과에 대해서는 지연된 결과를 받기 위해 지불할 용의가 있는 금액을, 부정적인 결과에 대해서는 지연된 결과를 피하기 위해 지불할 용의가 있는 금액을 적도록 하였다. 금전적 결과와 관련해서는 기존 연구에서 보고된 것처럼 시간이 지연될수록 효용이 할인되는 결과가 나타났고, 금액이 크고 손실일 때는 할인율이 더 작아지는 결과가 나타났다. 그러나 비금전적 결과, 즉 영화배우와의 키스와 전기충격은 할인효용이론이 예측하는 것과는 다른 결과가 나왔는데, 시간이 지연되면서 오히려 지불하고자 하는 금액이 커지는, 즉 효용이 커지는 결과가 나왔다. 키스의 경우 [그림 10-2]에서 볼 수 있듯이 3일 후까지는 지불하고자 하는 금액이 지속적으로 커지면서 이후 떨어지는 양상을 보이는 반면, 전기충격의 경우 3일 후까지는 현재와 동일한 효용을 보이다가 이후 급격히 증가하는 것을 볼 수 있다. 영화배우와의 키스는 즐거운 경험이지만 이를 즉시 받는 것보다는 3일 정도 지연시키는 것이 더 즐거움을 배가시키는데, 이는 그 경험을 예상하면서 즐기는 것(savoring) 자체가 효용을 주기 때문이다. 반면 전기충격은 부정적인 결과이므로 이론적으로는 지연시킬수록 좋지만 지연될수록 그 경험을 예상하면서 본인이 느낄 두려움(dread)으로 인한 부적 효용이 커지므로 오히려 빨리 받고 잊어버리는 것이 낫다고 생각하는 것이다.

이처럼 미래에 일어날 결과를 예상하면서 그로 인한 즐거움이나 괴로움을 상상하는 것 자체에서도 효용이 발생하는데, 이는 생리적 지표나 뇌 활동의 변화로도 나타난다. 인간이나 동물을 대상으로 한 고전적 조건형성 실험에서 조건형성

그림 10-2 다양한 결과를 얻거나 피하기 위해 지불할 용의가 있는 금액의 현재 가치에 대한 비율

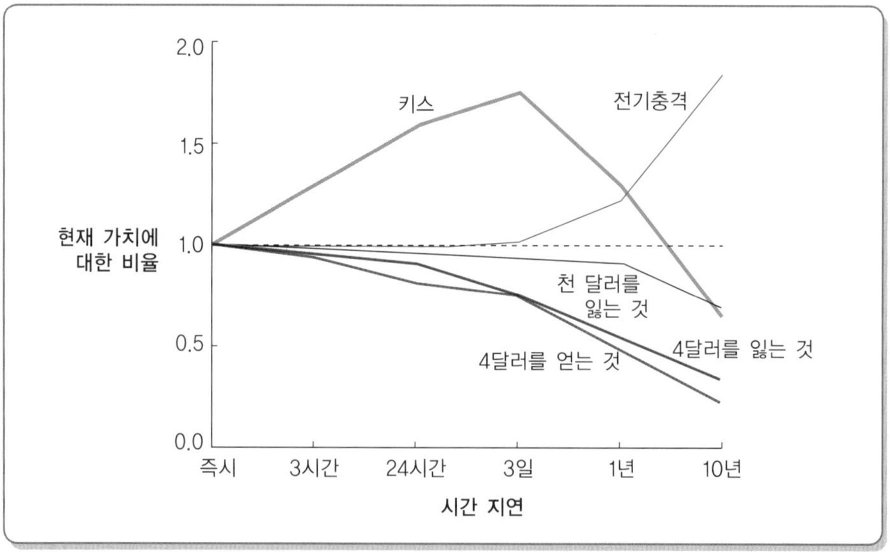

이 되어 제시된 자극에 의해 특정 결과를 예상하게 되면 신체적 각성 수준이 높아지는 생리적 변화가 나타나며, 두려운 결과를 예상할 때 실제 두려움을 느낄 때 반응하는 뇌 부위가 반응을 하며 예상 시 반응정도가 클수록 그 결과를 더 빨리 해치우고자 하는 행동이 나타난다. 이는 예상 자체가 우리의 생각이나 행동에 직접적인 영향을 미칠 수 있음을 잘 보여준다.

다른 시점 간의 선택에 영향을 미치는 두 번째 요인은 자기통제이다. 경제학적인 관점에서는 한번 세운 계획은 항상 지켜진다. 시간이 흘러도 효용의 할인이 일정하게 일어나므로 항상 일관된 행동을 하고 자기통제에도 전혀 문제가 없기 때문이다. 우리가 금연이나 다이어트를 결심하는 시점에서는 금연과 다이어트가 흡연이나 먹고 싶은 대로 먹고 펑퍼짐한 몸매를 유지하는 것보다 효용이 크다. 시간이 지나 친구가 옆에서 담배를 피거나 맛있는 케이크가 눈앞에 있어도 경제학적인 인간에게는 여전히 금연과 다이어트의 효용이 크므로 자신의 계획을 지속할 수 있다. 그러나 살과 피를 가진 대부분의 우리는 눈앞에 놓인 유혹에 굴복하게 되는데, 여기에서 영향을 미치는 것이 바로 자기통제이다.

자기통제는 자신에게 해로울 수 있는 지금 이 순간의 유혹을 극복하고 자신의 장기적인 이득을 도모하고자 자신의 마음과 행동을 조절하는 힘으로 의지(will power)로 표현되기도 한다. 자기통제 능력은 개인차가 있어 자기통제 능력이 더 큰 사람이 있는가 하면 약한 사람이 있다. 한 연구에 의하면 자기통제 능력이 IQ보다 학업 성취를 설명하는 정도가 더 높다고 한다(Duckworth & Seligman, 2005). 즉 자기통제를 잘하는 학생일수록 공부를 잘한다는 것이다. 널리 알려진 Mischel의 마시멜로 실험도 자기통제를 잘하는 어린이들이 성장 후에도 여러 측면에서 성공적인 삶을 영위함을 보여준다. 마시멜로 실험은 전형적인 다른 시점 간의 선택이다. 어린아이들에게 지금 바로 하나의 마시멜로를 먹을 것인지 아니면 15분 정도 기다렸다 두 개의 마시멜로를 먹을 것인지 선택하도록 한다. 15분을 기다려 더 좋은 보상인 마시멜로 두 개를 먹은 어린이는 먹고 싶은 유혹을 참지 못하고 마시멜로 한 개를 선택한 어린이 보다 자기통제력이 높다. 미래의 더 좋은 결과를 위해 지금 당장의 만족을 지연(delay of gratification)시킬 줄 아는, 즉 자기통제 능력이 높은 어린이들이 이후 SAT점수, 교육 수준, 비만 정도를 알 수 있는 신체 용적 지수(body mass index, BMI) 등 여러 지표에서 더 좋은 성과를 보였다. 최근 심리학 연구에서는 자기통제 의지가 마치 근육과 같아서 단기간 내에 많이 쓰면 그 힘이 약해지지만 장기적으로는 자꾸 쓸수록 그 힘이 강해진다고 본다. 즉 특정 과제를 수행하기 위해 의지력을 발휘한 직후에 의지력이 요구되는 다른 과제를 수행할 경우에는 의지력이 고갈되어 의지력이 약해지게 된다. 한 연구에서는 사람들에게 맛있는 과자를 눈앞에 두고 먹지 않도록 한 후 주어진 알파벳으로 단어를 만드는 게임(anagram)을 하도록 하였다. 실제 이 게임은 난이도가 높아 풀기 어려운 것이었는데, 과자에의 유혹을 참았던 참가자들이 이런 경험을 하지 않은 통제집단의 참가자들보다 더 쉽게 게임을 포기하였다(Baumeister & Vohs, 2003). 이는 자기통제가 제한된 에너지를 가지고 있어 쓰면 고갈되어 계속해서 자기통제를 하기는 어려움을 잘 보여준다.

자기통제 능력은 뜨거운 **충동시스템**(hot system)과 **차가운 억제시스템**(cool system)의 상호작용적 관계에 의해 결정된다. Metcalfe와 Mischel(1999)은 인간의 뇌는 뜨거운 충동시스템과 차가운 억제시스템을 갖고 있으며, 이들은 지속적으로 밀접하게 상호작용을 한다고 제안하였다. 즉 한 시스템이 강해지면 다른 시스템이 약해지는 상호작용 관계를 갖는다는 것이다. 뜨거운 충동시스템과 차가운 억제시스템은 **자동 시스템**(automatic system)과 **숙고 시스템**(reflective system), **휴리스틱 처리**(heuristic processing)와 **분석적 처리**(analytic processing), 그리고 **시스템 1**과 **시스템 2**로 불리기도 한다. 변연계가 지배하는 뜨거운 충동시스템은 반사적이고 단순하며 감정적인 특징을 가지며, 흥분과 즉각적인(충동적인) 행동을 자동적으로 불러일으킨다. 가령 다이어트 중인 사람이 콜라와 햄버거를 보면 유혹을 이기지 못하고 곧바로 손이 가고, 애연가가 금연을 한 지 며칠도 안 되어 담배를 찾는 것은 뜨거운 충동시스템이 활성화되기 때문이다. 이에 반해 전전두피질이 지배하는 차가운 억제시스템은 인지적이고, 복합적이며, 합리적이고, 상대적으로 느리게 활성화되는 특징을 갖는데, 자기통제 능력과 미래지향적 의사결정에 중요한 역할을 한다. 매우 강한 스트레스(예컨대, 식욕이나 흡연욕구 같은 유혹적인 자극에 대한 갈망)는 뜨거운 충동시스템을 강화하고 차가운 억제시스템(cool system)을 약화시킨다. 반면 자기통제 능력이 높은 사람은 뜨거운 충동시스템 보다는 차가운 억제시스템이 더 강하게 작동된다. 차가운 억제 시스템은 나이가 들어감에 따라 점진적으로 활발해지며, 대체로 20대 초반이 지나면 성숙단계에 들어가게 된다.

따라서 어린이들은 뜨거운 충동시스템의 작동에 취약할 수밖에 없다. 마시멜로 실험에서 당장 1개의 마시멜로를 먹고 싶은 유혹을 느끼는 아이들은 두 시스템 사이의 싸움을 겪는다. 대부분의 아이들은 실험실에 혼자 남겨진 지 몇 분 지나지 않아 뜨거운 충동시스템의 작동으로 인해 마시멜로를 먹고 싶은 충동(즉각적인 욕구충족)을 통제하지 못하고 1개의 마시멜로를 먹는 선택을 하고 만다. 어린이들은 차가운 억제시스템이 아직 제대로 발달되어 있지 않기 때문에 그런 결과가 나온 것은 그리 놀라운 일은 아니다. 하지만 차가운 억제시스템을 잘 갖춘 성인들도 삶에서 부딪히게 되는 여러 가지 마시멜로(가령, 흡연, 고칼로리 식품 등)의 유혹에 저항하지 못하는 것을 흔히 목격하게 된다.

마지막으로 다른 시점 간의 선택에 영향을 미치는 요인으로 제시된 것은 표상이다. **표상**은 실재하는 대상이나 추상적인 개념을 우리가 머릿속에 어떻게 지식으로 나타내고 저장하는지를 가리키는 개념인데, 여기서는 우리가 주어진 선택 상황을 해석하고 이해하는 방식, 즉 일종의 틀이나 관점으로 볼 수 있다. 마시멜로 실험에서 아이들이 욕구를 자극하는 보상인 마시멜로를 정신적으로 어떻게 표상하느냐에 따라 그 자극에 대한 감정과 행동이 달라질 수 있다. 한 연구에서 마시멜로라는 보상의 차가운 특성을 생각하도록, 즉 마시멜로를 둥그런 뭉게구름처럼 추상적인 형태로 상상하도록 유도한 아이들이 마시멜로의 뜨거운 특성, 즉 마시멜로의 쫀득쫀득하고 달콤한 맛을 마음속으로 생각하게 한 아이들 보다 더 높은 자기통제 능력을 발휘해 평균 2배나 더 오래 기다릴 수 있었다(Mischel & Baker, 1975).

앞서 똑같은 기간이라도 지연으로 제시하느냐 단축으로 제시하느냐에 따라 할인율이 달라지는 이상 현상을 소개했는데, 이것 또한 표상의 영향이다. 동일한 기간이라도 이를 이득으로 보느냐 손실로 보느냐에 따라 사람들이 가치를 할인하는 정도가 달라지기 때문이다. 한 연구에서는 지연된 시간을 기간으로 나타내느냐 아니면 구체적인 날짜로 제시하느냐에 따라 할인율이 달라지는 것을 보여주기도 하였다(Read, Frederick, Orsel, & Rahman, 2005). 다른 시점 간의 선택에서 지연된 시간은 대개 5주 후, 1년 후처럼 기간으로 많이 제시된다. Read 등은 이를 기간 대신 구체적인 날짜로 제시하였고, 구체적인 날짜로 제시하는 경우 사람들의 할인율이 작아지면서 지연되지만 보상이 큰 대안을 보다 많이 선택하는 것을 보여주었다. 이들의 첫 번째 실험에서 기간으로 시간의 지연을 표현하는 조건에서는 370파운드(약 60만원)를 4개월(혹은 17주) 후에 받거나 450파운드(약 73만원)를 13개월(혹은 56주) 후에 받는 대안을 제시하고 둘 중 하나를 선택하도록 하였다. 그리고 이를 구체적인 날짜로 제시하는 조건에서는 실험이 실시된 시점에서 비슷한 기간 뒤인 2003년 9월 26일, 2004년 6월 25일로 제시하였다. 그 결과 구체적인 날짜로 제시하는 조건에서 기간으로 제시한 조건보다 크지만 더 지연된 보상, 즉 450파운드를 받는 대안을 더 많이 선택하였다. 연구자들은 이 현상이 왜 나타나는지를 설명하는 여러 가설들을 제시하였는데, 그 중 하나는 구체적인 날짜로 제시하는 경우 기간으로 시간 지연을 제시하는 것보다 지연 정도를 과소평가하게 된다는 것이다. 예를 들면, 8월 31일과 12월 1일로 제시하는 것과 13주라고 제시하는 경우 뒤의 기간이 대개 더 길게 느껴진다. 구체적인 날짜로 제시하는 경우 정확히 어느 정도의 기간이 지연되는지 정확히 알기 어렵기 때문이다.

한편 Magen, Dweck과 Gross(2008)는 '숨겨진 0의 효과(the hidden zero effect)'를 보여주었는데, 이는 다른 시점 간의 선택에서 보통 오늘 5달러와 26일 후의 6.20달러 중 어떤 것을 선택할 것인지를 묻는 방식에서 숨겨진 0을 명시적으로 제시하면 사람들의 선택이 달라진다는 것이다. 앞의 두 대안을 오늘 5달러를 받고 26일 후에 0달러를 받는 것과 오늘 0달러를 받고 26일 후에 6.20달러를 받는 것으로 0달러를 넣어 제시하면 사람들은 지연되지만 보다 큰 금액을 받을 수 있는 대안을 더 많이 선택한다. 오늘 5달러와 26일 후 6.20달러처럼 각각 하나의 선택 대안으로 표상되었던 것을 오늘 5달러와 26일 후 0달러 또는 오늘 0달러와 26일 후 6.20달러로 일련의 순서로 표상하면 개선되는 순서를 보다 선호하면서 사람들의 충동적인 선택이 줄어들게 된다.

개선에의 선호나 분산에의 선호도 여러 시간에 걸쳐 있는 대안을 개별적으로 보는 것이 아니라 일련의 순서 또는 형태로 보면서 나타나는 현상이므로 표상의 영향으로 볼 수 있다.

10.3 다른 시점 간의 선택을 설명하는 심리적 이론

다른 시점 간의 선택과 관련하여 여러 이상 현상들이 제시되면서 이를 설명할 수 있는 기술적 모델이나 심리적 이론 또한 제시되었다. 물론 경제학 내에서도 할인효용이론을 개선하려는 노력이 있었다. 여러 형태의 쌍곡선함수와 준쌍곡선함수가 제시되었고 실제 행동을 설명하기 위해 파라미터를 추가하여 모델의 단순성은 떨어졌지만 설명력이 높아졌다. 행동경제학자에 의해 제시된 기술적 모델이나 심리적 이론도 앞에 소개된 모든 이상 현상을 설명하는 것은 아니지만 상당 부분 설명력이 개선되면서 다른 시점 간의 선택이 어떻게 일어나는지 그 인지적 과정에 대한 통찰을 제공한다.

먼저 Loewenstein과 Prelec(1992)이 제시한 기술적 모델이 있다. 이들은 프로스펙트 이론이 기대효용이론의 기본 수식구조는 유지하면서 그 안에 들어가는 함수를 보다 심리적인 특징을 반영하는 함수로 대체한 것과 마찬가지로 할인효용함수의 기본 틀은 유지하면서 그 안에 들어가는 함수를 보다 사람들의 행동특성을 반영하는 함수로 대체하였다. 지수함수는 쌍곡선 함수로 바꾸었고 효용함수는 가치함수로 바꾸었다. 쌍곡선 함수는 앞서 소개한 대로 가까운 시점에서는 가치의 할인이 보다 많이 일어나고 시간이 지연될수록 할인되는 정도가 줄어드는 특징을 갖는다. 가치함수는 기본적으로는 프로스펙트 이론의 가치함수의 특징을 갖지만 이와 동일하지는 않다. 현 시점의 소비수준을 나타내는 준거점(reference point)을 중심으로 두 영역, 즉 이득과 손실로 구분되며, 이득보다 손실의 영역에서 가치의 변화가 보다 가파르게 나타나 사람들이 손실에 더 민감하다는 점은 프로스펙트 이론의 가치함수와 동일하다. 만약 어떤 사람에게 오늘 만 원을 받는 것과 1주일 뒤에 만 천원을 받는 것이 동일한 가치를 가지고 있다면, 이 사람은 1주일 뒤에 만 천원을 받기 위해 오늘 만 원을 내는 행동은 하지 않는다. 만 원을 내는 것에 대한 손실감이 만 원을 받는 것에 대한 주관적 이득보다 더 크기 때문이다. 이러한 이득-손실 비대칭에 더하여 다음의 두 가정은 다른 시점 간의 선택에 보다 적합하도록 제시되어 기존 가치함수와는 차이를 갖는다. 첫 번째 가정은 손실 영역에서의 가치함수가 이득 영역에서의 가치함수보다 더 탄력적(elastic)이라는 것이고 두 번째 가정은 절대 값이 큰 결과에 대한 가치함수가 더 탄력적이라는 것이다.[3] 첫 번째 가정에 따르면, 오늘 만 원을 받는 것과 1주일 후 만 천 원을 받는 것이 동일한 가치를 갖는다면, 손실 영역에서는 가치 함수의 탄력성이 더 크기 때문에 1주일 뒤에 만 천 원을 내기보다 오늘 만 원 내는 것을 더 선호한다. 두 번째 가정에 의하면 오늘 만 원 받는 것과 1주일 뒤 만 천 원을 받는 것이 동일하다면 두 금액에 똑같이 열 배를 한 십만 원과 십일만 원을 비교할 때 오늘 십만 원을 받기보다 1주일 뒤 십일만 원 받는 것을 더 선호하게 된다. 이런 특징을 갖는 할인함수와 가치함수를 가정하면 앞서 소개된 시간에 따른 비일관성, 크기 효과, 부호 효과, 지연-단축의 비대칭성이 모두 설명된다.

다음은 다른 시점 간의 선택이 인지적으로 어떻게 이루어지는지를 제안하는 이론으로 유사성에 기초한 처리(similarity based procedure)이다(Rubinstein, 2003). Rubinstein은 실제 행동을 설명하기 위해 단순히 지수함수 대신 쌍곡선함수를 제시하는 것은 충분치 않다고 보았고 인지적 처리 단계를 설명하는 것이 필요하다고 제안했다. 그의 유사성 이론의 핵심은 제시된 대안들의 유사한 속성은 선택에 영향을 미치지 않는다는 것이다. 그는 의사결정자가 다음의 세 단계를 거쳐 다른 시점 간의 선택을 한다고 제안하였다. 먼저 (x, t)는 시간 t의 지연 후에 금액 x를 받는 것을 나타낸다. 의사결정자가 (x, t)와 (y, s)의 두 대안 중에 하나를 선택하고자 할 때, 먼저 지배관계를 찾는다. 만약 $x>y$이고 $t<s$이면 (x, t)를 선택하면 된다. 그러나 지배관계가 없다면(대부분의 다른 시점 간의 선택은 작지만 빨리 받을 수 있는 대안과 크지만 지연되는 대안 간의 선택을 제시하므로 시간과 금액이 상충된다), x와 y, t와 s간의 유사성을 비교하게 된다. 만약 한 속성에서만 유사성이 있고, 다른 속성에서는 유사성이 적거나 없다면 이 다른 속성에서 더 좋은 대안을 선택하면 된다. 그러나 두 속성이 모두 유사하여 하나를 고르기 어렵게 되면 다른 것을 고려하여 선택을 해야 한다.

---

3) 경제학에서 탄력성(elasticity)은 한 변수가 다른 변수에 의해 변화하는 정도를 가리키는데, $v=X^2$이라는 함수가 있다고 해보자. X가 10에서 11로 10% 변할 때 v는 100에서 121로 21% 변한다. 그러면 이 함수의 탄력성은 21/10으로 2.1이 된다. 가치함수에 대한 가정에서 큰 금액에서 탄력성이 크다는 것은 금액이 10달러에서 20달러로 변할 때 주관적 가치가 변하는 정도보다 100달러에서 200달러로 변할 때 주관적 가치가 변하는 정도가 더 크다는 것이다. 따라서 오늘 10달러와 1년 후 20달러를 선택할 때는 오늘 10달러를 선택하다가도 오늘 100달러와 1년 후 200달러를 선택하라고 하면 1년 후 200달러를 선택하는 크기 효과가 나타나게 된다.

먼 시점과 가까운 시점이 비교되는 경우, 예를 들어, 101일과 111일은 1일과 11일보다 유사성이 높다. 먼 시점의 차이는 별로 크게 느껴지지 않고 서로 유사하게 지각된다. 즉 101일과 111은 서로 유사하므로 선택에 영향을 별로 미치지 않게 되고 대신 받게 되는 금액이 더 주의를 끌고 가중치를 받으면서 더 큰 금액을 선택하게 된다. 그러나 1일과 11일은 그 차이가 크게 느껴지므로 더 많이 받게 되는 금액을 제시한 대안보다는 조금이라도 더 빨리 받을 수 있는 대안을 선택하게 된다. Rubinstein은 자신의 유사성 이론과 쌍곡선함수에 의한 예측을 직접적으로 대결시켜 유사성 이론이 사람들의 행동을 더 잘 설명한다는 것을 보여주기도 하였다. 다음의 실험 예는 이를 보여준다.

> 질문 A: 60일 후에 여러분은 현재 여러분이 가지고 있는 것을 대체할 수 있는 새로운 스테레오 시스템을 받을 예정이다. 여러분은 새 스테레오를 받을 때 960달러를 지불하면 된다. 만약 배달이 하루 지연되어 2달러를 할인해준다면 여러분은 이를 받아들일 의향이 있는가?
>
> 질문 B: 내일 여러분은 현재 여러분이 가지고 있는 것을 대체할 수 있는 새로운 스테레오 시스템을 받을 예정이다. 여러분은 새 스테레오를 받을 때 1,080달러를 지불하면 된다. 만약 배달이 60일이 지연되어 120달러를 할인해준다면 여러분은 이를 받아들일 의향이 있는가?

쌍곡선함수에 따르면 시간이 지연될수록 할인되는 정도가 작아지므로 보상액은 시간의 지연에 따라 점점 작아진다. 그런데 질문 A에서 지금으로부터 60일 후에 배달될 제품이 하루 지연되는 것에 2달러를 보상해주는 것을 받아들이지 않는 사람이라면, 질문 B에서도 60일이 지연되는 것을 받아들여서는 안 된다. 왜냐하면 질문 B에서는 60일의 지연을 120달러로 보상해주므로 마지막 날인 60일째는 당연히 보상액이 2달러보다 작아질 것이기 때문이다. 따라서 쌍곡선함수에 의하면 질문 A에서 지연을 선택하지 않은 사람이라면 질문 B에서도 지연을 선택하지 말아야 한다. 그런데 결과를 보면 질문 A에서는 43%가 지연을 거절하고 질문 B에서는 31%가 지연을 거절해서 오히려 B에서 지연을 거절하는 정도가 줄어드는 것을 볼 수 있다. 그리고 전체 응답자 중 84명은 두 질문에 모두 응답을 했는데, 이중 20명인 25% 정도가 질문 A에서 지연을 거절한 후 질문 B에서 지연을 받아들인 것으로 나타나 쌍곡선함수가 예측하는 것과는 다른 결과가 나왔다.

Rubinstein은 이런 결과를 유사성으로 설명한다. 질문 A에서는 960달러와 958달러의 차이가 적어 유사하게 지각되므로 하루의 지연이 더 크게 느껴지면서 지연을 거부하지만, 질문 B에서는 1,080달러와 960달러의 차이가 크므로 유사하지 않은 것으로 지각되어 지연이 되어도 더 저렴한 가격인 960달러를 받아들이는 사람이 많아진다는 것이다. 앞서 소개한 Read 등의 연구에서 동일한 시간을 기간이 아닌 구체적인 날짜로 제시하는 경우 사람들의 할인율이 낮아지는 현상을 설명하는 또 하나의 가설로 유사성도 제시되었다. 4개월과 13개월 또는 17주와 56주로 제시하는 경우 두 기간이 유사하지 않은 것으로 지각되면서 그 차이가 두드러지지만 2003년 9월 26일, 2004년 6월 25일로 제시되면 2003년과 2004년, 9월과 6월, 26일과 25일이 상대적으로 유사하게 지각되면서 날짜 간의 차이보다 보상액의 차이로 주의가 집중되어 보다 큰 금액을 선택하게 된다는 것이다.

한편 유사성에 기초한 처리는 다른 시점 간의 선택에서 각 대안의 효용이 할인되어 계산되어 대안별로 비교되기보다 시간이나 금액과 같이 속성별로 비교가 이루어지는 처리가 일어남을 보여주기도 한다.

이외에 정서나 미래의 사건을 구체적으로 상상하는 정도 등 다른 시점 간의 선택에 영향을 미치는 추가적인 요인들이 소개되었고 이에 기초한 이론들도 있다. 동일한 일이라도 흐릿하고 모호하게 보이는 먼 미래의 일 보다는 구체적인 세부사항들로 가득한 가까운 미래의 일이 훨씬 더 생생한 경험으로 다가온다. 사람들은 어떤 일이 먼 미래보다 가까운 미래에 일어날 것으로 상상하는 경우 훨씬 더 흥분을 느끼게 된다. 실제로 뇌에서 쾌락을 담당하는 부분은 돈과 같은 보상을 가까운 미래에 받게 된다고 상상할 경우 활성화되지만, 먼 미래에 얻게 된다고 상상할 경우에는 활성화되지 않는다. 이처럼 동일한 대안들 가운데 하나를 선택하는 경우라고 하더라도 각 대안의 선택으로 얻게 될 보상의 발생시점이 언제인지에 따라 각 대안에 대한 평가와 선호가 달라진다. 즉 사람들은 동일한 일이라 하더라도 하루 뒤에 일어날 일과 일 년 후에 일어날 일을 상상할 경우 그 구체성에서 서로 다르기 때문에 그 일에 대한 평가가 달라지는 양상을 보인다. 다른 시점 간의 선택을 설명하는 모델이나 이론의 구축은 현재 연구가 진행되고 있는 부분이며, 단순히 시간 할인을 보다 잘 설명하는 함수를 도출하기보다 다른 시점 간의 선택이 어떤 심리적 과정을 통해 이루어지며 여기에 영향을 미치는 심리적 변인에 어떤 것들이 있는지에 대한 연구가 필요한 상황이다.

10.4 시간해석이론(temporal construal theory)

앞서 대상을 표상하는 방식도 다른 시점 간의 선택에 영향을 미친다고 하였는데, 이를 단적으로 보여주는 것이 바로 시간해석이론이다. 같은 대상이라도 그 대상에 대해 생각하는 방식, 즉 표상방식이 달라질 수 있는데, 스마트폰을 예로 들어보자. 스마트폰의 구체적인 속성으로는 브랜드, 크기, 색깔, 손에 쥐어지는 느낌, 속도 등등을 생각할 수 있다. 그러나 우리가 스마트폰을 왜 사용하는지, 좀 더 추상적인 수준에서 생각을 하면 이를 의사소통을 위한 도구로 볼 수 있고, 이렇게 보면 스마트폰의 구체적인 속성보다는 통화시간이 얼마나 되는지, 가족 간 할인이 있는지 등 통신사가 제공하는 요금제에 따른 서비스에 더 초점이 맞춰질 수 있다. 즉 동일한 대상이라도 그 대상에 대해 다른 수준에서 생각할 수 있는데, Liberman과 Trope(1998)는 이러한 해석수준이 시간에 따라 달라질 수 있다고 보았다. 이들의 시간해석이론에 따르면, 먼 미래에 발생하는 사건에 대해서는 사람들이 보다 상위수준에서 추론(high-level construals)을 하는 반면, 가까운 미래에 발생하는 사건에 대해서는 하위수준에서 추론(low-level construals)을 한다. 상위수준의 해석은 대상이나 사건에 대해 보다 추상적이고 본질적이며 목표와 관련된 측면에서 생각을 하는 것이고 그러다 보니 구체적인 상황에 국한되지 않은 비상황적(decontextualized) 수준의 사고이다. 반면 하위수준의 해석은 목표와 관련되지 않은 구체적이고 표면적이며 부수적인 수준의 사고이고 구체적인 상황과 관련되어 상황적으로 사고를 하는 것이다. 예를 들어, 가까운 미래에 볼 시험에 대해 '시험 보기'란 무엇인지 설명을 하도록 하면 '질문에 답하기'와 같이 시험의 구체적인 측면과 관련하여 대답을 하는 반면 먼 미래에 볼 시험에 대해 '시험 보기'가 무엇인지 설명을 하도록 하면 '지식수준 보여주기'와 같이 보다 본질적이고 추상적인 측면에서 사고한다.

상위수준과 하위수준의 또 다른 차이점은 결과의 바람직성(desirability)과 실행가능성(feasibility)에 대한 차별적 강조이다. 바람직성은 자신이 이르게 될 최종결과 상태가 자신에게 얼마나 가치가 있는지 그 정도를 가리키며, 실행가능성은 최종상태에 이르는 것이 쉬운지 어려운지를 가리키는데, 상위수준에서의 판단과 선택에서는 대안의 바람직성을 더 중요하게 생각하지만 하위수준에서의 판단과 선택에서는 대안의 실행가능성을 더 중요하게 생각한다. 가령 휴가 여행지를 결정하려고 할 때, 1년 후에 갈 여행지를 선택할 경우에는 여행지가 얼마나 분위기 있고 낭만적인지(즉 결과의 바람직성)를 중요하게 고려하는 반면, 한 달 후에 갈 여행지를 정할 경우에는 가격이 얼마나 저렴한지, 그리고 비행스케줄이 편리한지 등(즉 실행가능성)을 중요하게 생각하는 경향이 있다. 이는 먼 시점에서는 '결과 중심적 사고(outcome-focus thought)'를 하면서 결과의 바람직성이 중요해지지만 가까운 시점에서는 '과정 중심적 사고(process-focus thought)'를 하면서 과정의 쉽고 어려움이 선택을 하는데 중요해지기 때문이다.

우리는 같은 대상에 대한 예측이나 평가, 또는 선택을 가까운 시점에서 또는 먼 시점에서 한다. 예를 들어, 여행을 예약하는 경우 시간을 충분히 두고 몇 달 뒤에 있을 연휴 기간에 갈 여행지를 선택할 때도 있지만 갑자기 생긴 연차로 며칠 뒤에 갈 여행지를 선택하기도 한다. 시간해석이론은 같은 대상이나 사건이라 해도 시점이 달라지는 것에 따라 예측, 평가, 선택이 달라질 수 있음을 시사한다. 이러한 시간해석이론의 예측은 여러 연구를 통해 검증되었는데, 몇 가지 예를 살펴보면 다음과 같다.

Liberman과 Trope(1998)은 이스라엘의 한 대학에서 사회심리학 수업을 듣는 대학생들에게 과제를 선택하도록 하였다. 과제는 자료를 읽고 논평을 쓰는 것이었는데, 자료의 언어(히브리어 vs. 영어)로 과제의 난이도를 조작하였고 주제로 과제의 흥미 정도(사회심리학의 역사 vs. 낭만적인 사랑)를 조작하였다. 쉽지만 재미없는 과제는 히브리어로 쓰인 자료를 읽고 사회심리학의 역사에 대해 쓰는 것인 반면, 어렵지만 흥미로운 과제는 영어로 쓰인 자료를 읽고 낭만적인 사랑에 대해 쓰는 것이었다. 두 과제 모두 1주일 동안 준비해서 하는 것이지만 가까운 시점의 과제는 바로 제시되는 반면 먼 시점의 과제는 9주 후로 제시된다. 학생들에게 1주 후와 9주 후에 할 과제를 선택하도록 하면 가까운 시점에서는 쉽지만 재미없는 과제를 많이 선택하는 반면, 먼 시점에서는 어려워도 재미있는 과제의 선택이 높아진다. 즉 가까운 시점에서는 실행가능성에 더 중점을 두어 자신이 하기 쉬운 과제를 더 선호하지만 먼 시점에서는 바람직성에 더 중점을 두어 하기 어렵더라도 더 흥미로운 과제를 선호하게 된다.

Sagristano, Trope와 Liberman(2002)는 시간해석이론을 도박(gamble)에도 적용하였는데, 이들은 도박의 두 속성, 즉 받는 금액과 그 금액을 받을 확률이 서로 성격이 다르다고 보았다. 받는 금액은 도박의 결과 상태를 나타내므로 바람직성과 더 관련되는 반면, 그 금액을 받을 확률은 금액보다는 하위 수준으로 그 금액을 받을 수 있는 가능성을 나타내므로 실행가능성과 관련된다고 보았다. 이들의 논리에 따르면 가까운 시점에서는 받는 금액이 적더라도 이를 받을 수 있는 확률이 높은 도박이 선호되는 반면, 먼 시점에서는 돈을 받을 수 있는 확률이 적더라도 받을 수 있는 금액이 높은 도박이 선호된다. 이들은 .1, .3, .5, .7, .9로 확률을 달리하고 받는 금액의 기댓값을 $4, $6, $8, $10로 조작하여 여러 도박을 만든 후 바로 당일 게임을 하는 경우와 두 달 후 게임을 하는 경우 각 도박을 하기 위해 본인이 지불할 용의가 있는 최대 금액을 적도록 하였는데, 예상한대로 가까운 시점에서는 금액이 적어도 확률이 높은 도박에 대한 지불금액이 높았고 먼 시점에서는 확률이 적어도 금액이 높은 도박에 대한 지불금액이 높게 나왔다.

Nussbaum, Trope과 Liberman(2003)은 사람들의 행동에 대한 예측에도 시간에 따른 차이가 나타남을 보여주었다. 사람들의 행동을 예측할 때 전반적인 특성에 기초해 예측하는 것은 상위수준의 추론에 해당하고 구체적인 상황에 기초해 예측하는 것은 하위수준의 추론에 해당한다. 이들은 사람들이 먼 미래의 행동을 예측할 때는 그 사람의 전반적인 특성에 기초해 예측하는 반면, 가까운 미래의 행동을 예측할 때는 구체적인 상황 정보를 더 많이 사용할 것이라고 보았다. 이들은 사람들에게 생일잔치나 줄을 서서 기다리는 것과 같은 네 개의 다른 상황에서 자신이 아는 사람이 어떻게 행동할지를 예측하도록 하였는데 한 조건에서는 가까운 미래의 행동을, 다른 조건에서는 먼 미래의 행동을 예측하도록 하였다. 결과는 예측한대로 나왔다.

앞서 다른 시점 간의 선택에 정서도 영향을 미친다고 하였는데, 정서는 주로 가까운 시점에서 불가항력적인 영향을 미쳐 사람들로 하여금 매우 충동적이고 근시안적으로 행동하도록 한다. 늦은 오후에 커피를 마시면 잠을 자지 못할 것이라는 것을 알면서도 눈앞에 아주 향이 좋은 커피가 있을 때 이를 거부하기란 매우 어렵다. 결국 한밤중에 잠을 이루지 못하면서 다시는 마시지 말아야지 다짐을 하곤 한다. 이렇듯 눈앞에 무엇인가 즉각적인 반응을 유발하는 대상을 마주하게 되면 이의 영향을 벗어나기 어렵다. 반면 먼 시점의 사건에 대해서는 인지적인 사고가 가능하다. 그렇다면 먼 시점에서는 항상 인지적인 것이 더 영향을 미치고 가까운 시점에서는 정서적인 것이 더 영향을 미칠까? Trope와 Liberman(2000)은 인지적인 것과 정서적인 것의 영향력이 시간에 따라 일정하기보다 과제의 목적에 따라 달라질 수 있음을 보여주었다. 이들은 참가자들에게 학생들이 만든 단편영화를 보도록 하였는데, 이 영화들은 정서가(재미있는 정도)와 정보가(유용한 정보를 주는 정도)에서 서로 달랐다. 연구자들은 영화를 보는 목적을 조작하여 한 조건에서는 기분이 좋아지기 위해 영화를 보는 것으로 제시하여 정서적인 목적을 유발하였고, 다른 조건에서는 어떤 주제를 파악하기 위해 영화를 보는 것으로 인지적 목적을 유발하였다. 이들은 영화를 보는 목적과 시간해석에 따라 영화에 대한 선호가 달라짐을 보여주었다. 즉 영화를 보는 목적이 정서적인 경우 먼 미래시점이 유발되었을 때 정서가가 높은 영화가 더 좋게 평가된 반면, 영화를 보는 목적이 인지적인 경우 먼 미래시점이 유발되었을 때 정보가가 높은 영화가 더 좋게 평가되었다.

시간해석이론과 관련하여 소비자행동 분야에서도 많은 연구가 이루어졌다. 시간해석수준에 따라 제품의 평가가 달라진다는 것인데, 예를 들면, 김경호, 전성률, 박혜경(2013)의 연구에서는 시간해석수준이론을 사전예약판매 상황에 적용하여 사전예약을 통해 제품을 구매하고 실제사용은 시간이 지나서 하는 경우 제품의 바람직성이 더 강조되면서 가격이 높고 품질이 높은 '고품질 대안'이 '저품질 대안'보다 더 많이 선택됨을 보여주었다. 그러나 결제시점이 영향을 미쳐 예약을 하는 시점(vs. 실제 제품구매시점)에서 결제가 함께 이루어지면 고품질 대안의 선택이 상대적으로 감소함을 함께 보여주어 결제시점의 조절적 역할을 보여주기도 하였다.

제품의 평가나 선택에 영향을 미치는 여러 요소들과 시간해석이론을 접목하여 이들 요인이 해석수준에 어떻게 영향을 받으며 어떤 상호작용이 있는지 등이 보고되었고 현재도 다양한 연구들이 진행되고 있는 상황이다. 예를 들면, Lee,

Keller와 Sternthal(2009)은 광고메시지를 제시할 때 고수준의 추상적 편익을 제시하는 것이 더 효과적인지 아니면 저수준의 구체적 제품속성을 제시하는 것이 더 효과적인지를 보기 위해 시간해석이론과 조절초점(3장 참조)의 영향을 함께 살펴보았다. 이들은 시간해석수준과 조절초점이 서로 관련되어 있다고 보는데, 먼 시점을 갖는 경우 시간이 충분하기 때문에 보다 이상적인 목표의 달성에 관심을 갖게 되고 이는 향상초점과 유사하다. 반면 가까운 시점을 갖는 경우 시간이 충분하지 않기 때문에 이상적인 수준에 도달하는 것보다는 큰 실수를 하지 않고 무사히 과제를 마치고 실행하는 것에 더 관심을 갖게 되는데, 이는 예방초점과 보다 유사하다. 이런 논리에 기초하여 이들은 예방초점을 가지고 있는 소비자에게는 저수준의 구체적인 제품속성을 제시하는 것이 보다 설득효과가 있는 반면, 향상초점을 가지고 있는 소비자에게는 고수준의 추상적 편익을 제시하는 것이 더 효과적일 것이라고 보았다.

이들의 연구에서는 Samsa라는 가상의 러닝머신 브랜드에 대한 광고문구가 실험자극으로 사용되었으며, 다음과 같은 두 가지 광고문구를 참가자들에게 제시했다.

- 운동효과가 높은 궁극의 유산소 운동기구! 왜 Samsa 러닝머신으로 운동해야 하느냐고요? 심혈관계 운동을 통해 신체건강을 높이면서 멋진 몸매를 가꿀 수 있기 때문입니다(Samsa 러닝머신을 소유함으로 인해 얻게 될 고수준의 추상적 편익).
- 최적의 기능을 갖춘 궁극의 유산소 운동기구! 어떻게 Samsa 러닝머신이 뛰어나냐고요? 무충격 설계로 달리는 순간의 충격을 완화해주고, 특허받은 다중 기울기 설정기능이 걸음걸이를 정밀하게 보정해줍니다(Samsa 러닝머신의 저수준의 구체적 제품특성).

결과를 보면, 향상초점을 가진 소비자들은 제품구입에 따른 잠재적 혜택에 큰 관심을 가지며, 그 제품을 구매하는 것이 왜 바람직한지를 알고 싶어 하므로 그런 내용의 메시지를 담은 첫 번째 광고에 보다 호의적 반응을 보였다. 반면 예방초점을 가진 소비자들은 제품이 별 문제없이 안정적으로 작동할지와 제품이 어떤 구체적 특성들을 갖고 있는지에 관심을 가질 가능성이 높기 때문에 이러한 내용을 담은 두 번째 광고에 보다 호의적으로 반응하였다.

한편 Trope와 Liberman(2010)은 시간해석에서의 먼 시점과 가까운 시점을 일종의 심리적 거리로 보고 시간 차원에서뿐 아니라 사회적 거리나 심리적 거리 등 다양한 차원에서의 해석수준의 영향을 연구하기도 하였다.

11장

행복에 대한 판단

11 행복에 대한 판단

'나는 행복한가?', '나는 내 삶에 만족하는가?'라는 질문은 일상생활에서 종종 이루어지는 질문이다. 자기 스스로에게도 묻고 주변에 있는 가족이나 친구들에게도 종종 묻는다. 이런 질문을 받으면 우리는 잠시 생각을 해보고 그다지 어렵지 않게 답을 한다. 그러나 우리가 내리는 행복에 대한 판단이 과학적으로 타당하며 정확한지를 묻는다면 이에 대한 답은 쉽지 않다. 많은 사회과학 연구나 설문조사에서 행복이나 주관적 안녕(subjective well-being)에 대한 질문은 보통 하나나 몇 개의 질문으로 전반적인(global) 행복 정도나 삶의 만족도를 묻는다. 그렇다면 우리는 이런 질문에 대해 내가 지내면서 느끼는 행복감을 제대로 반영하는 식으로 대답을 하는가? 우리가 살면서 느끼는 다양한 경험과 그에 대한 생각이나 느낌을 하나의 판단으로 종합하는 것은 인지적으로도 쉽지 않은 일이다.

Kahneman은 7장에서 소개한 바와 같이 경험효용과 기억효용을 구분하면서, 행복에 대한 전반적인 평가가 우리가 그 평가결과를 여러 정책적 판단의 근거로 활용하거나 신뢰할 만큼 정확한 행복의 지표인가에 대해 의문을 제기한다. 행복 연구의 대가인 Diener와 함께 편저한 저서 'Well-being'에서 Kahneman(1999)은 **객관적 행복**(objective happiness)과 **주관적 행복**(subjective happiness)을 구분한다. 객관적 행복이란 일정 기간 동안 사람들이 실시간으로 느끼는 즐거움 또는 효용의 평균을 가리키며, 이는 경험효용에 기초한다. 반면 주관적 행복은 어떤 경험이 끝난 후 자신의 기억에 기초해 자신이 얼마나 행복했는지를 전반적으로 보고함으로써 측정되며, 이는 기억효용에 기초한다. 지금까지의 많은 연구가 사람들의 기억에 기초한 전반적인 평가를 행복의 지표로 사용한 것에 대해 그는 이러한 전반적 평가가 경험효용에 기초한 객관적 평가와 다를 수 있음을 경험적인 연구를 통해 보여주었다. 7장에서 소개한 찬물에 손을 담그는 실험이나 장내시경 실험은 이러한 측면을 잘 보여준다. 사람들은 60초 동안 찬물에 손을 담그는 경험이 90초 동안 찬물에 손을 담그는 경험보다 더 불편했다고 기억한다. 90초 동안 담그고 있는 경험이 60초의 불편함을 다 포함하고 30초의 추가적인 불편함을 가지고 있음에도 단지 추가 30초 동안 물의 온도가 1도 오르면서 상대적으로 덜 불편하게 그 경험이 끝났다는 이유로 더 긴 고통을 덜 고통스럽게 기억하는 것이다. Kahneman은 경험효용과 기억효용의 구분을 행복에 대한 판단에까지 확장하여 행복에 대한 판단이 전반적으로 또는 일화적으로(episodic), 즉 전반적인 경험에 대한 평가를 토대로 혹은 그때그때 발생되는 구체적인 경험들에 대한 평가를 토대로 이루어질 수 있으며 이 둘이 어떤 차이를 갖는지, 또 이러한 차이가 행복연구에 갖는 시사점에 대해 논의하였다.

11.1 전반적 평가와 일화적 평가

전통적으로 주관적 안녕이나 행복에 대한 연구는 사람들로 하여금 자신의 삶에 대한 만족이나 행복 정도를 전반적으로 평가하여 보고하도록 하였다. 예를 들면, 1981년에 시작되어 지금은 거의 100여개의 나라를 대상으로 연구가 되는 세계 가치관 조사(World Values Survey)에서는 "모든 것을 고려했을 때, 당신은 요즘 당신의 전반적인 삶에 얼마나 만족합니까?"라는 질문으로, 또 미국에서 매년 또는 격년으로 이루어지는 종합사회조사(General Social Survey)에서는 "모든 것을 보았을 때 당신은 자신이 요즘 어떻다고 말할 수 있겠습니까? 당신은 자신이 매우 행복하다, 꽤 행복하다, 또는 별로 행복하지 않다고 말하겠습니까?"와 같은 질문으로 전반적인 삶의 만족도나 행복 정도를 묻는다.

그러나 이러한 전반적인 평가는 경제학자들이 선호도에 대해 생각했던 것처럼 머릿속에 저장되어 있다가 우리가 읽어내기만 하면 되는 것이 아니다. 대부분의 사람들은 이런 질문을 받기 전에는 별 생각이 없다가 질문을 받으면서 이에 대한 답을 생각해내는(즉 구성하는) 경우가 많으며 이렇게 대답을 할 때 무엇이 머리에 떠올랐는지, 당시 기분은 어땠는지가 평가에 영향을 미치게 된다. 역시 7장에서 소개하였듯이 그 날의 날씨는 사람들이 자신의 삶의 만족도를 평가하는 데 영향을 미쳐 맑은 날에 질문을 받은 사람들이 흐린 날에 질문을 받은 사람들보다 자신의 삶에 대한 만족도가 더 높다. 날씨가 좋은 날 사람들은 기분이 좋고 이러한 기분이 평가에 영향을 미치기 때문이다. 이러한 날씨의 영향은 우연하게 일어나 사람들이 의식하지 못하는 경우가 많다. 또한 질문을 받는 구체적인 상황에 의해서도 영향을 받을 수 있다. Schwarz(1987)는 사람들에게 삶의 만족도에 대한 설문지를 작성하기 전에 실험자를 위해서 복사를 해달라고 부탁을 하고, 무작위로 나뉜 참가자의 반은 복사를 하면서 10센트 동전을 주울 수 있도록 사전 조작을 해놓았다. 10센트를 주운 사람들은 그렇지 않은 사람보다 유의하게 삶의 만족도가 높았다. 또한 개개인마다 설문지에 있는 척도를 사용하는 방식이 다를 수 있다. 어떤 사람은 극단적인 선택을 하지 않아 '매우 만족스럽다' 또는 '전혀 만족스럽지 않다'는 응답을 고르지 않는 반면, 어떤 사람은 자신의 상태를 극단적으로 평가하기도 하다. 만약 이렇게 사람들이 응답 척도를 사용하는 방식이 다르다면 어떤 사람이 5점 척도에서 5점을 선택하고 다른 사람이 4점을 선택했다고 해서 전자가 후자보다 더 행복하다고 말하기는 어렵다.

이처럼 전반적인 평가는 응답자가 자신의 삶을 여러 측면에서 살펴보고 이를 통합적으로 판단하여 응답을 해야 하기 때문에 인지적으로 부담이 되며, 자기 보고식 질문에서 유발될 수 있는 왜곡과 측정오류의 문제가 나타날 수 있어 이런 전반적 평가가 각 개인의 실질적인 삶의 질이나 정서상태 등을 정확하게 반영하기 어렵다는 비판을 받는다.

이에 따라 기억에 의존하는 전반적인 평가(Kahneman이 제안한 기억효용)와 달리 실시간으로 사람들이 경험하는 정서에 기초하여 주관적 안녕(Kahneman이 제안한 경험효용)을 측정하는 방법이 소개되었는데, 가장 대표적인 방법이 **경험표집법**(Experience Sampling Method, ESM)과 **일상 재구성법**(Day Reconstruction Method, DRM)이다. 이 측정방법들이 갖고 있는 공통점은 기억이 주관적 안녕감이나 행복에 대한 판단에 미치는 영향을 가능한 한 배제하고 일화적 사건이 주는 경험효용을 정확히 측정하려는 것이다. 경험표집법은 몰입(flow) 연구로 유명한 Csikszentmihalyi(1990)이 소개한 것으로, 참가자들은 연구자들이 나누어준 무선 호출 장치(beeper)를 가지고 있으면서 이 장치가 울릴 때마다 자신의 일상 속에서 자신이 어디에 있고 무엇을 하고 있으며 누구와 같이 있는지, 또 현재 느끼는 기분은 어떤지 등을 보고한다. 이런 방법은 일상의 순간순간에 대한 풍부한 자료를 제공해 주고, 응답자들이 실제로 경험하고 있는 것을 보고하므로 정서를 왜곡하거나 먼 과거를 회상하지 않아도 되므로 기억에 의한 왜곡이 이루어지지 않는다는 장점은 있으나 시간과 비용이 많이 들고 그 절차가 다소 복잡하다는 단점이 있다.

이런 단점을 보완하기 위하여 Kahneman은 보다 간단하게 구체적이고 특정한 사건에 대한 일화적(episodic) 평가를 하는 방법을 소개하였다(Kahneman, Krueger, Schkade, Schwarz, & Stone, 2004). 이는 일상 재구성법(Day Reconstruction Method, DRM)이라고 불리는데, 이는 경험 표본추출(표집)과 일지(Time Diaries)를 결합한 것으로, 정서적 경험을 쉽게 회상할 수 있도록 하는 장점을 갖고 있다. 응답자들은 먼저 전날 일어났던 일화(episode)를 요약 정리하는 일기를 작성한다. 그 다음 각 일화별로 그 일화가 언제 시작해서 언제 끝났는지, 무엇을 했는지(연구자들이 제공한 활동 리스트 중에서 선택하도록 함), 그 일화가 일어난 장소가 어디인지, 그리고 누구와 함께 상호작용했는지 등을 서술한다. 응답자들은 각 일화별로 몇 가지 정서적 차원에서 어떤 느낌을 가졌는지를 평가하기 위해, 0(전혀 아님) ~ 6(매우 그러함)의 7점 척도 상에서 9개 정서차원 각각에 대해 자신이 느낀 정서강도를 표시한다. 9개 정서차원은 3개의 긍정적 정서와 6개의 부정적 정서인데, 긍정적 정서는 '행복한(happy)', '따뜻한(warm/friendly)', '자신을 즐기는(enjoying myself)'이었고 부정적 정서는 '짜증나는(frustrated/annoyed)', '우울한(depressed/blue)', '골치 아픈/괴로운(hassed/pushed around)', '화난(angry/hostile)', '걱정스러운(worried/anxious)'이었다. 연구자들은 텍사스에 거주하는 909명의 직장여성을 대상으로 DRM을 적용하였다. 그 결과 부정적 정서를 경험하는 경우는 비교적 드물어 '화난'이라는 정서차원에서 1점 이상의 점수를 매긴 경우는 전체 응답에서 23%에 불과한 반면, 긍정적 정서의 경험은 보다 빈번하여 '행복한'이라는 정서차원에 대해 1점 이상의 점수를 매긴 경우는 95%에 이르렀다. 또한 각 일화별 정서경험들 간의 상관관계는 상당히 높게 나타났는데, 특히 긍정적 정서경험들 간의 상관관계가 0.7로 높았고 부정적 정서경험들 간의 상관관계는 0.4이었다. DRM으로 측정한 정서는 경험표집법과도 상관이 높은 것으로 보고되어 실시간으로 경험하는 정서를 비교적 간단한 방법으로 측정할 수 있음을 보여준다(Kahneman & Kruger, 2006).

앞서 언급하였듯이 사람들의 주관적 안녕에 대한 전반적 평가와 일화적 평가는 종종 일치하지 않는다. 전반적 평가가 주로 기억에 의존하고 과거 정서적 경험을 기억하는 방식이 지속기간을 무시하고 절정이나 끝날 때의 기억에 중점을 두는 이유도 있지만 추가적으로 주관적 안녕에 대한 전반적 평가가 실제경험보다는 그 사건이 얼마나 즐거워야 하는지 혹은 불쾌해야 하는지에 대해 사람들이 가지고 있는 상식적인 믿음(naive semantic theories)에 보다 기초하기 때문이기도 하다. Hsee, Hastie와 Chen(2008)은 정서경험에 대한 즉각적인(immediate) 평가와 이후 기억에 근거한 회상적(retrospective) 평가를 비교하고 이 두 평가의 불일치에 대해 연구하였다. 이들은 두 여성에 대한 예를 제시하는데, 한 여성은 코미디 프로를 보며 주말을 보냈고, 다른 여성은 갓 태어난 아기를 돌보며 주말을 보냈다. 코미디를 보며 주말을 보낸 여성은 아기 엄마보다 경험에 대한 즉각적인 평가를 좋게 하겠지만 아기를 돌보며 보낸 여성이 회상을 통한 평가에서는 보다 좋은 경험을 했다고 보고할 것이다. 왜냐하면 아기를 돌보는 것이 당장은 힘들지만 회상을 통해 되돌아보면 사회적으로 기대되는 엄마로서의 역할을 수행한 것으로 보람 있는 일로 기억되기 때문이다. Schwarz, Kahneman과 Xu(2008)의 연구에서도 운전경험에 대한 즉각적인 평가에서는 BMW를 운전한 사람과 Honda나 Ford를 운전한 사람과의 차이가 없었지만 회상적인 평가에서는 BMW 운전자가 다른 차의 운전자보다 자신의 운전경험을 더 즐거웠던 것으로 평가함을 보여준다. 이는 BMW가 더 고급스러운 차이고 멋진 운전경험을 제공한다는 일상적인 믿음이 평가에 영향을 주기 때문이다. 이처럼 경험 자체에 대한 즉각적인 평가에서는 사회적 기대나 규범의 영향이 크지 않지만 회상을 통한 평가나 그 이후의 선택은 사회적 기대나 규범의 영향을 받는다.

돈에 대한 믿음도 마찬가지이다. 우리는 흔히 돈을 충분히 갖게 되면 더 행복해질 것이라고 믿는데, 실제로 돈과 DRM을 통해 측정한 주관적 안녕과의 관계를 보면 수입이 많다고 해서 더 행복하지는 않다(Kahneman, Krueger, Schkade, Schwarz, & Stone, 2006). 오히려 수입이 많은 사람들의 일상은 더 긴장되어 있고 일하는 데 더 많은 시간을 쓰고, 쇼핑이나 아이 돌보기처럼 일은 아니지만 꼭 해야 하는 일들에 더 많은 시간을 쓰고 있음을 보여준다. 아이 돌보기도 전반적 평가와 일화적 평가가 불일치되는 대표적인 예인데, 전반적으로 평가를 하는 경우 아이와 시간 보내기는 가장 즐거운 활동 중의 하나로 평가되지만 DRM으로 평가하게 하면 집안일이나 통근하기처럼 가장 즐겁지 않은 활동들과 비슷하게 평가된다(Kahneman et al., 2004; Juster, 1985).

이처럼 전반적 평가와 일화적 평가 간에 불일치가 발생하는 것을 Kahneman 등(2004)은 초점 가설(focusing hypothesis)로 설명한다. DRM과 같은 일화적 평가를 할 때는 실제로 자신이 느끼는 정서에 기초해 평가를 하지만 전반적 평가를 할 때는 자신이 처한 삶의 상황(예, 수입 정도, 결혼 여부, 아이가 있는지 등)에 더 주의를 두고 이에 초점을 두어 평가를 하므로 자신의 실제 정서상태보다는 자신이 통상적으로 믿고 있는 상식이나 규범적 신념이 더 영향을 미치게 된다.

그런데 일화적 평가가 사람들이 실제로 느끼는 정서경험에 더 가깝고 전반적인 평가는 정확하지 않다면 전반적 평가는 필요 없는 것일까? 그렇지는 않다. 실제로 선택의 경우 사람들이 자신의 기억효용에 기초해 선택을 하는 경우가 많으므로 전반적인 평가가 미래의 선택을 더 잘 예측하는 경향이 있다. 가령 Freeman(1978)은 직업에 대한 전반적인 만족도가 이후 이직률을 더 잘 예측함을 보여주었다. 또한 Kahneman이 보고한 연구에 의하면 2주 간격으로 하나의 질문으로 반복 측정한 전반적인 주관적 안녕과 행복감의 상관은 0.59이지만 하나의 질문이 아닌 5개로 구성된 삶의 만족도 척도(〈표 11-1〉)로 4주의 간격을 두고 반복적으로 측정한 전반적인 만족도는 0.77로 더 높은 상관을 보인다. 참고로 교육 정도나 수입은 반복측정을 하는 경우 0.90 정도의 상관을 보인다. 이러한 결과는 잘 개발된 척도로 측정한 전반적인 평가라면 그 결과가 신뢰성이 있음을 보여준다. Diener와 그의 연구팀은 여러 연구를 통해 SWLS로 측정한 전반적인 삶의 만족도가 행복을 나타내는 다른 지표(예, 웃는 빈도, 친구들이 보고한 행복 정도, 긍정적 정서를 언어적으로 보고하는 횟수, 사회성과 외향성, 잠의 질, 자기가 보고한 건강 정도 등)와 높은 상관을 보여 사람들의 행복도를 측정하는 데 타당한 척도임을 보여주기도 하였다. 다만 Kahneman은 행복이나 주관적 안녕에 대한 평가가 어떤 식으로 이루어지느냐에 따라 행복의 다른 측면을 측정하는 것임을 주지할 필요가 있음을 지적한다.

표 11-1 삶의 만족도 척도(satisfaction with life scale: SWLS)*

1. 전반적으로 나의 인생은 내가 이상적으로 여기는 모습에 가깝다.
2. 내 인생의 여건은 아주 좋은 편이다.
3. 나는 나의 삶에 만족한다.
4. 지금까지 나는 내 인생에서 원하는 중요한 것들을 이루어냈다.
5. 다시 태어난다 해도, 나는 지금처럼 살아갈 것이다.

* 출처: Diener(1984), 임낭연, 이화령, 서은국(2010)

한편 Robinson과 Clore(2002)는 이러한 전반적 평가와 일화적 평가의 차이를 접근가능성 모델(accessibility model)로 설명하였다. 이 모델에 따르면 사람들이 자신의 정서를 보고할 때 사용하는 정서보고의 유형이 다양하며, 그 보고 유형에 따라 접근하는 정보가 달라지면서 정서보고의 결과도 달라질 수 있다. 정서경험에 대한 자기보고의 유형에는 모두 6가지가 있는데, 여기에는 실시간 정서보고(online emotion reports), 생리적 증후에 대한 실시간 보고(online reports of physiological symptoms), 회상적 정서보고(retrospective emotion reports), 예상된 정서보고(prospective emotion reports), 가상적 정서보고(hypothetical emotion reports), 시간에 기초한 정서보고(time inclusive emotion reports)[1]가 있다. 그리고 이런 보고를 하기 위해 접근할 수 있는 정보로는 체험정보(experiential information), 일화기억(episodic memory), 상황 관련 믿음(situation-specific belief), 정체성 관련 믿음(identity-related belief)이 있다. 예를 들면, 생일잔치를 하고 있을 때 기분이 어떠냐고 물으면, 이는 실시간 정서보고에 해당하며 이때는 자신이 지금 체험하고 있는 정서에 접근 가능하므로 이를 보고하면 된다. 그런데 한 달 후에 만난 친구가 이전에 있었던 생일잔치가 어땠냐고 물어보면 기억에 의존해야 한다. 이들은 정서 자체가 기억에 저장되고 인출되는 것은 아니라고 가정한다. 정서경험을 한 과거일화를 기억해내고 기억해낸 것에 기초해 정신적으로 자신의 정서를 재현(reenacting)할 수는 있지만 정서 자체가 기억에서 인출되는 것은 아니라고 본다. 따라서 실제경험과 보고 사이에 시간이 경과되면 정보의 손실이 있을 수밖에 없고, 이러한 정보손실이 있을 때 그 자리를 메우게 되는 것이 정서에 대한 규범적

1) 이는 한 시간, 하루, 한 해처럼 일정 기간에 거쳐 느낀 전반적인 정서를 보고하도록 하는 것이다.

신념이나 의미기억(semantic memory)이라고 제안한다. 의미기억은 세상에 대한 일반화된 정보를 가리키는데, 상황 관련 믿음과 정체성 관련 믿음이 이런 의미기억에 해당한다. 만약 부정적인 정서를 느껴야 할 특별한 일이 없었다면 생일은 통상적으로 즐거운 날이다. 따라서 별다른 기억이 떠오르지 않는다면 생일이었으니 즐거웠을 것이라고 생각하면서 즐거웠다고 대답하는 경우 상황 관련 믿음을 사용한 것이다. 한편 어떤 상황과 관련되지 않고 일반적으로 자신의 정서에 대해 가지고 있는 믿음이 대신 사용될 수도 있는데, 이것은 정체성 관련 믿음에 해당한다. 통상적으로 생일은 즐거운 날이지만 자신이 생일이 다른 날과 별다를 바 없고 생일날이라고 특별히 더 즐거움을 느끼는 사람이 아니라면, '그렇지 뭐, 특별할 게 뭐 있나. 그냥 평소와 같았어,'라고 대답할 수 있다. 이처럼 정서경험에 대한 질문을 언제 어떻게 받느냐에 따라 사람들이 사용하는 정보는 다를 수 있으며 그 결과 동일한 경험에 대한 정서보고도 달라질 수 있다는 것이다.

앞서 Kahneman이 지적한 것처럼 행복에 대한 판단도 전반적 또는 일화적으로 이루어질 수 있으며 어떤 방식으로 측정하느냐에 따라 사람들이 보고하는 내용도 달라질 수 있다. DRM과 같은 일화적 평가를 하게 하면 사람들이 실제로 경험하는 정서에 가까운 행복 판단을 하는 반면 전반적 평가를 하게 하면 대개 자신이 가지고 있는 자기 상황에 대한 규범적 믿음이나 자신이 기억하는 정서가 보고된다. 사람들이 정서를 기억하는 방식이 지속시간은 무시하고 경험의 절정과 끝을 주로 기억하고 그것으로 전체 경험을 평가하는 식으로 하기 때문에 기억하는 자아, 즉 **기억자아**(remembering self)와 **경험자아**(experiencing self) 간의 괴리가 생길 수 있다. 내가 실시간으로 경험하는 것과 그 경험이 끝난 후 그 경험에 대해 형성된 기억이 서로 다르기 때문에 기억자아가 기억하는 것과 경험자아가 실시간으로 경험하는 것이 다를 수 있다는 것이다. 합리적인 존재라면 경험자아가 경험하는 것과 기억자아가 기억하는 것이 일치해야겠지만 기존연구는 그렇지 않음을 보여준다. 앞서 언급한 찬물에 손 담그기 실험의 경우 경험하는 자아는 90초 동안 찬물에 손을 담그고 있는 것을 더 고통스럽게 경험하지만 기억하는 자아는 90초의 경험이 마지막 30초의 경험이 덜 고통스럽게 끝나기 때문에 이 경험을 덜 고통스럽게 기억하고 다시 60초와 90초의 경험을 반복해야 한다면 어느 것을 선택하겠느냐는 질문에 90초의 경험을 선택한다. 즉 기억자아의 영향으로 자신의 경험을 극대화시키는 방향으로 선택을 하지 못하는 것이다.

우리의 기억은 우리가 생각하는 것만큼 정확하지 않다. 정서경험에 대한 기억뿐 아니라 다른 사건에 대한 기억도 있는 그대로 기억되기보다 내가 어떤 사전 지식이나 관점을 가지고 그 사건을 경험했는지에 따라 다분히 왜곡되기도 하고 기억하는 순간 내가 어떤 상태에 있는지, 상황은 어떤지 등의 영향을 받는다. 때로는 보지 않은 것을 보았다고 기억하기도 하는데, 예를 들어, '피곤, 침대, 이불, 휴식, 꿈, 베개, 밤, 하품'의 단어들을 하나씩 차례대로 짧은 시간 동안 보여준 후 다시 이전에 보았던 단어와 새로운 단어를 섞어 보여주면서 이전에 보았던 단어인지 아닌지 기억(재인과제)하게 하면 실제로 '잠'이라는 단어는 제시되지 않았음에도 많은 사람들이 본 것으로 기억한다. 제시되었던 단어들이 다 잠과 관련된 단어여서 실제로 제시되지는 않았지만 제시된 단어들로 연상(association) 작용이 일어나면서 마치 본 것처럼 느껴지는 것이다. 만약 과거 경험에 대한 정확한 기억이 필요하다면 자신의 기억력만을 믿기보다는 기록을 남기고 이후 그 기록을 참고하는 것이 더 나은 방법이 될 수 있다.

11.2 절대적 평가와 상대적 평가

흔히 시험을 보면 절대평가나 상대평가를 하는데, 절대평가는 비교대상과 상관없이 절대적 기준에 의해 평가가 이루어지는 반면 상대평가는 비교대상과의 비교를 통해 평가가 이루어진다. 만약 한 학생이 영어시험을 보고 90점을 받았다고 해보자. 90점 이상이면 A를 받는다는 기준이 있어 이 학생이 A를 받으면 이는 절대평가에 해당한다. 반면 시험이 쉽게 나와 90점 이상을 받은 학생이 15%이고 10% 이상만 A를 준다는 기준이 있어 이 학생이 B를 받게 된다면 이는 상대평가에 해당한다. 즉 절대평가는 다른 비교대상과 상관없이 자신의 결과에 따라 평가를 받는 반면, 상대평가에서는 다른 사람과의 비교를 통해 평가가 이루어진다. Hsee, Yang, Li와 Shen(2009)은 행복에 대한 판단이 이처럼 절대적으로 이루어지는지 상대적으로 이루어지는지에 대한 재미있는 연구를 보여주었다. Hsee 등은 행복이라는 표현을 사용했지만 이들이 말하는 행복이란 전반적인 행복감 내지 주관적 안녕감이라기보다 돈이나 제품을 소유하거나 소비하면서 사람들이 느끼는 주관적 효용을 가리키는 것으로 앞서 Kahneman이 제시한 경험효용(experienced utility)에 가깝다. 이들은 행복을 무엇에 대한 행복인지에 따라 세 가지로 구분하였는데, 하나는 돈에 대한 행복이고, 둘째는 소유(acquisition)에 대한 행복, 셋째는 소비(consumption)에 대한 행복이다. 그리고 무엇에 대한 행복이냐에 따라 행복에 대한 판단이 상대적으로 또는 절대적으로 이루어질 수 있다고 보았다. 이들의 결과를 간단히 요약하면, 돈과 제품을 소유함으로써 느끼는 행복은 상대적으로 결정되지만 소비 자체에서 오는 행복감은 상대적 또는 절대적으로 평가된다는 것이다.

이들이 한 연구를 구체적으로 살펴보면, 첫 번째 연구에서는 돈과 소비를 비교하였다. 실험에 참가한 사람들은 크게 두 집단으로 나뉜다. 한 집단은 돈도 적게 받고 소비되는 제품도 품질이 낮다(가난한 집단). 다른 집단은 돈도 많이 받고 소비되는 제품도 품질이 좋다(부자 집단). 각 집단에는 다시 가난한 조건과 부자 조건이 있고, 부자 조건에서는 가난한 조건보다 돈을 더 받고 품질도 더 나은 제품을 제공받는다(〈표 11-2〉 참조). 그리고 각 집단에서 두 조건의 사람들은 다른 조건에서 받은 것을 비교할 수 있다. 그러나 두 집단 간에는 비교가 되지 않는다. Hsee 등은 참가자들에게 돈을 대신할 수 있는 쿠폰을 주었고 이 쿠폰은 제품인 분유를 바꾸는 데만 사용할 수 있었다. 이들은 쿠폰을 준 후 참가자들에게 받은 쿠폰에 대해 얼마나 행복한지, 그리고 받은 쿠폰으로 분유를 교환한 후 물 100ml에 타 마시고 얼마나 행복한지를 18점 척도에 보고하도록 하였다.

표 11-2 Hsee 등(2009)의 연구 1에서 제시한 쿠폰과 분유 양

집단	가난		부자	
조건	가난	부자	가난	부자
쿠폰	1장	2장	5장	10장
분유 양	1숟가락	2숟가락	5숟가락	10숟가락

[그림 11-1]은 연구결과를 한눈에 보여주는데, 돈에 대해서는 서로 비교할 수 있는 집단 내 두 조건에서 부자 조건이 행복감이 높지만 두 집단 간에는 별로 차이가 없다. 즉 두 집단에서 모두 나보다 많이 받는 사람들이 있는 가난한 조건의 참가자들은 상대적으로 행복감이 낮지만 나보다 적게 받는 사람들이 있는 부자 조건의 참가자들은 상대적으로 행복감이 높다. 그러나 서로 비교가 되지 않는 두 집단 간에는 쿠폰의 절대 양이 달라지는 것에 따른 행복감의 차이가 나타나지 않는다. 반면 분유를 물에 타서 마신 소비경험에 대한 행복감 평가는 집단 내 조건 간에도 차이가 있고 서로 비교가 되지 않는 두 집단 간에도 평가에 차이가 있다. 즉 부자집단이 가난한 집단보다 소비에 대해 더 높은 행복감을 보고한다. 이러한 결과는 돈(쿠폰)에 대해서는 절대적이기보다는 상대적인 평가가 이루어지지만 소비에 대해서는 절대적인 평가가 가능함을 보여준다. 분유 양의 절대 양에 비례해서 분유소비에 대한 행복감도 점진적으로 증가하기 때문이다.

그림 11-1 Hsee 등(2009)의 연구 1의 결과

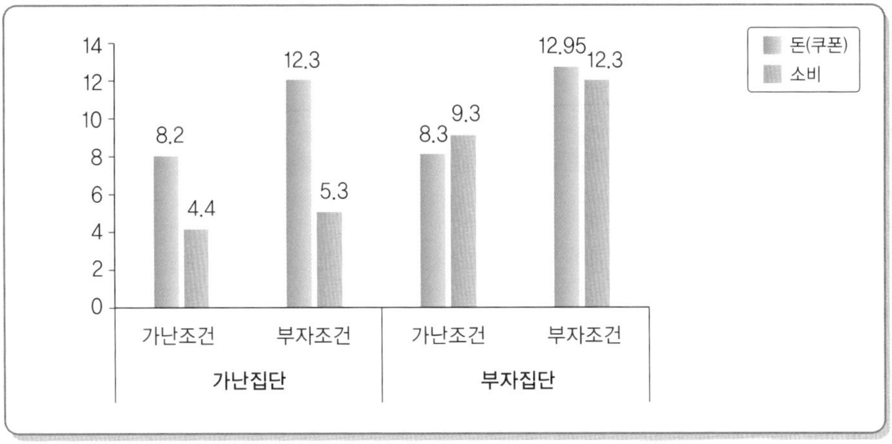

이들의 두 번째 연구에서는 제품의 소유와 소비를 비교하였는데, 소유는 분유를 직접 받는 것이고 소비는 받은 분유를 물에 타 먹는 것으로, 소유는 상대적으로, 소비는 절대적으로 평가됨을 보여주었다. 세 번째 연구에서는 소비 내에서도 절대적 평가가 가능한 소비가 있고 상대적 평가가 이루어지는 소비가 있음을 보여주었는데 각각의 예로 방 온도와 다이아몬드의 크기를 든다. 방 온도에 대한 행

복감은 비교대상이 없이도 평가가 가능하여 절대적으로 평가할 수 있지만 다이아몬드의 크기에 대한 행복감은 그 자체로는 평가가 어렵고 다른 사람과의 비교를 통해 상대적으로 평가됨을 보여주었다. 네 번째 연구는 세 번째 실험연구를 현장에서 검증한 것으로 여러 도시에 사는 사람들에게 전화 설문을 하여 방 온도에 대해서는 도시 내, 도시 간에 온도의 증가에 따라 행복감이 비례해서 증가하는 반면, 가지고 있는 보석의 크기는 도시 내에서는 상대적으로 평가되지만 상호 비교가 어려운 도시 간에는 크기에 따른 차이가 나타나지 않음을 보여주었다.

이런 연구결과에 따라 이들은 소비를 두 종류로 구분하였다. 하나는 내재적으로 평가가 가능한 소비이다. 이에 대해서는 사람들이 생리적인 선호를 가지고 있고 대개 사람들이 비슷하게 평가를 한다. 예를 들면, 환경의 온도, 잠의 양, 죽이나 음료의 농도, 사회적 고립감, 피곤함, 지루함 등이다. 어떤 주스를 마시고 맛이 있다, 없다, 어떤 게임을 하고 지루하다, 재미있다고 느끼는 것은 그냥 우리의 경험으로 알 수 있는 데 이런 종류의 소비가 내재적으로 평가가 가능한 소비이고 이런 소비는 절대적인 평가가 가능하다. 반면 사회적으로 학습이 이루어져야 평가가 가능한 소비가 있는데, 다이아몬드의 크기, 예금증서의 이자율, 자동차나 핸드백의 브랜드 등이 이에 해당한다. 이런 제품의 소비에 대해서는 내재적인 평가가 어렵고 상대적으로 평가가 이루어진다. 큰맘 먹고 신상 코치 핸드백을 사고 즐거워하다가 모임에 나가 친구가 들은 신상 샤넬 핸드백을 보고 기분이 나빠지는 이유가 바로 여기에 있다. 학습을 통해 샤넬이나 에르메스 핸드백이 코치나 MCM보다 더 좋은 브랜드라는 것을 알게 되고 나보다 친구가 가진 브랜드가 더 좋은 것을 알게 되면 그다지 즐겁지 않은데, 이런 종류의 소비는 상대적으로 평가가 일어나기 때문이다.

Hsee 등의 연구는 본장 4절에서 소개될 Easterlin의 역설이 왜 나타나는지를 설명해주기도 한다. 한 나라 안에서는 상대적 비교가 이루어지기 때문에 돈을 가진 정도에 따라 행복감이 증가하지만 나라 간에는 상대적 비교가 쉽지 않기 때문에 나라의 소득수준과 행복 간의 관계가 나타나지 않는 것이다. 또한 국민들의 행복 수준을 높이기 위해서 어떤 노력을 해야 하는지에 대해서도 중요한 시사점을 제공한다. 더 좋은 것을 소유하고 더 많은 돈을 갖는 것은 행복을 보장해주지 않는다. 이는 상대적으로 평가되고 항상 나보다 더 많이 가지고 있고 더 좋은 것을 가지고 있는 사람을 발견할 수 있기 때문이다. 냉전시대에 미국과 소련이 끝이 없는 군비 경쟁을 벌인 것처럼 남들보다 더 많이 벌고 더 좋은 것을 소유함으로써 행복해지고자 하는 것은 끝이 없는 소모전이 될 수밖에 없다. 반면 내재적으로 평가가 가능한 소비가 전반적으로 향상되도록 노력하는 것은 사람들의 행복 수준을 높일 수 있다. 비교의 굴레에서 벗어나 자신의 경험을 향상시키는 것에 보다 초점을 맞춘다면 우리나라 사람들의 주관적 안녕감도 보다 높아질 수 있을 것이다.

11.3 행복에 대한 예측

지금까지는 행복에 대한 여러 평가방식에 대해 알아보았는데, 그렇다면 사람들은 자신의 행복에 대해 정확하게 예측을 할까? 무엇이 자신을 행복하게 하며 얼마나 오래 행복할 것인지에 대해서 말이다. Wilson과 Gilbert(2005)에 따르면 우리의 미래정서가 긍정적일지 부정적일지, 그리고 어떤 종류의 감정(예, 슬픔, 화, 두려움, 기쁨 등)일지에 대해서는 비교적 정확하게 예측을 하지만 정서의 강도나 그 지속시간에 대해서는 우리의 정서적 예측이 그리 정확하지 않다고 한다. 우리가 어렸을 때 들었던 동화의 끝은 대부분 공주와 왕자가 결혼을 하고 그 후로 행복하게 살았다는 것이다. 사랑하는 사람을 만나 결혼을 하면 모든 것이 행복해지는 것일까? 결혼을 한 사람은 결혼 전후 1년 정도 행복감을 느끼지만 그 이후로는 평상시로 돌아온다. 즉 결혼이 지속적인 행복을 보장해주지는 않는다. 그럼에도 불구하고 우리는 결혼을 하면 행복할 것이라고 믿는다. 또 돈을 많이 벌면 행복할 것이라고 믿는다.

왜 그럴까? Wilson과 Gilbert는 이러한 정서예측의 오류를 **영향력 편향**(impact bias)으로 설명한다. 삶의 큰 변화를 가져오는 사건이 일어나면 그 사건의 영향력을 실제 이상으로 과대평가하여 그 사건의 영향력이 처음의 영향 그대로 오랫동안 지속될 것이라고 생각하는 것이다.

Dunn, Wilson과 Gilbert(2003)은 이를 실험을 통해 보여주었는데, 대학생들에게 다니고 있는 대학의 좋은 기숙사와 좋지 않은 기숙사에 배정되어 지낸다면 기분이 어떨 것 같은지를 예측하도록 하였다. 그리고 1년 후 실제로 각 기숙사에서 살아본 후 해당 기숙사에서 지내는 것이 어땠는지 평가하도록 하였다. 결과를 보면 [그림 11-2]에서 보는 것처럼 좋은 기숙사에 배정된다면 기분이 좋을 것 같고 나쁜 기숙사에 배정되면 기분이 덜 좋을 것으로 예측하지만 막상 1년을 지내고 난 후 두 집단 간의 차이는 거의 없다. 학생들은 두 기숙사의 시설이 좋고 나쁨에 주목하여 예측을 할 때는 시설이 좋은 데 있으면 기분이 좋고 상대적으로 시설이 좋지 않은 데 있으면 기분이 별로 좋을 것 같지 않다고 예측하지만 막상 시간이 지나면 주관적 안녕감에는 기숙사의 물리적 환경보다는 사회적 환경이 영향을 많이 미치므로 두 기숙사에서 지내는 것이 별 차이가 없게 된다.

그렇다면 이런 영향력 편향은 왜 나타날까? 이들은 두 가지 이유를 든다. 하나는 **초점주의**(focalism)이다. 예측을 할 때는 자신의 정서적 경험에 영향을 미칠 사건에만 주의를 집중하고 그 사건의 영향력에 대해서만 생각하므로 그 영향력이 상대적으로 더 크게 나타난다. 그러나 우리의 일상은 우리의 정서경험에 영향을 미치는 사건만 일어나는 것은 아니다. 월드컵 예선에서 우리나라 팀이 이기면 세상을 얻을 것 같은 기분이지만 막상 경기에 이긴 다음 날이 되면 나의 일상이 나를 기다리고 있다. 나는 여전히 학교에 가야하고, 내가 해야 할 일을 해야 하고, 그러는 과정에서 기분이 안 좋은 일들이 생기기도 하면서 축구로 인해 좋아진 내 기분을 원래 상태로 끌어내린다. 막상 미래가 현실이 되어 내가 일상을 살면 나를

그림 11-2 예측된 정서와 실제 정서

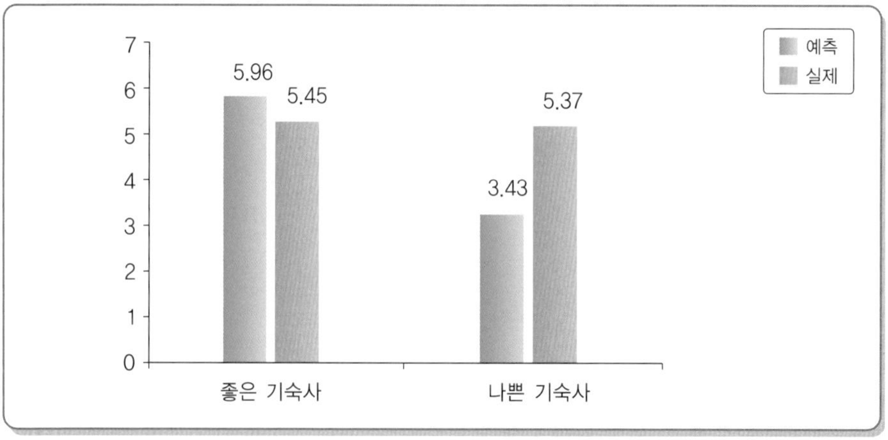

기분 좋게 한 일은 여러 일 중의 하나가 되어 그 정서적 영향력이 퇴색한다. 그러나 예측을 할 때는 오로지 그 사건만 생각을 하게 되고 그러다보니 그 사건의 정서적 영향력도 과대평가하게 된다. 실제로 예측을 하기 전에 여러 일상 활동을 제시하고(예, 학교 가기, 친구와 시간 보내기, 공부하기 등) 각 활동에 시간을 얼마나 쓰는지, 그리고 하루 24시간에 어떤 활동들을 하는지 적도록 한 후 미래 정서경험의 영향력을 예측하게 하면 영향력 편향이 다소 줄어드는 것을 볼 수 있다. 자신의 미래가 정서적 반응을 불러일으키는 사건 외에 여러 일상들로 구성되어 있다는 것을 자각하면 초점주의에서 벗어나 영향력 편향도 줄어들게 된다(Wilson, Wheatley, Meyers, Gilbert, & Axsom, 2000).

영향력 편향이 일어나는 또 다른 이유는 '**의미 찾기**(sense making)' 때문이다. 사람들은 어떤 사건이 일어나면 이에 주의를 기울이고 반응을 한다. 그리고 왜 이런 사건이 일어났는지 스스로 납득할만한 설명을 찾는다. 자신이 왜 이런 사건을 경험하게 되었는지 그 의미를 찾게 되면 사람들은 그 사건에 점차 적응한다. 그러면서 그 사건은 처음의 정서적 영향력을 잃어가게 된다. 그런데 이런 과정은 대개 무의식적으로 일어난다. 즉 본인이 의도를 가지고 한다기보다 자기도 모르는 사이에 자동적으로 일어난다. 그러다보니 사람들은 이런 의미 찾기의 결과로 그 사건의 정서적 영향력이 감소할 것이라는 것을 잘 알지 못한다.

이들은 의미 찾기를 어렵게 하면 실제로 어떤 사건의 정서적 영향력이 더 길어질 수 있음을 보여주었다. 한 연구에서 도서관에서 공부를 하고 있는 학생들에게 1달러 동전이 붙어 있는 카드를 주었고, 그 카드에는 자신이 왜 돈을 받는지 이유가 적혀 있다(Wilson, Centerbar, Kermer, & Gilbert, 2005). 한 조건에서는 그 이유가 이해하기 쉬운 것이었고 다른 조건에서는 이해하기 어려운 것이었다. 학생들에게 자신이 이런 카드를 받으면 5분 뒤 기분이 어떨지 예측하도록 하면 어려울 때보다 쉬울 때 더 기분이 좋을 것이라고 예측하였다. 그러나 실제 경험자들은 이유가 쉬울 때보다 어려웠을 때 더 기분이 좋은 것으로 나타났다. 이는 이유가 어려워 자신이 기대하지 않은 즐거운 사건의 의미를 찾기 어려우면 여전히 이 사건은 자신을 기분 좋게 만들지만 이 사건의 의미를 찾으면 그 사건의 정서적 영향력은 줄어든다. 하지만 사람들은 이런 변화에 대한 통찰을 가지고 있지 않은 것으로 보인다. 왜냐하면 의미를 찾는 과정이 대개 무의식적으로 일어나다보니 그것의 작용을 알지 못하는 것이다.

긍정적인 사건의 영향력뿐 아니라 부정적인 사건의 영향력도 마찬가지이다. 부정적인 사건이 일어나면 사람들은 자신도 모르는 사이에 그 사건이 왜 일어났는지 그 의미를 찾고 이해하려고 하고 결국 그 사건에 적응을 하면서 그 사건의 부정적 영향력이 줄어들게 된다. 오래 사귀던 이성 친구와 헤어지고 나면 사람들은 자신도 모르게 그 관계가 처음부터 잘 맞지 않았다고 합리화하면서 이별의 아픔을 이겨나간다. 그런데 이러한 합리화와 이해하기는 대개 무의식적으로 일어나는데, Wilson과 Gilbert는 이를 **면역적 무시**(immune neglect)라고 지칭한다. 우리 몸에 나쁜 병균이 들어오면 우리의 면역체계가 작동하는 것처럼 우리의 정신건강에 부정적인 영향을 미칠 수 있는 사건이 발생하면 무의식적으로 이 사건의 의미를 찾고 합리화해서 그 사건의 부정적인 영향력을 최소화함으로써 심리적 건강을 유지하게 된다.

만약 교환이나 환불을 하지 못하는 세일 품목을 산 후 맘에 들지 않으면 어떻게 할까? 보통 파격세일 때 무엇인가를 고른 후 교환이나 환불이 되지 않는다는 얘기를 들으면 잠시 고민하다가 고른 물건을 다시 내려놓는 경우가 있다. 그러나 Gilbert에 의하면 그럴 필요가 없다(Gilbert & Ebert, 2002). 왜냐하면 교환이나 환불이 불가하여 자신의 선택이 되돌릴 수 없는 것이 되면 사람들은 자신의 선택을 합리화하기 위하여 무의식적으로 그 물건을 더 좋아하게 되기 때문이다. 그러나 이런 과정에 대한 자기통찰이 없기 때문에 사람들은 자신의 행복감을 증진시킬 수 있는 방향으로 선택을 하지 않는다. 그리고 제품에 대한 자신의 만족도를 줄일 수 있는 교환이나 환불을 할 수 있기 위해 주저하지 않고 추가의 돈을 내기도 한다.

Wilson은 최근 Gilbert와 함께 정서예측에 대한 일련의 연구를 발표하기 이전에 '**자기통찰**(self-insight)'에 대해 오랜 기간 연구를 해왔다. 그는 사람들이 스스로 생각하는 것만큼 자기 자신에 대한 통찰을 가지고 있지 못함을 보여주었고 이런 내용을 정리하여 '내 안의 낯선 나(Strangers to ourselves)'라는 책을 발간하기도 하였다(Wilson, 2004). 그런데 이처럼 우리가 스스로에 대해 우리가 생각하는 것만큼 잘 알지 못하는 이유는 우리의 정보처리가 상당부분 무의식적으로 이루어지기 때문이다.[2] 예를 들면, 우리가 어떻게 보고 듣는지, 어떻게 말을 알아듣고 말을 하는지, 어떻게 주위의 장애물을 피해 목적지로 걸어가는지 등 우리의 지각정보처리, 언어정보처리, 체감각이나 운동감각 등에 대한 정보처리는 우리가 의식하지 못하는 사이에 자동적으로 이루어져 우리가 아무런 문제없이 외부의 자극을 처리하고 환경에 적응해 살아가도록 해준다. 이런 정보처리에 대해서는 우리 스스로도 접근할 수 없다고 생각한다. 반면 추론, 사고, 문제해결, 감정, 결정 등은 상대적으로 의식적인 수준에서 정보처리가 이루어지기 때문에 우리는 스스로 어떤 생각을 하는지 안다고 생각한다. 그러나 이런 고등정보처리도 그 과정 전체에 의식적으로 접근할 수 있는 것은 아니다. 일부 과정은 무의식적으로 처리되고 우리는 그 결과물의 일부분에 대해서만 의식적으로 접근할 수 있다. 그럼에도 불구하고 우리는 이런 고등정보처리 과정에 대해서 자기통찰력을 가지고 있다고 생각하는데, 이는 처리과정과 결과물을 혼동하기 때문이다. 이와 관련하여 Wilson은 재미있는 실험을 하였는데, 이 실험은 우리가 무엇을 좋아하고 싫어하는지는 의식수준에서 접근이 가능하지만 왜 좋아하고 싫어하는지 그 이유에 대해서는 그렇지 않음에도 사람들이 자기통찰을 가지고 있다고 생각하는 것을 잘 보여준다 (Wilson, Lisle, Schooler, Hodges, Klaaren, & LaFleur, 1993). 이들은 사람들에게 포스터를 고르게 하였는데 한 조건에서는 그냥 자신이 좋은 것을 고르게 하였고 다른 조건에서는 왜 좋은지 이유를 설명한 후 가져가도록 하였다. 그리고 한 달 후 포스터를 가져간 사람들에게 다시 연락을 해서 현재 포스터를 얼마나 좋아하고 있으며 어디에 두고 있는지를 물어보았다. 두 집단 중 어느 집단이 포스터를 더 즐기면서 자기가 늘 볼 수 있는 곳에 걸어놓았을까? 전자이다. 즉 아무런 설명을 하지 않고 그냥 자기가 좋은 것을 골라간 집단이다. 그렇다면 왜 그럴까? 우리가 왜 특정 대상을 좋아하게 되는지는 무의식적으로 처리되기 때문에 우리는 스스로 그 이유를 정확히 알지 못한다. 그런데 이유를 설명하라고 하면 자신에게도 납득이 되고 다른 사람들에게도 그럴 듯한 이유를 찾게 되고 또 언어적으로 표현하기

2) 일부 연구자들은 프로이드의 무의식과 구분하기 위해 무의식(unconscions)이라는 단어 대신 비의식(nonconscious)이라는 표현을 쓰기도 한다. 근래에 들어 무의식적 정보처리에 대한 연구가 많이 이루어지고 있다. 여기서 말하는 무의식적 정보처리는 프로이드가 말하는 무의식과는 다르다. 프로이드의 무의식은 표출되지 못하고 억압된, 현실적으로 용인받기 어려운 욕망을 가리킨다. 그리고 잘 훈련된 정신분석가에 의해 잠재된 무의식은 의식 수준으로 떠오를 수 있다고 본다. 그러나 인지심리학자와 사회심리학자들이 말하는 무의식 또는 비의식은 말 그대로 의식의 수준 밖에서 처리되는 모든 정보처리를 일컫는다. 다른 표현으로는 자동적(automatic) 또는 암묵적(implicit) 처리라고도 한다. 이러한 무의식은 우리가 아무리 노력을 해도 접근할 수 없고, 우리의 판단과 감정, 행동에 영향을 미치게 된다.

쉬운 이유를 대게 된다. 그리고 그렇게 이유를 말하고 나면 그 이유에 맞는 대안을 선택해야 하다 보니 실제로 자신의 선호를 잘 나타내는 대안을 선택하지 못하게 되고 그 결과 시간이 지난 후 자신의 선택에 대한 만족도가 떨어지게 되는 것이다.

Wilson은 우리가 가지고 있는 자기통찰에 대한 믿음은 상당 부분 근거가 없다고 보며, 자기통찰을 갖는 것이 적응적이지 않을 수도 있음을 지적하였다. 위에서 든 예에서처럼 자꾸 이유를 생각하는 것이 결국에는 자신의 선호나 만족도를 극대화시키지 못하는 선택으로 이끌기도 하고 부정적인 사건의 경우에도 본인이 무의식적으로 의미를 찾고 합리화하는 과정을 거치면서 그 사건의 부정적 영향력을 최소화하려고 하는데, 이를 자기통찰을 통해 자꾸 의식적으로 접근을 하게 되면 오히려 부정적인 영향력에서 벗어나기 어려울 수도 있기 때문이다. 답을 찾을 수 없는 자기의 생각을 파고드는 것보다는 다른 사람을 통해 나를 보거나 나의 행동을 통해 나를 이해하는 것이 자신을 보다 잘 이해할 수 있는 방법이고 행동을 변화시킴으로써 나를 변화시키는 것이 더 행복한 나를 만드는 나은 방법이라고 제안한다.

Focus

소비자가 의식하지 못하는 목표가 소비자의 선택에 영향을 미칠까?

최근 무의식적 정보처리의 영향에 대한 연구가 많이 이루어지면서 소비자 영역에서도 이런 연구가 활발히 이루어지고 있다. 옷을 사기 전에 각각 압구정 현대백화점과 다이소에 대한 정보에 우연히 노출된 소비자를 생각해보자. 이 소비자들의 구매행동은 우연히 노출된 이 정보에 영향을 받을까? Chartrand, Huber, Shiv와 Tanner(2008)의 연구는 무의식적으로 활성화된 목표가 사람들의 구매행동에 영향을 미칠 수 있음을 보여주었다. 이들은 양말을 구매하기 전 두 집단의 실험참가자들에게 주어진 5개의 단어 중 4개를 사용해서 하나의 문장을 만들도록 하였다. 한 집단은 'he prestige what want did'라는 단어를 받았고 이것의 답은 'what did he want'이다. 다른 집단은 'he frugal what want did'라는 단어를 받았고 이것의 답 역시 'what did he want'이다. 이는 단순히 prestige와 frugal이라는 단어에 노출되는 것과는 다르게 그가 원하는 것이 prestige와 frugal이라는 식의 목표를 점화(priming)시킨 것이다. 문장 만들기 과제를 하고 5분간 다른 과제를 하게 한 후 양말을 선택하도록 한다. 양말은 두 개가 제시되는데 하나는 한 켤레에 5.25달러인 고급브랜드(예, Nike)이고 다른 하나는 두 켤레에 6달러인 중저가브랜드(예, Hanes)이다. '명성'이라는 목표가 점화된 조건에서는 48%의 참가자가 고급브랜드를 선택한 반면 '절약'이라는 목표가 점화된 조건에서는 참가자의 19.2%만이 고급브랜드를 선택하였다.

Bargh는 무의식적 목표 추구 현상을 처음 보여주었는데, 목표의 점화는 단순히 어떤 특성이나 개념이 점화되는 것과는 다르다고 보았다. 목표는 일단 활성화되면 그것이 달성될 때까지 점점 강해지는 경향이 있고, 일단 달성이 되면 그 이후에는 약화된다. 반면 어떤 특성의 점화는 시간이 지날수록 그 영향력이 약화된다. 이들은 앞에서와 마찬가지 방법으로 'prestige'와 'frugal' 목표를 점화한 후 두 집단의 사람들에게 각각 가상의 선택과 실제 선택을 하게 하였다. 6달러의 고급브랜드(예, Tommy Hilfiger) 양말 한 켤레와 같은 가격으로 세 켤레를 살 수 있는 중저가브랜드(예, Hanes) 양말을 주고 둘 중 하나를 선택하게 하였다. 실제 선택에서는 자신이 선택한 양말을 실제로 갖게 하였고, 가상 선택에서는 이 선택이 가상적이며 자신이 선택한 제품을 갖게 될 것이라고 상상하도록 하였다. 이후 다음 과제에서는 과제에 참여함으로써 100달러 상당의 상품에 당첨될 수 있는데 25달러 상당의 Timex 시계와 현금 75달러, 75달러 상당의 Guess 시계와 현금 25달러 중 어느 상품을 원하는지 선택하도록 하였다. 만약 단순히 특성이 점화되어 활성화되었다면 두 조건에서 다 점화된 특성과 일관된 선택을 해야 하는데, 실제 결과는 그렇지 않았다. 'Prestige' 목표가 점화된 조건의 사람들 중 첫 번째 선택에서 이미 고급브랜드를 실제로 선택한 사람들은 이후 두 번째 선택에서는 다수가 실용적인 시계와 더 많은 현금을 선택하였다. 그러나 가상적인 선택을 해서 자신의 목표가 달성되지 않은 사람들은 여전히 Guess 시계와 적은 현금을 선택하는 것을 볼 수 있었다.

어떤 특정 브랜드와 목표 행동이 자주 연합이 되면, 가령 저렴한 제품을 사서 생활비를 아끼고자 하는 경우에는 다이소에 가는 반면, 가라앉은 기분을 달래고 좋은 것을 구입함으로써 자신의 자존감을 높이고자 하는 경우에는 현대백화점으로 가는 행동이 자주 반복이 되면 이후에는 해당 브랜드에 노출되는 것만으로도 특정 목표를 무의식적으로 활성화시킬 수 있고 이렇게 활성화된 무의식적 목표는 사람들의 행동에 영향을 미칠 수 있다. 이는 목표 추구 행동이 매우 의식적인 행동으로 간주되었던 것과 달리 무의식적으로도 활성화되고 추구될 수 있음을 보여주는 것이다.

11.4 돈과 행복의 관계

경제학에서는 물질적인 풍요와 소비수준의 향상이 사람들의 주관적 안녕을 높일 것이라고 본다. 그러나 경험적인 연구에 의하면 소득수준이 높아진다고 주관적 안녕이 비례해서 높아지지는 않는다. Easterlin 역설(paradox)에 따르면, 한 국가 내에서 조사를 하면 수입이 높은 사람들이 대개 더 행복하다고 보고를 한다. 그러나 국제적으로 여러 나라를 비교해보면, 행복 수준이 그 나라의 국민소득수준과 함께 변하지는 않는다. 좋은 예로, 최근 영국에 본부를 둔 유럽 신경제재단에서 국가별 행복지수를 조사한 바에 의하면 부탄이 1위였다. 1인당 국민소득이 2,000달러에 불과하지만 국민의 97%가 행복하다고 하는 나라이다. 또 다른 예로 일본의 경우 1958년에서 1987년 사이에 소득수준은 5배가 늘었지만 사람들이 보고하는 행복수준은 함께 증가하지 않았다. 또한 GDP 수준이 12,000달러보다 낮은 경우에는 삶의 만족도가 소득수준과 함께 증가하지만 그 이상에서는 별반 차이가 없다. 이런 결과들은 기본적인 삶의 요건이 충족될 정도의 물질적 부는 필요하지만 어느 정도의 생활수준을 보장하는 부가 충족된 이후에는 돈이 행복을 가져다주는 것은 아닐 수 있음을 보여준다.

그렇다면 왜 돈이 행복을 가져다주지 않을까? Kahneman 등(2006)은 여러 가능한 이유들을 제시한다. 첫째는 수입의 절대적인 수준보다 상대적인 수준이 주관적 안녕에 더 영향을 미치기 때문이다. 한 국가 내에서는 대개 수입이 높아질수록 행복수준이 높아진다. 그러나 국가 간이나 한 국가 내에서 시대별로 조사를 하면 소득과 행복간의 관계가 별로 없게 나타난다. 즉 한 나라 안에서 상대적인 비교가 가능한 경우에는 소득과 행복이 상관이 있지만 이런 비교가 어려운 경우에는 별로 상관이 없게 나오는 것이다. 두 번째는 사람들이 적응(adaptation)하기 때문이다. 한 심리학 연구에서는 복권에 당첨이 되어 많은 돈이 생긴 사람들과 사고로 장애자가 된 사람들의 행복 정도를 1년에 거쳐 추적조사를 했는데, 이런 사건이 생긴 직후에는 당연히 복권에 당첨이 된 사람은 매우 행복하다고 보고하고 장애가 생긴 사람은 매우 불행하다고 보고하였으나 1년이 지난 이후에는 두 집단 간에 차이가 거의 없었다(Brickman, Coates, & Janoff-Bulman, 1978). 사람들이 자신의 삶의 변화에 적응하기 때문에 삶을 바꿔놓은 사건임에도 지속적인 영향력을 갖지는 못하는 것이다. 독일의 여성 235명을 대상으로 한 연구를 보아도 결혼 1년 전과 1년 후에는 삶의 만족도가 올라가지만 이 기간이 지나면 다시 평상시로 돌아온다(Clark, Diener, Georgellis, & Lucas, 2003). 이처럼 삶의 변화는 사람들의 만족도에 지속적인 영향을 미치지 못하고 일시적인 영향을 미칠 뿐인데, 이는 '**쾌락의 쳇바퀴**(hedonic treadmill)'라고 불린다. 사람들이 쾌락을 주는 것에 적응하기 때문에 어떤 변화를 통해 느낀 쾌락이 시간이 갈수록 줄어들고 다시 제자리로 돌아온다는 것이다. 이런 정서적 적응이 일어나는 이유는 크게 세 가지로 볼 수 있다(Hsee et al., 2008). 첫째는 정신물리학적인 습관화(habituation) 때문이다. 기본적으로 사람들은 특정 자극에 지속적으로 노출이 되면 그 자극에 둔감해진다. 두 번째는 주의가 분산 또는 희석되기 때문이다. 새로운 변화가 생기면 초기에는 그 일에 주의가 많이 집중되면서 그 일이 미치는 영향력이 크지만 시간이 지나면서 주의 자체가 다른 일로 분산되거나 희석되기 때문에 그 일의 영향력도 줄어들게 된다. 세 번째 이유는 일상화(ordinization)이다(Wilson, Meyers, & Gilbert, 2003). 정서적인 반응을 가져오는 사건이 일어나면 사람들은 왜 그 사건이 일어났는지 스스로에게 설명하는 과정에서 그 일을 합리화하게 되고 그러면서 그 일을 특별하지 않은 일상으로 보게 되면서 그 일의 정서적인 영향력도 줄어들게 된다.

Focus 더 많은 부의 축적과 물질적 욕망의 충족이 더 큰 행복을 가져다줄까?

더 많은 부가 행복을 가져다주지 않으며 물질적 욕망은 더 큰 물질적 욕망을 불러일으켜 결국 불행의 나락으로 떨어지게 만든다는 것을 잘 보여준 영화가 '더 울프 오브 월스트리트' 이다.

"돈 버는 것? 아주 간단해. 1달러짜리를 100달러에 팔 수 있는 정보를 안다고 슬쩍 흘려 봐. 그럼 모두가 돈을 싸들고 달려올 테니까."

영화 '더 울프 오브 월스트리트(2014년)' 는 주식 브로커 조던 벨포트의 자전적 소설 '월가의 늑대' 를 각색한 블랙코미디다. 실제 벨포트는 1990년대 주식거품을 유도한 뒤 차익을 내고 되파는 수법으로 억만장자가 된 전설적 인물이다. 영화는 숨 가쁘고 치열한 금융계에서 자신의 물질적 욕망을 채워가는 벨포트의 삶을 그리고 있다.

영화 초반 스물두 살의 청년 벨포트(레오나르도 디카프리오 분)는 그 꿈을 이루기에 가장 적절한 곳에서 등장한다. 바로 세계 금융시장의 중심, 월스트리트에서다. 1980년대 후반. 한 증권회사에 인턴으로 입사한 벨포트는 투자자로부터 전화 받는 일을 한다. 당시 미국 금융시장은 대형 기업공개(IPO)가 이어지며 장기호황을 누리던 때였다. 하지만 지금처럼 인터넷이 발달하지도, 정보가 널리 공유되지도 못하던 때였다. 그 틈을 파고든 것은 주식중개인들이었다. 영화 속 중개인들은 이렇게 말한다. "투자는 정글입니다. 황소(bull market · 상승장) 혹은 곰(bear market · 하락장) 같은 위험에 직면하죠. 전문가들이 금융 정글에서 당신을 안내할 것입니다."

벨포트의 회사에는 하루 수천 통의 전화가 걸려왔다. 중개인들은 주식거래를 성사시킨 뒤 수수료를 부지런히 챙겼다. "이런 기술을 갖춘 기업에 투자를 안 하면 바보죠. 마이크로소프트(MS) 주식 2만 주만 사두세요. 바로 부자가 됩니다." 오늘날 증권가 '찌라시'의 원형인 셈이다.

전화로 임의의 고객에게 접근해 상품을 판매하는 세일즈 방법을 콜드 콜(cold call)이라고 한다. 중개인과 투자자 간의 정보 비대칭성이 클수록(어느 한 쪽이 다른 쪽보다 우월한 정보를 갖고 있을수록) 성공할 가능성이 높아진다.

벨포트가 입사한 지 6개월째 되던 월요일, 증시 폭락이 시작됐다. 미국의 다우지수가 하루 만에 22.6% 하락한 것이다. 말 그대로 블랙먼데이(1987년 10월19일)였다. 한 달 후 벨포트가 일하던 증권회사는 문을 닫고 그는 일자리를 잃고 만다.

로버트 실러 예일대 교수의 '이상과열(irrational exuberance)론' 이 당시 상황을 잘 설명해준다. 블랙먼데이를 맞기 50여 일 전 다우지수는 사상 최고치를 기록했다. 연초 대비 주가 상승률이 40%에 달했다. 이 같은 분위기 속에서 대폭락의 조짐을 엿본 사람은 없었다. 너도나도 주식시장에 뛰어들었다. 다수가 한 쪽 방향을 확신할 경우 시장의 쏠림 현상은 가속화하고 거품이 부글부글 끓게 된다.

실직한 벨포트는 신문에 실린 구인광고를 보고 한 투자(주식중개)센터를 찾는다. 작고 허름한 그곳에는 시세판도, 컴퓨터도 없다. 그냥 돌아가려는 그에게 센터의 간부는 외친다. "블루칩(대형 우량주)을 팔아 가져갔던 수수료가 1%쯤 됐나? 우린 수수료가 50%라네."

그곳은 바로 페니 주식(penny stock)을 파는 곳이었다. 페니 주식은 값이 싸고 사람들에게 잘 알려지지 않은 작은 회사의 주식을 말한다. 블루칩과는 정반대다. 보통 투기성으로 장외시장에서 거래된다. 페니 주식은 리스크가 블루칩보다 훨씬 크지만 대박이 터질 가능성도 높다. 모 아니면 도, 하이 리스크(고위험) 하이 리턴(고수익)인 것이다.

벨포트는 이 페니 주식을 파는 데 천부적인 재능을 보인다. 어느 날 한 형제가 동네 헛간에서 레이더 감지기를 개발하고 있다는 소식을 듣고는 화려한 언변으로 주식을 팔아치운다. "자, 고급정보를 하나 드리죠. 국방 분야에서 최첨단을 달리는 회사가 있어요. 저희 애널리스트 분석결과 이 회사는 곧 폭풍 성장할 것입니다. 6,000달러만 투자하세요. 곧 6만 달러가 될 테니까요." 페니 주식 시장에서 돈 냄새를 맡은 벨포트는 동료들을 모아 페니 주식을 전문으로 중개하는 회사까지 차린다. 주가조작도 서슴지 않았다. 허위사실도 유포했다. 그로부터 4년 뒤, 그는 4,900만 달러의 자산을 가진 거물로 자리 잡았다.

그가 부자가 될 수 있었던 이유는 사람들의 내면에 자리 잡고 있는 물질적 욕망을 읽었기 때문이었다. 1달러로 100달러를 벌고 싶은 '일확천금'의 꿈은 누구에게나 있다. 그는 달콤한 말로 그 깊숙한 욕망을 자극하고 욕망이 더 커지도록 사람들을 중독시켰다. 벨포트는 그렇게 번 돈으로 별장과 요트를 사고 사치스러운 생활을 즐긴다.

하지만 기이하게도 물질적 욕망을 끊임없이 채워도 행복감이 찾아오지 않았다. 돈이 모든 것을 채워줄 수는 없었다. 더 강렬한 쾌락을 쫓기 시작한 벨포트는 마약과 술, 섹스에 빠진다. 한계효용체감의 법칙도 통하지 않았다. 보통 재화는 소비할 때마다 효용이 떨어지는 경우가 많다. 아이스크림 한 개를 먹었을 때의 효용이 열 개째 먹었을 때 효용보다 큰 것처럼 말이다. 하지만 벨포트의 돈은 끊임없이 더 많은 돈을 원했다. 머니 게임을 한다는 그 짜릿한 행위 자체에 중독돼 버린 것이다.

온갖 불법적 거래와 부정한 방법으로 막대한 부를 손에 쥔 벨포트는 결국 주가조작 혐의로 체포되어 교도소에서 30여 개월을 복역하게 된다. 출소 후 벨포트는 자신의 특기인 화려한 언변과 수완을 바탕으로 세일즈 전문가로 변신하고 재기에 성공한다.

영화의 마지막 부분에는 벨포트가 '상품을 잘 파는 법.'에 대해 강연을 하기 위해 TV쇼 강단에 서는 모습이 그려진다. 카메라는 벨포트의 강연에 참석한 관객들의 상기된 얼굴을 자세히 비춘다. 교주의 연설을 듣는 종교단체의 회원들처럼 무섭게 집중한 표정이다. 관객들의 얼굴이 젊은 시절의 벨포트와 오버랩되면서 영화는 끝을 맺는다.

자료원: 한국경제, 2014. 9. 1.

한편 Dunn, Gilbert와 Wilson(2011)은 정서적 예측에 관한 기존연구들을 토대로 사람들이 종종 행복을 극대화하지 못하는 방식으로 돈을 사용하는 이유를 설명하고 행복을 증대시키는 방향으로 돈을 쓰는데 도움이 될 원칙들을 제시했는데, 다음에는 그 중 몇 가지를 소개한다.

원칙 1. 물건이 아니라 경험을 구매하라.

'밖에 나가서 기분을 좋게 해 줄 물건을 사봐.' 이는 우울해 있는 친구들에게 우리가 종종 건네는 위로의 말이다. 이러한 조언은 좋은 의도로 이루어진 것이지만, 연구결과에 따르면 사람들은 종종 물건이 아니라 경험에 돈을 지출할 때 더 행복감을 느낀다. 2015년 3월 외신들은 구글의 최고재무책임자(CFO)인 파트리크 피셰트가 회사를 떠난다고 보도했는데, 그 이유는 아내와 마음대로 여행을 하기 위해서였다. 그는 구글의 SNS(소셜네트워킹서비스)인 구글플러스에 올린 글을 통해 "아내에게 '배낭을 챙겨 길 떠나는 걸 더 미뤄야 한다'고 말할 만한 이유를 찾을 수 없었다,"며 퇴직을 결심한 이유를 설명하였다. 그는 2014년 9월 아프리카 여행 중에 킬리만자로산(山) 정상에서 아프리카 여행 다음에는 인도와 히말라야를 계속 여행하자는 아내의 제안을 거절한 뒤 "도대체 우리가 함께 행복을 즐길 시간은 언제냐"는 아내의 질문이 마음에 걸려 고민했던 사실을 고백하였다.

사람들은 가처분 소득 중 상당부분을 경험과 재화구매에 지출한다. 그러면 경험에 대한 투자와 재화구매 중 어느 것이 행복을 증대시키는데 더 큰 기여를 할까? 최근 이에 관해 많은 연구들이 이루어지고 있는데, Van Boven과 Gilovich의 연구가 대표적이다.

Van Boven과 Gilovich(2003)는 구매유형을 경험적 구매와 물질적 구매로 구분하였다. 이러한 구분은 개인들이 가처분 소득을 어떻게 배분하여 소비할 것인지를 결정하는데 도움을 줄 수 있다. 그들은 주로 삶의 경험, 즉 특정 이벤트나 일련의 이벤트를 얻기 위한 의도로 이루어지는 구매를 **경험적 구매**(experiential purchases)로, 그리고 소유물로 간직할 수 있는 유형재를 얻기 위한 구매를 **물질적 구매**(material purchases)로 정의하였다. Van Boven과 Gilovich는 삶의 경험에 투자하는 것이 유형적 재화를 구입하는데 투자하는 것에 비해 사람들을 더 행복하게 만드는 지를 연구하였다. 이를 위해 설문 연구 참가자들에게 100달러 이상의 돈을 투자한 가장 최근의 경험적 구매 혹은 가장 최근의 물질적 구매에 대해 서술하도록 한 다음 이러한 구매가 자신들을 얼마나 행복하게 만들었는지 평가하도록 하였다. 구체적으로 경험적 구매조건에 무작위로 할당된 응답자들은 가장 최근에 이루어진 100달러 이상 상당의 경험적 구매에 대해 생각하도록 요청받았다. 그리고 경험적 구매는 주로 삶의 경험, 즉 당신이 일상생활에서 개인적으로 겪는 이벤트나 일련의 이벤트를 획득하기 위해 지출되는 것이라고 설명했다. 물질적 구매조건에 할당된 응답자들은 가장 최근에 이루어진 100달러 이상 상당의 물질적 구매에 대해 생각하도록 요청받았다. 그리고 물질적 구매는 주로 유형적 소유물, 즉 계속 소장할 수 있는 유형재를 얻기 위한 의도로 돈이 지출되는 것이라고 설명하였다. 그런 다음 응답자들은 이러한 구매가 자신을 얼마나 행복하게 만들었는지 평가하였다. 연구자들은 응답자에게 "당신이 이 구매에 대해 생각할 때, 당신은 얼마나 행복합니까?"를 질문하고 '1점(전혀 행복하지 않음) – 5점(꽤 행복함) – 9점(매우 행복함)'의 9점 척도 상에서 표시하도록 하였다. 또한 연구자들은 응답자들에게 "이 구매가 당신의 삶의 행복에 어느 정도 기여했습니까?"라고 질문한 후 1점(전혀 아님) – 5점(적당한 수준에서) – 9점(매우 많이)의 9점 척도 상에 표시하도록 하였다. 예상한대로 경험적 구매를 평가하도록 요청받는 응답자들이 물질적 구매를 평가하도록 요청받은 응답자들에 비해 더 큰 행복감을 느끼는 것으로 나타났다. 즉 과거에 이루어졌던 물질적 구매에 비해 과거에 했던 경험적 구매에 대해 곰곰이 생각할 때 사람들은 기분이 더 고양되는 것(elevated mood)을 경험했다. 이는 경험적 구매가 더 오랫동안 지속되는 쾌락적 혜택을 제공함을 시사한다.

표 11-3 최근 구매(지난달에 이루어진 경험적 구매와 물질적 구매)에 대한 응답자의 평가

측정항목	구매유형	
	경험적 구매	물질적 구매
해당구매에 대해 생각하는 것이 당신을 얼마나 행복하게 만들었는가?	7.51	6.62
해당구매가 전반적인 삶의 행복에 얼마나 공헌했는가?	6.40	5.42

경험에 대한 투자가 물건의 소유보다 사람들을 더 행복하게 만드는 이유는 세 가지를 들 수 있다.

첫째, 경험은 시간이 흐를수록 더욱더 긍정적으로 다가온다. 수 년 전 LG전자 김 이사는 고등학교 동창들과 가평행 자전거 하이킹에 참가한 적이 있다. 그 하이킹은 부실한 그의 체력과 갑작스러운 장대비 등으로 끔찍스러운 경험이었다. 객관적으로 보면 이 여행은 즐거웠던 경험은 아니었다. 순간순간의 경험은 상당히 고통스러웠다. 그럼에도 불구하고 김 이사는 이 여행을 회고할 때마다 매우 좋은 감정을 경험하며, 그 자전거 여행하기를 잘했다고 생각한다. 경험은 종종 이런 느낌을 갖게 한다. 경험을 한 시점에는 전혀 즐겁지 않았다고 하더라도 우리는 이를 회상할 때마다, 즉 그때의 기억을 떠올리고 이에 대해 다른 사람들에게 이야기를 할 때마다, 즐거운 감정을 경험한다. 경험의 즐거움을 음미하는데 방해가 되고 짜증스럽게 만들었던 자질구레한 일들을 망각함에 따라, 과거경험에 대한 기억은 더욱 강해지고 긍정적으로 재구성된다. 이에 따라 과거경험은 그 당시 실제경험보다 이를 회상할 때 더 좋아 보인다. 이에 반해 물질적 소유물은 이와 동일한 특성을 갖기 어렵다. 주관적 안녕감에 대한 연구에서 얻어진 주요 결론 중 하나는 사람들은 물질적 소유가 주는 기쁨에 빠르게 적응하며 물질적 소유물은 지속적인 즐거움(pleasure)을 주지 못한다는 것이다. 경험이 물질적 소유물에 비해 시간이 흐를수록 더 좋아지는 주요 이유 중 하나는 경험이 물질적 소유물에 비해 추상적 수준에서 긍정적 해석(favorable construals)을 할 기회를 더 많이 제공하기 때문이다. 가령 박물관 방문은 새로운 T셔츠를 구매하는 것에 비해 문화를 학습한다거나 교양 있는 사람이 된 것 같다는 보다 상위수준에서의 긍정적인 의미를 갖게 할 수 있다. 이러한 보다 고차원적이고 깊은 수준의 의미부여는 시간이 지나면서 더 이루어지게 된다.

해석수준이론에 의하면 사람들은 시간적으로 먼 미래나 과거의 관점을 취할 경우에 보다 상위수준의 추상적 특성들을 토대로 대상물을 해석하며, 시간적으로 가까운 미래의 관점을 취할 경우에는 보다 하위수준의 구체적 특성들을 토대로 대상물을 해석하는 경향을 보인다(Trope & Liberman, 2003).

이러한 현상은 물질적 소유물보다는 경험에 대한 해석과 평가에서 더 강하게 일어난다. Van Boven과 Gilovich(2003)가 수행한 한 연구에서 조사 참가자들은 경험적 구매와 물질적 구매로 구성된 다양한 쌍의 선택대안에서 하나를 선택하도록 요구받았다(가령 외식하는 것과 새로운 셔츠를 구매하는 것). 그리고 두 가지 구매대안으로 구성된 각각의 쌍에 대해, 어느 대안이 더 큰 행복감을 주는지를 표시하도록 했다. 행복감을 표시함에 있어 참가자들은 시간적으로 거리가 먼 관점(앞으로 1년 후 대안을 선택하는 상황 혹은 과거 1년 전에 대안을 선택한 상황을 상상하도록 함) 혹은 시간적으로 거리가 가까운 관점(다음 날 대안을 선택하는 상황을 상상하도록 함)을 취하도록 요구받았다. 참가자들은 시간적으로 거리가 가까운 관점을 취할 때보다 시간적으로 거리가 먼 관점을 취할 때 경험적 구매가 물질적 구매보다 자신들을 더 행복하게 만든다고 생각했다.

둘째, 경험적 구매는 자신에게 불리한 사회적 비교를 할 가능성을 줄여준다. 사회적 비교는 객관적으로 볼 때 긍정적인 사건에 대해 부여하는 주관적 가치를 감소시킬 수 있다. 가령 봉급인상, 주택소유, 혹은 새로운 승용차 구매 등의 긍정적 사건이 일어나더라도, 주변의 다른 사람들이 자신보다 봉급이 더 많이 인상되었거나 더 큰 주택을 소유하거나 더 멋있는 승용차를 갖고 있다면, 덜 만족스럽고 경우에 따라 실망감을 느낄 수 있다. 우리는 고급사양을 갖춘 신형 쏘나타 모델의 품질이 매우 우수하기 때문에 만족감을 느끼고 있다가도 옆집 이웃이 새로 구매한 4륜구동의 Audi 신형 모델이 더 멋있고 비싸다는 사실 때문에 기가 죽고 초라하게 느끼기도 한다.

물질적 소유물과 대조적으로 경험적 구매는 사회적 비교를 할 가능성을 줄여준다. Solnick과 Hemenway(1998)는 응답자들에게 살아가면서 경험할 수 있는 다양한 유형의 가상적 세계들을 제시한 다음 이러한 대안을 얼마나 선호하는지를 묻는 설문조사를 실시했다. 한 질문에서 응답자들에게 다른 사람이 25,000달러를 벌고 자신은 50,000달러의 연소득을 버는 경우와 다른 사람이 200,000달러를 벌고 자신이 100,000달러의 연소득을 버는 경우 가운데 어느 것을 선호하는지를 물었다(상품구입 가격 및 구매력은 동일한 것으로 가정함). 조사결과 응답자 중 거의 절반이 상대적 지위를 반영한 선택대안을 선호했다. 즉 절대금액은 더 적지만(절대적 비교열위) 자신의 동료보다 연소득이 2배 더 높은(상대적 비교에서 비교우위를 제공함) 선택대안을 선호하는 것이다. 얼마의 봉급을 받는 것이 객관적으로 더 가치가 있는지는 물을 필요도 없이 명확하다. 즉 100,000달러가 50,000달러보다 2배의 가치가 더 있다. 그럼에도 불구하고 많은 응답자들이 더 적은 금액의 연소득을 벌더라도 그 금액이 동료보다 더 많다면 이 선택대안을 선호하는 것이다.

이제 동일한 설문조사에 포함된 다른 질문에 대한 응답자들의 반응을 살펴보자. 다른 사람은 연 1주일간의 휴가를 갖고 자신은 연 2주의 휴가를 갖는 경우와 다른 사람은 연 8주의 휴가를 갖고 자신은 연 4주의 휴가를 갖는 경우 중 어느 선택대안을 더 선호하는지를 응답자들에게 물었다. 이번 경우는 응답자 중 15%만이 상대적 지위를 반영한 대안(즉 연 2주의 휴가)을 선호했다. 봉급과 관련된 질문에 대한 응답과는 달리 대다수 응답자들(85%)이 비록 동료들이 자신보다 2배 더 많은 휴가기간을 갖는다고 하더라도 더 긴 시간의 휴가를 갖는 것을 선호했다. 봉급에서의 상대적 위치와 휴가시간에서의 상대적 위치에 대한 선호가 다르게 나온 것은 사람들이 경험(즉 휴가)에 대해서는 자신의 상대적 지위를 별로 생각하지 않으며 그 결과로 상대적으로 사회적 비교를 덜 한다는 것을 시사한다.

셋째, 경험은 물질적 소유물보다 더 많은 사회적 가치를 갖는다. 경험은 물질적 소유에 비해 사회적 관계를 강화시킬 가능성이 더 높다. 그 이유 중 하나는 경험은 본질적으로 물질적 소유물보다 더 친사회적이기 때문이다. 우리는 다른 사람들과 함께 외식하고, 스키 타러 가고, 여행을 한다. 스웨터와 신발을 구매해 사용하는 것과 오디오제품을 구매하는 것은 혼자 즐기기 위한 의도가 더 높다. 다른 이유로는 물질 지향적 사람들에 대한 부정적 고정관념과 경험 지향적 사람들에 대한 긍정적 고정관념 때문에 경험에 돈을 쓰는 것이 물질적 소유물에 돈을 쓰는 것보다 바람직한 소비자로 간주된다는 것을 들 수 있다. Van Boven과 Gilovich(2003)는 실험참가자들에게 두 명의 대학생에 대한 프로필을 읽고 이에 대해 평가하게 하는 연구를 수행하였다. 두 대학생의 선호와 신념 체계에 대한 정보를 읽는 과정에서 실험참가자들은 한 학생은 물질적 소유물에 여유 돈의 대부분을 투자하는 반면 다른 학생은 삶을 경험하는데 여유 돈의 대부분을 투자하는 것을 알게 되었다. 그 이후 두 대학생에 대해 어떤 인상을 갖고 있는지를 물었을 때, 참가자들은 물질 지향적 학생보다는 경험 지향적 학생에 대해 더 호의적인 인상을 갖고 있는 것으로 응답했다.

물질 지향적 사람에 대한 부정적 고정관념은 일상에서 이루어지는 타인과의 대화에서도 상대방에 대한 인상을 형성하는데 강한 영향을 미친다. Van Boven과

Gilovich(2003)의 연구에서 연구자들은 실험 참가자들로 하여금 알지 못하는 어떤 학생과 대화를 나누도록 했다. 무작위로 할당된 한 참가자 집단에게는 자신이 행복감을 느꼈던 경험적 구매에 대해 그 학생과 대화를 나누도록 했고 다른 참가자 집단에게는 자신이 행복감을 느꼈던 물질적 구매에 대해 대화를 나누도록 했다. 대화를 마친 후 경험적 구매에 대해 대화를 나눈 참가자들이 물질적 구매에 대해 대화를 나눈 참가자들에 비해 대화를 나눈 상대방에 대해 더 호의적인 인상을 형성하고, 그를 더 좋아하고, 대화 상대방과 친구가 되고 싶다는 생각을 더 많이 가지고, 대화를 더 많이 즐겼다고 응답했다. 사람들이 물질적 구매에 대해 대화를 나눌 때 보다는 경험에 대해 대화를 나눌 때 더 즐거움을 느낀다는 사실은 경험이 물질적 소유물에 비해 사회적 관계를 강화하는데 더 도움이 된다는 것을 설명하는 또 다른 이유가 된다. 사람들은 경험에 대해 얘기할 때 더 재미를 느낀다. 경험은 물질적 소유물에 비해 도입부, 본론, 결말로 구성되는 이야기 구조를 가질 가능성이 더 많다. 따라서 경험에 대해 얘기하는 것이 물질적 소유물에 대해 얘기하는 것보다 대화를 즐기는 데 있어 더 나은 원천이 된다. 사람들이 즐겁지 않은 대화를 나누는 상대방보다는 즐거운 대화를 나누는 상대방을 더 좋아한다면, 물질적 소유물보다는 경험에 대한 이야기를 나누는 것이 사회적 관계를 강화하는데 기여할 것이다.

앞에서 언급했듯이 사람들은 물건을 구매하고 소유하는 것보다는 경험을 소비할 때 더 큰 행복을 느낀다. 그러면 세계 최고의 기타리스트이자 가수인 에릭 클랩튼(Eric Clapton)의 내한공연을 관람하는 것과 카페에 들러 맛있는 커피를 마시며 음악을 감상하는 것 중 어느 편이 더 큰 행복을 가져다줄까? 일생에 한번 있을 법한 특별한 경험(extraordinary experiences)과 일상적이지만 자주 만날 수 있는 소소한 경험(ordinary experiences) 중 어느 쪽이 더 행복할지에 대한 궁금증이다. Bhattacharjee와 Mogilner(2013)의 연구에 의하면 특별한 경험과 소소한 경험 모두가 행복을 가져다주지만, 이들이 주는 행복감의 차이는 나이에 따라 달라질 수 있다. 알래스카 크루즈 여행 같은 특별한 경험은 나이에 상관없이 큰 행복을 가져다준다. 이에 반해 친한 친구나 가족들과 커피를 마시고 담소를 나누는 일과 같은 일상에서 일어나는 소소한 경험이 주는 행복감은 젊은 사람들보다는 나이든 사람들에게 훨씬 더 큰 것으로 나타난다.

소소한 경험이 가져다주는 행복의 크기가 나이에 따라 차이가 나는 것은 행복에 대해 서로 다른 정의를 내리기 때문이다(Mogilner, Kamvar, & Aaker, 2011). 젊은 사람들은 활기참, 열정 같은 높은 환기수준의 감정을 경험할 때 행복하다고 느끼는 반면 나이든 사람들은 차분함, 평화로움, 따뜻함 같은 환기수준이 낮은 감정을 경험할 때 행복을 느끼는 경향을 보인다. 앞으로 자기에게 남아있다고 느끼는 시간의 양에서 차이를 보이기 때문인데, 젊은 사람들은 자신의 미래가 멀리까지 펼쳐져 있다고 생각하는 반면 나이든 사람들은 미래가 얼마 남지 않았다고 생각한다. 따라서 나이에 따라 행복을 얻기 위해 개인이 추구하는 목표가 달라지는 것이다. 남아 있는 시간이 많다고 생각하는 젊은이들은 미래를 설계하고 준비하는데 삶의 목표를 두는 반면 나이든 사람들은 시간이 얼마 없다는 생각에 현 상황에서 정서적인 만족감을 얻는 것을 최우선의 목표로 삼는 경향이 생긴다. 결국 젊은 사람들은 새로운 사람들을 사귀고 새로운 정보를 탐색하고 흥분과 짜릿함을 가져다주는 소비를 하면서 더 큰 행복감을 느끼지만, 나이든 사람들은 이미 맺어진 사회적 관계를 유지하고 친숙함과 평온함을 느낄 수 있는 소비생활을 추구하며 행복해한다.

원칙 2: 자신보다는 다른 사람들을 돕는데 시간과 돈을 투자하라.

인간은 지구상에서 가장 사회적인 동물이다. 이러한 이유로 인해 다른 사람과의 관계를 향상시키기 위해 우리가 하는 거의 모든 일이 우리의 행복을 향상시키며, 이에는 다른 사람들을 위해 돈을 사용하는 것도 포함된다. Dunn, Aknin과 Norton(2008)은 전국을 대표하는 미국인 표본을 대상으로 그들의 행복수준을 평가하고, 매달 통상적으로 ① 서비스 이용료와 경비 ② 자신을 위해 구입한 제품 ③ 타인을 위해 구입한 선물, 그리고 ④ 자선단체 기부금 등에 돈을 얼마나 지출하는지에 대해 말해줄 것을 요청했다. 연구자들은 첫 번째 두 범주를 합해 개인적 용도 지출지수를 만들고, 나머지 두 범주를 합산해 친사회적 용도 지출지수를 만들었다. 개인적 지출은 행복과 별 관련이 없었지만, 친사회적 지출에 더 많은 돈을 사용한 사람들은 더 행복감을 느꼈다.

그들이 실시한 실험에서도 이와 유사한 결과가 나타났다. 연구자들은 캐나다의 한 대학 캠퍼스에 있는 사람들에게 다가가 5달러 혹은 20달러를 건낸 다음 그

날 저녁까지 자신을 위해 돈을 사용하는 조건과 남을 위해 돈을 사용하는 조건에 무작위로 참가자들을 할당했다. 저녁 무렵 참가자들을 다시 만났을 때, 공짜로 얻은 돈을 남을 위해 사용하도록 하는 실험조건에 할당된 참가자들이 자신을 위해 그 돈을 사용하도록 하는 조건에 할당된 사람들보다 더 행복감을 느끼는 것을 확인할 수 있었다.

친사회적 지출이 안녕감과 행복에 큰 도움을 주는 이유는 무엇일까? Diener와 Seligman(2002)은 강력한 사회적 관계는 행복 경험에 매우 중요한데, 친사회적 용도로 이루어지는 지출은 이러한 사회적 관계 강화에 큰 영향을 미친다고 주장한다. 한 연구에 따르면 로맨틱한 파트너로부터 선물을 받는 것은 둘 사이의 관계가 오래 지속되어 결혼으로까지 이어질 것이라는 느낌을 갖게 만드는 것으로 나타났다(Dunn, Huntsinger, Lun, & Sinclair, 2008). 또한 친구나 로맨틱한 파트너를 위해 돈을 쓰는 것은 긍정적인 자아표현을 할 수 있는 기회를 제공하며, 이러한 방식의 자아표현은 기분을 좋게 만든다. 자선단체에 기부하는 것도 이러한 긍정적 자아표현을 용이하게 할 수 있는 방법 중 하나이다. 대다수의 기부행위가 수혜자(가령 교회, 예술단체 등)와 직접 연결된 개인들에 의해 이루어지기 때문에 자선단체 기부는 사회적 관계를 개발/강화하는데 큰 도움이 될 수 있다.

원칙 3: 소수의 큰 기쁨 대신 여러 개의 작은 기쁨들을 구입하라.

인생에서 인정하고 싶지 않은 슬픈 진실 중 하나는 정말 멋진 일도 처음 경험할 때는 매우 큰 기쁨을 주지만 그것이 반복될수록 그 즐거움이 시들해진다는 것이다. 여러분의 아이가 처음으로 '맘마'라고 말하는 순간, 또는 여러분의 여자 친구가 처음으로 '사랑해'라는 말을 하는 순간 여러분은 정말 감격했을 것이다. 그러나 그 일이 반복되면 사람들은 재빠르게 그 상황에 적응하게 되어 즐거움의 강도가 점점 줄어들게 된다.

적응화란 죽음과 약간 비슷하다. 우리는 죽음을 두려워하고, 이에 맞서 싸우고, 때로는 이를 극복하기도 하지만 종국에는 항상 죽음과의 싸움에서 지고 만다. 죽음과 비슷하게, 우리가 적응을 불가피한 것으로 받아들이면 여러 가지 혜택을 얻을 수 있다. 우리는 돈으로 갖고 싶은 많은 것을 구입할 수 있다. 그러나 이러한 소유의 기쁨은 오래 가지 못하고 바쁜 일상생활에서 일어나는 이런저런 일들로 인해 언제 그런 기쁨을 경험했는지 모를 정도로 기억 속에 묻혀 버리고 만다. 이처럼 우리가 돈으로 살 수 있는 가장 큰 기쁨에 곧 적응하게 된다면, 큰 기쁨을 가져다주는 대형(돈이 많이 드는) 구매(가령 스포츠카, 호화여행, 유명 콘서트 로얄석 티켓 등)에 돈을 쓰는 대신 작은 기쁨을 주는 다양한 것(가령 더블 라테, 매니큐어/페디큐어 서비스, 예쁜 면양말)을 자주 구매해 즐기는 것이 차라리 나을 수 있다.

이러한 제안은 대형구매가 나쁘다는 것을 의미하는 것은 아니다. 그러나 돈을 무한히 쓸 수 없는 한, 우리는 한정된 재무자원을 훨씬 더 사랑스러운 것을 가끔 구매하는 것보다는 상대적으로 조금 덜 사랑스러운 것들을 자주 구매하는 것이 구매의 즐거움에 쉽게 적응하는 우리의 성향을 가지고 계속 행복을 느끼는데 더 나은 방법일 수 있다. 사실 행복이 사람들이 경험하는 긍정적 감정의 강도(intensity)보다는 긍정적 감정경험의 빈도와 더 강하게 연결되어 있다는 것은 여러 영역에서 나타난다. 예를 들어, 성적 관계를 갖는 사람들이 갖지 않는 사람들에 비해 더 행복하다는 것은 예상할 수 있는 일이다(Blanchflower & Oswald, 2004). 그러나 일 년 동안 성적 관계를 갖는 파트너의 적정 수가 1명이라는 조사결과에 대해서는 어떤 사람들은 놀랄 수 있다. 한 명의 성적 파트너를 가진 사람들이 많은 파트너를 가진 사람들에 비해 더 행복한 이유는 무엇일까? 그 이유 중 하나는 여러 명의 파트너는 가끔 짜릿한 경험을 갖게 하지만 1명의 정기적인 파트너는 주기적으로 즐거운 경험을 갖게 해주기 때문이다. 2주에 한 번 회전목마를 타는 것이 일 년에 한번 롤러코스터를 타는 것보다 행복경험에서 더 나을 수 있다.

작은 기쁨을 자주 즐기는 것이 큰 기쁨을 가끔 즐기는 것 보다 나은 이유는 전자에 대한 행복감의 적응화 속도가 훨씬 느리기 때문이다. 사람들은 쉽게 이해할 수 있고 설명할 수 있는 사건에 대해서는 빠르게 적응화가 이루어진다. 그리고 왜 즐거움을 주는지 이해하기 어렵고 설명하기 어려운 사건에 대해서는 적응화가 느리게 이루어진다. 적응화가 상대적으로 느리게 일어나는 사건이 갖고 있는 대표적 특징에는 진기함(과거에 경험해 본 적이 없는 사건), 놀라움(일어날 것으로 기대하지 않은 사건), 불확실성(어떤 팀이 이길지 모르는 야구경기 같이 결과가 어떻게 될지 알 수 없는 사건), 변동성(variability; 계속 변화가 일어나는 사건) 등이 있다. 이러한 특성을 가진 사건들은 그 사건의 성격을 이해하기가 힘들어 사람들은 이 사건들에 더 많은 주의를 기울이며 적응화가 천천히 이루어진다.

그런데 작은 기쁨을 주는 것이 큰 기쁨을 주는 것보다 이러한 특성을 갖고 있을 가능성이 더 높다. 일이 끝난 후 친구들과 맥주를 마시는 것은 매번 같지 않을 수 있다. 이번 주는 체코산 Pale Ale을 새로 마셨고, 지난주는 친구가 데려온 새로 사귄 여자 친구와 함께 맥주를 마셨을 수 있다. 그러나 새로 구입한 값비싼 식탁은 지난주와 마찬가지 이번 주도 동일한 모습으로 그대로 놓여있기 때문에 더 이상 별다른 감흥을 주지 않는다. 작은 기쁨을 자주 갖는 것은 매번 다른 경험이므로, 이러한 기쁨은 이에 대한 적응을 방지할 수 있다. 작은 기쁨이 갖는 또 다른 이점은 한계효용체감 법칙의 영향을 덜 받는다는 것이다. 여기서 한계효용체감이란 기쁨의 한 단위 증가에 따른 쾌락적 가치 증가량은 그 이전에 발생되었던 기쁨의 한 단위 증가에 따른 쾌락적 가치 증가량에 비해 체감되어 증가하는 것을 가리킨다. 12온스의 쿠키를 먹는 것은 6온스의 쿠키를 먹으면서 얻는 기쁨의 2배에 해당하지 않는다. 왜냐하면 먹은 쿠키양의 처음 X%가 주는 쾌락적 즐거움은 X% 이상이기 때문이다. 따라서 사람들은 조금씩 여러 번 쿠키를 먹는 방식으로 즐거움을 주는 경험을 작게 쪼개거나 여러 개로 나눔으로써 한계효용체감을 해결할 수 있다. 즉 서로 다른 날짜에 두 번에 걸쳐 6온스씩 쿠키를 나누어 먹는 것이 한 번에 쿠키 12온스를 모두 먹는 것 보다 효용측면에서 더 나을 수 있다. 연구결과에 의하면 사람들은 본능적으로 한계효용체감의 원리를 어느 정도 이해하고 있는 것으로 나타난다. 가령 사람들은 75달러 복권에 한번 당첨되는 것보다 25달러 복권에 당첨되고 그 이후에 50달러 복권에 다시 당첨되는 것을 더 선호한다(Thaler, 1985, 1999; Thaler & Johnson, 1990). 한계효용체감의 원리는 초콜릿을 먹는 것, 좋은 학점을 받는 것, 다른 사람들과 즐거운 대화를 나누는 것 같은 화폐와 무관한 경험에도 적용된다.

원칙 4: 지금 비용을 지불하고 그 이후에 소비하라

신용카드회사들은 '지금 소비하세요. 그리고 대금은 나중에 지불하세요.'라고 외치면서 고객을 유혹한다. 그리고 지금의 소비자들은 iTunes를 통해 음악과 영화를 그 자리에서 다운로드 받거나 Amazon을 통해 책에서 장신구에 이르기까지 모든 물건을 주문당일에 배달받을 수 있는 등 그 어느 때보다 자신의 욕망을 보다 신속하게 충족시킬 기회를 제공받고 있다.

즉각적인 즐거움과 대금지불 연기가 가능한 시대의 출현은 우리의 경제시스템을 근본적으로 변화시켰고, 이러한 변화는 두 가지 주요 방식으로 우리의 웰빙 수준을 손상시켰다. '지금 소비하고 나중에 대금을 지불한다'는 휴리스틱은 빚이 산더미같이 쌓이고 은퇴를 대비한 저축을 별로 하지 않는 등 사람들을 근시안적으로 행동하게 만든다. '지금 소비하고 나중에 지불한다'는 휴리스틱이 나쁜 생각인 또 다른 이유는 이 휴리스틱이 무료로 얻을 수 있는 행복의 원천인 기대 혹은 예상(anticipation)의 즐거움을 앗아간다는 것이다. 쿠키를 사서 곧바로 먹는 사람은 그 소비로부터 X단위의 즐거움(pleasure)을 얻을지 모르지만, 나중에 먹기 위해 쿠키를 간직한 소비자는 결국 먹으면서 얻게 될 X단위의 즐거움에다 미래에 먹을 일을 상상하면서 얻는 즐거움을 추가적으로 얻게 된다. 연구에 따르면 사람들은 사건 자체가 전적으로 즐거운 일이 아니라고 하더라도 다가올 사건을 기대(예상)하는 과정에서 상당한 즐거움을 경험할 수 있다. 유럽여행에서부터 캘리포니아 자전거 여행에 이르기까지 세 가지 서로 다른 휴가여행을 분석한 연구에서 사람들이 휴가여행을 실제로 경험하는 동안보다는 경험하기 전에 그 휴가여행을 보다 더 긍정적인 관점에서 바라본다는 것이 보고되었다(Mitchell, Thompson, Peterson, & Cronk, 1997). 이러한 연구결과는 기대 혹은 상상이 때로는 현실에 의해 전혀 때묻지 않았다는 이유 자체만으로 실제 소비에 비해 더 큰 즐거움을 제공할 수 있음을 시사한다. 따라서 즐거운 경험을 기대(예상)하는데 시간을 많이 사용하는 사람들이 일반적으로 더 행복감을 느낀다고 한다.

소비를 미루는 것은 상상의 즐거움이라는 혜택을 줄 뿐 아니라 다음과 같은 두 가지 방식으로 행복감을 촉진시킨다. 첫째, 소비를 미루는 것은 소비자가 선택할 대안을 변경시킬 기회를 제공한다. 사람들이 지금 바로 소비할 목적으로 재화를 선택할 경우에는 살찌게 만드는 고열량 식품과 저급한 오락물을 구매하는 나쁜 습관에 빠질 가능성이 있으며, 이러한 쾌락적 행동이나 나쁜 습관은 즉각적인 기쁨을 줄지는 모르지만 장기적으로 웰빙에 부정적 영향을 미치며 그러한 행동의 결과로 값비싼 대가를 계속 치르게 만들 수 있다. 이와 대조적으로 소비를 미루는 것은 올바른 행동을 취할 가능성을 높이고, 지금 당장에 주는 즐거움(쾌락)은 덜할지 모르지만 더 오랜 기간 지속되는 웰빙을 가져다 줄 것이다. 예를 들어, 사과, 바나나, 감자튀김, Snickers 초콜릿 바 등이 진열된 곳에서 한 가지 스낵제품을 선택하도록 요청받았을 때, 지금 바로 소비하기 위해 선택하도록 한 조건에서는 상당수 사람들이 몸에 안 좋은 스낵제품을 선택했지만 다음 주에 소비할 스낵제품을 선택하도록 한 조건에서는 상대적으로 몸에 더 좋은 대안을 선택하는 경향을 보였다(Read & Van Leeuwen, 1998). 사람들은 현재 시점의 소비를 정서적 확대경(emotional magnifying glass)을 쓰고 바라보는 경향이 있기 때문에 지금 당장 소비하는 상황에서는 나트륨과 당분이 함유되어 포만감을 주는 스낵제품을 먹고 싶은 유혹에 빠지는 반면 배를 채우는 일이 미래로 미루어질 때는 더 이상 이러한 유혹이 크지 않기 때문에 사람들은 이러한 유혹에서 벗어나 보다 건강에 이로운 대안을 선택하며 땅콩과 초콜릿이 들어간 초콜릿 바의 달콤한 맛이 주는 구체적인 즐거움(쾌감)에 못지않게 바나나가 가져다 줄 건강이라는 추상적 혜택에 대해서도 음미할 수 있다.

소비를 미루는 것이 행복을 촉진시킬 수 있는 두 번째 이유는 소비를 미루는 것이 불확실성을 만들기 때문이다. 구매를 하기 전에 소비자들은 어떤 제품을 선택할지, 어떤 특성을 가진 제품일지, 그리고 그 제품을 어떻게 사용할지 등에 대해 어느 정도의 불확실성에 직면한다. 이러한 불확실성은 제품에 계속 주의를 기울이게 함으로써 적응화 과정을 지체시키는데 도움이 될 수 있다. 가령 ToysRUs를 엄마와 함께 방문한 한 어린이가 장난감 비행기와 물총을 가지고 싶어 만지작거리고 있는 상황을 고려해 보자. 만약 엄마가 장난감 두 개를 모두 사주겠다고 한다면, 그 소년은 곧바로 즐거움(쾌락)을 경험할 것이다. 그러나 엄마가 그 다음 날 매장에 들러 두 가지 장난감 중 하나를 사주겠다고 소년에게 말한다면 구매에 따른 기쁨이 더 오랫동안 지속될 수 있을 것이다. 이러한 아이디어를 실증분석을 통해 증명해 보이기 위해 Kurtz, Wilson과 Gilbert(2007)는 실험에 참가한 학부생들에게 Godiva초콜릿, 커피 잔, 1회용 카메라 같은 작은 선물을 받을 것이라고 말해주었다. 실험이 시작될 때, 확실한 실험조건에 할당된 참가자들에게는 어떤 선물을 받게 될지 알려 주었다. 그리고 불확실한 조건에 할당된 참가자들에게는 실험이 끝날 때까지 어떤 선물을 받게 될지 알려주지 않았다. 확실한 실험조건에 할당된 참가자들에 비해 어떤 선물을 받게 될지 불확실한 조건에 할당된 참가자들이 선택대안으로 주어진 선물들의 사진을 살펴보는데 더 많은 시간을 보냈고 실험시간 동안 흥분된 기분을 더 오래 유지했다. 실제로 실험이 끝난 후 불확실한 실험조건에 할당되고 한 개의 선물만을 받은 참가자들이 확실한 실험조건에 할당되고 두 개의 선물을 받은 참가자들보다 더 큰 행복감을 느꼈다. 그러나 실험을 시작하기 전에 참가자들에게 실험조건에 대해 자세하게 설명을 해주었을 때, 대다수 사람들은 확실한 조건일 경우에 더 큰 행복감을 느낄 것으로 예상했다. 따라서 앞에서 언급한 ToysRus 매장에 있던 어린이는 엄마가 내일 어떤 장난감을 사줄지를 알게 되면 행복할 것으로 (잘못) 생각해 자신에게 이에 대해 미리 알려줄 것을 간절히 바랄 것이다. 그러나 현명한 엄마는 아무 말도 하지 않고 비밀에 부침으로써 자기 아들이 물총과 장난감 비행기에 대해 상상을 하며 즐거운 하루를 보내도록 할 것이다.

이러한 원칙들이 시사하는 바는 돈으로 모든 것을 살 수 있는 것도 아니고 돈으로 살 수 있는 모든 것이 우리를 행복하게 해주는 것은 아니지만, 그럼에도 돈은 우리를 행복하게 해 줄 많은 것을 살 수 있게 한다는 것이다. 그런데 돈이 우리를 그렇게 만들어 주지 못한다면, 그 잘못은 가진 돈을 현명하게 지출하지 못한 우리에게 있다. 여러 연구결과들을 토대로 제시된 이러한 원칙들은 사람들의 행복을 증대시키는 방향으로 돈을 쓸 수 있도록 하는데 도움을 줄 것이다.

참고문헌

김경호, 전성률, 박혜경 (2013). 사전예약판매 전략이 소비자의 선택에 미치는 영향. 「마케팅연구」, 28(5), 1-18.

대니얼 카너먼, 올리비에 시보니, 캐스 선스타인 (2022). 노이즈: 생각의 잡음. 김영사.

박재영, 이완수, 노성종 (2009). 한미 (韓美) 신문의 의견기사에 나타난 한국 기자와 미국 기자의 사고습관 차이. 「한국언론학보」, 53(5), 268-290.

안서원 (2021). 구매 여정에서 나타나는 고객 평점과 후기의 영향. 「마케팅연구」, 36(4), 135–155.

이학식, 안광호, 하영원, 석관호 (2020). 소비자 행동, 제7판, 집현재.

임낭연, 이화령, 서은국 (2010). 한국에서의 Diener의 삶의 만족 척도(Satisfaction With Life Scale: SWLS) 사용 연구 개관. 「한국심리학회지: 일반」, 29(1), 21-47.

하영원, 채정호 (1993). 열등한 대안의 위치와 빈도가 유인효과에 미치는 영향에 관한 연구. 「경영학연구」, 23(1), 201-232.

Abbink, K., Irlenbusch, B., & Renner, E. (2000). The moonlighting game: An experimental study on reciprocity and retribution. *Journal of Economic Behavior & Organization, 42*(2), 265-277.

Adaval, R., & Wyer, R. S. (1998). The role of narratives in consumer information processing. *Journal of Consumer Psychology, 7*(3), 207-245.

Ajzen, I. (1988). *Attitudes, personality, and behavior*. Chicago: Dorsey.

Alhakami, A. S., & Slovic, P. (1994). A psychological study of the inverse relationship between perceived risk and perceived benefit. *Risk Analysis, 14*(6), 1085-1096.

Angner, E., & Loewenstein, G. (2007). Behavioral economics. *Handbook of the Philosophy of Science: Philosophy of Economics, 5*, 641-690.

Arkes, H. R., & Blumer, C. (1985). The psychology of sunk cost. *Organizational Behavior and Human Decision Processes, 35*(1), 124-140.

Arkes, H. R., Wortmann, R. L., Saville, P. D., & Harkness, A. R. (1981). Hindsight bias among physicians weighing the likelihood of diagnoses. *Journal of Applied Psychology, 66*(2), 252-254.

Aron, R., Sundararajan, A., & Viswanathan, S. (2006). Intelligent agents in electronic markets for information goods: customization, preference revelation and pricing. *Decision Support Systems*, 41(4), 764-786.

Atkinson, J. W. (1957). Motivational determinants of risk-taking behavior. *Psychological Review, 64*, 359-372.

Atkinson, J. W. (1983). Old and new conceptions of how expected consequences influence actions. In N. T. Feather (Ed.), *Expectations and actions: Expectancy-value models in psychology* (pp. 17-52). Hillsdale, NJ: Erlbaum.

Bailey, J. P. (1998). *Intermediation and electronic markets: Aggregation and pricing in Internet commerce.* Doctoral dissertation, Massachusetts Institute of Technology.

Baron, J. (2008). *Thinking and Deciding* (4th ed.). Cambridge University Press.

Batson, C. D. (1987). Prosocial motivation: Is it ever truly altruistic? In B., Leonard (Ed.), *Advances in Experimental Social Psychology*, Vol. 20 (pp. 65-122). San Diego, CA, US: Academic Press.

Batson, C. D., O'Quin, K., Fultz, J., Vanderplas, M., & Isen, A. M. (1983). Influence of self-reported distress and empathy on egoistic versus altruistic motivation to help. *Journal of Personality and Social Psychology, 45*(3), 706-718.

Baumeister, R. F., & Vohs, K. D. (2003). Willpower, choice, and self-control. In G. Loewenstein, D. Read, & R. Baumeister (Eds), *Time and decision: Economic and psychological perspectives on intertemporal choice* (pp. 201-216). New York, NY, US: Russell Sage Foundation.

Bechara, A., Damasio, H., Tranel, D., & Damasio, A. R. (1997). Deciding advantageously before knowing the advantageous strategy. *Science, 275*, 1293-1295.

Bell, D. E. (1982). Regret in decision making under uncertainty. *Operations Research, 30*, 961-981.

______. (1983). Risk premiums for decision regret. *Management Science, 29*, 1156-1166.

______. (1985). Putting a premium on regret. *Management Science, 31*, 117-120.

Bem, D. J. (1972). Self-perception theory. *Advances in experimental social psychology, 6*, 1-62.

Berns, G. S., Laibson, D., & Loewenstein, G. (2007). Intertemporal choice-toward an integrative framework. *Trends in Cognitive Science, 11*, 482-487.

Bhattacharjee, A., & Mogilner, C. (2013). Happiness from ordinary and extraordinary experiences. *Journal of Consumer Research*, 41(1), 1-17.

Blais, A. R., & Weber, E. U. (2006). A domain-specific risk-taking (DOSPERT) scale for adult populations. *Judgment and Decision Making, 1*(1).

Blanchflower, D. G., & Oswald, A. J. (2004). Well-being over time in Britain and the USA. *Journal of Public Economics, 88*(7-8), 1359-1386.

Bodenhausen, G. V., Sheppard, L. A., & Kramer, G. P. (1994). Negative affect and social judgment: The differential impact of anger and sadness. *European Journal of social psychology, 24*(1), 45-62.

Breckler, S. J. (1984). Empirical validation of affect, behavior, and cognition as distinct components of attitude. *Journal of Personality and Social Psychology, 47*, 1191-1205.

Brickman, P., Coates, D., & Janoff-Bulman, R. (1978). Lottery winners and accident victims: Is happiness relative? *Journal of Personality and Social Psychology, 36*(8), 917-927.

Briley, D. A., Morris, M. W., & Simonson, I. (2000). Reasons as carriers of culture: Dynamic versus dispositional models of cultural influence on decision making. *Journal of Consumer Research, 27*(2), 157-178.

Brunswik, E. (1952). *The conceptual framework of psychology*. Univ of Chicago Press.

Brynjolfsson, E., & Smith, M. D. (2000). Frictionless commerce? A comparison of Internet and conventional retailers. *Management Science, 46*(4), 563-585.

Bucklin, R. E., Lattin, J. M., Ansari, A., Gupta, S., Bell, D., Coupey, E., Little, J. D. C., Mela, C., Montgomery, A., & Steckel, J. (2002). Choice and the Internet: From clickstream to research stream. *Marketing Letters, 13*, 245-258.

Camerer, C. F., & Fehr, E. (2002). *Measuring social norms and preferences using experimental games: A guide for social scientists.* University of Zurich, Working Paper Series.

Camerer, C., & Loewenstein, G. (2004). *Behavioral economics: Past, present, future.* Princeton: Princeton University Press.

Carpenter, G. S., & Nakamoto, K. (1989). Consumer preference formation and pioneering advantage. *Journal of Marketing Research, 26*(3), 285-298.

Chapman, G. B. (1996). Temporal discounting and utility for health and money. *Journal of Experimental Psychology: Learning, Memory, and Cognition, 22*(3), 771-791.

Chapman, G. B., & Johnson, E. J. (1999). Anchoring, activation, and the construction of values. *Organizational Behavior and Human Decision Processes, 79*(2), 115-153.

Charness, G., & Rabin, M. (2000). Social preferences: Some simple tests and a new model. *Mimeo*, University of California at Berkeley.

Chartrand, T. L., Huber, J., Shiv, B., & Tanner, R. J. (2008). Nonconscious goals and consumer choice. *Journal of Consumer Research, 35*(2), 189-201.

Cheng, P. W., & Holyoak, K. J. (1985). Pragmatic reasoning schemas. *Cognitive Psychology, 17*(4), 391-416.

Chernev, A. (2004). Goal orientation and consumer preference for the status quo. *Journal of Consumer Research, 31*(3), 557-565.

______. (2004). Goal-attribute compatibility in consumer choice. *Journal of Consumer Psychology, 14*(1), 141-150.

Choi, I., & Nisbett, R. E. (2000). Cultural psychology of surprise: holistic theories and recognition of contradiction. *Journal of Personality and Social Psychology, 79*(6), 890-905.

Cialdini, R. B. (1991). Altruism or egoism? That is (still) the question. *Psychological Inquiry, 2*(2), 124-126.

Clark, A., Diener, E., Georgellis, Y., & Lucas, R. (2003). *Lags and leads in life satisfaction: A test of the baseline hypothesis.* Working paper 2003-14, Delta.

Clore, G. L. (1985). *The cognitive consequences of emotion and feeling.*

Presented at the American Psychological Association, Los Angeles.
Cohen, J. B., & Reed Ii, A. (2006). A multiple pathway anchoring and adjustment (MPAA) model of attitude generation and recruitment. *Journal of Consumer Research, 33*(1), 1-15.
Court, D., Elzinga, D., Mulder, S., & Vetvik, O. J. (2009). The consumer decision journey. *McKinsey Quarterly, 3*(3), 96-107.
Coval, J. D., & Moskowitz, T. J. (1999). Home bias at home: Local equity preference in domestic portfolios. *Journal of Finance, 54*(6), 2045-2073.
Csikszentmihalyi, M. (1990). *Flow: The psychology of optimal performance.* NY: Cambridge University Press.
Dake, K. (1991). Orienting dispositions in the perception of risk an analysis of contemporary worldviews and cultural biases. *Journal of Cross-cultural Psychology, 22*(1), 61-82.
______. (1992). Myths of nature: Culture and the social construction of risk. *Journal of Social Issues, 48*(4), 21-37.
Damasio, A. R. (1994). *Descartes' error.* A Grosset/Putnam Book.
Darley, W. K., Blankson, C., & Luethge, D. J. (2010). Toward an integrated framework for online consumer behavior and decision making process: A review. *Psychology & Marketing, 27*(2), 94-116.
Das, S., Echambadi, R., McCardle, M., & Luckett, M. (2003). The effect of interpersonal trust, need for cognition, and social loneliness on shopping, information seeking and surfing on the web. *Marketing Letters, 14*, 185-202.
Dawes, R. M. (1980). Social dilemmas. *Annual Review of Psychology, 31*(1), 169-193.
Dawes, R. M., & Corrigan, B. (1974). Linear models in decision making. *Psychological Bulletin, 81*, 95-106.
Dawes, R. M., & Kagan, J. (1988). *Rational choice in an uncertain world.* New York: Harcourt Brace Jovanovich.
Dhar, R. (1997). Consumer preference for a no-choice option. *Journal of Consumer Research, 24*(2), 215-231.
Dhar, R., & Glazer, R. (1996). Similarity in context: Cognitive representation and violation of preference and perceptual invariance in consumer choice.

Organizational Behavior and Human Decision Processes, 67(3), 280-293.

Dhar, R., & Sherman, S. J. (1996). The effect of common and unique features in consumer choice. *Journal of Consumer Research, 23*, 193-203.

Dhar, R., & Simonson, I. (2003). The effect of forced choice on choice. *Journal of Marketing Research, 40*(2), 146-160.

Diecidue, E., & Wakker, P. P. (2001). On the intuition of rand-dependent utility. *Journal of Risk and Uncertainty, 23*, 281-298.

Diener, E. (1984). Subjective well-being. *Psychological Bulletin, 95*, 542-575.

Diener, E., & Seligman, E. P. (2002). Very happy people. *Psychological Science, 13*(3), 81-84.

Drolet, A., Luce, M. F., & Simonson, I. (2009). When does choice reveal preference? Moderators of heuristic versus goal-based choice. *Journal of Consumer Research, 36*(1), 137-147.

Duckworth, A. L., & Seligman, M. E. (2005). Self-discipline outdoes IQ in predicting academic performance of adolescents. *Psychological Science, 16*(12), 939-944.

Dunn, E. W., Aknin, L., & Norton, M. I. (2008). Spending money on others promotes happiness. *Science, 319*, 1687-1688.

Dunn, E. W., Gilbert, D. T., & Wilson, T. D. (2011). If money doesn't make you happy, then you probably aren't spending it right. Journal of Consumer Psychology, 21, 115-125.

Dunn, E. W., Huntsinger, J., Lun, J., & Sinclair, S. (2008). The gift of similarity: How good and bad gifts influence relationships. *Social Cognition, 26*, 469-481.

Dunn, E. W., Wilson, T. D., & Gilbert, D. T. (2003). Location, location, location: The misprediction of satisfaction in housing lotteries. *Personality and Social Psychology Bulletin, 29*(11), 1421-1432.

Eddy, D. M. (1982). Probabilistic reasoning in clinical medicine: problems and opportunities. In D. Kahneman, P. Slovic, & A. Tversky (Eds.), *Judgment under uncertainty: Heuristics and biases* (pp. 249-267). New York: Cambridge University Press.

Edmans, A., Garcia, D., & Norli, Ø. (2007). Sports sentiment and stock returns.

The *Journal of Finance, 62*(4), 1967-1998.

Edwards, W. (1954). The theory of decision making. *Psychological Bulletin, 51*(4), 380-417.

Engel, J. F., Blackwell, R. D. & Miniard, P. W. (1986). *Consumer behavior*, 5th ed. Hinsdale, IL: Dryden.

Engel, J. F., Kollat, D. T., & Blackwell, R. D. (1978). *Consumer behavior*, 3rd ed. Hinsdale, IL: Dryden.

Falk, A., & Fischbacher, U. (1999). *A Theory of Reciprocity*. Zurich, Switzerland: University of Zurich. Institute for Empirical Research in Economics.

Falk, A., Fehr, E., & Fischbacher, U. (2008). Testing theories of fairness-Intentions matter. *Games and Economic Behavior, 62*(1), 287-303.

Fehr, E., & Gächter, S. (2000). Fairness and retaliation: The economics of reciprocity. *Journal of Economic Perspectives, 14*, 159-181.

Fehr, E., & Schmidt, K. M. (1999). A theory of fairness, competition, and cooperation. *Quarterly Journal of Economics, 114*, 817-868.

Fellner, B., Holler, M., Kirchler, E., & Schabmann, A. (2007). Regulatory Focus Scale (RFS): Development of a scale to record dispositional regulatory focus. *Swiss Journal of Psychology, 66*(2), 109-116.

Fetherstonhaugh, D., Slovic, P., Johnson, S., & Friedrich, J. (1997). Insensitivity to the value of human life: A study of psychophysical numbing. *Journal of Risk and Uncertainty, 14*(3), 283-300.

Finucane, M. L., Alhakami, A., Slovic, P., & Johnson, S. M. (2000). The affect heuristic in judgments of risks and benefits. *Journal of Behavioral Decision Making, 13*(1), 1-17.

Fischer, G. W., & Hawkins, S. A. (1993). Strategy compatibility, scale compatibility, and the prominence effect. *Journal of Experimental Psychology: Human Perception and Performance, 19*(3), 580-597.

Fischhoff, B. (1991). Value elicitation: Is there anything in there? *American Psychologist, 46*, 835-847.

Fischhoff, B., & Beyth, R. (1975). I knew it would happen: Remembered probabilities of once-future things. *Organizational Behavior and Human Performance, 13*(1), 1-16.

Fischhoff, B., Slovic, P., Lichtenstein, S., Read, S., & Combs, B. (1978). How safe is safe enough? A psychometric study of attitudes towards technological risks and benefits. *Policy Sciences, 9*(2), 127-152.

Fishbein, M., & Ajzen, I. (1975). *Belief, attitude, intention and behavior: An introduction to theory and research*. MA: Adios-Westey Publishing Company.

Fisher, I. (1930). *The theory of interest*. New York: Macmillan.

Fiske, S. T. (1980). Attention and weight in person perception: The impact of negative and extreme behavior. *Journal of Personality and Social Psychology, 38*(6), 889-906.

Floyd, K., Freling, R., Alhoqail, S., Cho, H. Y., & Freling, T. (2014). How online product reviews affect retail sales: A meta-analysis. *Journal of Retailing, 90*(2), 217-232.

Forsythe, R., Horowitz, J. L., Savin, N. E., & Sefton, M. (1994). Fairness in simple bargaining experiments. *Games and Economic Behavior, 6*(3), 347-369.

Fredrickson, B., & Kahneman, D. (1993). Duration neglect in retrospective evaluations of affective episodes. *Journal of Personality and Social Psychology, 65*, 45-55.

Freeman, R. (1978). Job satisfaction as an economic variable. *American Economic Review, 68*, 135-141.

Gigerenzer, G., & Hoffrage, U. (1995). How to improve Bayesian reasoning without instruction: frequency formats. *Psychological Review, 102*(4), 684-704.

Gigerenzer, G., & Todd, P. M. (1999). *Simple heuristics that make us smart*. Oxford University Press.

Gigerenzer, G., Swijtink, Z., Porter, T., Daston, L., Beatty, J., & Krüger, L. (1989). *The empire of chance*. New York: Cambridge.

Gilbert, D. T., & Ebert, J. E. (2002). Decisions and revisions: The affective forecasting of changeable outcomes. *Journal of Personality and Social Psychology, 82*(4), 503-514.

Gilovich, T., & Medvec, V. H. (1995). The experience of regret: what, when, and why. *Psychological Review, 102*(2), 379-395.

Goldstein, W. M., & Hogarth, R. M. (1996). Judgment and decision research: some historical context. In W. M. Goldstein, & R. M. Hogarth (Eds.), *Research on Judgment and Decision Making: Currents, Connections, and Controversies* (pp. 3-65). Cambridge: Cambridge University Press.

Greene, J. D., Nystrom, L. E., Engell, A. D., Darley, J. M., & Cohen, J. D. (2004). The neural bases of cognitive conflict and control in moral judgment. *Neuron, 44*(2), 389-400.

Greene, J. D., Sommerville, R. B., Nystrom, L. E., Darley, J. M., & Cohen, J. D. (2001). An fMRI investigation of emotional engagement in moral judgment. *Science, 293*(5537), 2105-2108.

Greenwald, A. G., McGhee, D. E., & Schwartz, J. L. (1998). Measuring individual differences in implicit cognition: the implicit association test. *Journal of Personality and Social Psychology, 74*(6), 1464-1480.

Güth, W., Schmittberger, R., & Schwarze, B. (1982). An experimental analysis of ultimatum bargaining. *Journal of Economic Behavior & Organization, 3*(4), 367-388.

Ha, Y. W., Park, S., & Ahn, H. K. (2009). The influence of categorical attributes on choice context effects. *Journal of Consumer Research, 36*(3), 463-477.

Haidt, J. (2001). The emotional dog and its rational tail: a social intuitionist approach to moral judgment. *Psychological Review, 108*(4), 814-834.

Hardin, G. (1968). The tragedy of the commons. *Science, 162*(3859), 1243-1248.

Hasher, L., & Zacks, R. T. (1979). Automatic and effortful processes in memory. *Journal of Experimental Psychology: General, 108*, 356-388.

Häubl, G., & Trifts, V. (2000). Consumer decision making in online shopping environments: The effects of interactive decision aids. *Marketing Science, 19*(1), 4-21.

Heath, T. B., & Chatterjee, S. (1995). Asymmetric decoy effects on lower-quality versus higher-quality brands: Meta-analytic and experimental evidence. *Journal of Consumer Research, 22*, 268-284.

Hedgcock, W., & Rao, A. R. (2009). Trade-off aversion as an explanation for the attraction effect: A functional magnetic resonance imaging study. *Journal of Marketing Research, 46*(1), 1-13.

Heine, S. J., & Lehman, D. R. (1996). Hindsight bias: A cross-cultural analysis. *Japanese Journal of Experimental Social Psychology, 35*(3), 317-323.

Hennig-Thurau, T., Gwinner, K. P., Walsh, G., & Gremler, D. D. (2004). Electronic word-of-mouth via consumer-opinion platforms: What motivates consumers to articulate themselves on the internet? *Journal of Interactive Marketing, 18*(1), 38-52.

Henrich, J. (2000). Does culture matter in economic behavior? Ultimatum game bargaining among the Machiguenga of the Peruvian Amazon. *American Economic Review, 90*, 973-979.

Henrich, J., Boyd, R., Bowles, S., Camerer, C., Fehr, E., Gintis, H., McElreach, R., Alvard, M., Barr, A., Ensminger, J., Henrich, N. S., Hill, K., Gil-White, F., Gurven, M., Marlowe, F. W., Patton, J. Q., & Tracer, D. (2005). "Economic man" in cross-cultural perspective: Behavioral experiments in 15 small-scale societies. *Behavioral and Brain Sciences, 28*(6), 795-815.

Herr, P. M., Kardes, F. R., & Kim, J. (1991). Effects of word-of-mouth and product-attribute information on persuasion: An accessibility-diagnosticity perspective. *Journal of Consumer Research, 17*, 454-462.

Higgins, E. T. (1997). Beyond pleasure and pain. *American psychologist, 52*(12), 1280-1300.

______. (2000). Making a good decision: value from fit. *American Psychologist, 55*(11), 1217-1230.

Higgins, E. T., Friedman, R. S., Harlow, R. E., Idson, L. C., Ayduk, O. N., & Taylor, A. (2001). Achievement orientations from subjective histories of success: Promotion pride versus prevention pride. *European Journal of Social Psychology, 31*(1), 3-23.

Hirshleifer, D., & Shumway, T. (2003). Good day sunshine: Stock returns and the weather. *The Journal of Finance, 58*(3), 1009-1032.

Hoeffler, S., & Ariely, D. (1999). Constructing stable preferences: A look into dimensions of experience and their impact on preference stability. *Journal of Consumer Psychology, 8*(2), 113-139.

Hoeffler, S., Ariely, D., & West, P. (2006). Path dependent preferences: The role of early experience and biased search in preference development.

Organizational Behavior and Human Decision Processes, 101(2), 215-229.
Hoeffler, S., Ariely, D., West, P., & Duclos, R. (2013). Preference exploration and learning: the role of intensiveness and extensiveness of experience. *Journal of Consumer Psychology, 23*(3), 330-340.
Hoffman, M. L. (1982). Development of prosocial motivation: Empathy and guilt. In N. Eisenberg-Borg (Ed.), *Development of prosocial behavior* (pp. 281-313). New York: Academic Press.
Hoffman, P. J. (1960). The paramorphic representation of clinical judgment. *Psychological Bulletin, 57*(2), 116-131.
Hofstede, G. (1980). Culture and organizations. *International Studies of Management & Organization, 10*, 15-41.
Hogarth, R. M., & Reder, M. W. (1987). *Rational choice: The contrast between economics and psychology*. University of Chicago Press.
Hsee, C. K. (1998). Less is better: When low-value options are valued more highly than high-value options. *Journal of Behavioral Decision Making, 11*, 107-121.
Hsee, C. K., & Weber, E. U. (1999). Cross-national differences in risk preference and lay predictions. *Journal of Behavioral Decision Making, 12*, 165-179.
Hsee, C. K., & Zhang, J. (2004). Distinction bias: misprediction and mischoice due to joint evaluation. *Journal of Personality and Social Psychology, 86*(5), 680-695.
Hsee, C. K., Hastie, R., & Chen, J. (2008). Hedonomics: Bridging decision research with happiness research. *Perspectives on Psychological Science, 3*(3), 224-243.
Hsee, C. K., Loewenstein, G. F., Blount, S., & Bazerman, M. H. (1999). Preference reversals between joint and separate evaluations of options: a review and theoretical analysis. *Psychological Bulletin, 125*(5), 576-590.
Hsee, C. K., Yang, Y., Li, N., & Shen, L. (2009). Wealth, warmth, and well-being: Whether happiness is relative or absolute depends on whether it is about money, acquisition, or consumption. *Journal of Marketing Research, 46*(3), 396-409.
Hu, N., Koh, N. S., & Reddy, S. K. (2014). Ratings lead you to the product,

reviews help you clinch it? The mediating role of online review sentiments on product sales. *Decision Support Systems, 57,* 42-53.

Huber, J., & Puto, C. (1983). Market boundaries and product choice: Illustrating attraction and substitution effects. *Journal of Consumer Research, 10,* 31-44.

Huber, J., Payne, J. W., & Puto, C. (1982). Adding asymmetrically dominated alternatives: Violations of regularity and the similarity hypothesis. *Journal of Consumer Research, 9,* 90-98.

Inman, J. J., & Zeelenberg, M. (2002). Regret in repeat purchase versus switching decisions: The attenuating role of decision justifiability. *Journal of Consumer Research, 29*(2), 116-128.

Isen, A. M. (1993). Positive affect and decision making. In M. Lewis, & J. M. Haviland (Eds.), *Handbook of Emotions* (pp. 261-277). New York: Guilford Press.

______. (2008). Some ways in which positive affect influences decision making and problem solving. *Handbook of emotions, 3,* 548-573.

Isen, A. M., Rosenzweig, A. S., & Young, M. J. (1991). The influence of positive affect on clinical problem solving. *Medical Decision Making, 11*(3), 221-227.

Jacowitz, K. E., & Kahneman, D. (1995). Measures of anchoring in estimation tasks. *Personality and Social Psychology Bulletin, 21,* 1161-1166.

Johnson, E. J., & Goldstein, D. G. (2003). Do defaults save lives? *Science, 302,* 1338-1339.

Johnson, E. J., Hershey, J., Meszaros, J., & Kunreuther, H. (1993). *Framing, probability distortions, and insurance decisions.* Springer Netherlands.

Johnson-Laird, P. N., Legrenzi, P., & Legrenzi, M. S. (1972). Reasoning and a sense of reality. *British Journal of Psychology, 63*(3), 395-400.

Josephs, R. A., Larrick, R. P., Steele, C. M., & Nisbett, R. E. (1992). Protecting the self from the negative consequences of risky decisions. *Journal of Personality and Social Psychology, 62,* 26-37.

Joyce, E. J., & Biddle, G. C. (1981). Anchoring and adjustment in probabilistic inference in auditing. *Journal of Accounting Research, 19,* 120-145.

Juster, F. T. (1985). Preferences for work and leisure. In F. T. Juster, & F. P. Stafford (Eds.), *Time, goods and well-being* (pp.335-351), Ann Arbor, Michigan: Institute for Social Research, University of Michigan.

Kahneman, D., & Krueger, A. B. (2006). Developments in the measurement of subjective well-being. *The Journal of Economic Perspectives, 20*, 3-24.

Kahneman, D., & Miller, D. T. (1986). Norm theory: Comparing reality to its alternatives. *Psychological Review, 93*(2), 136-153.

Kahneman, D., & Snell, J. (1990). Predicting utility. In R. M. Hogarth (Ed.), *Insights in Decision Making*. Chicago: University of Chicago Press.

______. (1992). Predicting a changing taste: do people know what they will like? *Journal of Behavioral Decision Making, 5*, 187-200.

Kahneman, D., & Tversky, A. (1973). On the psychology of prediction. *Psychological Review, 80*, 237-251.

______. (1979). Prospect theory: An analysis of decisions under risk. *Econometrica, 47*, 263-291.

______. (1979). Prospect theory: An analysis of decisions under risk. *Econometrica, 47*, 263-291.

______. (1982). The psychology of preferences. *Scientific American, 246*, 160-173.

Kahneman, D., Diener, E., & Schwarz, N. (Eds) (1999). *Well-being: Foundations of hedonic psychology*. Russell Sage Foundation.

Kahneman, D., Knetsch, J. L., & Thaler, R. H. (1990). Experimental tests of the endowment effect and the Coase theorem. *Journal of Political Economy, 98*, 1325-1348.

Kahneman, D., Krueger, A. B., Schkade, D. A., Schwarz, N., & Stone, A. A. (2004). A survey method for characterizing daily life experience: The day reconstruction method. *Science, 306*(5702), 1776-1780.

______. (2006). Would you be happier if you were richer? A focusing illusion. *Science, 312*(5782), 1908-1910.

Kahneman, D., Slovic, P., & Tversky, A. (Eds.). (1982). *Judgment under uncertainty: Heuristics and biases*. Cambridge: Cambridge University Press.

Khan, U., Zhu, M., & Kalra, A. (2011). When trade-offs matter: The effect of choice construal on context effects. *Journal of Marketing Research, 48*(1), 62-71.

Klayman, J., Soll, J. B., Gonzalez-Vallejo, C., & Barlas, S. (1999). Overconfidence: It depends on how, what, and whom you ask. *Organizational behavior and human decision processes, 79*(3), 216-247.

Kühberger, A. (1998). The influence of framing on risky decisions: A meta-analysis. *Organizational Behavior and Human Decision Processes, 75*(1), 23-55.

Kurtz, J. L., Wilson, T. D., & Gilbert, D. T. (2007). Quantity versus uncertainty: When winning one prize is better than winning two. *Journal of Experimental Social Psychology, 43*(6), 979-985.

Lal, R., & Sarvary, M. (1999). When and how is the Internet likely to decrease price competition? *Marketing Science, 18*(4), 485-503.

Lambert, C. A. (2006). The marketplace of perceptions. *Harvard Magazine*, March-April, 50-95.

Lee, A., Keller, P. A., & Sternthal, B. (2010), Value from regulatory construal fit: The persuasive impact of fit between consumer goals and message concreteness. *Journal of Consumer Research, 36*, 735-747.

Lee, B. K., & Lee, W. N. (2004). The effect of information overload on consumer choice quality in an on?line environment. *Psychology & Marketing, 21*(3), 159-183.

Lemon, K. N., & Verhoef, P. C. (2016). Understanding customer experience throughout the customer journey. *Journal of Marketing, 80*(6), 69-96.

Lerner, J. S., & Keltner, D. (2001). Fear, anger, and risk. *Journal of Personality and Social Psychology, 81*(1), 146-159.

Lerner, J. S., & Tetlock, P. E. (1999). Accounting for the effects of accountability. *Psychological Bulletin, 125*(2), 255-275.

Lerner, J. S., Small, D. A., & Loewenstein, G. (2004), Heart strings and purse strings: Carryover effects of emotions on economic decisions, *Psychological Science, 15*(5), 337-341.

Levin, I. P., Schneider, S. L., & Gaeth, G. J. (1998). All frames are not created equal: A typology and critical analysis of framing effects. *Organizational*

Behavior and Human Decision Processes, 76(2), 149-188.

Li, X., Wu, C., & Mai, F. (2019). The effect of online reviews on product sales: A joint sentiment-topic analysis. *Information & Management, 56*(2), 172-184.

Liberman, N., & Trope, Y. (1998). The role of feasibility and desirability considerations in near and distant future decisions: A test of temporal construal theory. *Journal of Personality and Social Psychology, 75*(1), 5-18.

Lichtenstein, S., & Slovic, P. (1971). Reversals of preference between bids and choices in gambling decisions. *Journal of Experimental Psychology, 89*(1), 46-55.

Loewenstein, G. (1987). Anticipation and the valuation of delayed consumption. *The Economic Journal, 97*, 666-684.

______. (1988). Frames of mind in intertemporal choice. *Management Science, 34*, 200-214.

______. (1996). Out of control: Visceral influences on behavior. *Organizational Behavior and Human Decision Processes, 65*(3), 272-292.

Loewenstein, G., & Lerner, J. (2003). The role of emotion in decision making. In R. J. Davidson, H. H. Goldsmith & K. R. Scherer, *The Handbook of Affective Science* (pp. 619-642). Oxford, England: Oxford University Press.

Loewenstein, G., & Prelec, D. (1991). Negative time preference, *American Economic Review, 81*, 347-352.

______. (1992). Anomalies in intertemporal choice: Evidence and an interpretation. *The Quarterly Journal of Economics, 107*, 573-597.

______. (1993). Preferences for sequences of outcomes. *Psychological Review, 100*(1), 91-108.

Loomes, G., & Sudgen, R. (1982). Regret theory: An alternative theory of rational choice under uncertainty. *Economic Journal, 92*, 805-824.

Lopes, L. L. (1987). Between hope and fear: The psychology of risk. *Advances in Experimental Social Psychology, 20*, 255-295.

______. (1991). The rhetoric of irrationality. *Theory and Psychology, 1*, 65-82.

Luce, M. F. (1998). Choosing to avoid: Coping with negatively emotion-laden consumer decisions. *Journal of Consumer Research, 24*(4), 409-433.

Lynch Jr, J. G., & Ariely, D. (2000). Wine online: Search costs affect competition on price, quality, and distribution. *Marketing Science, 19*(1), 83-103.

Magen, E., Dweck, C. S., & Gross, J. J. (2008). The hidden-zero effect representing a single choice as an extended sequence reduces impulsive choice. *Psychological Science, 19*(7), 648-649.

Malhotra, N. K. (1982). Information load and consumer decision making. *Journal of Consumer Research, 8*(4), 419-430.

Malkoc, S. A., Hedgcock, W., & Hoeffler, S. (2013). Between a rock and a hard place: The failure of the attraction effect among unattractive alternatives. *Journal of Consumer Psychology, 23*(3), 317-329.

Mandler, G. (1982). The structure of value: accounting for taste. In M. S. Clark, & S. T. Fiske (Eds.), *Affect and cognition: The Seventeenth Annual Carnegie Symposium on Cognition*. Hillsdale, NJ: Lawrence Erlbaum.

March, J. G. (1978). Bounded rationality, ambiguity, and the engineering of choice. *Bell Journal of Economics, 9*, 587-608.

Markowitz, H. (1959). *Portfolio selection: efficient diversification of investments*. Basil Blackwall, New York.

McKenzie, C. R. (2003). Rational models as theories-not standards-of behavior. *Trends in Cognitive Sciences, 7*(9), 403-406.

Meehl, P. E. (1954). *Clinical versus statistical prediction: A theoretical analysis and a look at the evidence*. Minneapolis: University of Minnesota Press.

Mellers, B. A., Schwartz, A, Ho, K., & Ritov, I. (1997). Decision affect theory: emotional reactions to the outcomes of risky options. *Psychological Science, 8*(6), 423-429.

Metcalfe, J., & Mischel, W. (1999). A hot/cool system analysis of delay of gratification: Dynamics of willpower. *Psychological Review, 106*, 3-19.

Milgram, S. (1966). Some conditions of obedience and disobedience to authority. In I. D. Steiner, & M. Fishbein (Eds.), *Current Studies in Social Psychology* (pp. 243-262). Holt, Rinehart, and Winston, Inc.

Mischel, W., & Baker, N. (1975). Cognitive appraisals and transformations in delay behavior. *Journal of Personality and Social Psychology, 31*, 254-261.

Mishra, A., & Mishra, H. (2011). The influence of price discount versus bonus pack on the preference for virtue and vice foods. *Journal of Marketing*

Research, 48(1), 196-206.

Mishra, S., Umesh, U. N., & Stem Jr, D. E. (1993). Antecedents of the attraction effect: An information-processing approach. *Journal of Marketing Research, 30*, 331-349.

Mitchell, T. R., Thompson, L., Peterson, E., & Cronk, R. (1997). Temporal adjustments in the evaluation of events: The "rosy view." *Journal of Experimental Social Psychology, 33*(4), 421-448.

Mogilner, C., Kamvar, S. D., & Aaker, J. (2011). The shifting meaning of happiness. *Social Psychological and Personality Science, 2*(4), 395-402.

Mourali, M., Böckenholt, U., & Laroche, M. (2007). Compromise and attraction effects under prevention and promotion motivations. *Journal of Consumer Research, 34*(2), 234-247.

Mussweiler, T., & Strack, F. (1999). Hypothesis-consistent testing and semantic priming in the anchoring paradigm: A selective accessibility model. *Journal of Experimental Social Psychology, 35*(2), 136-164.

Nelson, P. (1970). Information and consumer behavior. *Journal of Political Economy, 78*(2), 311-329.

Nelson, P. (1974). Advertising as information. *Journal of Political Economy, 82*(4), 729-754.

Neubert, M. J., Kacmar, K. M., Carlson, D. S., Chonko, L. B., & Roberts, J. A. (2008). Regulatory focus as a mediator of the influence of initiating structure and servant leadership on employee behavior. *Journal of Applied Psychology, 93*(6), 1220-1233.

Novemsky, N., Dhar, R., Schwarz, N., & Simonson, I. (2007). Preference fluency in choice. *Journal of Marketing Research, 44*(3), 347-356.

Nowlis, S. M., & Simonson, I. (1997). Attribute-task compatibility as a determinant of consumer preference reversals. *Journal of Marketing Research, 34*, 205-218.

Nussbaum, S., Trope, Y., & Liberman, N. (2003). Creeping dispositionism: the temporal dynamics of behavior prediction. *Journal of Personality and Social Psychology, 84*(3), 485-497.

Odean, T. (1998). Are investors reluctant to realize their losses? *The Journal of*

Finance, 53(5), 1775-1798.

Oskamp, S. (1965). Overconfidence in case-study judgments. *The Journal of Consulting Psychology, 29*, 261-265.

Parducci, A. (1974). Contextual effects: A range-frequency analysis. *Handbook of Perception, 2*, 127-141.

Payne, J. W. (1976). Task complexity and contingent processing in decision making: An information search and protocol analysis. *Organizational Behavior and Human Performance, 16*, 366-387.

Payne, J. W., Bettman, J. R., & Johnson, E. J. (1988). Adaptive strategy selection in decision making. *Journal of Experimental Psychology: Learning, Memory, and Cognition, 14*, 534-552.

Pennington, N., & Hastie, R. (1993). Reasoning in explanation-based decision making. *Cognition, 49*, 123-163.

Peters, E., & Slovic, P. (1996). The role of affect and worldviews as orienting dispositions in the perception and acceptance of nuclear power. *Journal of Applied Social Psychology, 26*(16), 1427-1453.

Peterson, R. A., & Merino, M. C. (2003). Consumer information search behavior and the Internet. *Psychology & Marketing, 20*(2), 99-121.

Pocheptsova, A., Amir, O., Dhar, R., & Baumeister, R. F. (2009). Deciding without resources: Resource depletion and choice in context. *Journal of Marketing Research, 46*(3), 344-355.

Pohl, R. F., Bender, M., & Lachmann, G. (2002). Hindsight bias around the world. *Experimental Psychology, 49*(4), 270-282.

Posner, M. I., &Snyder, C. R. R. (1975). Attention and cognitive control. In R. L. Solso (Ed.), *Information processing and cognition: The Loyola Symposium* (pp. 58-85). Hillsdale, NJ: Erlbaum.

Punj, G. (2012). Consumer decision making on the web: A theoretical analysis and research guidelines. *Psychology & Marketing, 29*(10), 791-803.

Rabin, M. (1993). Incorporating fairness into game theory and economics. *American Economic Review, 83*, 1281-1302.

Raghunathan, R., & Pham, M. T. (1999). All negative moods are not equal: Motivational influences of anxiety and sadness on decision making.

Organizational Behavior and Human Decision Processes, 79(1), 56-77.

Ratneshwar, S., Shocker, A. D., & Stewart, D. W. (1987). Toward understanding the attraction effect: The implications of product stimulus meaningfulness and familiarity. *Journal of Consumer Research, 13*, 520-533.

Read, D. (2004). Intertemporal choice. In D. J. Koehler, & N., Harvey (Eds.), *Blackwell Handbook of Judgment and Decision Making* (pp. 424-443), Malden, MA: Blackwell Publishing.

Read, D., & Van Leeuwen, B. (1998). Predicting hunger: The effects of appetite and delay on choice. *Organizational Behavior and Human Decision Processes, 76*(2), 189-205.

Read, D., Frederick, S., Orsel, B., & Rahman, J. (2005). Four score and seven years from now: The date/delay effect in temporal discounting. *Management Science, 51*(9), 1326-1335.

Redelmeier, D. A., & Kahneman, D. (1996). Patients' memories of painful medical treatments: real-time and retrospecitve evaluations of two minimally invasive procedures. *Pain, 66*, 3-8.

Rick, S., & Loewenstein, G. (2008). Hypermotivation. *Journal of Marketing Research, 45*(6), 645-648.

Robinson, M. D., & Clore, G. L. (2002). Belief and feeling: evidence for an accessibility model of emotional self-report. *Psychological Bulletin, 128*(6), 934-960.

Roese, N. J. (1994). The functional basis of counterfactual thinking. *Journal of Personality and Social Psychology, 66*, 805-818.

Roese, N. J., & Olson, J. M. (1995). Counterfactual thinking: A critical review. In N. J. Roese, & J. M. Olson (Eds.), *What might have been: The social psychology of counterfactual thinking* (pp. 1-56). Lawrence Erlbaum Associates, Publishers.

Rosenberg, M. J., & Hovland, C. I. (1960). Cognitive, affective, and behavioral components of attitudes. *Attitude organization and change: An analysis of consistency among attitude components, 3*, 1-14.

Rothbart, M., & Park, B. (1986). On the confirmability and disconfirmability of trait concepts. *Journal of Personality and Social Psychology, 50*(1), 131-142.

Rottenstreich, Y., & Hsee, C. K. (2001). Money, kisses, and electric shocks: On the affective psychology of risk. *Psychological Science, 12*(3), 185-190.

Rubinstein, A. (2003). "Economics and psychology?" The case of hyperbolic discounting. *International Economic Review, 44*(4), 1207-1216.

Russo, J. E., & Schoemaker, P. J. (1992). Managing overconfidence. *Sloan Management Review, 33*(2), 7-17.

Sagristano, M. D., Trope, Y., & Liberman, N. (2002). Time-dependent gambling: odds now, money later. *Journal of Experimental Psychology: General, 131*(3), 364-376.

Samuelson, P. A. (1937). A note on measurement of utility. *The Review of Economic Studies, 4*(2), 155-161.

Samuelson, W., & Zeckhauser, R. (1988). Status quo bias in decision making. *Journal of Risk and Uncertainty, 1*(1), 7-59.

Santos, S., & Gonçalves, H. M. (2021). The consumer decision journey: A literature review of the foundational models and theories and a future perspective. *Technological Forecasting and Social Change, 173*, 121117.

Schaller, M., & Cialdini, R. B. (1990). Happiness, sadness, and helping: A motivational integration. In E. T. Higgins & R. M. Sorrentino (Eds), *Handbook of Motivation and Cognition: Foundations of Social Behavior*, Vol. 2. (pp. 265-296). New York, NY, US: Guilford Press.

Schreiber, C. A., & Kahneman, D. (2000). Determinants of the remembered utility of aversive sounds. *Journal of Experimental Psychology: General, 129*(1), 27-42.

Schwarz, N., & Clore, G. L. (1983). Mood, misattribution, and judgments of well-being: Informative and directive functions of affective states. *Journal of Personality and Social Psychology, 45*(3), 513-523.

______. (1988). How do I feel about it? The informative function of mood. In K. Fiedler, & J. Forgas (Eds.), *Affect, Cognition, and Social Behavior* (pp. 44-62). Toronto: Hogrefe.

Schwarz, N., & Hippler, H. J. (1995). Subsequent questions may influence answers to preceding questions in mail surveys. *Public Opinion Quarterly, 59*(1), 93-97.

Schwarz, N., & Strack, F. (1991). Evaluating one's life: A judgment model of subjective well-being. *Subjective Well-being: An Interdisciplinary Perspective, 21*, 27-47.

Schwarz, N., Kahneman, D., Xu, J. (2008). Global and episodic reports of hedonic experience. In R. Belli, F. Stafford, & D. Alwin (Eds.), *Calendar and time diary: Methods in life course research* (pp. 157-174), Sage Publications Inc.

Sen, S. (1998). Knowledge, information mode, and the attraction effect. *Journal of Consumer Research, 25*(1), 64-77.

Senecal, S., Kalczynski, P. J., & Nantel, J. (2005). Consumers' decision-making process and their online shopping behavior: A clickstream analysis. *Journal of Business Research, 58*(11), 1599-1608.

Senecal, S., & Nantel, J. (2002). *Online influence of relevant others: a framework RBC financial group chair of e-commerce.* HEC Montreal, University of Montreal.

Shafir, E., Simonson, I., & Tversky, A. (1993). Reason-based choice. *Cognition, 49*, 11-36.

Shefrin, H., & Statman, M. (1985). The disposition to sell winners too early and ride losers too long: Theory and evidence. *The Journal of Finance, 40*(3), 777-790.

Shi, S. W., Wedel, M., & Pieters, F. G. M. (2013). Information acquisition during online decision making: A model-based exploration using eye-tracking data. *Management Science, 59*(5), 1009-1026.

Shiv, B., & Fedorikhin, A. (1999). Heart and mind in conflict: The interplay of affect and cognition in consumer decision making. *Journal of Consumer Research, 26*(3), 278-292.

Simon, H. (1956). Rational choice and the structure of the environment. *Psychological Review, 63*, 129-138.

Simonson, I. (1989). Choice based on reasons: The case of attraction and compromise effects. *Journal of Consumer Research, 16*, 158-174.

______. (1990). The effect of purchase quantity and timing on variety-seeking behavior. *Journal of Marketing Research, 27*, 150-162.

______. (1992). The influence of anticipating regret and responsibility on purchase decisions. *Journal of Consumer Research, 19*, 105-118.

Simonson, I., & Nowlis, S. M. (2000). The role of explanations and need for uniqueness in consumer decision making: Unconventional choices based on reasons. *Journal of Consumer Research, 27*(1), 49-68.

Simonson, I., & Rosen, E. (2014). *Absolute value: What really influences customers in the age of (nearly) perfect information.* Harper Colllins Publishers Inc.

Simonson, I., & Tversky, A. (1992). Choice in context: Tradeoff contrast and extremeness aversion. *Journal of Marketing Research, 29*, 281-295.

Sloman, S., Rottenstreich, Y., Wisniewski, E., Hadjichristidis, C., & Fox, C. R. (2004). Typical versus atypical unpacking and superadditive probability judgment. *Journal of Experimental Psychology: Learning, Memory, and Cognition, 30*(3), 573-582.

Slovic, P. (1987). Perception of risk. *Science, 236*(4799), 280-285.

______. (1993). Perceived risk, trust, and democracy. *Risk Analysis, 13*(6), 675-682.

______. (2000). *The perception of risk.* Earthscan Publications.

Slovic, P., Fischhoff, B., & Lichtenstein, S. (1977). Behavioral decision theory. *Annual Review of Psychology, 28*(1), 1-39.

______. (1980). Facts and fears: Understanding perceived risk. In R. C. Schwing, & W. A. Alberts (eds.), *Societal Risk Assessment* (pp. 181-216). Springer US.

______. (1982). Why study risk perception? *Risk Analysis, 2*(2), 83-93.

Slovic, P., Monahan, J., & MacGregor, D. G. (2000). Violence risk assessment and risk communication: the effects of using actual cases, providing instruction, and employing probability versus frequency formats. *Law and Human Behavior, 24*(3), 271-296.

Smith, A. (1759). *Theory of Moral Sentiments.*

Solnick, S. J., & Hemenway, D. (1998). Is more always better? A survey on positional concerns. *Journal of Economic Behavior and Organization, 37*, 373-383.

Starr, C. (1969). Social benefit versus technological risk. *Science, 165*, 1232-

1238.

Strotz, R. H. (1955). Myopia and inconsistency in dynamic utility maximization. *The Review of Economic Studies, 23*, 165-180.

Sunstein, C. R. (2003). Terrorism and probability neglect. *Journal of Risk and Uncertainty, 26*(2-3), 121-136.

Svenson, O. (1981). Are we all less risky and more skillful than our fellow drivers?. *Acta Psychologica, 47*(2), 143-148.

Tetlock, P. E. (1991). An alternative metaphor in the study of judgment and choice: People as politicians. *Journal of Theory and Psychology, 57*, 388-398.

Thaler, R. (1980). Toward a positive theory of consumer choice. *Journal of Economic Behavior & Organization, 1*(1), 39-60.

______. (1981). Some empirical evidence on dynamic inconsistency. *Economics Letters, 8*, 201-207.

______. (1985). Mental accounting and consumer choice. *Marketing science, 4*(3), 199-214.

______. (1999). Mental accounting matters. *Journal of Behavioral Decision Making, 12*(3), 183-206.

______. (2000). From homo economicus to homo sapiens. *The Journal of Economic Perspectives, 14*, 133-141.

Thaler, R. H., & Johnson, E. J. (1990). Gambling with the house money and trying to break even: The effects of prior outcomes on risky choice. *Management Science, 36*(6), 643-660.

Thaler, R. H., & Shefrin, H. M. (1981). An economic theory of self-control. *The Journal of Political Economy, 89*, 392-406.

Thaler, R. H., & Sunstein, C. R. (2008). *Nudge*. Yale University Press.

Thurstone, L. L., & Chave, E. J. (1929). *Some further problems in the measurement of attitude*. Chicago: University of Chicago Press.

Tindale, R. S. (1989). Group vs individual information processing: The effects of outcome feedback on decision making. *Organizational Behavior and Human Decision Processes, 44*, 454-473.

Trope, Y., & Liberman, N. (2000). Temporal construal and time-dependent

changes in preference. *Journal of Personality and Social Psychology, 79*(6), 876-889.
______. (2003). Temporal construal. *Psychological Review, 110*, 403-421.
______. (2010). Construal-level theory of psychological distance. *Psychological Review, 117*(2), 440-463.
Tversky, A. (1969). Intransitivity of preferences. *Psychological Review, 76*, 31-48.
______. (1996). Contrasting rational and psychological principles of choice. In R. J. Zeckhauser, R. L. Keeney, & J. K. Sebenius (Eds.), *Wise Choices: Decisions, Games, and Negotiations* (pp. 5-21). Boston: Harvard Business School Press.
Tversky, A., & Kahneman, D. (1973). Availability: A heuristic for judging frequency and probability. *Cognitive Psychology, 5*(2), 207-232.
______. (1974). Judgment under uncertainty: Heuristics and biases. *Science, 185*(4157), 1124-1131.
Tversky, A., & Kahneman, D. (1981). The framing of decisions and the psychology of choice. *Science, 211*, 453-458.
______. (1992). Advances in prospect theory: Cumulative representation of uncertainty. *Journal of Risk and Uncertainty, 5*(4), 297-323.
______. (1994). Support theory: a nonextensional representation of subjective probability. *Psychological Review, 101*(4), 547-567.
Tversky, A., & Shafir, E. (1992). Choice under conflict: The dynamics of deferred decision. *Psychological Science, 3*(6), 358-361.
Tversky, A., & Thaler, R. H. (1990). Anomalies: preference reversals. *The Journal of Economic Perspectives, 4*, 201-211.
Tversky, A., Sattath, S., & Slovic, P. (1988). Contingent weighting in judgment and choice. *Psychological Review, 95*(3), 371-384.
Van Boven, L., & Epley, N. (2003). The unpacking effect in evaluative judgments: When the whole is less than the sum of its parts. Journal of Experimental Social Psychology, 39(3), 263-269.
van Boven, L., & Gilovich, T. (2003). To do or to have? That is the question. *Journal of Personality and Social Psychology, 85*(6), 1193-1202.
Vogel, G. (1997). Scientists probe feelings behind decision making. *Science,*

275, 1269-1270.
von Neumann, J., & Morgenstern, O. (1944). *Theory of Games and Economic Behavior*. New York: Wiley.
Wang, J., & Lee, A. Y. (2006). The role of regulatory focus in preference construction. *Journal of Marketing research, 43*(1), 28-38.
Wang, X. T. (1996). Framing effects: Dynamics and task domains. *Organizational Behavior and Human Decision Processes, 68*(2), 145-157.
Wånke, M., Bohner, G., & Jurkowitsch, A. (1997). There are many reasons to drive a BMW: Does imagined ease of argument generation influence attitudes? *Journal of Consumer Research, 24*(2), 170-178.
Wason, P. C. (1960). On the failure to eliminate hypotheses in a conceptual task. *Quarterly Journal of Experimental Psychology, 12*, 129-140.
______. (1966). Reasoning. In B. M. Foss (Ed.), *New Horizons in Psychology*, (pp. 135-151), Harmondsworth: Pinguin.
Weber, E. U., & Hsee, C. (1998). Cross-cultural differences in risk perception, but cross-cultural similarities in attitudes towards perceived risk. *Management Science, 44*(9), 1205-1217.
Weber, E. U., & Milliman, R. A. (1997). Perceived risk attitudes: Relating risk perception to risky choice. *Management Science, 43*(2), 123-144.
Weber, E. U., Blais, A. R., & Betz, N. E. (2002). A domain-specific risk-attitude scale: Measuring risk perceptions and risk behaviors. *Journal of Behavioral Decision Making, 15*(4), 263-290.
West, P. M., Brown, C. L., & Hoch, S. J. (1996). Consumption vocabulary and preference formation. *Journal of Consumer Research, 23*, 120-135.
Wilson, T. D. (2004). *Strangers to ourselves*, London: Belknap.
Wilson, T. D., & Gilbert, D. T. (2005). Affective forecasting knowing what to want. *Current Directions in Psychological Science, 14*(3), 131-134.
Wilson, T. D., & Hodges, S. D. (1992). Attitudes as temporary constructions. In A. Tesser & L. Martin (Eds.), *The Construction of Social Judgment* (pp. 37-65). Hillsdale, NJ: Lawrence Erlbaum.
Wilson, T. D., Centerbar, D. B., Kermer, D. A., & Gilbert, D. T. (2005). The pleasures of uncertainty: prolonging positive moods in ways people do not

anticipate. *Journal of Personality and Social Psychology, 88*(1), 5-21.

Wilson, T. D., Lisle, D. J., Schooler, J. W., Hodges, S. D., Klaaren, K. J., & LaFleur, S. J. (1993). Introspecting about reasons can reduce post-choice satisfaction. *Personality and Social Psychology Bulletin, 19*, 331-339.

Wilson, T. D., Meyers, J., & Gilbert, D. T. (2003). "How happy was I, anyway?" A retrospective impact bias. *Social Cognition, 21*(6), 421-446.

Wilson, T. D., Wheatley, T., Meyers, J. M., Gilbert, D. T., & Axsom, D. (2000). Focalism: a source of durability bias in affective forecasting. *Journal of Personality and Social Psychology, 78*(5), 821.

Yntema, D. B., & Torgerson, W. S. (1961). Man-computer cooperation in decisions requiring common sense. *IRE Transactions of the Professional Group on Human Factors in electronics, HFE-2*(1), 20-26.

You, Y., Vadakkepatt, G. G., & Joshi, A. M. (2015). A meta-analysis of electronic word-of-mouth elasticity. *Journal of Marketing, 79*(2), 19-39.

Zajonc, R. B. (1980). Feeling and thinking: Preferences need no inferences. *American Psychologist, 35*, 151-175.

Zanna, M. P., & Rempel, J. K. (1988). Attitudes: a new look at an old concept. In D. Bar-Tal, & A. W. Kruglanski (Eds.), *The Social Psychology of Knowledge* (pp. 315-334). Cambridge University Press.

찾아보기

ㄱ

ㄴ

ㄷ

ㅇ

ㅈ

ㅊ

ㅋ

ㅌ

ㅍ

저자 소개

안서원 교수는 현재 서울과학기술대학교 경영학과 글로벌테크노경영전공 교수로 재직하고 있다. 연세대학교 심리학과를 졸업하고 미국 University of Chicago에서 판단과 의사결정을 전공하며 심리학 석사와 박사학위를 취득했다. 관심분야는 행동적 의사결정 연구로 심리학과 마케팅, 의료커뮤니케이션 분야 등에서 다수의 논문을 발표하였다. 『의사결정의 심리학』과 『사이먼&카너먼』을 저술하였고 몇 편의 번역서들이 있다.

한국소비자광고심리학회 학회장, 한국사회및성격심리학회, 한국소비자광고심리학회 편집위원장을 역임하였고 한국소비자학회 부회장과 광고학회 이사로 활동 중이다.

워킹맘으로 바쁜 일상을 보내면서 드라마와 소설로 현실의 고단함을 잊기도 하고 오래된 친구들과 SNS로 일상을 나누고 때로는 만나서 수다를 떨며 삶의 소소한 행복을 누리고 있다.

안광호 교수는 인하대학교 경영학과에서 1988년 3월부터 2020년 8월까지 32년 6개월간의 교수생활을 끝내고 명예교수로서 집필작업에 계속 정진하고 있다. 그는 한국 외국어대학교 무역학과를 졸업하고 서울대 대학원 경영학과에서 석사과정을 수료한 다음 미국 NYU(New York University)에서 마케팅을 전공하여 경영학 석사와 박사학위(Ph. D.)를 취득했다. 그의 관심분야는 소비자행동, 브랜드 관리, 마케팅 커뮤니케이션, 마케팅 전략 등이며, 이러한 관심분야에서 활발한 연구 및 저술 활동을 지속하고 있다. 그는 Journal of International Retailing, Management Decision, International Journal of Contemporary Hospitality Management, The International Journal of Human Resource Management, 『마케팅 연구』, 『한국마케팅 저널』 『소비자학 연구』, 『경영학 연구』, 『마케팅 관리연구』, 『광고학 연구 』 등 국내외 유명 학술지에 100편 이상의 논문을 발표했다. 그리고 『마케팅: 관리적 접근』, 『소비자 행동』, 『마케팅 조사원론』, 『유통관리』, 『유통원론』, 『광고관리』, 『촉진관리』, 『전략적 브랜드 관리』, 『마케팅 전략』, 『사회과학 조사방법론』, 『패션마케팅』, 『서비스마케팅』 등의 마케팅관련 저서와 『브랜드 파워』, 『브랜드의 힘을 읽는다』, 『SHOW』, 『정서 마케팅』, 『정서지배 소비자행동』, 『행동경제학 관점에서 본 소비자 의사결정』, 『행동적 의사결정론』, 『감정을 팔아라』, 『정서:n 소비자행동』 등의 단행본을 출판하였다. 2013년에는 경영학분야의 세계적 석학인 Kotler 교수와의 공동 저술작업을 통해 글로벌 베스트셀러 대학교재인 『마케팅 입문(Marketing: An Introduction)』 한국어판을 출간했다.

한국마케팅학회 학회장, 한국광고학회 학회장, 한국소비자학회 학술지 『소비자학 연구』의 편집위원장과 한국광고학회 학술지 『광고학 연구』의 편집위원장을 역임하였으며, 한국마케팅학회, 한국소비자학회, 한국경영학회. 한국소비문화학회, 한국마케팅관리학회, 한국광고학회의 부회장 및 상임이사를 역임하였다. 2001년 한국소비자학회 최우수 논문상을, 2009년 한국경제신문 학술자상을 수상했다. 그리고 2012년 한국조사연구학회 한국갤럽학술논문상을, 2013년 한국광고학회 제일기획 학술상과 동아일보 '2013 한국의 최고경영인상' 에서 한국의 최고경영학자상을 수상했다. 그는 인하대학교에서 2003년 우수연구업적 교수상을 수상하기도 하였다.

평소 영화 · 공연 관람과 와인을 즐기며, 오감과 정서를 건드리는 기타연주와 굴곡진 삶이 담긴 목소리를 선사하는 가수 에릭 클랩튼과 담백하면서 언제나 아름다운 추억을 떠올리게 하는 작곡가 고 이영훈님의 음악을 즐겨 듣는다. 시간이 나면 낯선 이국땅에서 배낭여행을 즐기며 잠시 일상에서 벗어난 시간을 갖곤 한다.

행동적 의사결정론 [제3판]

2015년 6월 30일 초 판 발행
2019년 8월 15일 제2판 발행
2024년 2월 1일 제3판 1쇄 발행

저 자 안 서 원 · 안 광 호

발행인 배 효 선

발행처 도서출판 法 文 社

주 소 413-120 경기도 파주시 회동길 37-29

등 록 1957. 12. 12 / 제2-76호 (윤)

TEL 031) 955-6500~6 FAX 031) 955-6525
e-mail (영업): bms@bobmunsa.co.kr
(편집): edit66@bobmunsa.co.kr
홈페이지 http://www.bobmunsa.co.kr

조 판 법 문 사 전 산 실

정가 27,000원 ISBN 978-89-18-91466-4